현대 사유와 문화의 중심에서 드 그루트는 동시대 역사학을 가장 넓고 깊이 사유하는 저자 가운데 한 사람이다. 이 책 역시 그런 그의 역량을 온전히 보여준다. 도발적이면서도 혁신적이고, 동시에 야심 차다. 그는 우리가 '과거를 알고 있다'고 믿는 감각이 얼마나 취약한 것인지를 일깨우는 한편, 역사에 대해 무엇을, 왜 알고 있는지를 끊임없이 되묻게 만든다.

타냐 에반스(호주 매쿼리대학교 교수)

DNA의 이중나선이 역사·과학·자아라는 세 영역을 어떻게 서로 엮어왔는지를 예리하게 문제 삼는다. 드 그루트는 이 책을 통해 다시 한번 세계적 사상가로서의 입지를 확고히 한다.

마니 휴즈-워링턴(호주 사우스오스트레일리아대학교 교수)

이 책은 게놈 역사가 오늘날 우리의 삶 속에서 어떤 역할을 수행하고 있는지를 치밀하게 추적한다. 각 장은 DNA가 대중문화 전반에 스며드는 양상을 날카롭게 포착하며, 공동체와 정체성, 증거와 기억, 그리고 역사 의식에 관한 근본적 질문을 제기한다. 《유전자의 기억》은 공공역사 연구자뿐 아니라 역사·문화·과학·지식 생산에 관심 있는 모든 이가 반드시 읽어야 할 책이다.

데이비드 딘(캐나다 칼턴대학교 교수)

Double Helix History

: Genetics and the Past

옮긴이 전방욱

서울대학교 식물학과를 졸업하고 같은 대학원에서 석사·박사 학위를 받았다. 1986년 강릉
대학교에 부임해 생물학과 교수, 총장 등을 거쳐 현재 국립강릉원주대학교 명예교수다.
한국생명윤리학회 회장, 아시아생명윤리학회 회장, 한국과학기술학회 이사 등으로 활동했
고, 퇴임 후에는 과학의 경계를 넘나들며 활동하고 있다. 신유물론연구회, 수유너머파랑, 오
이코스인문연구소에서 공부를 이어가고 있다. 이 책과 관련된 저서로는《DNA 혁명 크리스
퍼 유전자가위》,《유전자 쫌 아는 10대》,《DNA의 거의 모든 과학》등이 있다.

Double Helix History: Genetics and the Past

© 2023 Jerome de Groot

유전자의 기억

Double Helix History: Genetics and the Past

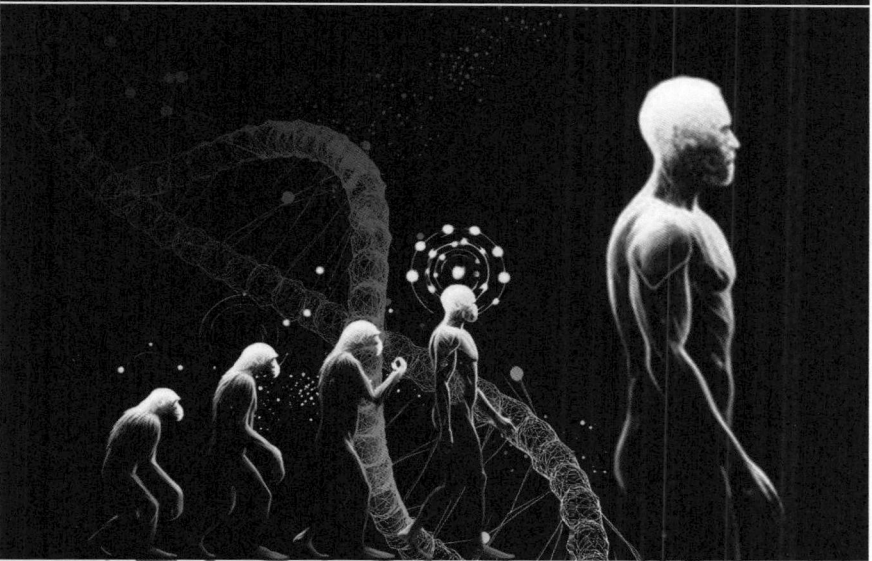

DNA가 바꾼 역사, 정체성, 문화

제롬 드 그루트

전방욱 옮김

이상북스

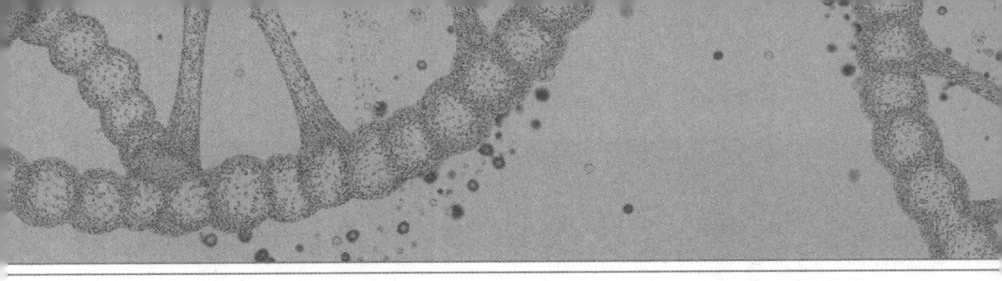

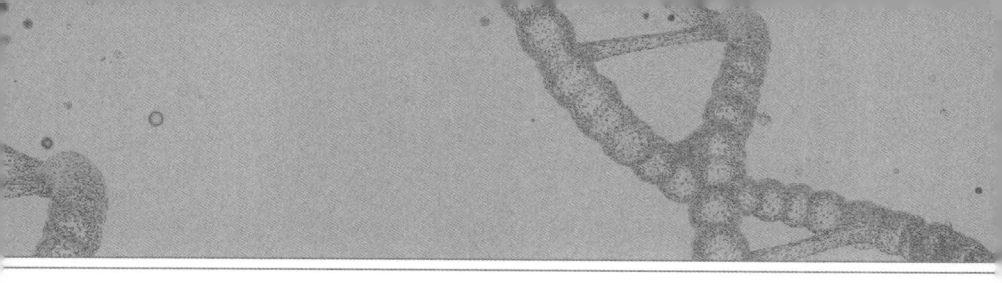

사용 허가

- 2장과 6장의 일부는 졸탄 볼디사르 사이먼(Zoltán Boldizzsár Simon)과 라스 데일(Lars Deile)이 편집한 《역사적 이해: 과거, 현재, 미래》(*Understanding: Past, Present and Future*, 런던: 블룸스버리, 2022)에 수록된 필자의 논문 "DNA 기록물"(The DNA Archive)에서 발췌한 것이다. 해당 출판물의 허락을 받아 이 책에 게재하였다.
- 5장의 일부는 학술지 〈의료 인문학〉(*Medical Humanities*) 47권(2021), 177–184쪽에 발표한 "포스트게놈 시적 상상의 역사와 과거성"(History and pastness in the post-genomic poetic imaginary)을 바탕으로 하며, 역시 허락을 받아 수록하였다.

일러두기

- 본문 괄호 안에 표기한 쪽수는 해당 인용 자료의 원서 쪽수를 가리킨다.

서문

2020년 6월, 한 연구팀이 사해 두루마리의 유전적 구성을 분석한 연구 결과를 발표했다.[1] 이 문서들은 원래 약 1,000개의 필사본으로 이루어져 있었으나, 지금은 약 25,000개의 조각으로 흩어진 채 전해지고 있다. 따라서 각 조각 사이의 연관성을 파악하는 일이 매우 중요했다. 기원전 3세기에서 기원전 1세기 사이에 제작된 이 두루마리들은 다양한 동물 가죽으로 만들어졌다. 학자들은 두루마리에서 DNA 샘플을 채취해 분석함으로써 사본 제작에 사용된 재료의 출처뿐 아니라, 사본이 언제 어떻게 작성되었는지에 대해서도 주장할 수 있게 되었다. 새로운 연구의 저자들은 "고게놈학적 접근법으로 성경 예레미야서의 구성사, 아가서의 전파, 두루마리 전체의 출처 등 사해 두루마리(DSS)의 역사와 관련된 다양한 문제를 새롭게 조명할 수 있다"고 말하며, 이를 통해 성서학, 역사 지식, 고대 필사 문화 전반을 재구성해 이해할 수 있음을 시사했다 (1220쪽). 생산된 유전학적 정보 덕분에 연구자들은 두루마리를 다른 방식으로 '읽고', 두루마리에 대한 기존 지식을 확장하며, 지금까지는 상상하지 못했던 문제들을 제기하고, 상호 해석을 위한 중요한 새로운 맥락을 만들어낼 수 있었다. 이 연구를 통해 학자들은 완전히 창의적인 방식으로 두루마리를 이해하고 읽어낼 수 있게 되었으며, 텍스트의 의미에 대해 새로운 질문을 던질 수 있는 도구를 갖게 되었다. 이 혁신적 증거는 중요하고 오랫동안 연구된 사본들에 '새로운 빛'을 비추어, 새로운 이해를 가능하게 했다. 사해 두루마리는 수십 년 동안 수백 명의 학자가 연구해왔지만, 이처럼 텍스트의 물질적 측면에서 접근하는 방식은 사해 두루마리에 대해 전혀 다른 사고의 지평을 열어주었다. "기존의 역사적·고고학적·문학적 자료로는 볼 수 없었던 것들을 갑자기 볼 수 있게 되었다."[2] 유전학적 분석은 과거를 바라보는 새로운 방식이자 혁신적인 조사 방법을 제공한다. 여기서 DNA 연구는 '전통적' 조사 방식에 도전하면서도 그것을 보완하여, 과거에 접근하는 '네 번째' 방식을 제시한다. 이러한 새로운 관점은 원 연구 논문의 제목("유전적 미스터리 조명")과 언론 기사("고DNA, 새로운 단서 발견")에서 사용된 '새로운 빛'(new light)이라는 표현에서도 드러난다. 여기에서 사용된 언어는 계시와 탐정, 발굴과 발견, 현대성과 새로움의 언어다. 그 결과 사해 두루마리는 재검토되고, 재구성되고, 다시 읽히게 되었다. 그리고 이러한 '다시 읽기'는 모두 '새로운' 유전학적 기술의 개입을 통해 가능해졌다. 역사적 사건과 과정, 실천이 새롭게 변화한 것이다. 이 사례와 지난 20여 년 동안 등장한 수많은 사례는 새로운 유전 역사가 어떤 방식으로 작동해왔는지에 대한 질문을 제기한다.

이 책은 지난 20년간 폭발적으로 축적된 유전학적 지식과 인식이 역사에 새로운 질문을 던지고, 공동체가 과거를 이해하고 그것과 관계 맺는 방식을 다시 묻게 만든다는 문제의식에서 출발한다. 확장된 유전학 데이터 세트는 역사학에 어떤 의미를 주는가? 유전학 데이터는 우리가 과거를 경험하고 개념화하는 방식을 어떻게 변화시킬 수 있는가? 유전학적 지식은 역사적 정보가 무엇이며 그것이 어떻게 제시될 수 있는지에 대한 규범적 해석에 어떤 방식으로 도전하는가? 알론드라 넬슨(Alondra Nelson), 키스 웨일루(Keith Wailoo), 캐서린 리(Catherine Lee)는 "DNA 분석은 우리가 과거를 아는 방식은 물론 우리가 현재의 사회적 세계를 정의하는 방식 자체를 재창조하고 있다"고 말한다. 이 책에서 나는 이러한 역사적 이해, 실천, 상상과 관련된 이 '재창조'를 어떻게 이해할 것인지, 그리고 일정 부분 어떻게 비판할 것인지를 탐구하려 한다. 나는 유전학의 영향이 역사 연구와 역사 서술을 성찰하고 재고할 기회를 제공한다고 주장하고자 한다. 이중나선 구조 자체가 유동적이면서도 구조화된 성격을 지니듯, 이 책은 실재이면서도 비실재적이고, 물질적이면서도 상상적이며, 강력하면서도 덧없는 사유의 가닥들을 엮어 전개된다. 내가 제안하는 '이중나선 역사'(double-helix history, 이 책의 원제이기도 하다—옮긴이)라는 개념은 다중 모델을 설명하기 위한 것이며, 중심축을 따라 회전하고 끊임없이 진동하는 구조처럼, 이 책은 유전학을 역사와 연결해 사유하는 방식을 탐색한다. 그것은 과거에 대한 새로운 데이터를 생성하는 수단일 뿐 아니라, 우리가 과거와 관계 맺는 방식을 재고하게 하는 길이기도 하다. 이 책은 지난 20년 동안 폭발적으로 확장된 유전학 지식이 역사적 지식과 인식에 어떤 함의를 가지는지 개괄한다. 동시에 '이중나선 역사'는 유전 정보가 역사 연구 방식을 어떻게 도전하고 변화시킬 수 있는지에 대한 제안이기도 하다. 각 가닥은 서로 얽혀 있고 다양한 방식으로 연결되어 있으며, 각각은 섬세하지만 강인하다. 물론 이 DNA 비유는 완전하지 않다. 그러나 역사적 사고를 위한 개념적이면서도 상상력 풍부한 틀로서 이중나선이 갖는 힘은 매우 중요하고 지속적임을, 나는 이 책 전반을 통해 보여주고자 한다.

나는 DNA를 하나의 지식 도구이자 지식의 방식으로 보고자 한다. '이중나선 역사'는 유전학이 역사 지식을 확장하는 데 활용된 방식을 설명하는 동시에, 이러한 새로운 지식이 역사란 무엇이며 어떻게 생산되는지에 대한 이해를 어떻게 변화시킬 수 있는지를 성찰한다. 이 책은 문화 속에서 유전학적 의미를 분석하거나 DNA의 표상을 일반화하려는 것이 아니다(이미 많은 연구가 이를 다루어왔다). 오히려 유전학이 오늘날 우리가 과거에 참여하고 그것을 경험하는 방식을 어떤 식으로 변화시키는지에 대해 성찰하고자 한다.[3] 이 책 전반에 걸쳐 나는 유전학을 통해 인간의 과거를 이해하는 '새로운' 방식의 실용성과 그 함의를 살펴보고자 한다. 이 책은 재키 스테이시(Jackie Stacey)가 '유전학적 상상력'이라 부른 것을 탐구하는 데 기여하며, 알론드라 넬슨이 'DNA의 사회적 삶'이라고 명명한 현상을 설명하는 것을 목표로 한다.[4] 현대의 상상력과 사회적 삶에 대해서는 이미 많은 연구가 이루어졌지만, 이 책의 과제는 나디아 아부 엘하즈(Nadia Abu El-Haj)가 '유전학적 역사적 상상력'이라 부른 틀 속에 이러한 사고를 배치하는 데 있다.[5] 이 점은 지금까지 충분히 고려되지 않았다. 역사학자들은 현대 유전학의 실천과 그 함의에 거의 주목하지 않았다.[6] 우리는 DNA 분석이 역사적 지식, 실천, 상상력에 어떤 영향을 미치는지 살펴볼 연구 방법론을 아직 충분히 갖추지 못하고 있다.[7]

여러 중요한 학자들이 DNA와 정체성을 다뤄왔지만, 이를 '과거'나 역사와 관련된 현상으로 바라보는 경우는 거의 없었다.[8] 게놈학이 역사 연구에 어떤 의미를 갖는지, 또 과거에 대한 공공의 이해에 어떤 영향을 미치는지를 본격적으로 다룬 연구는 거의 없다. 마찬가지로 유전학자를 일종의 역사 연구자로 볼 수 있는지, 그리고 유전학 연구가 우리가 과거를 이해하는 방식을 어떻게 바꾸는지 고민한 학자도 드물다. 이 책에서 나는 유전 정보가 역사적 지식과 실천을 어떻게 변화시키고, 보완하며, 때로는 도전하는지를 자세히 살펴본다. 이 책은 우리가 과거를 어떻게 생각하고 이해하는지를 파악하기 위한 여러 접근 방식을 개괄한다. 과거를 '읽는' 다양한 방식을 고려할 때, 우리는 과거가 무엇인지, 어떻게 구성되는지, 그리고 그것이 어떤 의미를 갖는지에 대한 이해를 새롭게 만들 수 있다.

사해 두루마리 사례에서 보듯, 유전학이 역사에 대해 주장하는 바는 매우 광범위하다. 유전학적 조사는 비밀을 풀어내고, 새로운 지식을 가능하게 하며, 사라졌거나 복구할 수 없다고 여겨졌던 정보까지 밝혀낼 수 있는 것처럼 보인다. 유전 계보학은 오래전에 죽은 사람들과 신체적으로 연결되는 경험을 가능하게 해주기도 한다. 고DNA(ancient DNA) 데이터와 같은 새로운 정보를 통해 우리는 과거를 바라보는 방식을 근본적으로 바꿀 수 있다. 또한 생물학적 신체에 대한 기존 이해에 도전하고 이를 변화시킴으로써 새로운 유형의 인간을 상상할 수 있게 만든다. 많은 논평가들은 이러한 새로운 정보가 역사를 기념화하고 서술하는 방식을 이미 바꾸어놓았다고 본다. 과학 저술가 애덤 러더퍼드(Adam Rutherford)는 "이제 우리의 과거를 읽는 또 하나의 방법이 생겼다"고 말하며, DNA가 "역사적 출처이자 면밀히 분석할 수 있는 텍스트로 변모했다"고 주장한다.[9] 스티브 존스(Steve Jones)는 "DNA가 역사의 새로운 창을 열었다"고 주장한다.[10] 옹호자들에 따르면, DNA를 바탕으로 과거를 연구하는 방식은 "고고학과 언어학에 필적할 만한 정보를 제공하는… **혁신적 기술**"(저자 강조)이다.[11] 앞으로 살펴보겠지만, 유전학적 조사로 얻은 정보가 역사 지식에 무엇을 어떻게 추가하는지 정확히 규정하기는 어렵다. 그러나 DNA 연구의 급속한 확대와 그에 따라 증가한 역사적 데이터는 중요한 학문적·인식론적 질문을 제기한다. DNA를 활용한 연구의 확산과 그 결과 생성된 '역사적' 정보는 깊이 있는 논의와 철저한 검토가 필요하다. 한편으로 역사학자들은 이 연구에서 사용되는 기본 개념과 언어에 비판적 질문을 던질 수 있는 방식으로 참여해야 하며, 다른 한편으로 이 분야에 대한 이해를 확장하고 공동 작업을 위한 도구를 마련해야 한다. 유전학을 일종의 역사적 도구로 사용하는 시도는 중요한 의미를 지닌다. 유전학이 중심이 된 과거의 탐구는 기록, 증거, 서사, 존재론, 과정, 국가 등 '역사'를 구성해온 오랜 근본 개념들에 유동성을 부여하며 변화를 주고 있기 때문이다.[12] 이는 역사가들이 과거에 접근하는 방식에 내재된, 보이지 않는 규범적 가정을 인식하게 하는 효과를 가져올 수 있다.[13] DNA 조사는 새로운 정보를 만들어내기 때문에 신중한 검토가 필요하다. 동시에 이러한 조사는 분석을 요하는 과거와의 새로운 소통 방식을 제시하며, 이 역시 역사적 분석의 대상이 된다. 유전학적 조사가 과거를 인식하는 우리의 방식을 바꾸는 힘은 때로 혁명적일 수 있다. 분

명 우리가 알고 있는 과거의 내용은 계속 발전해왔고, 그에 따라 과거를
이해하는 방식 또한 변화할 수 있다.

포스트게놈으로의 전환

지난 20년은 과학적 진전은 물론 더 넓은 문화적 이해라는 측면에서
도 유전학적 지식이 전례 없이 중요해진 시기였다. 유전자 개념과 유
전학적 이해에 관한 연구는 20세기 내내 꾸준히 발전해왔다.[14] 프랜시
스 크릭(Francis Crick)과 제임스 왓슨(James Watson)은 1953년, "생물학적
으로 매우 중요한 새로운 특징을 지닌" 디옥시리보핵산(DNA)의 분자
구조를 밝히는 논문을 발표했다.[15] 크릭, 왓슨, 그리고 모리스 윌킨스
(Maurice Wilkins)는 이 연구로 1962년 노벨상을 받았으며, 1960년대에 들
어 DNA 구조는 점차 확립되고 이해되기 시작했다.[16] 1970년대의 연
구는 싯다르타 무케르지(Siddhartha Mukherjee)가 "유전자의 읽기와 쓰기"
라고 표현한 DNA 시퀀싱과 복제에 초점을 맞추었다.[17] 프레더릭 생어
(Frederick Sanger) 등이 1977년에 '뉴클레오티드 서열을 결정하는' 방법을
제시하면서, DNA의 구조를 파악하고 이해하기 위한 다양한 기술이 본
격적으로 개발될 수 있게 되었다.[18] 1980년 노벨 화학상은 DNA 염기
서열 연구를 이끈 월터 길버트(Walter Gilbert)와 프레더릭 생어, 그리고 재
조합 DNA와 복제 연구에 기여한 폴 버그(Paul Berg)에게 공동으로 수여
되었다.[19] '유전자'와 유전학에 대한 개념은 점차 공공의 상상 속에서 구

체적으로 자리 잡고, 이미지로 형상화되기 시작했다.[20] 라라 초크시(Lara Choksey)는 "게놈이 새로운 유형의 주체를 형성하는 원형이 되었다"고 주장했다.[21]

이처럼 DNA에 대한 지식 축적은 1980년대 서구에서 더욱 가속화되었다. 유전학 연구에 대한 기관과 정부의 관심도 높아졌고, 1985년에는 인간 전체 게놈의 염기서열을 분석할 가능성에 관한 논의가 시작되었다.[22] 인간게놈프로젝트(Human Genome Project, HGP)는 인간 종의 전체 DNA를 이루는 약 30억 개의 염기쌍을 해독하고, 유전자를 구성하는 요소들을 가능한 가장 작은 단위까지 규명하는 것을 목표로 추진되었다.[23] 1990년부터 미국 의회의 승인을 받아 자금 지원을 받으며 진행되었고, 완료 목표 시점은 2005년으로 설정되었다. 이와 함께 제임스 왓슨이 초대 소장을 맡은 국립인간게놈연구센터(NCHGR)가 설립되었으며[이 기관은 1997년 국립인간게놈연구소(NHGRI)로 개편됨], 전 세계 여러 연구 기관이 컨소시엄을 이루어 프로젝트에 참여했다. 1990년대를 거치며 이 프로젝트는 지속적으로 발전하고 진화했다.[24] 2003년, NHGRI는 초기 연구가 성공적으로 완료되었다고 발표했다.[25] 프로젝트의 성과와 향후 비전을 담은 보고서는 크릭과 왓슨이 DNA 구조를 처음 발표한 지 50년 만에 〈네이처〉에 게재되었다.[26] 이 발표는 새로운 '시대'의 도래를 선언하는 동시에 스스로를 '역사적' 순간으로 규정한 사건이었다. 이는 기념과 미래 지향을 함께 수행하는 하나의 퍼포먼스이기도 했다. 미국, 영국, 중국 등 여섯 개국 정부 수반들이 발표한 '공동 선언문'은 이를 "인간 생명 지침서의 모든 장을 해독한" "획기적 성과"라고 칭송했다.[27] 이처럼 거창한 선

언에도 불구하고 '전체' 게놈이 완전히 시퀀싱된 것은 2021년에 들어서
였다. 그럼에도 초기 작업만으로도 충분히 유의미한 가능성을 보여주었
다.[28] 2003년에 제시된 인간 게놈의 개요는 생의학적 진보와 발전의 출
발점에 불과했다.[29] 생의학, 분자생물학, 법학, 고고학, 진화생물학, 인류
학, 약학, 생명윤리학 등 다양한 분야에서 새로운 연구 영역과 학문적 경
로가 열렸다.[30] 2005년부터 2007년 사이 등장한 소위 '차세대' 시퀀싱
기술은 유전물질을 더 저렴하고 더 빠르게 분석할 수 있게 했고, 이는
의학의 급속한 발전으로 이어졌다.[31]

 왓슨은 HGP 추진 결정이 "1961년 존 F. 케네디 대통령이 인간
을 달에 보내기로 한 결정과 비슷하다"며, "미국은 매우 분명하고 중요
한 목표에 전념하고 있다"고 주장했다.[32] 왓슨의 이러한 수사는 한편으
로는 이 프로젝트가 크고 고귀하며 반드시 필요한 협력 작업임을 강조
하면서, 다른 한편으로는 우리가 결국 인간을 '이해하고'(understand) '매
핑'(mapping)할 수 있게 되리라는 기대를 드러낸다. 진보된 유전학 지식
이 전 인류를 위한 과학적 '달 탐사'가 될 수 있다는 이러한 발상은 (서구
의) 가부장적 관점을 반영한다. 동시에 이런 비유는 거대 서사에 대한 신
뢰가 흔들리는 시대임에도, 게놈학 담론에서 점점 두드러지는 야심적
이고 미래지향적인 수사에 가담하는 것이기도 하다.[33] 프로젝트가 진행
되는 내내 이것은 '인류'가 이룬 인상적이고 중요한 성취로 거듭 강조되
었다. 1995년 미국 에너지부 뉴스레터인 〈휴먼게놈뉴스〉(Human Genome
News)는 "놀라운 협력 정신이 전 세계의 인간 게놈 연구를 이끌어왔다"
고 전했다.[34] 핵심은 협력의 정신과 새로운 형태의 '거대' 생명과학이었

다.[35] 또 게놈을 알게 되면 인간을 '새로운' 방식으로 이해할 수 있으리라는 믿음도 중요하게 작용했다. 매트 리들리(Matt Ridley)는 1999년 게놈에 관한 '자서전'을 출간하면서, HGP 연구 결과가 발표되기 직전 이렇게 말했다. "불과 몇 년 안에 우리는 유전자에 대해 거의 아무것도 모르는 상태에서 거의 모든 것을 아는 상태로 나아갈 것이다.… 지금까지 인간 유전자는 거의 완전한 미스터리였다. 우리는 그 신비를 처음으로 풀어낼 세대가 될 것이다."[36] 이 표현은 18세기 후반 이후 과학적 계시와 탐구, 그리고 폭력의 언어를 되살리며, 이러한 사용은 HGP에 대한 논의를 훨씬 더 긴 과학 실증주의의 역사 속에 배치한다.[37] 동시에 HGP의 목적과 영향에 대한 공공과 언론의 논의에서는 지도, 탐험, 조사, 청사진, 색인, 도서관, 기록보관소와 같은 위치적·조직적 은유가 반복적으로 등장했다.[38] '매핑'은 과학자들이 특정 과정을 설명하기 위해 정밀하게 사용한 핵심 용어였으며, 이후 정치인과 언론인들에 의해 거듭 반복되었다.[39] 이러한 작업은 문화와 사회가 과학적 진보를 이해하는 방식에 영향을 미쳤고, 특히 '생명'을 이해하는 새로운 방식을 제시했다.[40] HGP는 인간을 '매핑'하고, 이해하고, 해석하고, 파악하며, 위치 지을 수 있는 가능성을 열어주었다.[41] 이러한 조직화의 모티프는 2000년 6월, 빌 클린턴 미국 대통령이 이 거대한 작업의 완성을 발표하며 '인간의 유전적 청사진'을 제시한다고 말했을 때에도 여전히 중심에 자리하고 있었다.[42] 마찬가지로 NHGRI 웹사이트 역시 이 프로젝트를 탐색적이고 탐구적인 관점에서 소개하고 있다.

HGP는 역사상 가장 위대한 탐험적 성취 가운데 하나였다. 이 프로젝트는 지구나 우주를 향한 외적 탐사가 아니라, 우리 종인 호모 사피엔스의 모든 유전자(게놈)의 염기서열을 해독하고 지도를 만들기 위해 국제 연구팀이 이끈 '내적 발견의 항해'였다. 1990년 10월 1일에 시작되어 2003년 4월에 완료된 HGP는 자연이 인간을 구성하기 위해 설계해둔 완전한 유전적 청사진을 인류가 처음으로 읽어낼 수 있게 해주었다.[43]

NHGRI는 HGP 자체가 역사적 순간이며 그 규모 역시 독보적이라고 설명한다. 이때 '청사진'이라는 개념이 반복적으로 등장한다. HGP는 인간에 대한 새로운 이해를 만들어내면서, 생명 자체의 근본을 '처음으로' 이해할 수 있게 했다고 주장한다. '탐험의 위대한 업적'이나 '지구의 외적 탐사' 같은 영웅적 표현에는 식민적 뉘앙스가 분명히 깔려 있으며, 이는 HGP를 19세기 유럽의 확장에 비유하는 방식과도 비슷하다('발견의 항해'라는 표현이 사용되는 것도 같은 맥락이다).[44] HGP가 구축한 인간의 새로운 기준 아카이브가 주로 유럽인 표본을 기반으로 했다는 사실은 "명백한 우월주의적 제스처"로 묘사되었다.[45] 발견, 계시, 방향성, 선형성, 조직, 합리성에 대한 반복적 은유들은 게놈, 나아가 DNA 전체와 연결되었고, 이는 진보와 문명에 대한 백인중심적·유럽중심적 가정에 기반한 것이었다.

HGP가 남긴 중요한 문화적 유산 중 하나는 인간이 파악할 수 있고 이해할 수 있으며 측정 가능하고 탐색 가능한 존재라는 인식이다.[46]

이처럼 인간에 대한 새로운 인식은 생명윤리, 생명정치, 생명권력과 관련된 문제들에 새로운 도전을 불러일으켰다.[47] 유전공학—즉 인간을 근본적 수준에서 이해하고 재구성하는 것—과 복제, 유전자 특허, 생의학 지식의 발전을 둘러싼 불안은 오늘날 문화적 상상 속에서 하나의 일반적 요소가 되었다.[48] 이런 불안은 HGP와 유전학 지식의 빠른 발전과 밀접하게 연결되어 있다. 1990년대 후반부터 유전학에 대한 관심과 공공의 이해는 급격히 증가했다.[49] 제이 클레이턴(Jay Clayton)은 1999년 〈뉴욕타임스〉에 "한 달 평균 40건의 새로운 유전학 관련 기사가 실렸다"고 말하며, 유전학과 DNA가 더 넓은 문화권에서 폭넓게 언급되었다고 지적한다.[50] 니클라스 로즈(Niklas Rose)는 유전학적 지식이 기존의 규범성에 점점 더 도전하는 양상을 이렇게 설명했다. "실험실은 새로운 형태의 분자 생명체를 만들어내는 일종의 공장이 되었고, 이를 통해 생명 자체를 이해하는 새로운 방식을 만들어내고 있다."[51] 다른 학자들 역시 이러한 변화가 기존의 정치·문화 철학에 도전하고 있다는 점에 동의했으며, 폴 라비노프(Paul Rabinow)는 "생명공학의 등장으로 새로운 주체성, 새로운 장치뿐 아니라 새로운 생명 형태가 19세기 사회 사상가들이 결코 연결될 수 없다고 믿었던 간극을 넘어가고 있다"고 주장했다.[52] 유전학적 이해의 발전은 주체성과 종을 바라보는 근본적 방식에도 변화를 가져왔다. 폴 길로이(Paul Gilroy)는 분자 수준에 주목할 때 우리가 더 해로운 담론에서 벗어날 수 있다고 제안한다. "오늘날 인체를 면밀히 관찰할 수 있는, 현미경보다 작은 규모에서는 '인종'이 우리 자신을 치유하고 보호하는 데 필요한 기본적 과제에서 의미를 잃고, 설득력을 갖지 못하며, 덜 두드러진다."[53] 많은 사람들은 '포스트게놈' 시대가 유전물질의 상품화로 이어질 것이라고 우려했다.[54] 제니 리어던(Jenny Reardon)은 "DNA 시퀀싱은 이제 수십억 달러 규모의 산업이 되었다"고 말한다.[55] 공공과 학계 전반에서는 인간이 이제 다시는 예전과 같을 수 없다는 인식이 널리 퍼져 있었다.

이 책은 제니 리어던이 '포스트게놈 조건'(postgenomic condition)이라고 부른 것이 과거에 대한 우리의 이해와 관련된 여러 영역—공적 역사, 상상력 풍부한 문학과 영화, 시퀀싱 기술의 상업적 확장, 고고학, 과학기술—에서 어떻게 나타나고 질문을 제기하는지를 개괄적으로 살펴본다. '포스트게놈'이라는 용어는 여러 의미로 사용되지만, 주로 1990년대 후반 이후 우리의 유전적 구성에 대한 지식이 대중문화와 역사적 상상력 속으로 스며들기 시작했다는 인식, 즉 하나의 시대적 전환점을 가리킨다.[56] 이것은 엘하즈가 말하는 "현대 세계에서 게놈학이 갖는 인식론적 권위"(5쪽) 때문이다. 리어던의 '포스트게놈 조건', 라라 초크시의 '게놈의 시대', 그리고 싯다르타 무케르지의 '포스트게놈'(포스트게놈 시대, 포스트게놈 시기 등 여러 방식으로 표현된다)은 모두 유전학적 관점을 통해 인간을 사회적·문화적으로 이해하게 되는 조건을 가리킨다.[57] '포스트게놈'은 게놈이 시퀀싱되기 '이전'의 상태로는 더 이상 돌아갈 수 없음을 뜻한다. 이것이 반드시 환영할 만한 변화는 아닐지라도, 돌이킬 수 없는 변화인 만큼 탐구하고 이해할 필요가 있다. 유전학의 개입을 통해 세계가 다시 만들어지거나 새롭게 재구성되었다는 감각이 깊게 자리 잡았다. '포스트게놈'이 의미하는 바는, 모든 것이 달라졌다는 것이다. HGP가 그 규모와 성격 면에서 '역사적' 사건이었다면, 이 프로젝트가 세상의 변화를 이끄는 구심점을 만들었다는 점에서도 '역사적'인 사건이었다. 특정 시점을 기준으로 사회가 '포스트-' 상태에 들어섰다고 규정하는 방식은 현대를 이해하는 데 분명 문제적이다. '프리'(pre-)와 '포스트'(post-)로 시대를 나누는 발상은 자의적 구분을 불러오기 때문이다. 중요한 것은 1990년대 후반 유전학적 지식이 폭발적으로 확산되었고, 그 지식이 인간을 이해하는 새로운 방식들을 끊임없이 제시했다는 사실이다. 이런 변화의 함의는 여전히 논쟁 중이며, 특히 '생의학적으로 혁신적'인 후성유전학(epigenetics)과 같은 발전이 우리의 인간 이해를 계속 재구성하고 있기 때문이다.[58]

다르게 알기

이 '새로운' 상태는 우리의 주체성, 상상력, 감수성, 정체성에 어떤 영향을 미칠까? '포스트게놈' 상태에 놓여 있다는 것은 과거를 이해하고, 그것과 관계를 맺고, 또 그것을 표현하는 방식에 어떤 의미를 갖는가? 이는 실제로 역사 연구의 실천을 변화시키는가? 이 책은 포스트게놈 시대를 살아가면서 우리가 과거를 사유하는 방식이 어떻게 달라졌는지를 이해하려 한다. 이런 과정은 결코 단순하지 않다. 새로운 유전학적 역사에 대한 반응은 종종 왜곡되고, 혼란스럽고, 저항적이며, 때로는 기이하다. 그러나 이러한 반응의 다양성은 매우 중요하며, 실제로 공적 역사 상상력 속에서 DNA가 지니는 복잡성을 드러낸다. 마이클 시몬스 로버츠 (Michael Symons Roberts)는 2003년 시 〈인간 게놈 매핑〉(Mapping the Human Genome)에서 DNA가 단순한 이분법적 정의에 저항하는 방식을 다음과 같이 표현했다. "운전자인 유전학자가/ 유전자의 암호를 입력하면/ 오픈카는 쭉 달린다/ 그리고 계속 굴곡을 예상한다."[59] 그러나 실제로는 "그 길은 곧게 뻗어 있다/ 활주로 같은 고속도로"(5-6행)다. 시몬스 로버츠에게 중요한 점은 DNA가 다층적으로 경험된다는 사실이다. DNA는 나선이면서도 직선이고, 개념이면서 동시에 신체적 실재이며, 그 선형성은 끝없이 펼쳐진다. "나선은 풍경으로/ 소실점으로 풀린다." 더 나아가 DNA는 우리가 그 의미를 부여하고 '읽거나' '보려는' 시도를 거부한다. "풍경으로/ 소실점으로"라는 모순적 표현은, 우리가 그리려는 새로운 지도가 완성된 형태로 보이지 않으며, 예측할 수 없는 방향을 향해, 끊임없이 변하는 척도 위에서 만들어지고 있음을 암시한다. 이 새로운 유연성은 어떤 때는 놀랍고, 때로는 도발적이며, 동시에 제한적일 수도 있다. 시몬스 로버츠에게서 '소실점'은 질서를 부여하는 동시에 끝없음을 떠올리게 한다. 그것은 구성적인 것에서 무한한 것으로 흔들리며 이동한다. 또한 소실점은 원근법의 기본 요소이기도 한데, 원근법 자체가 15세기 이후 서구에서 합리적 시각 체계와 질서 구조의 발전에 핵심적 역할을 해왔다.[60] 시몬스 로버츠는 HGP를 둘러싼 담론 속에서 과도하게 부여되는 의미에 문제를 제기한 여러 작가와 시인들(5장에서 자세히 논의됨) 가운데 한 사람이다. 그는 대신 포스트게놈 시대의 공간을 유동적이고 창조적이며 가능성으로 열려 있는 것으로 사유할 방식을 제안한다.

나는 5장에서 시가 형식과 의미 사이에서 만들어내는 끊임없고도 우아한 울림을 통해, 이중나선의 유동성이 특히 생생하게 포착된다고 주장한다. 포스트게놈이라는 개념은 지도, 방향, 선형성, 질서 같은 은유에 의해 전적으로 규정될 필요가 없다. 실제로 이 책에서 살펴보는 많은 사례는 게놈학을 결정적이고 고정된 것으로 이해하려는 관점에 대한 저항이거나, 적어도 그에 대한 적극적 재해석의 움직임이다. 이 책은 과학적 모델이 제시하는 정체성 개념에 대한 이러한 도전이, 특히 인종·민족·문화와 관련해 과거를 바라볼 때 어떻게 나타나는지를 탐구한다. '포스트게놈' 정체성에 관한 논의에서 특히 중요한 쟁점은 현대 유전학이 특정한 지식의 틀을 강요하며, 결과적으로 통제의 담론에 기여하고 있다는 비판이다.[61] 비평가 실비아 원터(Sylvia Wynter)는 제임스 왓슨의 인종차별적 발언을 두고, 그가 "인간에 대한 유일무이한 세속적·자유주의적 단일인간 개념을 만들어냈다"고 비판한다.[62] 원터가 긴급하게 요청하는 바는 "자유주의적 단일인간이라는 단일 생물 중심 모델에 대한 도전"(20 – 21, 23쪽)이다. 이는 곧 유전학이 강요하려는 사고 구조를 거부하려는 시도이기도 하다. 그렇다면 '포스트게놈' 상태란 현재 널리 공유되고 있는, 반박하기 어려운 진실들에 문제를 제기하고, 특히 이해를 위한 대안적 사유 공간을 구축하는 것을 의미할 수 있다. 작가, 영화 제작자, 원주민, 역사학자들은 포스트게놈을 통해 역사와 과거를 사유함으로써 규범적 생물중심주의에 도전하고, 현재 속에서 과거가 구성되는 방식을 비판적으로 바라보게 한다.

동시에 '포스트게놈'이라는 상태는 규범성에 대한 도전이며, 우리가 알고 이해하는 방식에 대한 근본적 재검토를 촉발하고, 새로운 인식론적 가능성을 제안할 수도 있다.[63] 인간이 새로운 방식으로 이해되기 시작하면, 과거와 관계 맺는 방식도 미묘하게 달라진다. 1990년대 HGP 이후 인간성을 탐구하는 기술이 폭발적으로 발전하면서 인식론적·존재론적 변화가 일어났다. 니클라스 로즈는 인간과 지식에 대한 이런 심오한 변화가 생의학적 혁신에 의해 주도되며, 이 혁신이 주체성의 변화에도 영향을 미치고 있다고 주장한다. 그는 "인간과의 관계에서 인식론적 변화를 이끄는 것은 철학이 아니라 생명과학이다"라고 말한다.[64] 데이비드 라이히(David Reich)는, 새로 개발된 기술이 우리의 주체성 이해 자체에 도전할 수 있다고 말한다. 그는 "그 기술은 과거에 대해 완전히 예상하지 못했던, **우리의 철학에서는 꿈도 꾸지 못했던** 것들을 밝혀낼 수 있다"고 주장한다(저자 강조).[65] 유령을 불러오는 이 장면을 인용한 라이히의 선택은, 인간을 다시 그려보고자 하는 열망을 드러내는 동시에, 과학기술로 획득한 새로운 지식이 우리가 우리 자신을 다르게 이해하도록 이끌 수 있다는 주장을 담고 있다. 여기서 햄릿은 새로운 이해를 지지하는 존재, 즉 과거에 대한 우리의 인식을 바꿔놓을 어떤 드러남(revelation)의 옹호자로 해석된다. 그러나 이 연결은 사실 그리 매끄럽지 않다. 희곡 속에서 햄릿은 유령을 보았다는 사실을 호레이쇼에게 이야기하며, 자신들이 공유하고 있는 '현대적' 학문이 환상적이거나 미지의 것 앞에서는 무력할 수 있다고 말한다. 그것은 새로운 지식이 밝혀지는 순간이라기보다는 미스터리와 맞닥뜨리는 순간에 가깝다. 유령이라는 존재—옛것의 흔적, 혹은 돌아온 과거—가 현재의 세계를 일시적으로 멈추게 하는 그 순간은, 과거가 지금 이곳에 여전히 존재한다는 사실을 일깨움으로써 새로운 이해를 가능하게 만든다. 자크 데리다(Jacques Derrida)는《마르크스의 유령들》(그린비, 2014)에서 유령에 대해 "사물은 우리를 바라보지만, 우리는 사물이 있어도 그것을 보지 못한다"고 썼다. 이 유령적 비대칭은 모든 반사성을 차단하며, 우리의 동시성을 해체하고, 우리가 속한 시대와 불화를 불러일으킨다.[66] 또 햄릿이 '당신'이라고 말하는지 '우리'라고 말하는지를 둘러싸고 유명한 텍스트 혼동이 있는데, 그가 호레이쇼의 혼란을 함께 나누는 것인지, 아니면 밀교의 선두에 서려는 것인지는 분명하지 않다.[67] 햄릿에 대한 라이히의 언급은 새로운 유전학적 지식이 특히 '과거'에 대한 이해를 받아들일 때 마주하게 되는 어려움을 상징적으로 보여준다. 이 책 전체에서 드러나듯, 유전학적 이해는 우리의 인식론을 끊임없이 재구성하며, 과거가 현재에 나타나는 방식을 새롭게 규정하는 것처럼 보인다. 햄릿이 경험했듯, 우리 역시 현재 속으로 침입해 오는 과거의 어떤 신체적 흔적에 의해 다시 구성된다. 그것은 늘 존재했지만 보이지 않았던 것이다. 우리 몸속에 잠들어 있는 DNA는 마치 과거를 현재로 번역하는 매개처럼 작용하여, 우리 세포 속에 잠재돼 있던 역사적 증거를 드러내는 듯하다.

아이슬란드 소설가 아르날두르 인드리다손(Arnaldur Indriðason)은 2000년 발표한 스릴러《저주받은 피》(영림카디널, 2023)에서 인간 집단에 대한 유전학적 정보를 생성하고 기록하는 일이 문화에 미치는 영향, 그리고 '포스트게놈'의 의미를 탐구한다.[68] 소설은 레이캬비크 유전 연구센터에 저장된 계보 및 건강 정보를 중심으로 전개되며, 유전학이 던지는 여러 문제를 다룬다. 그는 이렇게 쓴다. "이 모든 것이 우리에게 아직 너무 새롭다. 사람들은 수집된 모든 정보로 무엇을 할 수 있는지, 그 안에 무엇이 담겨 있고 무엇을 읽어낼 수 있는지 정확히 이해하지 못한다"(328쪽).[69] 여기서 새로운 유전학은 지금까지 보이지 않았거나 드러나지 않기를 바랐던 관계와 연결을 드러내는 역할을 한다. 두려움을 자아내는 것은 이미 수집된 방대한 새로운 정보 자체이기도 하지만, 그 정보가 지금까지 전혀 예상하지 못한 방식으로 '읽힐' 수 있다는 가능성이다. 특히 이렇게 수집·저장된 데이터는 과거에 대해 알려진 사실과 그 과거가 인식되는 방식을 변화시킬 잠재력을 지니고 있다. 더 나아가 이 데이터 속에서 과거의 끔찍한 공포가 다시 떠오를 수도 있다.《저주받은 피》는 현재 속으로 떠오르는 과거에 집착한다. 레이캬비크에서 살인 사건을 조사하던 형사들은 바닥 아래에 묻힌 시신을 발견하는데, 이는 수년 전 실종된 것으로 여겨졌던 한 남자의 것이었다. 사진 묶음에서는 강간 피해자였을지도 모르는 여성을 배경으로, 희미하지만 분명한 유령 같은 존재가 나타난다. 한 소녀의 시신이 발굴되고 사후 분석 과정에서 그녀의 뇌가 사라졌다는 사실이 밝혀진다. 소설에서 유전학적 정보는 현재에서 폭력이 발생하는 매개이자, 과거와 현재를 잇는 다리이며, 과거를 현재에서 재구성하고 현재를 통해 과거를 변화시키는 도구로 작동한다. 범죄 소설은 흔히 과거의 공포가 현재에서 새로운 의미로 폭발하는 방식을 극적으로 드러내곤 한다.《저주받은 피》는 이러한 문화적 불안—현재 속에서 과거가 작동하는 방식에 대한 광범위한 불안—의 일부로서 현대적 유전자 검사에 대한 관심을 활용한다. 인드리다손은 '아버지의 죄를 아버지에게 되돌린다.' 강간범은 희귀한 유전적 돌연변이를 공유한다는 사실을 통해 자신과의 관계를 알게 된 아들에게 살해된다. 범죄 소설은 사회적 공포를 드러내는 동시에 특정 신기술이 일반적 이해 방식에 어떤 영향을 미치는지를 보여주기도 한다. 소설은 과거의 유전학 데이터에 대한 접근 권한을 누가 통제하는가라는 문제를 심각한 경고로 제기하면서 끝을 맺는다. "그리고 당신은 이 모든 비밀을 간직하고 있다. 오래된 가족의 비밀. 비극, 슬픔, 죽음, 모두 컴퓨터에서 신중하게 분류된다. 가족 이야기와 개인의 이야기. 나와 당신의 이야기. 당신은 모든 비밀을 간직하고 원할 때 언제든지 불러올 수 있다"(317쪽).

새로운 유전학은 과거와 현재를 이해하는 방식을 새롭게 열어준다. 달라진 이해를 바탕으로 미제 사건을 해결하거나 새로운 단서를 찾아낼 수도 있다. 현대 수사에서 유전학은 과거의 사실을 밝혀내는 강력한 도구가 되지만, 동시에 지금 확보된 정보가 과거의 부패와 잘못을 현재로 소환하는 역할을 하기도 한다. 인드리다손의 소설은 유전자 검사가 공동체에 미칠 영향을 탐구하며, 범죄 소설이 사회적 두려움을 어떻게 형상화하는지를 보여준다. 특히 DNA 증거가 범죄 수사에서 제공하는 새로운 가능성—곧 폭로의 가능성—을 드러낸다. 유전학 지식과 데이터가 축적되면서 DNA 증거가 사용되는 범위는 계속 확대되고 있다. 여기서 핵심 윤리적 질문은 이 정보를 어떻게 보관하고 접근을 통제할 것인지, 그리고 이 데이터를 가지고 '이야기'를 만들어낼 사람들을 어떻게 교육할 것인지에 있다. 누가 이야기를 말할 권리가 있는지, 그리고 왜 그 권리가 중요한지 자체가 과거를 드러내는 행위에 수반되는 윤리 문제다. 전통적 추리소설에서 과거를 파헤치는 이는 보통 탐정이며, 그는 사건을 '증언'하거나 목격하는 도덕적 역할을 맡는다. 그러나 인드리다손의 소설에서는 이 역할이 유전학자에게 넘어가며, 그는 드러내기보다 감추는 길을 선택한다. 한편 소설의 주인공 에를렌뒤르(경찰청 형사)는 아카이브 자체가 끊임없이 새로운 이야기를 생산하고 있을지도 모른다고 암시한다. 그 이야기들은 한때 묻혀 있던 것들이 데이터 수집 과정에서 새롭게 형성되고 존재하게 된 결과다. 유전학자는 데이터를 모으는 과정에서 새로운 이야기, 새로운 역사, 새로운 비밀, 새로운 해석의 가능성을 만들어낸다. 《저주받은 피》에서는 유전학적 조사를 통해 인간에 대한 지식이 늘어날수록 과거에 접근하고 이해하는 방식도 변화한다. 급속히 확장되는 유전학적 지식에 대한 인드리다손의 반응과, 그것이 과거를 재구성할 수 있는 잠재력을 바라보는 그의 태도는 유전학이 가진 가능성과 복잡성을 동시에 보여준다. 이 책의 여러 장면들처럼, 《저주받은 피》는 새로운 유전학 정보에 대한 불안을 드러내는 동시에, 때로는 화해와 구원의 가능성까지 함께 제시한다.

규범적 역사 지식에 대한 비판

사해 두루마리 사례에서 볼 수 있듯이, 고고학 유적에서 나온 유전물질 분석은 과거의 사건을 탐구할 새로운 데이터를 만들어내기 시작했다. 유전학 기술은 우리가 새로운 역사를 열어 보게 할 뿐 아니라, 이미 알려진 역사까지도 훨씬 더 풍부하게 해준다. 실제로 물질 유적과 고DNA에서 추출한 데이터는 지난 10년 동안 고고학을 크게 변화시켰다. 고DNA 기술은 선사시대 연구에만 쓰이는 것이 아니라, 중세의 병원균, 14세기 예루살렘과 리가 사람들의 장 건강, 그리고 초기 근대의 곰 미끼 유희 관행(곰을 기둥에 묶어 개와 싸움을 붙여 구경하던 당시의 잔혹한 오락—옮긴이)처럼 훨씬 '근대적'인 역사 맥락에서도 점점 더 폭넓게 사용되고 있다.[70] 따라서 유전학자들은 과거를 이해하는 데 활용할 수 있는 잠재적 데이터의 범위를 빠르게 넓혀 가며, 과거를 바라보고 읽어내는 새로운 방식을 만들어내고 있다. 이는 많은 경우, 특히 신체와 관련해 이전에는 이용할 수 없었거나 애초에 고려되지 않았던 유형의 지식을 역사 연구에 도입한다는 뜻이기도 하다. 그 결과 새로운 전환점이나 다른 초점을 가진 또 다른 형태의 역사가 쓰일 가능성도 열리고 있다. 이제 과거를 문헌 자료에만 의존해 이해하던 방식에서 벗어나 신체를 매개로 과거를 탐구하는 역사 인식에서 DNA가 중요한 역할을 하고 있다.

지난 5년 동안 고DNA 연구를 둘러싼 공공의 관심과 논쟁은 관련 보도의 폭발적 증가에서도 확인할 수 있다. 이 "서문"을 집필하던 석 달(2020년 5 - 7월) 동안만 해도, 〈가디언〉에는 사해 두루마리부터 폴리네시안 DNA, 네안데르탈인 DNA, 바이킹 DNA에 이르기까지 고DNA를 다룬 기사들이 잇달아 실렸다.[71] 같은 기간 동안 〈뉴욕타임스〉도 폴리네시아인과 고대 아메리카 원주민 DNA의 관계, 신석기 시대 썰매개의 DNA, 그리고 석기 시대 아일랜드인의 DNA에 관한 기사를 연이어 보도했다.[72] 이 기사들은 '빛을 발하다' '드러나다' '단서'와 같은 계시의 언어를 사용한다. 각각의 기사는 DNA 연구가 어떻게 역사를 새롭게 비추고, 과거에 대한 우리의 이해를 바꾸며, 새로운 지식을 드러내는지를 보여준다. 이는 기존 이주 서사의 재고에서부터 병원체 발생에 대한 통념을 다시 구성하는 일에 이르기까지 폭넓다. 실제로 새로운 아종(데니소바인)이 확인되고, 한때 중요하지 않다고 여겨졌던 종(네안데르탈인)에 대한 이해가 확장되면서, 이제 호모 사피엔스만이 유일한 관심 대상도, 역사를 지닌 유일한 인간종도 아니게 되었다. 그 결과 역사학과 인류학의 영역에 유전학자가 본격적으로 개입하는 현상이 점점 더 두드러지고 있다. 예컨대 〈뉴욕타임스〉는 아일랜드 DNA 분석을 다룬 기사에서 "유전학 데이터가 특정 공동체의 사회 구조를 설명하는 데 기여할 수 있다"고 평가하기도 했다. 이렇게 연구의 범위가 확장된 데이는 여러 요인이 있다. 하나는 〈네이처〉와 같은 대표적인 과학 저널에서 고DNA 연구가 급증한 사실이고, 또 다른 하나는 DNA 정보를 토대로 인간을 이해하고 해석하려는 보다 넓은 담론의 확산 때문이다. 기사 속 데이터가 정확하게 해석되었는지 여부와 무관하게, 지난 5년 동안 이 분야를 둘러싼 방대한 언론 보도가 말해주는 바는 명확하다. 이 기술을 통해 새로운 이야기가 만들어지고, 중요한 새로운 정보가 발견될 수 있다는 점이다. 실제로 우리는 역사적 이해 자체를 근본적으로 다시 구성할 가능성에 직면해 있다. 이처럼 유전학적 해석은 역사 분석에 직접적인 영향을 미친다. 새로운 유전학 정보가 새로운 지식을 드러내는 동시에, 고DNA 분석이라는 기술이 과거를 조사하는 하나의 역사적 실천으로 자리 잡게 되는 것이다.

이 두 번째 문제, 즉 DNA가 공공의 역사적 상상력 속에서 계시의 장치이자 과거를 이해하는 새로운 방식으로 작동하게 되는 방식이 핵심이다. 유전학 정보는 다른 이야기를 가능하게 하는 조건을 마련한다. 어떤 경우에는 이 데이터가 단순히 새로운 질문을 던질 수 있는 장을 열어주는 데 그치지만, 어떤 경우에는 훨씬 더 근본적인 변화를 이끌어내기도 한다. 2장에서 살펴볼 '아프리카 디아스포라의 DNA 연구'는 유전학 데이터가 오랫동안 사라졌거나 묻혀 있다고 여겨졌던 연결고리들을 어떻게 다시 살아나게 하는지를 잘 보여주는 사례다.[73] 유전학 정보는 기존의 역사 지식에 문제를 제기하고, 특정한 증거 유형과 과거를 서술하는 방식에 의존해온 관행을 넘어설 수 있게 해준다. 유전 분석이 제공하는 정보는 서사를 다르게 구성하게 만든다는 점에서 '수정적'일 수도 있지만, 기존의 역사적 가정을 흔들고 때로는 뒤집어버린다는 점에서 '혁명적'일 수도 있다. 유전 정보의 개입은 우리가 과거를 사유하고 이해하는 방식을 다시 짜는 힘을 갖는다. 특히 유전학 데이터는 역사 이해에서 '기록'과 '증거'라는 근대적 개념이 차지해온 중심성을 약화시킬 수 있다. 헨리 루이스 게이츠 주니어(Henry Louis Gates, Jr)는 유전학을 계보학에 활용하는 자신의 프로젝트를 두고 "노예제라는 끔찍한 어둠 속에서 문헌 기록이 사라질 수밖에 없었기 때문에, 우리는 DNA를 통해 아프리카의 뿌리를 추적했다"고 말한다.[74] 게이츠 주니어의 작업에서 핵심은, 강제로 빼앗긴 것을 다시 돌려받는다는 의미의 '되찾음'(reclamation)이라는 개념이다. 이 사례를 비롯해 이 책 전체에서 살펴보는 여러 예들은, DNA가 기존의 '기록'과 '증거' 개념에 어떻게 도전하는지를 잘 보여준다. 실제로 유전학은 과거를 이해하는 또 다른 접근법—의도적으로 지워진 역사에 직접 다가갈 수 있는, 기존 방식으로는 상상하기 어려웠던 급진적이고도 새로운 길—을 제시하고 있다.

　새로운 유전학적 지식은 우리가 모두 하나의 연결된 가족임을 상기시키는 방식으로 등장한다. 앨리 스미스(Ali Smith)의 소설 《겨울》(민음사, 2021)에서 유전 정보는 사회적·문화적 분열을 둘러싼 정치적 논쟁을 오히려 격화시키는 데 이용되지만, 동시에 DNA는 인간이 근본적으로 서로 얽혀 있다는 사실을 환기한다.[75] 여기서 유전학은 '종'(species)의 약칭처럼 기능하며, 다른 인류와의 공명 가능성을 열어주고 연대와 연결의 이상을 제시하는 방식으로 작동한다. 소설 속 인물 아이리스는 이러한 관점을 바탕으로, 이주를 둘러싼 논쟁을 무력화하고 우리를 갈라놓았던 역사적 '차이'를 거부함으로써 유전학이 새로운 현대성의 가능성과 더 나은 미래를 열어줄 수 있다고 주장한다. 유전학이 사회적으로 작동하는 방식에 대한 이러한 이상주의적이고 미래지향적인 감각은 유전학 데이터 기업들이 종종 활용하는 전략이기도 하다(6장에서 논의됨). 하지만 유전학의 이른바 '권리 부여' 기능은 심각한 문제를 안고 있으며, 제니 리어던은 이를 '게놈 자유주의'라고 부른다. 토착민과 소수 민족 공동체는 유전학 정보가 새로운 형태의 생물학적 식민화로 작동해왔다는 점을 지적하며, DNA의 권리화 가능성 자체에 반대해왔다.[76] DNA 데이터는 우리에게 현재와 과거를 새롭게 읽어낼 수 있는 길을 열어주며, 이를 통해 이해의 폭을 넓히고 공동체를 다시 활성화할 수 있다. 모든 공동체는 DNA를 바탕으로 과거에 대한 권리를 주장하고, 스스로의 역사를 해석하고 이해할 수 있는 도구를 잠재적으로 갖게 되는 셈이다. 특히 원주민과 토착 공동체에게 DNA는 기존의 규범적 역사 가정을 뒤흔드는 강력한 수단이 될 수 있다(물론 이는 데이터가 윤리적으로 협력하여 수집되거나 토착 유전학자들이 직접 수집하는 경우여야 한다). DNA에서 파생된 서사는 현대적 생물학적 식민주의에 맞서는 목소리를 만들어낼 뿐 아니라, 인종주의적 과학이나 역사적 관행 속에서 오랫동안 부정되거나 지워져온 과거를 다시 표현할 언어를 제공한다.[77] 다른 공동체에게 DNA는 기존의 표준 역사서사를 우회할 수 있는 하나의 통로가 되기도 한다. 이런 점에서 아이리스의 발언은 DNA 연구가 던지는 함의를 적극적으로 활용해, 사회적·문화적·역사적 가정을 다시 검토할 수 있는 가능성을 보여준다. 그러나 과거에 대한 이런 이상주의적이고 유토피아적인 해석이 '다른 미래'를 열어준다고 해도, 그것을 현실로 만들기 위해서는 훨씬 더 많은 노력이 필요하다. 동시에 DNA 서사가 지닌 순전한 힘이 때로는 보수적인 유전학적 운명론으로 기울 수 있다는 점 또한 반드시 인식해야 한다.[78]

이중나선 역사

이 책 전반에서 나는 역사에 대한 이해, 실천, 상상력과 관련하여 유전학적 정보를 다양한 관점에서 살펴본다. 이 책은 유전학에 대한 인식과 실천이 역사 연구와 개념화를 어떻게 변화시키는지를 탐구한다. 이 개념은 과거를 아는 방식과 과거를 상상적으로 구성하는 방식을 연결하여 증거, 기록, 윤리와 같은 주요 역사학 개념을 비판적으로 성찰하게 한다. 동시에 우리가 자신과 과거를 미학적으로 사유하는 방식을 재구상하는 도구이기도 하다. 나의 이전 저서들이 공적 역사 상상력을 탐구했듯이, 이 책 역시 기존의 역사적 가정에 문제를 제기하고 '역사'를 구성하고 관계 맺는 방식에 대한 새로운 사고를 제안하는 데 그 의의가 있다. 각 장에서는 유전학적 역사의 특정 측면을 다루며, 과거를 아는 다양한 방식을 활용한다. 어떤 경우에는 유전학자가 탐정 역할을 하고, 어떤 경우에는 공적 기억의 일부가 되며, 또 어떤 경우에는 새로운 서사를 만들어내는 방식이 된다. 나는 '공공' '실천' '정치' '윤리' '상상' '자아'라는 여섯 개 개념을 연결하여 유전학적 정보, 포스트게놈, DNA의 공적 삶, 유전학적 상상력이 신체, 집단 기억, 역사 인식, 역사 연구의 윤리, '과거'에 관한 데이터 수집 및 해석에 작용하는 방식을 개괄적으로 설명한다.

　　1장 "공공"에서는 다양한 맥락에서 유전학의 공공적 표현을 검토하며, 과거를 이해하는 수단으로서 DNA가 어떻게 상상되는지를 살펴본다. 이 장에서는 유전학적 조사에서 도출된 데이터가 역사적 이해와 인식을 변화시킬 수 있다는 나의 주장을 제시한다. 이 논의는 2장 "실천"으로 이어지며, 고DNA 연구를 자세히 살펴봄으로써 유전학 데이터가 어떻게 역사적 실천에 도전하고, 실제로 과거를 알고 서술하는 새로운 방식을 제시하는지 보여준다. 이 두 장은 유전학이 역사 지식과 역사 조사에 가져온 변화에 관한 논의를 전개한다. 3장 "정치"에서는 현대의 생물식민주의와 인종화된 과학이 다시 등장하는 문제를 다룬다. 유전학적 지식은 현대와 과거의 정체성과 자아에 관한 규범적 이해에 도전할 수 있으며, 이는 유전학적 계보 현상을 분석하는 6장 "자아"에서 이어진다. 4장 "윤리"에서는 DNA 데이터를 역사적 '증거'로 간주할 때 발생하는 윤리적 함의와 그것이 역사 서술에 미치는 결과를 살펴본다. 이 장은 과거에 대한 유전학적 접근을 비판적으로 검토하는 역사학을 설명하는 데 중요한 역할을 한다. 5장 "상상"에서는 래퍼, 예술가, 시인, 소설가, 게임 제작자들이 질서와 명확성보다는 모호함과 낯선 감각을 통해 유전 역사 지식에 도전하는 방식을 검토한다. 6장 "자아"에서는 유전학적 정보가 과거 '가족'과의 관계에 대한 이해를 어떻게 바꾸는지 살펴보면서, 우리가 역사를 생각하고, 참여하고, 서술하는 방식에 DNA가 어떤 영향을 미치는지 설명하는 이 책의 더 넓은 목적에 기여한다. 이 책은 다양한 텍스트, 장소, 맥락, 개념을 넘나들며, 유전학이 우리의 역사적 상상력과 이해 속에 얼마나 복잡하고 다층적으로 스며들어 있는지를 잘 보여준다.

공공
public

이 장에서는 DNA가 공공(public)으로 반복·전파되는 방식을 중심으로, 유전학과 '과거'라는 개념이 더 넓은 역사적 상상력 안에서 어떻게 결합되는지를 탐구한다. 이 장은 DNA의 '공적 역사', 즉 분자가 역사적 상상력 속에서 어떤 방식으로 등장하며 과거에 대한 더 넓은 이해에 어떻게 기여하는지를 살펴본다. 지난 20여 년 동안 DNA와 유전학과 관련해 벌어진 가장 주목할 만한 공적 사건들 가운데 상당수는 역사적 맥락을 품고 있었다. 리처드 3세의 유해 발견과 재매장, 토머스 제퍼슨(Thomas Jefferson)과 그의 노예 샐리 헤밍스(Sally Hemings)의 관계를 밝혀낸 사건, 아프리칸 버리얼 그라운드(African Burial Ground) 프로젝트의 유전학 데이터베이스 구축, 헨리 루이스 게이츠 주니어의 계보학 텔레비전 프로그램에서 DNA가 활용된 방식, 그리고 아르헨티나, 믹시코, 르완다, 구 유고슬라비아 등에서 전쟁 범죄와 집단학살을 조사하기 위해 유전학 기술이 사용된 사례들이 그것이다. 이러한 사건들과 그 밖의 여러 사례는 공공의 상상 속에서 유전학을 역사적 탐구와 긴밀히 엮어놓았고, DNA는 자연스럽게 '과거를 이해하는 것'과 결부되었다. 심지어 이런 흐름을 반영해 '콜드 케이스'(cold cases)라는 하나의 완결된 허구적 장르까지 등장했다. DNA는 역사적 상상력이 작동하는 방식을 변화시켜 과거를 탐구하는 데 새로운 물질적 차원을 더하게 되었다. 따라서 이 장은 다양한 'DNA의 공적 삶' 사례들을 검토하여 유전 지식이 논의되는 실제 맥락을 보여주는 동시에, 유전학과 과거에 접근하는 방식 사이의 복잡한 상호관계를 개념화하고자 한다. 각 절에서는 공공의 기억이 유전적 상상력과 얽히며 집단적 기억, 상상, 탐구의 실천을 어떻게 구성하는지를 구체적으로 살펴본다.

　　DNA와 이중나선은 특히 기억할 만한 실천, 유산, 전시, 신체와 관련하여 2000년 이후 공공의 역사적 이슈를 살펴볼 수 있는 중요한 사례들을 제공한다. 이런 맥락에서 DNA의 공적·역사적 기능은 과거와 현재, 실재와 상상이 근본적으로 뒤섞이는 지점으로 이해될 수 있다. 이 장에서 다루는 사례들은 물질로서 '실재하는' DNA와 개념적으로 상상되는 DNA 사이에서 공공의 상상력이 어떤 긴장을 만들어내는지를 보여준다. 이를 통해 유전학과 관련된 관념들이 구체적으로 어떤 맥락 속에서 수용되고 이해되는지를 파악할 수 있다. DNA에 대해(그리고 DNA를 통해) 이야기를 구성하는 것은 공적 역사 공간에 개입하는 행위다. 우리가 DNA를 어떻게 상상하고 그 역사를 어떤 방식으로 서술하는지는 사회가 무엇을 기억하고, 어떻게 기억하기로 선택하는지를 드러낸다.

또 이 장 전반에서 분명하게 드러나듯이 DNA와 이중나선은 과거에 접근하는 모티프로서 역사적 자료에 관여하고 역사 서사를 구성하는 특별한 방식이기도 하다. 특히 이 장은 DNA가 어떻게 수정주의적 담론과 재사유의 담론에 참여하는지를 보여주며, 이를 통해 증거의 전환과 역사 이해의 새로운 가능성을 하나의 모티프로 제시한다. 이 장에서는 공적 역사에서의 유전학, 즉 DNA가 기억되어온 방식과 그것이 우리가 무엇을 어떻게 기억하기로 선택하는지에 대해 갈해주는 바를 살피고, 동시에 공적 역사로서의 유전학, 즉 기억이 형성되는 방식과 그것이 어떻게 발전하고 변화할 수 있는지를 사유하는 모티프로서의 유전학을 논의한다. 유전 정보는 샐리 헤밍스의 사례처럼 기존 역사 담론에 도전할 수도 있고, 과거와의 관계에 대한 우리의 사고 자체를 완전히 바꾸어 놓을 수도 있다. 유전 정보는 제임스 왓슨의 게놈 서열처럼 자기만의 아카이브를 구축할 수도 있으며, 로절린드 프랭클린(Rosalind Franklin)에 대한 공공의 기억처럼 과거를 바라보는 특정한 방식을 제시할 수도 있다. DNA는 수정주의적 도구로서 규범적 가정에 도전하고, 새로운 빛을 비추는 기회를 열어준다. 소설가 앨리 스미스의 작품을 다룬 논의에서 보았듯이 DNA는 특정한 역사 유형에 대한 대안을 제시하고, 과거에 접근하며, 역사를 개념화하는 새로운 방식을 제공할 수 있다. 공적 장에서 반복적으로 등장하는 DNA는 실재이면서도 비실재고, 구체적이면서도 상상적이며, 미시적이면서도 거대하다. DNA는 우리의 규모 감각, 시간 감각, 자아 감각을 뒤흔들 수 있다. 이 장에서 살핀 여러 사례를 통해 우리는 잘 알려지지 않은 진부한 것, 익숙하지만 낯선 것, 거의 보이지 않는 것, 기묘한 것, 너무나 친숙한 것 등 다양한 모습으로 존재하는 DNA의 공적 삶을 보게 된다. DNA의 공적 삶을 사유한다는 것은 곧 DNA와 '역사'—실천되고, 상상되고, 구성되는 어떤 것으로서의 역사—가 서로 맺는 관계를 이해하는 길이 된다.

유전학 및 코로나19 백신에 대한 공공의 지식

1990년대 이전에도 유전학에 대한 지식은 비교적 널리 퍼져 있었지만, 그 이후 그 활용과 확산은 눈에 띄게 가속화되었다.[1] '이중나선', '생명의 구성 요소', 유전적 유산, 왜곡된 인종 개념 등과 같은 공적 유전학 지식도 널리 공유되었고, 이러한 흐름은 해당 주제를 다룬 대중 과학서의 급격한 증가에서도 확인할 수 있다.[2] 2000년대 이후 DNA에 대한 관심과 이해가 폭발적으로 늘어나면서, 유전학이 과거를 바라보는 우리의 방식을 얼마나 복잡하게 만들어왔는지를 탐구할 수 있는 토대가 마련되었다. 게놈학과 DNA에 대한 넓은 공적 인식은 특정한 사용 방식과 지배적인 은유를 어느 정도 굳혀왔고, 이런 인식의 확산은 유전학적 사고가 문화적 의식 속에 거의 보이지 않을 만큼 자연스럽게 스며들었다는 점을 몇 가지 사례가 잘 보여준다. 첫 번째 예는 '잉글랜드 DNA'인데, 이는 잉글랜드 축구협회가 '잉글랜드 대표팀의 코칭 및 경기 철학'을 홍보하기 위해 추진한 프로젝트다.[3] 이는 대물림되는 특성과 정체성을 구성하는 핵심 요소를 가리키는 약어로 'DNA'를 사용해, 특정한 훈련 방식과

정신을 통해 스포츠에 고유한 틀을 부여하려는 시도다. '바르사 DNA', '포뮬러 원의 DNA', '럭비의 DNA는 지역 사회 경기다'와 같은 표현에서 보듯, 스포츠 담론에서 이런 용법은 낯선 일이 아니다.[4] 유전학을 근본적인 것으로 보는 시각은 은유적 사용에 널리 스며들었고, 지난 20년 동안 그 경향은 더욱 강화되었다. 2020년 여름 〈뉴욕타임스〉에서 피터 웨너(Peter Wehner)는 보수주의와 도널드 트럼프(Donald Trump)를 논하며 "견제와 균형, 권력 분립 등 매디슨 정부 시스템에 대한 존중 때문에 보수주의는 타협을 우리 헌법 DNA의 일부로 간주한다"고 말했다.[5] 마찬가지로 영국의 나딤 자하위(Nadhim Zahawi) 의원은 2020년 9월 "국민의 자유를 축소하는 일은 보수주의 정부의 DNA와는 결이 다르다"고 주장했다.[6] 비평가 에릭 토레스(Eric Torres)는 뮤지션 실버스터(Sylvester)를 언급하며 "〈유 메이크 미 필〉(You Make Me Feel)은 바로 전년도에 발표된 도나 섬머(Donna Summer)의 〈아이 필 러브〉(I Feel Love)와 같은 우주 시대의 DNA를 지니고 있다"고 주장했다.[7] 이처럼 'DNA'를 어떤 근본적 속성을 지칭하는 용어로 사용하는 일은 공공 담론에서 매우 흔하다. '생명의 구성 요소'라는 개념을 실제 구성 요소와 연결하는 온라인 현상에서도 이를 확인할 수 있다. 온라인에는 영화 〈쥬라기 공원〉의 설명용 만화 캐릭터 '미스터 DNA'를 비롯해 수백 가지 레고 DNA 모델이 떠돌고 있다.[8] 재료과학자들은 역으로 레고를 활용해 DNA 구조를 모델링하기도 했다.[9] 이 경우 DNA와 '근본적'인 연관성이 핵심인데, 레고는 유전적 구조를 건축적이고 3차원적인 형태로 이해하도록 돕는다. 마지막 예로는 유전공학과 유전자의 상품화에 대한 두려움을 다룬 영화 〈쥬라기 공원〉

(1993년부터 현재까지 총 6편 제작, 4장에서 더 논의)의 큰 성공을 들 수 있다. 이 영화들은 DNA를 근본적이면서도 조작 가능한 대상으로 인식하게 만들었다. 이 밖에도 DNA에 대한 공적 이해가 특정 비유와 은유로 환원되어 널리 유통되고 있음을 보여주는 사례는 무수히 많다(5장에서 추가 논의). 유전학에 대한 공공의 이해는 완전하지는 않지만 폭넓게 확산되어 있다.

2020-2022년 전 세계적 코로나19 팬데믹에 대응하기 위한 백신 개발 과정을 보면, 공적 유전학 지식이 얼마나 복잡한지 알 수 있다. 2019년 말 코로나19가 등장하자 수백만 명이 사망하고 전 세계가 봉쇄되었으며, 바이러스의 위협에서 벗어나기 위한 백신 개발 '경쟁'이 시작되었다. 여러 백신이 개발되었고, 그중 일부는 혁신적인 유전자 기반 기술을 활용했다.[10] 유전자 기반 백신 후보들은 기존의 전통적 방식 대신 메신저 RNA(mRNA)를 이용해 "우리 세포가 특정 단백질을 생성하도록 가르치고, 그 단백질을 통해 면역 반응을 유도한다"는 새로운 접근법을 취했다.[11] 이런 유형의 백신은 '신속하고 저렴한 제조 공정'으로 인해 선호되었다.[12] 바이러스의 게놈과 그 변이를 분석하기 위해 막대한 연구 노력이 집중되었다.[13] mRNA 백신 후보들은 효과가 좋았고, 빠르게 개발되어 전 세계에서 사용되었다.[14] mRNA 백신을 가장 빠르게 개발한 화이자/바이오엔텍(Pfizer/BioNTech)이 선두에 섰고, 이 백신은 2020년 12월 영국에서 승인되며 세계 최초로 사용되기 시작했다(대부분의 백신은 승인까지 10년이 걸린다).[15] 또 다른 회사 모더나(Moderna)는 2021년 1월, "코로나19 바이러스 유전자 코드의 일부를 주입해 면역 반응을 유발하고 바이러스에 대항할 수 있는 항체를 인체에 생성하는 방식으로 작동"하는 백

신으로 영국 정부의 허가를 받았다.[16]

mRNA로의 전환은 "백신 제조 과학의 획기적 도약"으로 선언되었고, 유전자 기반 의학이 앞으로 어떤 방식으로 작동할 수 있을지를 보여주는 새로운 가능성을 제시하는 듯했다.[17] 화이자/바이오엔텍과 모더나 백신 개발에 동원된 대규모 유전학적 연구는 유전자 의학의 발전을 크게 앞당겼다. 지난 50년간 가장 중요한 공중보건 문제를 해결하기 위해 유전학적 지식과 기술이 총동원된 것이다. 그러나 이러한 유전자 기반 백신의 개발과 전 세계적 접종 과정은, 온라인 공간에서 백신의 작동 방식과 접종자의 몸에 미칠 영향에 대한 두려움과 음모론까지 낳았다. 특히 mRNA 백신이 접종자의 DNA를 바꾼다는 근거 없는 주장도 퍼지기 시작했다.[18] 소셜미디어에서는 기사와 동영상 클립을 통해, 빌 게이츠(Bill Gates)가 새로운 백신이 DNA를 '변경'하고 '조작'하기 위해 설계되었다고 말했다는 잘못된 주장도 퍼져 나갔다.[19] 백신 반대 단체와 온라인 음모론자들은 빌 게이츠와 mRNA 백신을 둘러싼 각종 허위 콘텐츠를 전 세계로 퍼뜨렸다.[20] 가톨릭과 유대인 공동체에서도 특히 우려의 목소리가 나왔고, 의료진은 백신 효과를 둘러싼 각종 소문에 적극 대응해야 한다는 사실을 절감하게 되었다.[21] DNA와 코로나19 백신을 둘러싼 이러한 불안은 유전학적 정체성 개념이 얼마나 근본적이고 중요한지를 보여준다. 동시에 의료 관련 음모론이 얼마나 빠르게 공적 담론을 왜곡할 수 있는지도 드러낸다. 또 공공의 DNA 이해가 한편으로는 취약하면서도 다른 한편으로는 매우 강고하다는 사실을 보여준다. 취약하다는 것은 공공이 본질적으로 복잡한 유전학 지식을 부분적으로만 이해한 채 받아들이기 때문에 쉽게 조작될 수 있다는 뜻이다. 반대로 견고하다는 것은 DNA와 '자아'를 연결하는 공적 상상력이 그만큼 강력하다는 의미다. mRNA 백신이 접종자의 DNA를 바꿀 수 있다는 우려는 정체성과 행동을 유전학이 좌우한다는 더 넓은 공적 논쟁과도 일정 부분 맞물려 있다.

공적 기념과 수정

브루노 J. 스트라서(Bruno J. Strasser)는 1990년대 게놈 매핑으로 향하는 흐름 속에서 이중나선 모델의 사용이 한층 '빈번'해졌다고 지적한다.[22] 스트라서는 이 모델이 어떻게 우리의 집단 기억 속에서 그토록 중요한 상징이 되었는지를 묻고, 크릭과 왓슨의 1953년 논문이 반복적으로 인용되며 하나의 '지식의 계보'를 형성해온 과정을 보여준다. 이렇게 지식의 발전을 위계적이고 가족적 구조로 이해하는 관점은 과학을 점진적이고 어느 정도 선형적인 것으로 보이게 만든다. 이 절에서는 DNA와 크릭·왓슨을 연결하는 이미지가 과학적 성취를 둘러싼 더 넓은 문화적 기억의 일부가 된 동시에, 점차 도전을 받고 있는 양상을 다룬다. 이런 의미에서 역사적 상상력 속에서 '계보'를 만들어낸다는 것은 사회가 무엇을 기억하고 무엇을 강조할지 선택하는 문제와 직결되기 때문에 중요하다. 여기서 말하는 '이중나선 역사'는 이중나선 자체가 아니라, 이중나선이 어떻게 기억되어왔는가에 관한 역사이며, 이는 국가적 기억 구조와 현대의 역사적 상상력에서 과학이 어떤 위상을 차지하는지에 대해 중요한 함의를 던진다.

유전학 기념

2003년 2월 27일, 제108대 미국 의회는 상·하원 의원들이 공동 발의한 다음과 같은 결의안을 통과시켰다.

> (1)제임스 D. 왓슨과 프랜시스 H. C. 크릭이 DNA(디옥시리보핵산)의 이중나선 구조를 기술한 논문을 발표한 지 50주년을 기념하여 2003년 4월 25일을 'DNA의 날'로 지정한다. (2)또한 그 기념일과 HGP 의 핵심적인 완수, 그리고 게놈학의 미래 계획 마련을 기념하기 위해 2003년 4월을 '인간 게놈의 달'로 지정한다.[23]

이 결의안은 "20세기 가장 중요한 과학적 발견 중 하나"를 기념하기 위해 "전국 학교, 박물관, 문화 단체 및 기타 교육 기관"이 이 날을 공식적으로 인정하고 기념할 것을 권고했다. 2003년 4월 1일은 HGP가 공식적으로 완료된 날이기도 했으므로, 이 결의안은 과거의 성취와 현재의 성과를 함께 기념하는 의미를 지닌다. 이후 NHGRI는 4월 25일을 'DNA의 날'로 지정해 전 세계적으로 기념하고 있다.[24]

'DNA의 날' 선포는 유전학이 공식 기념 달력에 포함되어 미국의 공적 문화유산의 일부가 되었음을 뜻한다. 'DNA의 날'을 제정한다는 것은 유전학이 기억하고 기념할 가치가 있는 무엇으로 규정되었다는 의미다. 이 기념일은 인류의 업적과 과학적 발전을 기리는 국가적 행사로 자리 잡았다. 이중나선 구조가 처음 기술된 날짜를 기념하는 것은 DNA 이해의 기원적 순간을 상징적 출발점으로 확정하려는 시도라고 할 수 있다. 이중나선 구조의 기술은 오늘날 연구의 토대로 여겨지며, 이 기념일은 앞으로의 연구 발전을 전망하는 의미도 지닌다. 여기서 핵심은 구조가 설명된 날짜이지, 그 타당성을 확립해온 이후의 연구 과정이 아니다 (물론 결의안은 이 분야에서 이루어진 방대한 연구를 인정한다). 이 결의안은 영웅적이고 독창적인 업적 모델을 전면에 내세우며 크릭과 왓슨에게만 초점을 맞춘다(1962년 이들과 공동으로 노벨상을 받은 모리스 윌킨스와, 이 발견의 기초를 마련한 로절린드 프랭클린은 배제되었다). 따라서 이 결의안은 과학적 성취를 공동의 작업이 아닌 상징적 인물 중심으로 재현하는 대중문화적 방식에 호응하고 있다. 이러한 특별한 명명과 기억의 방식은 역사적 개입으로서 무엇을, 누구를, 왜, 어떻게 기념할 것인지에 대한 논쟁을 불러일으킨다. 따라서 'DNA의 날'은 이중나선 구조가 기술된 역사를 살아 있는 역사이자 더 넓은 문화적 기억의 일부로 구성한다. 나아가 의회 결의안은 이를 어떻게, 그리고 왜 기념해야 하는지에 대한 일종의 지침을 제시한다. 여기에서 우리는 기념 방식이 어떤 구조로 형성되고 표현되는지를 확인할 수 있다.

따라서 이중나선과 더 넓은 의미의 DNA 연구는 과거에 접근하는 수단이자 특정 업적을 압축해 드러내는 상징으로 기능한다. 이 기념일은 교육 기관들에서 공적으로 기념되고 해석될 것이며, 이를 통해 유전학이 기념 및 기념일 활동의 형태로 공적 기억의 주체이자 참여자로서 역사적 담론에 진입하는 방식을 보여준다. 2018년 영국의 새 50파운드 지폐에 로절린드 프랭클린을 넣어야 하는지에 대한 논쟁, 그리고 2011년 런던 생의학연구소에 프랜시스 크릭의 이름을 붙인 일은 이와 유사한 '공적' 순간이다. 이 두 사례는 모두 과학자가 기념의 실천 속으로 편입되는 과정을 보여준다. 물론 두 경우 모두 '중립적' 사건은 아니었다. 프랭클린을 둘러싼 논의는 종종 그녀를 잊혀지고 소외된 유전학의 여성 인물로만 묘사하며, 때로는 정작 그녀가 이룬 실제 업적을 가리는 결과를 낳기도 했다(아래에서 설명할 것이다). 제인 오스틴(Jane Austin)을 10파운드 지폐 인물로 선정하자는 캠페인 이후 의원들이 살해 협박을 받았던 일을 떠올려보면, 영국에서 여성을 지폐 인물로 넣는 일이 결코 간단한 문제가 아니라는 점도 분명하다.[25] 2018년 프랭클린을 둘러싼 논의의 한 국면에서 영국 중앙은행은 50파운드 지폐에 넣을 과학자를 대중에게 추천받고자 했고, 많은 여성 과학자가 논의에 올랐음에도 결국 앨런 튜링(Alan Turing)이 선정되었다. 프랜시스크릭연구소(Francis Crick Institute) 사례에서는, 로절린드프랭클린연구소(Rosalind Franklin Institute)가 별도로 존재함에도 왓슨의 공헌은 기념하지 않기로 하고 두 사람이 공공의 의식 속에서 긴밀히 연결되어 있음에도 불구하고 둘 중 한 명에게만 초점을 맞춘 점이 흥미롭다. 물론 왓슨은 아직 생존해 있으며, 과학에 대한 그의 정치적 발언으로 오랫동안 논란의 대상이었다.

유전학이 공적으로 어떤 방식으로 기념되어왔는지를 살펴보는 일은 공적 공간에서 역사가 어떤 역할을 하는지 다시 생각하게 만든다. 일반적으로 주목받지 않았던 기념 실천의 방식들 또한 고려할 필요가 있다. 예를 들어, 기관이나 연구소에 특정 인물의 이름을 붙이는 행위 역시 공적 역사 실천으로 이해할 수 있다.[26] 종종 과학 기관은 역사적 조직으로 간주되지 않는다. 그러나 앞서 언급했듯이 런던에는 프랜시스크릭연구소, 옥스퍼드셔에는 로절린드프랭클린연구소, 시카고에는 로절린드프랭클린대학교가 있다. 또 웰컴생어연구소(Wellcome Sanger Institute) 단지에는 설스턴연구소(Sulston Laboratories)가 있다. 이 밖에도 유전학 발전에 기여한 여러 핵심 인물들의 이름을 딴 소규모 건물들, 수많은 조각상과 강의실이 존재한다. 런던대학교(UCL)의 프랜시스 골턴(Francis Galton) 강의실을 둘러싼 논란에서 보듯, 이러한 명명 행위는 매우 중요한 의미를 가진다. 골턴의 우생학 연구는 파괴적이었기 때문에 많은 이들이 강의실 명칭 변경을 요구했고, 2020년 여름 실제로 이름이 바뀌었다.[27] 이러한 문제는 점점 더 주목받고 있으며, 뒤에서 다룰 제임스 왓슨에 대한 공적 기억 논의는 유전학 역시 기념 방식과 그 윤리에 관한 공공의 논의에서 예외일 수 없음을 보여준다. '명명' 행위는 곧 기념을 의미하지만, 그것만으로는 과거의 복잡하고 미묘한 층위를 충분히 전달할 수 없다. 과학 기관은 그동안 공적 역사 논의에서 이런 방식으로 충분히 다뤄지지 않았고, 기억의 장소로서도 상대적으로 주목받지 못했다. 연구실, 건물, 조각상, 강의실, 연구소 등에 이름을 붙이는 행위는 '거인의 어깨 위에 서는' 선형적 발전 모델—즉 영웅적 개인의 업적 위에 학문이 쌓인다는 관념—을 전제하며, 과학계와 더 넓은 사회 속에서 특정한 기억 방식을 형성한다. 또한 이러한 명명 관행은 대체로 백인 남성의 업적을 중심에 두는 기념 방식을 강화함으로써, 역사적 상상력에도 뚜렷한 영향을 미친다.

DNA의 '업적'을 기념하는 방식은 영웅을 기념하는 더 넓은 담론과 맞물려 있다. 이러한 공적 기념의 맥락에서 웨스트민스터의 세인트 조지광장에는 크릭을 기리는 명판이 있고, 런던 빈센트광장에는 왓슨을 위한 명판이 세워져 있으며, 케임브리지의 이글 펍(두 사람이 연구 결과를 처음 발표한 장소) 안팎에도 두 사람을 기념하는 명판이 붙어 있다. 이런 공공 기념물은 특정 인물이 남긴 유산적 중요성을 확립하는 데 핵심적 역할을 한다. 크릭은 "DNA와 유전 암호의 발견자"라고 자세히 소개되어 있는 반면, 왓슨은 비교적 단순하게 "DNA 과학자"로만 적혀 있다. 그리고 이글 펍의 명판은 로절린드 프랭클린의 업적을 반영해야 한다는 문제 제기가 이어지면서 종종 낙서로 '수정'되곤 했다. 이글 펍의 명판은 크릭과 왓슨이 바로 '이 자리에서' 발표를 했다는 사실을 방문객에게 상기시키며, 특정 장소가 유산 기념에서 갖는 핵심적 의미—즉 그 장소를 직접 방문하는 행위 자체의 상징성—를 부각한다. 물리적 장소의 중요성은 명판을 넘어 도시 계획에서도 드러난다. 케임브리지, 길퍼드, 노샘프턴에는 크릭의 이름을 딴 거리가 있으며, 노리치에는 한때 왓슨의 이름을 딴 거리도 존재했다(아래에서 다룰 케임브리지 자전거 도로 사례도 여기에 속한다). 이처럼 크릭과 왓슨을 향한 지속적인 공적 관심은 특정한 '발견'과 '과학적 진보'를 사회가 어떻게 기억하고 전달하는지를 보여준다.

제임스 왓슨은 이러한 기념 관행 속에서 특히 두드러진 인물로, 공적 기억이 어떻게 변화하며 또 변화할 수 있는지를 보여주는 대표적 사례다. 그는 DNA와 관련된 '유명 인사'로서 여러 방식으로 기념되었지만, 동시에 논란의 여지가 많은 인물이기도 하여 수십 년 동안 과학계에서 점점 더 외면받아왔다. 2000년대 초반 반유대주의, 인종·지능, 성적 지향, 젠더 등에 관한 수많은 문제적 발언 이후 그는 학계와 공적 영역에서 점차 고립되었다.[28] 자신의 연구를 다룬 PBS 다큐멘터리에서 유전학과 인종에 관한 발언을 한 이후, 왓슨은 2019년 콜드스프링하버연구소(Cold Spring Harbor Laboratory)에서 명예이사장직을 박탈당했다.[29] 2020년 7월, 노리치에 있던 '왓슨' 도로는 '로절린드 프랭클린' 도로로 이름이 변경되었다.[30] 마찬가지로 2019년에는 왓슨의 이름을 달고 있던 포츠머스대학교 기숙사가 프랭클린을 기리는 이름으로 변경되었다. 이런 변화는 공공 기념물과 장소 명명을 둘러싼 공적 논쟁이 이어지고 있으며, 기념 방식이 시대적 상황에 따라 달라지고 있음을 보여준다. 왓슨의 '업적'은 남아 있지만, 그 업적을 기억하는 공적 방식과 사회적 태도는 변했다. 이런 점에서 과학자 역시 공적 기념을 둘러싼 논란의 대상이 된 여러 정치인과 마찬가지임을 확인할 수 있다.

논란의 여지가 있는 왓슨의 발언을 다룬 기사들 상당수는 그를 'DNA의 아버지'라고 부르며, 마치 그에게 창시자로서의 지위를 부여하듯 서술한다. 이런 표현은 과학의 발전과 진보를 설명하는 데 오래도록 사용되어온 창조와 선형적 위계의 질서를 다시 한번 강조하는 효과를 낳는다.[31] 왓슨의 전체 게놈은 2007년에 시퀀싱되었으며, 이런 방식으로 공개적으로 설명된 두 번째 완전한 게놈으로 여겨진다.[32] 게놈 데이터를 받은 뒤, 왓슨은 그 정보를 의학 연구에 활용할 수 있도록 제공했다.[33] 당시는 시퀀싱 과정의 초창기였으며, 이 작업은 시퀀싱 과정을 더 빠르고 저렴하게 만들기 위한 노력의 일환으로 이루어졌다. "약 60억 염기쌍에 달하는 이배체 인간 게놈의 엄청난 규모로 인해 개별 인간 게놈 전체를 해독하는 데 시퀀싱 방법을 일상적으로 적용할 수는 없었다."[34] 왓슨의 전체 게놈은 2007년에 시퀀싱되었으며, 이는 이러한 방식으로 공개된 두 번째 완전한 게놈으로 알려져 있다. 게놈 데이터를 받은 뒤 왓슨은 이를 의학 연구에 활용할 수 있도록 공개했다. 이 연구는 게놈 분석 분야를 이끄는 데 중요한 역할을 했으며, 상징적으로도 큰 의미를 가졌다. 이번에는 그의 게놈 데이터 자체가 하나의 '기원자이자 개척자'로 자리매김되었다. 왓슨의 선택은 자신의 게놈을 공개하는 행위 또한 일종의 '기념'이자 공적 사건이 될 수 있음을 보여준다. 그의 데이터는 하나의 기준점이자 정보 아카이브가 되었고, 게놈 염기서열 분석이 점점 보편화되면서 수백 개의 게놈이 온라인에서 연구용으로 공개되기에 이르렀다. 그 결과 인간의 몸은 조사하고 분석할 수 있는 하나의 아카이브로 자리 잡게 되었다. 그러나 이런 흐름은 3장에서 다룰 HGDP 논의에서 보듯 심각한 문제를 낳을 수도 있다. 왓슨의 게놈 시퀀싱은 역사적 실천에 대한 하나의 개입이었다. 그의 유전 데이터는 그의 과학적 중요성을 드러내는 동시에 기념의 형식으로 기능했다. 이 작업은 왓슨의 업적을 기리는 동시에 연구 자체의 중요성을 강조하는 행위였으며, 그를 한 개인이자 데이터 집합, 그리고 과학적 기원자로 부각시켰다. 그의 유전 정보는 공적 아카이브가 되었고, '제임스 왓슨'이라는 존재는 개인과 데이터라는 두 층위로 확장되었다.

왓슨은 2014년에 자신의 노벨상 메달을 매각했다.[35] 그는 자신이 공적 인물로서 배척당했기 때문에 생계를 위해서이자 의학 연구를 지원할 자금을 마련하기 위한 것이라고 설명했다. 메달은 러시아의 과두 정치인이자 아스날 FC 구단주인 알리셰르 우스마노프(Alisher Usmanov)가 410만 달러에 구입한 뒤, 곧바로 왓슨에게 돌려주었다.[36] 이 사건은 왓슨의 공적 이미지가 그의 DNA 자체와 긴밀하게 얽혀 있음을 보여준다. 왓슨은 DNA의 '발견'과 공적 상상 속에서 떼려야 뗄 수 없는 존재가 되었고, 그의 유전 정보 역시 그의 공적 프로필의 일부가 되었다. 그는 '비중 있는' 인물, 공적이고 중요하며 기억할 만한 존재로 간주된다. 한편으로 왓슨은 DNA가 어떻게 기억되는지를 상징하는 인물로서 공적 차원의 '이중나선 역사'를 구현한다. 그는 DNA 신화의 아버지이자 기원자, 그리고 창조자로 호명된다. 왓슨이 얻은 공적 인지도는 유전학이라는 분야가 얼마나 정치적인지를 보여주며, 그가 어떤 태도로 인해 배척되었을 때조차 인종과 성에 관한 논쟁을 촉발했다. 또한 지난 수십 년간 왓슨이 보여준 여러 행동은 기이한 공적 역사 이미지를 만들어냈고, 기념 문화와 아카이브 실천에 기여했을 뿐 아니라 조각상과 같은 기념물이 여전히 강력한 공명을 불러일으키는 물질이라는 사실을 다시금 일깨워준다. 마지막으로, 왓슨의 이름을 딴 건물이 거의 없다는 점은 공적·역사적 상상 속에서 '이름을 붙이는 행위'가 얼마나 강력한 힘을 지니는지를 분명하게 보여준다.

공적 영역에서의 DNA 상상

DNA와 관련된 특정 인물들에 주목하는 일도 DNA의 공적 기억을 보여

그림 1.1 클레어 칼리지 메모리얼 코트.

주는 한 방식이지만, 공적 기념의 장에서는 이중나선 그 자체가 이미 널리 알려진 기념 아이콘이 되었다. 프랑크푸르트, 데이턴(오하이오주), 벌링턴(노스캐롤라이나주), 버밍엄, 베이징, 더블린, 모스크바, 런던 등 세계 여러 도시에는 이 구조를 형상화한 다양한 공공 예술 작품이 존재한다. 싱가포르의 다리나 캘리포니아 버클리의 어린이 놀이터처럼 이중나선을 모티프로 한 공공 구조물도 있다. 찰스 젠크스(Charles Jencks)는 2005년 케임브리지 클레어 칼리지에 이중나선 조형물을 설치했으며, 이후 그가 발전시킨 시각적 언어는 뉴캐슬, 글래스고, 런던, 더블린에 설치된 작품들에서도 계속 이어지고 있다(그림 1.1).[37]

젠크스는 포스트모던 건축의 핵심 이론가이자 다원주의 사상을 주창한 인물로 알려져 있다. 그가 DNA 기념물과 예술 작품 제작에 직접 참여했다는 사실은, 특정한 도상학이 단순한 우연이 아니라 의도적으로 발전해왔음을 보여준다. 앞서 언급한 대부분의 조각 작품은 반사성 금속으로 제작되어 입체적이고 규모가 크다는 공통점을 지닌다.

클레어 칼리지에 설치된 조각은 이중나선의 모래시계 형태를 변주한 것으로, 아래쪽은 층층의 조경을 통해 땅에 단단히 고정시키고, 위쪽은 나선이 풀리며 두 팔처럼 갈라져 전체 구조를 지탱하도록 설계되어 있다. 아연 도금 강철로 제작된 이 조형물은 인상적인 광택을 지니면서도 비현실적이고 비유기적으로 보인다. 젠크스는 현실을 초월한, 우아하면서도 인상적인 대상으로 DNA를 형상화한다. 인공 재료와 자연 재료를 조합한 선택 역시 절충주의를 드러내는 전형적인 포스트모던적 수사다. 아연 도금 강철은 건축 구조재로 흔히 사용되는 '보이지 않는 골격'이지만, 젠크스는 이를 외부로 드러내어 구조를 가능하게 하는 근본적 요소에 시선을 집중시킨다. 그는 DNA의 역설, 즉 형언할 수 없는 물질성에 주목한다. 이 조각은 사실적 재현을 목표로 하지 않으며, 오히려 자신이 가공된 대상임을 드러내면서 유전물질이 상상 속에서 현실과 비현실 사이를 '살아가는' 방식을 보여준다. 작품은 세계와 연결되어 있으며, 상상과 실체를 동시에 지닌 유전물질을 어떻게 사유할 수 있는지를 제시한다.

이러한 중간성(in-betweenness)과 동시성(simultaneity)은 포스트모던 미학의 핵심으로, 현재와 과거를 병치하고 고정되지 않으려는 태도를 드러낸다. 이처럼 DNA의 현대성—지금, 우리, 최첨단, 반짝임, 반사성—은 기념물로서의 조각이 지닌 시간성과 대조된다. DNA는 과거와 현재를 넘나들며 시간을 거슬러 올라가는 동시에 지금-여기에 존재한다. 포스트모던 조각은 시간성 자체에 도전하며, DNA의 재현을 무시간적이면서도 미래적이고 동시에 현재적인 것으로 만든다. 포스트모던 미학의 메타적 의미는 '둘 다'일 수 있는 이중성에 있으며, 건물이 기초를 노출하거나 조각이 관람자의 모습을 장난스럽게 반사하는 아이러니 속에서 이를 확인할 수 있다. 젠크스의 조각에서 DNA는 작은 것을 거대한 스케일로 확대해 보여주고, 보이지 않던 기초를 빛 속으로 드러내며 현실을 뒤집는다. 이중나선 기념물이 구현하는 이러한 미학은 DNA를 현재적이면서도 시대를 초월한 대상으로 사유하게 하고, 유전 정보를 이해하고 상상하는 새로운 방식을 제안한다.

젠크스가 개발한 DNA 조형 언어는 이제 하나의 표준적 양식으로 자리 잡았다. 예컨대 2015년 서펜타인 갤러리에서 전시되어 자비에르 상을 수상한 마크 비티(Mark Beattie)의 〈이중나선 조각〉(Double Helix Sculpture)은 반사 금속으로 제작된 높이 2미터 규모의 작품이다.[38] 비티의 조각은 "건축적 영감을 주는 것"을 요구한 의뢰에 따라 제작된 것으로, 이러한 건축적 맥락은 곧 젠크스가 제시한 이중나선 개념, 즉 신체 구조의 기초가 되는 형태와 다시 연결된다. 한편 크릭의 고향인 노샘프턴에 세워진 기념 조각품은 루시 글렌딩(Lucy Glendinning)과 기념비 제작사 엠텍(m-tec)이 협업해 만든 작품이다. 〈발견〉(Discovery)이라는 이름의 이 조형물은 두 개의 강철 기둥이 서로 얽혀 있으며, 그 끝부분에 인간 형상이 배치된 것이 특징이다.[39] 이 작품은 젠크스와 비티의 조각처럼 낙관과 확장의 미학을 공유하며, 예술가들이 공통적으로 추구하는 '무한함'의 감각을 담고 있다. DNA가 어떤 방식으로든 과거와 미래를 결합해 형상화될 수 있다는 믿음은, DNA가 공적 상상 속에서 살아 움직이는 방식의 핵심을 이룬다. 이러한 기념 행위는 미래지향적이면서도 정중하고, 진지하면서도 유쾌하며, 낙관적이면서도 엄숙한 분위기를 동시에 띤다. 그 안에서 과거와 현재가 교차하는 방식은 중요한 요소로 작용하며, DNA라는 개념은 이 역사적 '중간 지대' 속에서 빛을 발한다. 이는 모리스 윌킨스의 고향인 뉴질랜드 폰가로아에 세워진 기념물과는 뚜렷한 대비를 이룬다. 그곳의 기념물은 돌 세 개를 겹겹이 쌓고 그 위에 나선무늬를 새긴 형태로, 훨씬 더 견고하고 정적이며 유기적인 나선을 보여준다. 이런 유형의 조형은 드문 편이다(그림 1.2).

올라퍼 엘리아슨(Olafur Eliasson)의 〈움슈라이붕〉(Umschreibung, 2004,

그림 1.2 올라퍼 엘리아슨, 〈움슈라이붕〉, 2004.

독일어로 '의역'을 뜻함—옮긴이)은 '동시성' 개념을 확장한 작품이다. 거대한 계단이 이중나선을 그리며 휘감아 올라갔다가 다시 출발점으로 돌아오는 구조로, 본질적으로는 뫼비우스 띠의 형태에 가깝다. 작품 제목이 '우회적 표현'을 의미하듯, 이 조형물은 '목적지 없는 움직임'을 탐구한다.[40] 젠크스와 마찬가지로 엘리아슨 역시 DNA를 능동적이고 참여적이며, 유동적이고 연속적인 대상으로 제시한다. 그의 작품은 관객이 직접 계단을 오르내리는 과정을 통해 신체적으로 개입하도록 만들며, 이러한 공공 예술은 DNA가 공적 상상 속에서 표현되는 방식을 더욱 풍부하게 확장시킨다. 동시에 이러한 작품들은 기념 문화의 일부로 기능하면서, 이중나선이 기념비적 아이콘으로 자리 잡는 데 기여한다. 다시 말해, 공적 상상 속 DNA의 이중적 성격—기념적이면서도 '현재적'인 존재—을 증언하는 셈이다.

이러한 미학은 2015년 디자인 회사 썸원(SomeOne)이 크릭연구소의 신축 건물 기금 마련을 위해 기획한 프로젝트에서 또 다른 방식으로 전개되었다. 이 회사는 20개의 DNA 조각 구조물을 제작해 각기 다른 국제 예술가들에게 장식 작업을 의뢰했다.[41] 애스턴 마틴(Aston Martin)과 테드 베이커(Ted Baker) 등 기업이 협찬한 작품도 있었지만, 자하 하디드(Zaha Hadid)와 아이 웨이웨이(Ai Weiwei) 같은 세계적 작가들도 참여했다. 완성된 작품들은 이후 크리스티 경매에 붙여졌다.[42] 이들이 런던 전역에 조성한 예술 산책로는 도시 공간 속에서 대중이 직접 몸으로 유전학 데이터를 경험하도록 이끌었다. 동시에 일상적 환경에서 DNA에 대한 인식을 높이고, 유전물질에 대한 창의적 반응을 촉진하는 장치로도 기능했다. 썸원의 크리에이티브 디렉터 사이먼 맨칩(Simon Manchipp)은 이중나선이 디자인 아이콘으로서 지니는 중요성을 강조하며 이렇게 밝혔다. "세계 최고의 크리에이터들이 맞춤 제작할 수 있는 조각 시리즈를 기획하면서 여러 형태를 고려했지만, 결국 우리는 DNA 나선으로 돌아올 수밖에 없었다."[43] 이중나선은 이제 유전학 전체를 상징하고, 모든 종류의 유전학적 지식을 대표하는—말 그대로 기호의 세계에서 DNA를 대리하는—형상이 되었다. 지식의 아이콘으로 자리 잡은 이중나선은 기념적이면서도 상징적인 행위의 중심에 놓이게 되었다. 런던의 이중나선 조각들은 다른 대형 작품들보다는 다소 작은 편이었으나(그럼에도 높이가 약 2미터에 달했다), 참여한 예술가들의 개성에 따라 각기 다른 방식으로 장식되었다. 이 작품들은 DNA라는 상징적 형상을 통해 신체적 참여와 기념 행위를 결합하는 새로운 방식을 만들어냈다.

지금까지 살펴본 이중나선 공공 예술의 미학—비정상적으로 큰 규모, 금속 재질, 형언하기 어려운 무언가를 가리키는 몸짓, 그리고 종종 신체의 움직임을 수반하는 특성—은 케임브리지의 DNA 자전거 도로 시작점을 알리는 조형물에서도 반복된다. 이 작품은 2005년 웰컴생어 연구소와 케임브리지셔 카운티 의회의 협업으로 조성되었으며, 존 설스턴 경이 공식 개관했다. 이 공공 예술 프로젝트는 신체와 DNA를 물리적으로 연결함으로써 육체 자체를 기념하는 실천이기도 하다. 도로 표면에는 BRCA2(유방암 2형 감수성) 유전자의 염기서열을 표현한 10,257개의 줄무늬가 그려져 있어, 방문자가 유전 정보의 규모와 방대한 크기를 몸으로 체감할 수 있도록 구성되어 있다. 참가자는 자전거를 타고 경로를 따라 이동하며, 그 과정에서 BRCA2 유전자를 추적하듯 따라가게 된다. 약 2마일(3.2킬로미터)에 이르는 이 도로의 양 끝에는 이중나선 조형물이 세워져 있으며, 전체 구간을 자전거로 달리는 경험은 유전자를 몸으로 체험하는 동시에 두 조형물을 물리적으로 연결하는 행위가 된다. 이 도로는 물질적이면서도 신체적인 조형물로 기능하며, 자전거를 타는 사람의 움직임을 통해 비로소 완성되는 채색된 아스팔트 역시 작품의 일부가 된다. 이 자전거 도로는 DNA와 관련된 공적 기념과 문화유산이 어떻게 서로 맞물려 있는지를 다시금 보여주며, 유전학과 연결된 기념 및 공적 역사 실천의 미학이 지속적으로 진화하고 있음을 드러낸다. 여기서 핵심은 신체와 데이터의 상호작용이 극대화된 방식으로 표현되어 있다는 점이다. 또한 이 도로는 프랜시스 크릭 애비뉴와 애든브룩스 병원 단지까지 이어져, 지리적 공간, 기념, 현대 과학 연구를 하나의 연속적 장으로 결합한다.

이 도로는 앨리 스미스의 소설 《둘 다 되는 방법》(*How to be both*)에도 등장하며(5장에서 자세히 논의함), 작품 속에서 제기되는 DNA 공적 기념물의 '상상된 것과 실제의 관계'는 유전학이 공적 상상 속에서 어떤 방식으로 자리 잡는지를 이해하는 데 유용한 통찰을 제공한다. 주인공 조지는 기차 안에서 본 구조물이 무엇인지 확인하기 위해 자전거를 타고 직접 나가본다. "그것은 결국 DNA 구조물, 하나의 조각품이었다. 도로 위에는 색색의 직사각형 10,257개가 그려져 있었고, 각각은 하나의 유전자를 이루는 구성 요소를 뜻했다. 이 자전거 길은 그 조각작품에서 시작해 2마일 동안 이어졌다"(171쪽). 조지는 유전자의 길이를 따라 자전거를 타

고 휴대전화로 영상을 촬영하며, 참여형 예술 작품을 스스로 만들어낸
다. 그는 예술적 DNA와의 상호작용을 디지털적이면서도 물리적인 방
식으로 동시에 수행하며, 이 조각을 통해 역사와 표현에 대해 사유하게
된다.

그 구조물은 탄력 있는 스프링이나 맞춤형 사다리를 연상시켰다. 하
늘을 향해 뻗어 올라가는 일종의 외침처럼 보이기도 했다. 학교에서
는 늘 이 도시에서 DNA의 역사가 어떻게 만들어졌는지를 배웠지만,
정작 그 구조물은 역사라기보다 오히려 그 반대에 가까워 보였다.

만약 역사가 바로 그 외침, 위로 솟구치는 스프링, 계단 사다리 같은
것이었다면 어떨까? 그렇다면 지금까지 모두가 전혀 다른 무엇인가
를 '역사'라고 불러온 것은 아닐까? 혹은 우리가 믿어온 역사 개념
자체가 애초에 기만적이었다면 어떻게 될까?

기만적인 개념이라니. 참.

어쩌면 그런 스프링을 억지로 끌어내리거나 눌러버리거나, 위로 솟
구치려는 힘을 막으려는 모든 시도야말로 역사라는 것의 진정한 의
미를 거스르는 일이었을지도 모른다(172쪽).

여기서 'DNA 역사'라고 불리는 것은 케임브리지 캐번디시연구소

에서 왓슨과 크릭이 연구를 수행한 과정이나 그에 대한 해석이 아니라, 그 연구 결과가 남긴 물질적 실체, 곧 기술적이고 유형적인 것을 가리킨다. 이는 학교에서 가르치는 방식의 역사—교육적이고 단정적이며 건조한 서술—와 맞닿아 있다. 사건과 인물, 정의 가능한 대상으로 구성되며, 측정 가능하고 잘게 분절해 전달할 수 있는 종류의 역사다. 이러한 기억의 실천은 시간·선형성·신체·정신이 동시에 개입해, 참여자가 시간 속에서 자신의 위치를 몸으로 느끼게 하는 자전거 도로의 경험적 기념 방식과는 크게 다르다.

이 건조한 '역사'에 대한 저항은 기이하고 정의하기 어려운 형상으로 나타난다. 다른 것들과 '닮은' 듯하지만 완전히 파악할 수는 없고, 그 의미는 끊임없는 비교 속에서 미뤄진다. 그것은 외침이자, 목적은 있으나 뚜렷한 형식을 갖추지 않은, 이상하고 도전적인 어떤 것이다. 감정을 부여받은 무생물, 일종의 '즐거운 침대 스프링'이라 할 수 있다. 이 '즐거운 침대 스프링'은 DNA와 이중나선 구조가 지닌 낯설고 기묘한 성격을 드러낸다. 유용하면서도 무생물이고, 기이하고 엉뚱하며, 터무니없어 보이면서도 근본적이다. 이 구조가 없다면 전체가 무너질 수도 있지만, 동시에 설명하기 어려운 유쾌한 기운을 풍긴다. 이러한 유쾌함은 이 책이 DNA를 사유하는 방식의 핵심이기도 하다. DNA는 구조적이고 근본적이지만, 약간 장난스럽고 때로 우스꽝스러울 수 있다. 세계가 외면할 수 없도록 맞서고, 말 그대로 '맞춤형 사다리'처럼 세상을 들어 올리는 힘을 지닌다.

이 낯선 조형물은 건조한 정보로 환원된 '역사'에 대한 일종의 도전으로 서 있다. 스미스의 주인공은 데이터, 형식, 물질성이 오히려 '역사와 정반대'로 제시될 수 있다고 말한다. 조지는 이미 '역사' 자체에 환멸을 느끼고 있다. "조지는 역사에 경악했다. 역사의 유일한 위안은 그것이 대체로 철저히 끝나 있다는 점뿐이었다"(104쪽). 그에게 역사는 "끝없는 전쟁으로 도시와 마을 아래 땅을 짓누르는 시체 더미"(103-104쪽)로 다가온다. 이에 비해 이 경쾌한 구조물은 전혀 다른 것을 암시한다. 삶은 도전이고, 스프링이며, 외침이고, '역사'는 그것을 끌어내려 이해 가능하고 측정 가능한 것으로 바꾸려는 시도로 보인다. 이미 '받아들여진' 역사란 이러한 외침을 왜곡하고, 스프링이 솟아오르는 힘을 억누르려 한다. 그러나 DNA는 이러한 전승된 역사 개념을 비틀어, 사람들이 과거를 배우고(또는 배우도록 강요받고) 생각해온 방식에 숨어 있는 기만을 드러낼 수 있다. DNA는 이상하고 기묘하며, 형언하기 어렵고, 괴이하면서도 즐겁고, 육체적이면서 동시에 상상적이다. 가장 근본적인 삶의 '구성 요소'인 신체는 이 장면에서 인식론적 이성과 감각을 동시에 자극하며, 공격적 현실주의에 맞서는 힘을 드러낸다. 그 결과 우리 앞에 놓이는 것은 '역사'라는 건조한 서사가 아니라, '즐거운 침대 스프링'의 부조리와 이중나선 구조의 기이함, 그리고 유전자의 길이를 자전거로 달리며 온몸으로 체험하는 경험이다.

사물 그 자체

유전학을 상상하는 데서 물리적 요소가 지니는 중요성과 그 폭넓은 스펙트럼은 런던 과학관에 전시된 DNA 구조 모형을 통해 잘 드러난다.

과학관 중앙 전시관인 '현대 세계를 만든 것'(Making the Modern World)에서 DNA와 관련된 핵심 오브제는 1953년 크릭과 왓슨이 이론을 탐구하며 제작한 DNA 분자 모형이다.[44] 이 전시관은 오늘날 우리가 살아가는 세계를 형성해온 '상징적 오브제'들을 모아놓은 공간이다.[45] 이 상징물을 제시하려 한 큐레이터의 열망은 박물관이 과학 유산을 전달하는 방식을 잘 보여준다. 이 모형은 과학관 웹사이트에서도 전시관의 대표 전시품으로 홍보되고 있다. "250년에 걸친 과학과 기술의 역사를 둘러보세요.… 아폴로 10호 사령선, 배비지의 디퍼런셜 엔진 1호, 크릭과 왓슨의 DNA 모형, 그리고 최초의 애플 컴퓨터와 마주해보세요."[46] 여기서 강조되는 것은 '주요 오브제'와의 물리적 조우, 즉 직접 마주하는 경험(face-to-face)이다. 핵심은 유산 공간에서 진정성과 중요성을 어떻게 구성하고 전시하는가에 관한 담론이다. 이는 단순한 재현물이 아니라 실제 모형이며, 과학적 중요성뿐 아니라 현재와 과거를 이어주는 역사적 연결고리로서도 의미를 갖는다. 특히 DNA 모형은 시각적으로는 그리 인상적이지 않을 수 있음에도 불구하고, 독특한 아우라를 발산한다.

크릭과 왓슨의 모형은 어설프고 가볍게 만들어져 있어 자칫하면 지나치기 쉽다. 주변의 다른 전시품들에 묻혀 존재감도 크지 않다. 투명하게 보이고, 뚜렷한 목적도 거의 없어 보인다. 모형은 알루미늄 합금으로 제작되었으며, 판 위에는 간단한 주석(annotation)이 적혀 있다. 그러나 이 모형의 역사적 의미는 바로 크릭과 왓슨이 DNA 연구에서 제시한 증거의 일부를 구성한다는 데 있다. 이론적으로 제안된 DNA의 3차원 구조가 어떻게 작동하는지를 물리적으로 보여준 것이 바로 이 모형이기 때문이다. 크릭은 회고록에서 "폴링(Pauling)의 예를 따라, 우리는 구조를 푸는 방법은 모형을 만드는 것이라고 믿었다"고 회상한다.[47] 실제로 크릭은 왓슨이 "논리가 아니라 우연에 의해" 올바른 모형을 찾아냈으며, 이는 "놀이가 연구에서 종종 중요한 역할을 한다는 사실을 보여준다"(65, 66쪽)고 말했다. 크릭의 증언에 따르면 발견 과정은 거의 우연에 가까웠기 때문에, 모형 자체의 중요성은 다소 희석되어 보이기도 한다. 그러나 이 '모형'은 1953년 크릭과 왓슨이 실제로 제작한, DNA의 입체 구조 이해로 이어진 바로 그 물체다. 겉모습만 놓고 보면 초라하고 보잘 것없어 보이지만, 그 중요성은 단지 드러나 있지 않을 뿐이다. 교육적 전시물로서는 매우 높은 가치를 갖지만, '상징적 오브제'로서는 다소 빈약해 보이는 것도 사실이다.

이 모형은 당시에는 시각적으로 확인할 수 없고 여전히 이론으로만 존재하던 무언가를 재현한 것이다. 다시 말해 DNA 이론을 '창조'하고 '기록'하는 하나의 추측 방식이었다. 모형 제작은 지식을 구조화하고, 사건의 특정한 버전을 부여하며, 논의 중인 대상을 물리적으로 표현하는 방법이다. 이는 구조를 이해하고 구상하는 수단이자, 동시에 인식의 틀을 형성하는 방식이기도 하다. 이 모형은 지식을 구조화하면서 그 입체적 형태 속에 세계를 이해하고 표현하는 방법을 담아낸다. DNA 구조는 그 허약한 외양에도 불구하고 사물 자체를 대리하며, 결국 이 지식을 '대표'하는 기능을 맡게 된다(이 장의 다른 부분에서 다루는 공공미술 사례에서도 확인할 수 있다). 이는 '구조'와 '지식'이 서로 의존하며 함께 존재하는 대표적인 예다. 크릭과 왓슨이 DNA 구조를 이해하지 못했다면 그에 대한 지식을 가질 수도 없었기 때문이다. 두 요소는 서로를 구성하며, 과학관의 DNA 모형은 DNA의 '그때와 지금'—물질성과 비물질성, 과거와 현재, 이론과 실천 사이—을 개념적·상상적으로 오가게 한다. 리타 펠스키(Rita Felski)가 말하듯, "시간을 가로지르는 네트워크는 우리의 시대 구분 체계를 흔들어놓으며, 차이와 더불어 유사성과 근접성을 인정하도록 강요하고, 과거와 현재의 동시성과 연결성에 대해 고민하게 만든다."[48] DNA 모형의 비물질성—곧 정면에서 보면 미완성처럼 보이고, 설명을 통해서만 구조가 드러나며, 스스로는 목적이 없는 것처럼 보이는 특성—은 중요한 문제를 제기한다. 이 모형은 DNA 그 자체는 아니지만, DNA를 '표현'하고 우리가 활용하고 이해할 수 있는 일종의 언어를 제공한다. 즉 DNA 그 자체를 대체하지는 않지만, 1953년 이후 사람들이 이 분자를 통해 자신의 삶과 세계가 어떻게 구조화되어 있는지를 개념화하고 시각화하고 이해할 수 있도록 하는 재현의 결절점이 된다. 다소 모순적이거나 순환적으로 들릴 수 있지만, 핵심은 다음과 같다. DNA는 이 모형을 통해 형상을 부여받았고, 이 모형은 DNA의 형상을 본떠 만들어졌으며, 우리가 마음속에서 DNA를 특정한 형상으로 떠올릴 수 있게 된 것은 바로 그 모형이 존재하기 때문이다. 모형은 과학적 증거이자 동시에 박물관 전시물이며, 이 두 특성은 반복과 변주의 복잡한 담론 속에서 함께 작동한다.

무엇보다 중요한 점은 이 모형이 불완전하다는 것이다. '원본'은 그들의 연구가 끝난 직후 다른 용도로 재활용되었기 때문이다. 박물관에 있는 이 오브제는 재구성된 것으로, 우연히 발견된 '원본' 판들을 일부 사용해 부분적으로 다시 만들어졌다. 아이콘으로 치자면 이 작품은 실체가 없는 작품이다. 이것은 1953년에 중요했던 것을 재현한 것으로, 원래의 재료로 제작되었지만 실제로는 '원래' 만들어진 것이 아니라 나중에 만들어진 것이기 때문에 '물건' 그 자체는 아니다. 따라서 박물관의 DNA 모형은 '원본'이라는 아우라를 가지고 있지만 실제로 '진품'은 아니다. 우리가 DNA를 개념화할 수 있게 해주는 이 모형 자체가 복제된 것으로, 말 그대로 빈 기표(signifier)가 박물관 유산이라는 맥락 안에서 다시 조합되어 교육적 기능을 수행한다. 이 모형은 진정성과 재현의 문제를 다루지만, 중요한 물질적 의미 때문에 전시되고 있음에도 실제로는 '진짜'가 아니다. 따라서 이 모형은 매우 모순적이며, DNA를 재현하고 기억하는 행위의 미묘함과 모순을 드러낸다.

또 다른 재현적 측면은 이 모형이 앤서니 배링턴 브라운(Anthony Barrington Brown)이 촬영한 크릭과 왓슨의 여러 사진 속에 등장한다는 점이다. 이 사진들은 1953년 5월, 그들의 〈네이처〉 논문이 발표된 직후 캐번디시 연구소에서 촬영된 것이다.[49] 〈타임〉지를 위해 촬영된 이 사진들은 왓슨의 1968년 베스트셀러 회고록 《이중나선》(궁리, 2019)에 실리면서 그 자체로 상징적 이미지가 되었다.[50] 배링턴 브라운의 사진은 DNA의 아이콘화에 중요한 역할을 했으며, 특히 크릭과 왓슨을 분자의 구조를 '발견한' 영웅적 남성 과학자의 이미지와 결부시키는 데 기여했다. 사실 여부는 명확하지 않지만, 과학관에서 모형을 전시할 때 이 사진들을 재구성 자료로 활용했다는 이야기도 전해진다. 어쨌든 전시관에 놓인 다소 초라한 모형은 과학관 내에서 '아이콘'으로 간주되며, DNA를 재현 이후(post-representational)적 관점, 즉 의미 작용이 제거된 대상으로 이해하게 만드는 데 일조한다. DNA에 대한 공적 이미지는 1953년 혹은 1968년 왓슨의 회고록이 출간된 이후 크게 달라지지 않았다. 이중나선은 기호(signifier)지만, 더는 명확한 지시 대상(signified)을 갖지 않는 상징이 되었고, 실재와의 직접적 연관 없이 존재하는 기표로 자리 잡았다. 이는 사물이 상징과 분리될 때 더 큰 오해를 불러일으킬 수 있다는 점에서 중요하다. DNA가 역사화되어 기념할 만한 가치가 있는 유산이 되는 순간, 그것은 현대적 실체성을 잃고 결국 최초 개념과 모델링의 순간만을 반복해 지시하게 된다. 이제 DNA는 '상상하고 표현해야 하는 대상'이 된 것이다. 이 사례는 유전물질과 개념의 현현이 공적 역사 및 기념 문화의 논의를 어떻게 비추는지를 잘 보여준다. 특히 이 전시는 '원본'이 역사적 사건을 이해하는 데 여전히 중요한 역할을 한다는 사실을 드러낸다. 또한 과학적 돌파구를 전달하는 과정에서 모형과 3차원 재현이 갖는 지속적 공명 효과를 보여주며, 이중나선이 재현적 차원에서 왜 그렇게 강력한 의미를 얻게 되었는지 설명해준다. 결국 이 전시는 이중나선이 재현 속에서 어떻게 상징(iconic)의 위치를 획득하기 시작했는지를 보여준다. 그 도상(iconography)을 세심하게 분석하면, DNA 구조가 역사적 재현과 어떤 방식으로 얽혀 있는지를 이해할 수 있다.

로절린드 프랭클린 재조명

로절린드 프랭클린의 명성과 관련해 지난 20년 동안 DNA가 기억되고 역사적으로 '배치'되는 방식에는 뚜렷한 변화가 있었다. 프랭클린의 위치와 DNA '발견'과의 관계는 재평가되며 발전해왔그, 한때 주변부로 밀려났던 그는 이제 비교적 널리 알려진 인물이 되었다. 소외된 여성 과학자를 재조명하고 여성의 과학적 업적을 옹호하는 움직임 속에서, 프랭클린은 이중나선 구조 발견에 핵심적으로 기여한 인물로 인정받고 있다. 이는 과학적 발견이 개인의 천재성보다는 공동 노력의 결과라는 인식이 강화된 것과도 관련이 있다. 프랭클린의 위치는 아이러니하다. 그는 페미니스트 아이콘이자 영감을 주는 존재로 자리 잡았고, 주도적인 연구자이자 과학적 영웅으로 평가받고 있다. 이러한 재위치는 남성 중심으로 구성된 기존의 발견 서사를 수정하는 사례이자, 역사적 상상력을 확장시키는 중요한 계기가 되며, 결국 DNA가 역사적 실체로 개념화되고 다루어지는 방식에도 영향을 미친다. 프랭클린의 사례를 통해 우리는 유전학적 '역사'가 어떻게 특정 인물의 기억을 회복하고 재배치하는 데 관여하는지를 볼 수 있다. 동시에 프랭클린의 사례는 DNA를 어떻게 기억하고 회상하는지가 어떤 방식으로 구성되는지에 대한 통찰을 제공한다. 그러나 프랭클린을 복원하는 움직임은 종종 단기적 수정주의에 가까우며, 구조적 변화나 제도적 개편으로 이어지지 않는다는 점에서 한계도 있다. 그녀가 부당한 대우를 받았다는 유감의 표현이나 그녀의 이름과 유산을 회복하려는 시도가 존재하지만, 이는 실제 정책이나 제도의 변화와 직접 연결되지는 않는다(그림 13).

프랭클린은 DNA를 '처음으로 본' 사람이었으며, 그녀의 연구는 DNA를 실재하는 대상으로 자리 잡게 만들었다. 프랭클린의 연구 이전에는 모든 것이 이론적 가설에 불과했지만, 그녀가 제공한 데이터 덕분

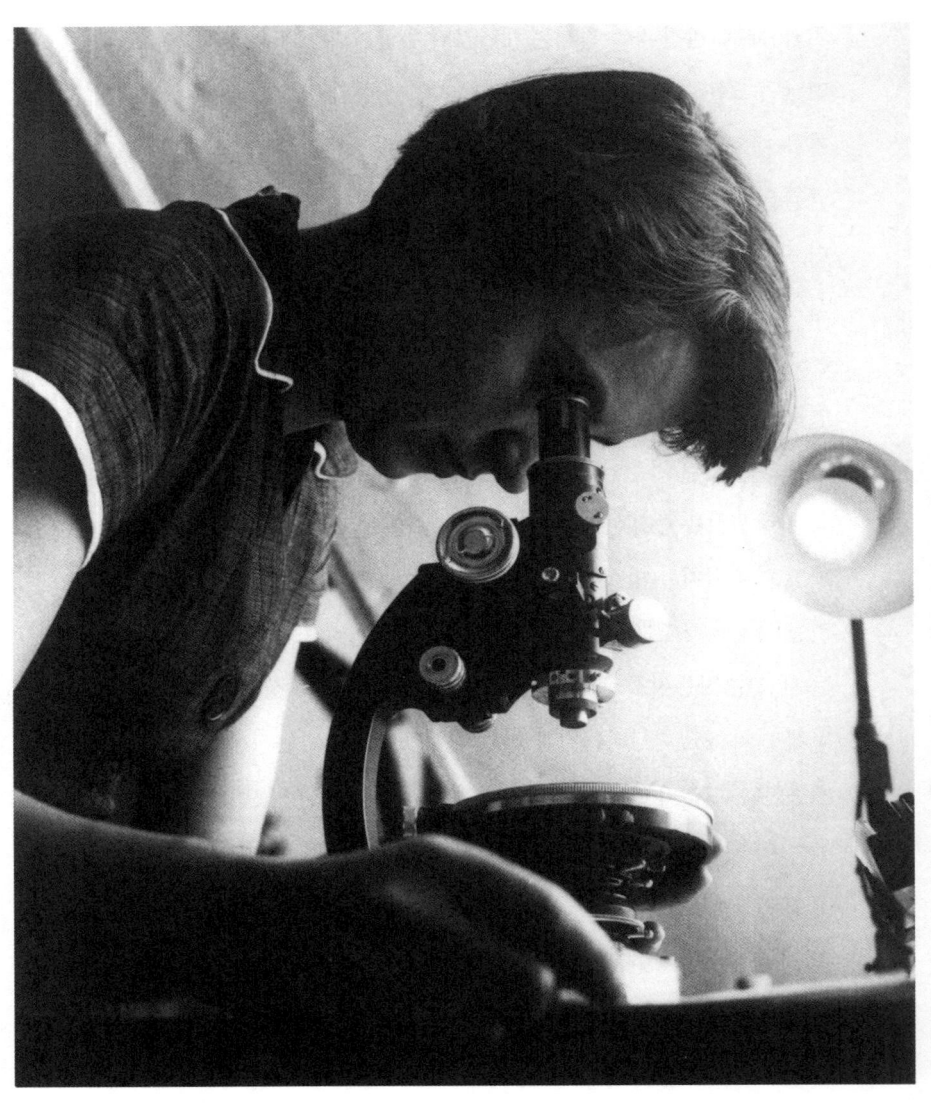

그림 1.3 로절린드 프랭클린, 현미경 앞에서(1955).

에 크릭과 왓슨은 이중나선 모델을 구축할 수 있었다(아래에서 자세히 설명한다). 1953년, 프랭클린의 제자 레이 고슬링(Ray Gosling)이 최첨단 X-선 결정학 기법으로 촬영한 이미지가 프랭클린의 동의 없이 프랜시스 크릭에게 전달되었다. 이 과정 또한 논란의 여지가 있으며, 크릭과 왓슨은 프랭클린 모르게 그녀의 데이터 일부를 또 다른 경로로 제공받기도 했다. 프랭클린은 특정한 과학적 관점에서 DNA를 연구하고 있었고, 반면 크릭과 왓슨은 자신들의 '모델 중심 접근' 방식 덕분에 이 이미지와 데이터를 활용해 이중나선 구조에 대한 해석을 이끌어낼 수 있었다. 이렇게 결정적인 이미지는 후에 '51번 사진'(Photo 51)으로 알려지며 상징적 아이콘이 된다. 실제로 프랭클린은 약 2년 동안만 DNA를 연구했고, 이후 다른 분야에서 더 중요한 업적을 남겼음에도 불구하고 대부분의 경우 이 이미지가 그녀의 연구 전체를 대표하는 것으로도 받아들여진다(예를 들어 이 사진은 2020년 영국에서 발행된 50펜스 기념주화에도 사용되었다). 왓슨과 크릭의 1953년 논문은 분명히 프랭클린을 언급하고 있다. "우리는 런던 킹스칼리지의 윌킨스 박사, 프랭클린 박사 및 동료들의 미발표 실험 결과와 아이디어에 대한 지식을 통해 자극을 받았다."[51] 그러나 프랭클린 역시 1953년 〈네이처〉 같은 호에 논문을 발표하면서 상황은 한층 더 복잡해졌다.[52] 그녀는 이중나선 발표 소식을 듣고 제출한 원고에 "따라서 우리의 일반적인 아이디어는 왓슨과 크릭이 직전 논문에서 제안한 모형과 일치하지 않는 것은 아니다"(741쪽)라는 주석을 덧붙였다. 실제로 그녀의 데이터가 두 사람의 주장을 뒷받침했던 만큼, 그녀의 논문은 확실히 그들의 모델을 지지하는 역할을 했다. 브렌다 레녹스(Brenda Rennox)가 지적하듯, "프랭클린이 그들의 업적에 대해 씁쓸함을 느꼈다거나, 왓슨과 크릭 외에는 그 누구도 경주가 진행 중임을 몰랐던 경쟁에서 자신이 밀려났다고 느꼈다는 증거는 없다."[53] 프랭클린의 업적을 명확히 구분하기 어려운 이유 중 하나는, '영웅적 성공' 모델이 당시의 연구 실천에도, 이후 과학 연구의 실제 운영 방식에도 잘 맞지 않는다는 점 때문이다. 1950년대 초반만 해도 DNA는 지금처럼 중요한 연구 대상으로 간주되지 않았고, 프랭클린은 곧바로 바이러스 구조 연구로 연구 방향을 전환했는데, 이 분야에서의 그녀의 기여는 오늘날까지도 높은 평가를 받는다.

그러나 DNA에 대한 프랭클린의 기초 연구는 종종 사건 기록에서 가려지거나 충분히 인정받지 못했고, 이중나선 발견에 대한 기억은 점차 '과학적 성취와 진보'라는 핵심 서사 속에 흡수되었다. 프랭클린은 1958년에 사망하면서 어느 정도 잊히고 주변화되었다. 이후 1962년 크릭, 왓슨, 윌킨스가 노벨상을 받았으나, 사후 추천이 허용되지 않아 프랭클린은 당연히 포함될 수 없었다. 그 뒤로 프랭클린의 명성과 그녀의 기여를 둘러싼 논쟁이 이어졌으며, 이는 부분적으로 왓슨이 1968년 회고록에서 그녀에 대해 서술한 내용 때문이기도 하다. 왓슨은 그 책에서 이렇게 적었다. "물론 로지가 우리에게 직접 데이터를 제공한 것은 아니다. 사실 킹스칼리지에서 그 누구도 그 데이터가 우리 손에 들어갔다는 사실을 알지 못했다."[54] 왓슨의 거만한 말투와 경멸적인 태도(예컨대 "우리는 멀리서 그녀를 '로지'라고 불렀다"는 식의 표현), 프랭클린을 마치 모리스 윌킨스의 조수처럼 묘사한 점, 그녀를 융통성 없고 완고한 인물로 그린 서술,

그림 1.4 프랭클린의 기억을 둘러싼 논란.

그리고 무엇보다 그녀의 동의 없이 데이터를 사용했음을 아무렇지 않게 밝힌 대목들은 모두 프랭클린이 무시당했다는 공적 인식을 강화하는 데 기여했다. 왓슨의 책은 곧 1975년 프랭클린의 친구 앤 세이어(Anne Sayer)가 쓴《로절린드 프랭클린과 DNA》(양문, 2004)의 출간으로 이어졌는데, 이 책은 프랭클린을 독립적이고 진지한 과학자로 재평가하고자 한 시도였다.[55] 이후 왓슨은 1996년 자신의 책을 재출간하면서 프랭클린의 용기, 지성, 전문성에 대한 찬사를 담은 "에필로그"를 새로 추가했다. 그는 프랭클린에 대한 자신의 '인상'이 "종종 틀렸다"고 인정하며, 크릭과 자신이 "지적인 여성이 과학계에서 인정받기 위해 어떤 어려움에 직면하는지를 너무 늦게서야 깨달았다"고 밝혔다(225쪽, 그림 1.4).

프랭클린은 DNA 역사에 대한 공적 이해를 논할 때 특히 다루기 복잡한 인물이다. 익숙한 서사를 다시 써야 한다는 필요성과, 공적 기억 속에서 무엇이 중요한지를 재점검해야 한다는 요구를 동시에 드러내기 때문이다. 이런 점에서 그녀는 일종의 수정주의적 인물이다. 노리치의 거리 이름이나 포츠머스의 홀 이름이 바뀐 사례에서 보듯, 프랭클린은 이제 왓슨에 대한 명확한 대안으로 자리 잡고 있다. 프랭클린이라는 이름은 공적 기억의 수정―문제가 있는 인물을 보다 적합한 현대적 서사로 대체하는 작업―을 상징한다. 프랭클린은 과학적 업적에 대한 공적 기억을 재구성하는 과정에서 중요한 역할을 하며, 현대의 기념 방식은 남성 동료들보다 그녀를 더 두드러지게 부각시키는 방식을 택하고 있다. 그녀는 남성중심적·실증주의적·목적론적 과학 서사에 대한 비판의 위치에 서 있으며, 공적 담론에서 이를 바로잡는 기능을 수행한다. 한편 그녀가 살던 집 외벽에는 1992년부터 'DNA를 포함한 분자 구조 연구'에 대한 업적을 기리는 블루 플라크(영국에서 역사적 인물을 기념해 건물 외벽에 설치하는 원형 명판—옮긴이)가 설치되어 있다. 반면 크릭과 왓슨이 이중나선 발견을 발표한 장소로 알려진 케임브리지의 이글 펍에 걸린 명판은 2017년 '+프랭클린'이라는 낙서로 훼손되었다(이 펍 내부에는 이미 2014년에 그녀의 기여를 설명하는 명판이 추가되어 있었다).[56] 프랭클린의 이름을 딴 연구소와, 그녀가 가장 유명한 연구를 수행했던 킹스칼리지는(이후 프랭클린은 버크벡으로 자리를 옮겼다) 2020년 그녀의 탄생 100주년을 기념하는 일련의 행사를 열었다. 또 프랭클린은 93번째 생일에 구글 기념 로고(Google Doodle)의 주인공으로 선정되었고, 이 이미지는 전 세계적으로 사용되었다. 이처럼 프랭클린은 점차 독자적인 중요 인물로 자리매김하고 있으며, 공적 명성과 역사적 상상력에 기여하는 존재로 이해되고 있다. 특히 '51번 사진'의 이미지는 점점 더 널리 활용되고 있으며, 이제 DNA에 대한 지식이 역사적으로 발전해온 과정을 이해하는 데 필수적인 일부로 확고히 자리 잡았다.

프랭클린의 명성은 그 어느 때보다 높아졌지만, 그 서사에는 여전히 슬픔의 기운이 깃들어 있다. 2019년 유럽우주국(ESA)이 엑소마스 화성탐사차량에 '로절린드 프랭클린'이라는 이름을 붙였을 때, 그녀를 둘러싼 공적 기억의 두 측면이 동시에 언급되었다. 한편으로 영국 정부는 프랭클린을 "영국 과학자이자 DNA 구조의 공동 발견자"로 칭송했다.[57] 다른 한편으로, 영국 과학부 장관 크리스 스키드모어(Chris Skidmore)는 보도자료에서 이렇게 말했다. "로절린드 프랭클린이 연구 경력 내내 수많은 장애물을 극복했듯, '로절린드 로버' 역시 이번 흥미로운 탐사에서 성공적으로 나아가 후대의 여성 과학자와 엔지니어들에게 영감을 주길 바란다." 프랭클린에 대한 공적 기억은 분명 변화하고 있으며(이제 그녀는 이중나선의 '공동 발견자'로 불린다), 그러나 이러한 재평가에는 여전히 그녀가 주변화되었다는 서사가 뚜렷하게 따라붙는다. 그녀의 얼굴을 50파운드 지폐에 넣을지를 두고 벌어진 논의에서도 프랭클린의 경험은 과학사 전반에서 여성의 기여가 어떻게 무시되어왔는지를 보여주는 경고 사례로 자주 제시되었다.[58] 같은 보도에서 영국과학협회 CEO 캐서린 매티슨(Katherine Mathieson)은 "우리는 이제 기록을 바로잡고 프랭클린의 업적을 온전히 이해할 수 있다"고 말했다. 이 지폐 논쟁은 프랭클린의 공적 명성이 DNA '경쟁'에서 그녀가 '패배했다'는 서사와 얼마나 밀접하게 연결되어 있는지를 보여준다. 그러나 일부 공개 토론에서는 그녀의 데이터가 무단으로 사용된 논란을 전혀 언급하지 않은 채, 단순히 이중나선 발견의 핵심 인물로만 그녀를 소개하기도 했다. 프랭클린의 명성은 계속 변화하고 있으며, 이에 따라 유전학의 결정적 순간들과 그 의미에 대한 사회적 인식 또한 변하고 있다. 이 사례는 DNA가 공적 역사(public history)의 일부로 어떻게 기능하는지, 그리고 한 사회가 무엇을 왜 기억하려 하는지에 관한 지속적 논의에 어떻게 기여하는지를 보여준다. 공적 역사의 관점에서 프랭클린의 명성을 회복하고 발전시키는 일은 중요한 의미를 갖는다. 이러한 과정은 문화와 사회가 과거를 어떻게 인식하는지를 드러내며, 유전학이 그러한 인식 형성에 기여함과 동시에 그로부터 영향을 받는다는 사실을 보여준다.

이러한 역사적·유전학적 상상의 복잡성은 안나 지글러(Anna Ziegler)의 희곡《51번 사진》(씨아이알, 2019)에서 특히 잘 드러난다. 2008년에 집필되어 2010년 뉴욕에서 초연된 이 작품은 프랭클린을 '다시 바라보기' 위한 시도를 담고 있다. 2015년 런던 공연에서는 니콜 키드먼(Nicole Kidman)이 프랭클린 역을 맡아 등장했는데, 이는 그녀의 삶과 명성을 대중에게 널리 알리는 데 중요한 계기가 되었다. 앞서 살펴본 것처럼 프랭클린의 공적 평판은 복합적이며 단순히 영웅적 인물을 복원하는 문제를 넘어선다. 연극 평론가들은 프랭클린이 "DNA 구조를 밝히는 데 주요한 공헌을 했음에도 그 공로가 어떻게 소외되었는지", 그녀의 업적이 "슬프게도 여전히 상당 부분 간과되고 있다는 점", 그리고 "그녀는 라이벌과 동료들에게 돌아간 공적을 결코 인정받지 못했다는 사실" 등을 강조했다.[59] 실제로 스티브 코너(Steve Connor)는 지글러의 희곡이 "균형을 바로잡으려는 시도"를 담고 있다며, 이 작품을 일종의 수정주의 드라마로 보았다. 이 텍스트는 그동안 가려져 보이지 않던 중요한 무언가를 드러내고, 프랭클린을 망각 속에서 되찾아내려는 작업이다. 그러나 이러한 비평 담론 안에서도 프랭클린은 종종 여전히 "잊혀진 여성"이라는 명성 속으로 다시 사라지곤 한다. 즉 그녀는 뛰어난 과학자라기보다 노벨상을 받지 못한 부당함의 희생자로 규정되며 기억된다. 그럼에도 프랭클린을 다시 기억하고 복원하려는 시도는 여전히 매우 중요한 작업이다.

'51번 사진'은 DNA를 다시금 신비로운 대상으로 만든다. 즉 이중나선 모델 이전의 어떤 것, 단순한 모형으로 환원될 수 없는 불가해한 무엇, 이해하는 데 평생이 걸릴 수도 있는 대상으로 제시되는 것이다. 이는 DNA를 다시 역사 속에 위치시키는(re-historicising) 작업의 일환이며, 특정한 과학적 성취가 매우 구체적이고 정확한 역사적 순간 속에서 이루어졌음을 기억하는 하나의 방식이다. 지글러는 "이중나선을 향한 경주 이야기"를 중심에 두지만, 극의 서두에서 "이 작품은 허구다. 극적 목적을 위해 연대기, 사실, 사건을 바꾸었으며, 인물들을 재구성했다"라는 주석을 덧붙여놓았다.[60] 이 작품은 과학을 다룬 전기 드라마로, 인간관계를 극적으로 구성하여 이론 과학의 복잡성을 드러낸 마이클 프레인(Michael Frayn)의 《코펜하겐》(1998)을 떠올리게 한다. 프랭클린과 모리스 윌킨스를 중심으로 전개되는 이 연극은, 우리가 무엇을 볼 수 있는지, 무엇을 알고 있는지, 어떻게 알게 되는지, 관점의 중요성, 삶의 아름다움 등 DNA와 관련된 핵심 주제들을 매우 유동적인 방식으로 탐구한다. 여기에 더해 경쟁, 연구의 외로움, 교만의 위험과 같은 과학 전기에서 중요한 비유들도 함께 제시한다.

이 연극은 DNA가 특정한 '저자'에 의해 단번에 '발견된' 것이라는 개념을 거부하며, 대신 여러 인물이 얽힌 과정과 특히 왓슨이 특정 순간의 중요성을 어떻게 스스로 극화해왔는지를 보여준다. 극 초반에 왓슨은 "운명적 요소가 있다. 적절한 시기에 태어나는 것"(27쪽)이라고 말하고, 이후 윌킨스가 자신과의 협업을 거부하는 듯 보이자 "그것은 그의 인생에서 가장 큰 실수였을까? 의심의 여지가 없다"(29쪽)라고 선언한다. 또 프랭클린이 '51번 사진'을 마주하는 장면에서, 그녀는 즉각적으로 이해하지 못했을지 모르지만 분명 어떤 변화가 일어난다. "그녀는 사진을 응시하며 서 있었다. 마치 거울을 들여다보는데 갑자기 자신을 알아볼 수 없게 된 것처럼"(45쪽)이라는 서술이 그것이다. 이처럼 드라마는 등장인물의 내면을 관객 앞에 드러내는 방식으로 작동한다. 《코펜하겐》이 제안한 중요한 통찰―우리가 세계에 대해 안다고 믿는 것은 결국 자신이 지각한 것뿐이라는 점―을 떠올려보면, 《51번 사진》 역시 여러 방식으로 "볼 수 있지만 이해하지 못하는 것", 즉 시각적으로 존재하지만 아직 의미가 붙지 않은 것 사이의 간극을 탐구한다. 이를 통해 DNA를 기억하고, 회상하고, 상상하는 방식에 대한 더 넓은 담론에 기여한다. 보이면서도 동시에 보이지 않는 것, 이미지 속에서 묘사된 이 '무언가'의 붙잡을 수 없는 성질은 유전적 상상력(genetic imaginary)의 핵심에 자리한다.

이 연극은 탐구 충동을 극화하면서, 사물을 '통제'하려는 남성적 의지와 '작업 그 자체'에 대한 프랭클린의 더욱 확고한 헌신을 대비시킨다. 프랭클린은 자연 세계의 아름다움에 매료되었지만 그것을 지배하거나 통제하고자 하지는 않았다. 이에 비해 돈 캐스퍼(Don Caspar)는 X-선 사진을 두고 "마치 당신만이 사물의 중심을 꿰뚫어볼 수 있는 초인적 힘을 가진 것처럼, 아무도 알 수 없는 비밀인 듯 세상의 본질을 이해하게 해주는 것"(34쪽)이라고 말한다. 이러한 자연을 '들여다보고 정복하려는' 감각은 과학 담론에서 흔히 등장하며, 자연의 베일을 벗겨냈다고 주장해온 남성 과학자들의 전통을 반영하듯 이 작품에서도 남성 인물들에게 부여된다. 반면 지글러는 이런 남성들의 거만함이 프랭클린을 좌절하게 했다고 지적한다. 그것은 그녀가 중요한 순간에 접근하지 못하게 만들었을 뿐 아니라, 동료들이 그녀의 성실한 태도를 오히려 불편하게 여기며 제대로 지지하지 않았기 때문이라는 것이다. 프랭클린은 무대 위에서 유일한 여성으로 등장하며, 독특하면서도 고립되고 외로운 존재로 묘사된다. 두 남성 과학자는 그녀를 '이해하고' '보려는' 노력을 하지만, 결국 실패한다. 프랭클린은 이에 저항하며 끝내 그들에게 완전히 알려지지 않는다. 그러나 관객은 다르다. 연극 후반부, 프랭클린이 스스로의 외로움을 잠시 마음속으로만 인정하는 짧은 순간—말없이 흘러가는 그 장면—을 통해 관객은 비로소 그녀의 진짜 모습을 '보게' 된다.

프랭클린의 고독과 고립, 그리고 반복될 수 없는 그녀만의 독특한 존재감은 극 전반에 걸쳐 지속적으로 강조된다. 연극은 "외로움을 설명할 수 있는 과학은 없다"(71쪽)라는 대사를 통해 과학적 방법으로는 결코 포착할 수 없는, 다시 말해 '볼 수 없는' 어떤 종류의 슬픔을 암시한다. 이 작품은 DNA에 대한 탐구를 삶의 의미를 향한 한 여성의 외로운 갈망을 통해 그려냄으로써, 과학을 개인적 차원으로 끌어내려 관객이 '볼 수 있는 것', 즉 감정적으로 이해할 수 있는 것으로 만든다. 인간은 분자와 시간 사이를 오가는 감정의 매개체이자, 일종의 DNA '모형'으로 제시된다. 프랭클린의 마지막 독백은 이 연극이 무엇에 관심을 두고 있는지를 선명하게 보여준다. "무엇을 원하는가"라는 질문에 대한 그녀의 답변은 발견 자체의 성취가 아니라, 어떤 상실감에서 비롯된 욕망을 드러낸다. "키스받고 싶다, 중요한 사람으로 느껴지고 싶다, 타인과 함께하는 법을 배우고 싶다, 동시에 혼자 있는 법도 배우고 싶다. 아이로 돌아가 다시금 들어 올려지고 존경받으며, 끝없는 미래로 가득한 세계 속에 있고 싶다"(71쪽). 극 중 프랭클린과 윌킨스는 피터 브룩(Peter Brook)이 연출한 1951년 〈겨울 이야기〉 공연 이야기를 나누는데, 이는 슬픔과 상실, 잃어버린 희망을 둘러싼 중요한 상호 텍스트로 작용한다. 동시에 프랭클린이 '잃어버린 여성 과학자'로 자리매김된 상황을 은근히 비트는 메타적 농담이기도 하다. 두 사람 모두 공연에서 헤르미온을 연기한 배우의 이름을 기억하지 못하는데, 실제로는 다이애나 위니어드였다. 연극은 프랭클린이 성취감을 느끼지 못했으며, 그녀의 연구가 충분히 인정받지 못했다는 공허함 속에서 더 열심히 일할 수밖에 없었던 것처럼 암시한다. 그러나 동시에 작품의 핵심 모티프는 알 수 없는 것, 즉 생명에 형태와 의미를 부여하려는 탐구 자체에 있다. 프랭클린이 죽기 직전 남긴 말은 이 모티프를 응축한다. "우리는 결국 패배한다. 작업은 결코 끝나지 않는다"(75쪽).

《51번 사진》은 프랭클린의 공적 명성을 형성하고, 그녀가 어떻게 상상되고 기념될 수 있는지를 보여주는 다양한 방식을 제시한다. 이 연극은 보이는 것과 보이지 않는 것, 그리고 서로 다른 '보기'의 방식이 얼마나 다른 진실을 드러낼 수 있는지에 주목한다. 이는 곧 시각화가 DNA 인식에 어떤 역할을 했는지를 이해하는 데 핵심적인 통찰을 제공한다(크릭은 "로절린드에게 모형을 만든다는 것은 태만과 다름없었다"라고 말한다. 38쪽). 연극이 다루는 개념은 매우 폭넓다. 전후 영국 사회, 야망, 젠더, 탐구, 표절, 슬픔, 그리고 고등수학까지 뻗어나가며, 자기반성적으로 복잡성을 드러낸다. 이 작품은 역사적으로 볼 수 없었던 것을 암시하며, '사실'이라는 것이 알려진 것보다 훨씬 복잡할 수 있음을 상기시킨다. 또한 발견이 개인적·화학적·경제적·사회적·젠더적 맥락을 포함한 다양한 차원을 통해서만 이해될 수 있음을 보여준다. 따라서 이 연극은 단지 DNA의 공적 역사에 머무르지 않고, DNA 자체가 공적 역사에 기여하는 방식—역사적 상상력을 구성하는 방식—을 드러낸다. 알려진 것과 보이는 것 사이의 대조, 단계적으로 드러나는 복잡한 폭로들은 관객에게 우리가 과거를 이해하는 방식이 얼마나 불확실하고 불완전한 것인지를 일깨운다. 실험실의 눈부심 속에서도 실제로 무슨 일이 일어났는지, 왜, 누구에게, 어떤 대가와 함께 이루어졌는지는 전부 명확하지 않다. 프랭클린의 평판은 복합적이며, 이는 '공적' 역사가 특정한 편견과 서사적 틀에 따라 구성되고 표현되는 방식을 보여준다. 《51번 사진》은 이중나선의 역사가 단순한 과학적 관찰의 기록이 아니라, 인간적 동기들이 얽혀 있는 복잡한 상호작용의 역사임을 드러낸다. 결국 DNA의 드라마는 모델과 사물, 설명과 대상 사이의 긴장 속에서 전개되며, 공적·역사적 상상 속 DNA는 언제나 보이면서 동시에 보이지 않는 것으로 존재한다.

리처드 3세를 만나다

유전학과 역사가 공공의 장에서 만난 가장 상징적인 순간은 2012년 리처드 3세의 유해가 발견되고 발굴되어 과학적으로 검증되었을 때였다.[61] 유골은 레스터의 한 주차장 부지 아래에서 발견되었고, 정밀한 DNA 분석을 통해 신원이 확인되었다. 이 과정에는 유적지 자체의 조사와 유골의 신원 확인 모두에서 상당한 고고학적 전문 지식이 동원되었다. 발견 이후 진행된 유해 조사는 지적·과학적·윤리적으로 매우 복잡한 프로젝트였다.[62] 이 유골에 대한 DNA 분석은 뼈가 실제로 리처드 3세의 것임을 입증하는 데 결정적인 역할을 했다. 이 대대적인 공개 발굴 작업은 언론과 대중 사이에서 혈통의 본질, 현대 사회의 유산(heritage) 인식, 그리고 유해 발굴의 윤리적·법적 정당성에 대한 폭넓은 논의를 촉발했다. 비평가들이 지적하듯, 상상력을 가장 많이 요구했던 작업은 결국 '이미 굳어져 있던' 집단 기억 속에서 리처드 3세의 명예를 회복하는 데 집중되었다. 유골의 유전학적 분석은 그 해석 과정에서 매우 많은 지적 노력을 필요로 했다. 이 작업을 통해 리처드 3세는 '문제적 왕'에서 가치 있는 역사적 인물이자 관광 명물로 새롭게 자리매김하게 된다. 리처드 3세를 주제로 한 박물관 설립과 유전학적 조사를 결합한 공공 역사 프로젝트는 하나의 기념적·유산적 공간으로 발전했으며, 이 장에서 살펴보는 '이중나선의 역사'가 서사적으로 구현된 대표 사례가 되었다.

발견 및 분석

리처드 3세는 장미전쟁의 마지막 주요 전투였던 1485년 보스워스 전투에서 전사했다. 그의 시신은 전장에서 수습되어 레스터의 그레이프라이어스 수도원에 매장되었지만, 시간이 흐르며 매장지 위로 건물이 들어섰고 정확한 위치는 잊혔다. 1940년대 무렵 그곳은 시청 공무원 전용 주차장으로 바뀌어 있었다. 리처드 3세는 영국인의 집단 기억 속에서 악명 높은 인물이다. 꼽추로 알려진 그는 셰익스피어의 희곡 《리처드 3세》(1593년)와 수많은 영화 각색을 통해 '악인'으로 그려졌다. 이러한 공적 이미지에는 그의 조카 두 명이 실종된 사건도 깊게 얽혀 있다. 리처드의 재위 기간에 '탑 속의 왕자들'로 불린 두 소년이 사라졌고, 왕권 유지를 위해 그들이 살해되었다는 의혹이 오랫동안 제기되었다. 리처드 3세 협회(Richard III Society)는 바로 이런 '악평'에 대응해 왕의 명예를 회복하려는 목적으로 결성된 단체다.[63] 지역 역사 학회 회원들은 오래전부터 리처드 3세가 레스터의 주차장 아래 묻혀 있을 가능성을 제기했다. 2004년부터 2011년 사이, 리처드 3세 협회는 이 주차장 부지가 실제 매장지일 가능성이 높다고 주장하며 본격적으로 발굴 조사를 제안했다. 이들은 "이번 발견이 리처드에 대한 새로운 관심을 불러일으켜, 중세 군주에 대한 재평가와 명예 회복으로 이어지기를 바란다"고 밝혔다.[64] 레스터대학교와 레스터 시의회를 비롯한 여러 기관이 협력해 모금 활동을 시작했고, 마침내 2012년 발굴 작업이 착수되었다.[65] 이 사건은 주류 역사관에 도전하고 새로운 관점을 제시하는 데 지역 역사 학회가 얼마나 중요한 역할을 할 수 있는지를 잘 보여준다. 이 프로젝트는 전 세계 언론의 집중적인 관심을 받았다.

발굴 첫날, 한 남성의 유해가 발견되었다. 이 유해는 여러 형태의 분석을 거쳤으며, 그중 핵심은 소량의 DNA를 추출해 투리 킹(Turi King)이 이끄는 레스터대학교 연구팀이 이를 분석한 과정이었다. 광범위한 연구 끝에 DNA가 리처드 3세의 모계 혈통과 일치한다는 사실이 밝혀졌고, 이는 이 유골이 왕의 것임을 입증하는 핵심 증거가 되었다. 전 세계 언론은 이 DNA 분석을 리처드 3세의 신원을 확정하는 결정적 증거로 보도했다.[66] 이로써 유골은 단순한 뼈의 물질성을 넘어 리처드 3세의 것으로 '입증된' 역사적 실체가 되었고, 그 존재는 기념되고 상상되는 대상으로 재탄생했다.**67** 유전학을 통해 과거의 '진실'을 확인할 수 있다는 가능성, 특히 개인의 신체적 정체성을 규명할 수 있다는 믿음이 현실화된 순간이었다. 무엇보다 중요한 점은 대부분의 언론이 리처드 3세의 역사적 재조명과 '수정주의적 서사'를 유전학의 성취와 결합해 보도했다는 사실이다. DNA 분석이라는 과학적 도구가 왕의 유해임을 '합리적 의심의 여지 없이' 입증하지 않았다면, 이 탐정 같은 역사 연구는 분명한 결론에 도달하지 못했을 것이다.

DNA 발견 서사: 주차장 속 왕

리처드 3세의 유해가 발견되던 현장에는 영국 '채널 4'의 카메라가 있었다. 이 방송사는 프로젝트 초기부터 주요 참여자들과 연락을 이어오며 취재했기 때문에, 현장에 가장 먼저 도착했을 뿐 아니라 유해 확인 과정 전체를 독점적으로 촬영할 수 있었다. 이렇게 제작된 다큐멘터리 〈주차장 속 왕〉(The King in the Car Park)은 2013년에 방영되었다.**68** 이 다큐멘터리는 리처드 3세의 시신 발굴이라는 놀라운 사건을 따라가며, 그 과정에서 제기되는 핵심 쟁점들을 드러낸다. 관객은 진흙투성이 뼈 더미가 어떻게 전 세계적으로 기념되는 한 국왕의 존재로 변모하는지를 목격하게 된다. DNA 조사를 통해 땅속에 묻혀 있던 유해가 역사적 의미를 지닌 정체성으로 재구성되는 과정을 눈앞에서 따라가기 되는 것이다.

　다큐멘터리의 톤은 다소 불균형하다. 한편으로는 진지한 역사적 탐구의 성격을 띠지만, 다른 한편으로는 유명세와 극적 전개가 뒤섞여 비범하고 약간 기묘한 분위기를 형성한다. 진행자인 배우 겸 코미디언 사이먼 파나비(Simon Farnaby)는 리처드 3세에 대해 거의 아는 것이 없다고 솔직히 털어놓는다. 그의 의도적인 '비전문가' 태도는 관객의 시선을 대변하며, 대중이 함께 역사적 미스터리를 추적하는 듯한 역할을 한다. 그는 이렇게 말한다. "역사적인 부분을 들여다볼수록… 점점 더 혼탁해지고, 더 복잡해져요.… 하지만 전 이제 그게 역사의 매력이란 걸 알게 됐어요." 이러한 혼합된 어조는 비평가들의 주목을 받았다. 비평가들은 프로그램의 분위기가 다소 혼란스러워 보였음에도 "궁극적으로 모든 요소가 오히려 적절하고 매력적으로 어우러졌다"고 평가했다.[69] 비평가들은 이 다큐멘터리가 하나의 완결된 이야기를 지닌 작품으로서, 영국 특유의 어떤 정서를 잘 드러낸다고 평가했다. 한 왕의 시신을 조사하고 추모하는 과정은 기묘한 국가적 성격을 드러내며, 이 다큐멘터리는 그 낯설고도 흥미로운 광경이 전개되는 과정을 있는 그대로 보여주는 데에서 가치를 가진다. 작품 제목이 암시하듯, 이는 일상적이면서도 비범한 순간의 결합이다. 평범한 주차장과 왕실의 장엄함이 뒤섞인 이 장면은, 오늘날 영국의 역사적 경험이 어떤 방식으로 형성되고 있는지, 그리고 그 과정에 유전학적 분석이 어떻게 기여하고 있는지를 생생하게 보여준다.

이 매장지에 대한 최초의 조사는 리처드 3세 학회에서 시작되었다. 이 학회는 매장지를 특정한 뒤 조사에 집중했고, 크라우드소싱을 통해 단 2주 만에 발굴 비용을 모금했다. 이는 이 왕에 대한 지속적 관심뿐 아니라, 변화를 이끄는 데 아마추어 역사 단체들이 여전히 중요한 역할을 하고 있음을 보여준다. 이 프로젝트의 핵심 인물은 발굴을 거의 집념에 가까운 열정으로 추진한 필리파 랭글리(Philippa Langley)였다. 랭글리의 개입은 조사에 정서적이고 다소 비이성적인 분위기를 더했다. 그녀는 "그 지역, 그 장소에 서 있었을 때 이상한 느낌이 들었다. 나는 리처드의 매장지 위에 서 있다는 걸 절대적으로 확신했다"고 말했다. 시신이 지상으로 올라올 때 그녀는 울었고, 플랜태저넷 왕가의 깃발을 본뜬 천으로 유골을 덮었으며, "그는 발견될 준비가 되어 있었다 그 자신이 발견되길 원했다"고 말하기도 했다. 다큐멘터리는 랭글리를 어떻게 이해해야 할지 확신하지 못하는 듯하다. 그녀는 분명 옳았고, 열정적이며, 중요한 목소리를 지닌 인물이지만, 동시에 감정을 이성보다 앞세우는 '괴짜'로 묘사되기도 한다. 진행자인 파나비는 "이 말도 안 되는 프로젝트가 불가능한 일을 해냈을지도 모른다"고 말하는데, 그 말투에는 이 조사가 '기괴하면서도 옳았다'는 놀라움이 뒤섞여 있다. 이 불안정한 어조는 전체적으로 다큐멘터리에 일종의 불확실한 인상을 남긴다. 이 기묘한 분위기는 리처드 3세의 유해 자체, 그리고 그 유해를 대하는 태도 전반에 스며 있다. 유골은 여러 층위의 상징적 의미를 지니며, 경화는 역사 다큐멘터리가 이러한 소재에 접근할 때 피할 수 없는 불확실성과 불편함을 고스란히 드러낸다. 동시에 이 작품은 고고학과 유전학 연구가 지닌 섬뜩한 낯섦(uncanniness)을 생생하게 보여준다.

발굴자들은 DNA가 오염되는 것을 막기 위해 클린수트를 착용한다. 이 복장은 그들을 비인간적으로 보이게 만들며, 범죄 현장을 다루는 TV 프로그램의 미학을 연상시킨다. 특히 카메라가 유골에 초점을 맞출

때 이런 인상은 더욱 뚜렷해진다. 다큐멘터리의 중심에는 바로 이 한 줌의 뼈가 자리한다. 뼈들은 진흙 속에서 드러나 제시되고, 조사되고, 맞춰지고, 조명되고, 식별된다. 유골은 신비로운 초점이자 의미를 부여받은 존재로 재탄생한다. 처음에는 유골의 윤곽이 선명하게 드러난다. 카메라는 유골을 조사하는 장면과 구덩이 속 부패한 물질 더미를 담아낸다. 오래된 물질은 고고학자들의 클린수트 속에서 서서히 표본으로, 임상적 대상으로 전환된다. 전문가들의 절제된 작업과 파나비가 보여주는 인간적인 반응이 대비되며, 한 인간의 몸이 어떻게 일련의 표본으로 환원되는지를 묻는 듯한 장면이 펼쳐진다. 카메라는 진흙 속 뼈 위에 오래 머무른다. 파나비는 "시체를 파낸다는 건 참 묘한 기분이 드네요. 리처드가 아닐 수도 있지만, 누구든 한 사람의 인간이었죠"라고 말한다. 이 장면은 다큐멘터리의 윤리적 층위—시신 발굴과 표본화 작업이 지닌 불편함—를 적나라하게 드러낸다. 관객은 '역사'라는 지저분한 작업의 현장과 마주할 수밖에 없다. 카메라가 구덩이를 비추는 순간, 파나비는 감정이 북받쳐 잠시 말을 잇지 못한다.

감정이 북받쳐오네요. 이 사람도 누군가의 가족이었겠죠. 누군가의 남편이자, 아버지이자, 형제이자, 아들이었을 테니까요.

사물에서 사람으로, 물체에서 인간으로 전환되는 이 순간은 고고학 방송, 특히 유전학을 다루는 방송이 지닌 특유의 긴장감을 잘 보여준다. 끔찍해 보이는 유물도 한때는 살아 있던 사람이었지만, 그 물질적 잔해와 살아 있는 인간 사이의 연관성을 이해하는 일은 쉽지 않다. 그 둘을 이어주는 것은 기표가 기의를 만나 의미를 만들어내는 스토리텔링, 서사, 역사화다. 따라서 이 다큐멘터리는 증거가 어떻게 의미로 변환되고, 생명을 부여받고, 해석되고, 탐문되는지를 시각적으로 드러낸다. 또한 유골에 대한 파나비의 반응은 역사적 조사에 감정이 스며드는 지점을 포착한다. 클린수트를 입은 고고학자들의 절제된 태도와 달리 파나비의 반응은 노골적으로 정서적이다. 그에게 유골은 단순한 표본이 아니라 한때 살아 있던 인간의 흔적이다. 그동안 방송이 유해를 비교적 가볍게 다뤄온 태도는 이 순간 비판적으로 드러난다. 자연스럽게 따라오는 질문은 이것이다. "죽은 자를 그냥 그 자리에 두면 안 되는가?" 바로 이 지점에서 다시 한번, 프로그램 전반의 '익살과 장엄함의 병치'(bathos)가 중요한 역할을 한다. 리처드 3세는 한 나라의 국왕이자, 찬란한 유산과 기억의 상징이다. 그러나 동시에 자동차 트렁크 상자에 담긴 썩은 뼈 무더기이기도 하다.

유골은 주변의 흙이 제거되고, 표식이 붙고, 식별된 뒤 마침내 오랜 안식처에서 옮겨진다. 이어 DNA 검사가 논의되며, 특히 이 유골이 '정말로 그 인물의 것인가'라는 의문이 제기된다. "뭔가 부적절한 일을 저지른 것 같은 기분이 든다." 이 순간부터 조사는 한층 더 낯설고 이상한 행위처럼 보인다. 만약 유골이 리처드 3세의 것이라면 이 침습적 작업은 정당화된다. 그러나 그렇지 않다면, 이는 명백히 부적절한 일이 되고 만다. 이 시점에서 프로그램은 구덩이와 시신에 집중된 언론의 거대한 관심을 상기시키며, '정확한' 인물로 확인해야 한다는 압박감, '옳은' 역사적 해답의 중요성, 그리고 유전학적 검증이 가진 잠재적 변환력을 암시한다. 세상에 최종적인 '정답'을 제시할 수 있는 것은 결국 DNA 검사뿐이었다.

영화의 중간부에는 '셰익스피어 신화'를 비롯해, 리처드 3세의 죽음 이후 그에 대한 기억이 어떻게 형성되고 발전했는지를 분석하는 연구가 포함된다. 이를 통해 평판이 어떻게 만들어지는지, 특히 역사가 어떤 방식으로 구성되고 유지되는지가 드러난다. 이런 점에서 이 프로그램은 역사가 공적 영역에서 만들어지는 방식을 성찰하는, 일종의 공적 역사학(popular historiography)에 참여한다. 그의 죽음 이후 형성된 많은 논의와 평가들은 이제 물질적 증거, 즉 DNA를 통해 새롭게 재검토될 수 있게 되었다. DNA는 평판, 역사 형성, 국민 정체성, 그리고 공적 기억에 대한 오랜 논쟁에 또 하나의 층위를 덧붙이며 새로운 해석의 가능성을 열어준다.

실험실에 도착한 유골은 다양한 방식으로 다뤄진다. 백색 조명이 비추는 라이트박스 위에 놓인 유골은 차갑고도 선명하게 부각되며, 카메라는 이를 반복해서 비춘다. 마치 이것이 연구의 초점이자 모든 것의 중심, 곧 '역사 그 자체'임을 끊임없이 상기시키는 듯하다. 과학자들은 유골을 둘러싼 여러 가설을 제시한다. 일부 뼈는 여성적인 형태를 보여 성별에 대한 해부학적 재해석의 가능성을 열어놓는다. 유골은 탄소 연대 측정을 위해 드릴로 채취되고, 다양한 임상적 처리를 거친다. 이 장면에서 랭글리는 결국 견디지 못하고 실험실을 떠나며 말한다. "내 눈에는 저 탁자 위의 뼈가 보이지 않아요. 나는 한 남자를, 살아 숨 쉬던 인간을 보고 있어요." 이 순간 다시 한번 실험실의 냉정한 기계적 처리와 죽은 신체의 존재감이 대비되면서 죽음을 '읽어내는' 과학의 방식이 적나라하게 드러난다.

유골이 실제로 리처드 3세의 것임을 '입증'하기 위해서는 후손을 찾아야 했다. 이것이 조사의 핵심 과제였다. "마지막 한 조각의 증거가 필요했다. 그의 고DNA가 후손의 것과 일치하지 않는다면, 이 신원은 영원히 의심받을 것이다." 여기서 유전학적 증거는 논쟁을 종결짓는 최종 결정자로 간주된다. 동시에 그것은 현대와 고대, 살아 있는 인간과 죽은 자를 이어주는 매개가 된다. 연구팀은 리처드 3세의 모계 후손을 찾아 연락했고, 그는 DNA 검사를 받았다. "유골의 DNA가 마이클의 것과 일치한다면, 우리의 유골은 왕이 될 것이다." 후손이 일안을 면봉으로 문지르는 장면은 유전자 검사 과정을 극적으로 연출하며, 관객은 이 작은 행동 속에 타액이 유전 정보를 담고 있다는 사실—유전학의 구체적 실체—을 새삼 깨닫게 된다. 역사적 리처드 3세와 17세대 떨어져 있는 이 남자는 유전적 연결의 낯섦을 이렇게 표현한다. "내 신체 일부가 그와 직접적으로 연결되어 있다는 사실은… 멈춰 서서 생각하게 만들어요. 때로는 감당하기 벅찰 정도입니다." 그의 유전학 데이터 분석 결과는 일치했다. "DNA 증거는 이것이 리처드 3세임을 가리킨다." 이 DNA는 나아가 왕의 3차원 얼굴 이미지를 만드는 데 사용되었는데, 이는 인간이 여전히 역사를 '시각화'하고자 하는 강한 욕망을 지니고 있음을 보여준다.

이 다큐멘터리는 유전학적 증거만이 유일한 도구라고 주장하지 않는다. 오히려 여러 과학적 접근 가운데 하나로서 유전학이 어떻게 통합되어 작동하는지가 핵심이다. 유전학은 역사 조사를 '입증 가능한 영역'으로 이끄는 중요한 도구지만, 동시에 과학적 기술을 통해 과거의 신체를 이해하려는 더 넓은 담론의 일부이기도 하다. 결국 유전학은 낯설면서도 이미 일상화된, 역사 연구의 필수 요소가 되었으며, 과거를 탐구하고 해석하는 새로운 증거 수집 방식으로 자리 잡았다. 다큐멘터리는 이러한 맥락에서 유전학의 새로움과 영향력을 기념한다. 이제 유전학은 하나의 '주류 방법'이 되었고, DNA를 사용할 것인가를 두고 논쟁할 필요조차 없다는 점을 시사한다. 조사자들은 외상 분석, 탄소연대 측정, 법의학, 골격 연구 등 다양한 증거를 종합해 "이 인물이 바로 그 사람일 가능성이 매우 높다"고 결론짓는다. 파나비는 "이곳에서는 두 가지 조사가 동시에 이루어지고 있다. 하나는 과학의 영역이고, 다른 하나는 역사의 영역이다"라고 말한다. 과학은 점점 더 '구체적'이고 실증적인 자료를 제공하지만, 두 영역 모두 의미를 생산하고 '진실을 드러내는' 데 기여한다. 그럼에도 여전히 역사와 과학은 서로 다른 접근 방식을 따른다. 왕의 유골을 해석하는 일련의 절차는 도서관, 지도, 역사적 공간 등 전통적인 역사 탐구의 도상이 아니라, 임상적 장비와 과학적 환경 속에서 이루어진다. 이로 인해 '임상적이고 물질적인 것'(과학의 영역)과 '명예와 서사적인 것'(역사의 영역) 사이에는 분명한 간극이 생긴다. 이처럼 유전학적 독해는 역사를 과학화(scientifising)하는 데 기여한다. 유전학은 역사학자나 고고학자와는 다른 방식으로 인간의 몸을 시간과 공간 속에서 이해하며, 새로운 증거를 제시하고, 다른 질문을 던진다. 그 결과 유전학이 만들어내는 역사 지식은 과거를 이해하는 데 유용할 뿐 아니라, 그 자체로 새로운 통찰을 제공한다. 다큐멘터리는 리처드 3세 사례가 유전 연구의 역사적 영향에 대한 공적 이해를 어떻게 넓혀주었는지를 잘 보여준다. DNA 증거는 과거를 알기 위한 하나의 방법일 뿐 아니라, 그 과거를 새롭게 드러내고 재현하는 수단이 된다. DNA는 무명의 유골을 왕의 위엄으로 되살리고, 오랫동안 풀리지 않던 역사적 질문들에 답하며, '증거와 확실성'이라는 합리적 담론을 역사 속으로 도입한다.

리처드 3세의 재안장과 명예 회복

리처드 3세의 유해는 1년에 걸친 법적 공방 끝에 고등법원의 심리를 거쳐 레스터 대성당에 다시 안치되었다. 이 소송은 자신들이 리처드 3세의 후손이라고 주장한 플랜태저넷 연합(Plantagenet Alliance)이 제기한 것으로, 그들은 리처드를 요크에 다시 매장해야 한다그 주장했다. 이 논쟁은 매장지의 위치가 지니는 상징적 의미와 유해의 '소유권'을 둘러싼 문제가 얼마나 복잡한지를 보여준다. 레스터 시의회는 이 기회를 활용해 대성당 주변을 재정비하고 개발했다. 리처드 3세의 동상을 묘지 근처로 옮기고, 묘 맞은편의 학교 건물을 매입해 400만 파운드를 들여 방문자 센터로 조성했다. 이후 리처드 3세는 도시 관광 전략의 핵심 요소가 되었고, 레스터의 관광객 수는 크게 증가했다. 초기 임시 전시회에만 15만 명이 방문했으며, 2014년 한 해 동안 관광 수입은 약 4억 8200만 파운드에 달했다.[70] 리처드 3세 방문자 센터는 연간 8만 명의 방문객을 목표로 2014년에 문을 열었다.[71]

유골 재안장을 기념하는 5일간의 행사는 문화유산 공연, 국가주의적 추모식, 역사 재현이 교차하는 지점에서 진행되었다. 재안장 서사는 점차 문화유산 공연의 일부로 흡수되었고, 리처드가 보스워스 들판에서 전사한 지점을 향해 이동했던 여정을 되짚는 행렬이 특히 주목을 받았다. 관을 비롯해 다양한 볼거리가 이어졌으며, 관은 레스터시 중심을 통과해 마지막 안식처로 향했다. 그 장면을 보기 위해 약 3만 5천 명의 시민이 거리에 모였다.[72] 웨스트민스터 대주교가 국왕을 위한 미사를 집전했고, 수천 명의 시민이 레스터 대성당에 안치된 관을 참배했다.[73] 추모식에는 여러 저명인사와 웨식스 백작 부인이 참석했다. 미사 순서지에는 여왕의 메시지가 실렸고, 캔터베리 대주교 저스틴 웰비(Justin Welby)가 미사를 집전했다.[74] 전 세계에서 모인 약 700명의 기자가 이 행사를 취재했다. 레스터 대성당의 주임사제는 BBC와의 인터뷰에서 "역사의 무게가 깊이 느껴지며, 레스터에서 리처드 3세에 대한 새로운 이야기가 쓰이게 될 것"이라고 말했다.[75] 이 행사는 리처드의 명예 회복에서 결정적 전환점이 되었고, 왕의 이미지를 새롭게 재구성하는 수정주의적 서사를 제시했다. 동시에 이 행사에는 역사적으로 형성된 '영국성'(English-ness)을 찬양하는, 일종의 군주적 민족주의(monarchical nationalism)를 강조하는 측면도 있었다. 이는 계승, 정통성, 권리 회복이라는 주제를 동반한 국가 정체성의 공개적 퍼포먼스였다. 이러한 역사적 이해의 재구성은 유전학적 조사를 통해 조정되고 가능해졌다. 유전학적 역사 연구는 민족주의적 기념행사와 공적 역사 퍼포먼스의 관행과 깊이 얽혀 있으며, 장엄한 의식 전체의 토대는 바로 유전학 연구가 제공한 '입증'에 기반한

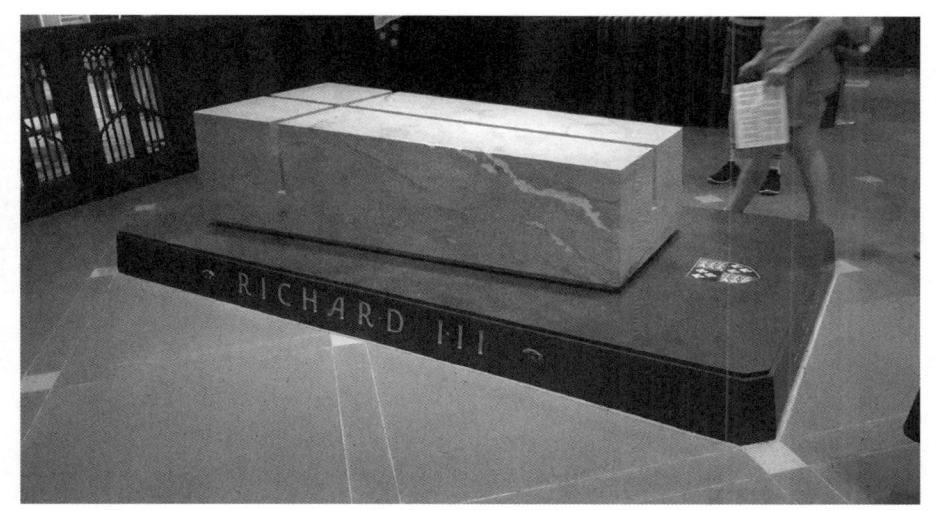

그림 1.5 리처드 3세의 무덤, 레스터 대성당.

다. 결국 재안장 서사는 유산 공연(heritage performance)의 일부로 완전히 흡수되었다(그림 15).

　기념식에서 배우 베네딕트 컴버배치(Benedict Cumberbatch)는 당시 영국의 계관시인 캐롤 앤 더피(Carol Ann Duffy)가 쓴 시를 낭독했다(이 시는 5장에서 다룬다). 더피는 리처드 3세의 뼈가 "차가운 흙 위에/ 인간의 점자"(1–2행)를 새겨놓는다고 썼다. 이 물질적 이미지는 몸 그 자체가 의미를 품고 있음을 드러낸다. '점자'라는 비유는 손끝의 감각과 요철에 의존하는 기호로서, 왕의 귀환을 텍스트를 넘어선, 동시에 물질적이면서도 부재한 사건으로 그려낸다. 이 구절은 또한 유골이 올바르게 '읽힐 때' 비로소 의미를 획득한다는 점을 암시한다. 당시 컴버배치는 BBC 드라마 〈더 할로우 크라운〉(The Hollow Crown, 2016)에서 셰익스피어의 리처드 3세 역할을 막 마친 상태였다. 재안장 시기 언론에서는 컴버배치가 '진짜' 리처드 3세와 혈연적으로 연결되어 있다는 보도가 나오기도 했다.[76] 이러한 재현과 반향의 교차는 컴버배치의 시 낭송에 기묘한 결을 부여하며, 역사적 상상 속에서 상상력과 신체적·유전적으로 정의 가능한 물질이 결합해 리처드 3세가 '살아 있다'는 사실을 극적으로 포착한다. 리처드 3세는 당대에도 지금도 실재하는 인물이면서, 동시에 끊임없이 재현되는 인물이다. 장례 예식은 15세기 양식을 바탕으로 한 역사적 재연 의식으로 진행되었고, 관 위에는 15세기 성경이 놓였다. 이러한 시간의 낯섦(uncanniness)은 리처드의 유해 발견과 그 이후의 사건들을 특징짓는 요소로 자리한다. 전체 과정은 과거와 현재, 미시와 거시를 오가며, 참여자와 독자, 시청자로 하여금 역사와 서사가 겹겹이 중첩되어 있음을 계속해서 환기시킨다. 이 변화무쌍한 시간성은 유전학적 지식이 공적 상상 속에서 만들어내는 유령 같으면서도 물질적인 연속성―곧 '그때이자 지금'이며, 계속 이어지면서 또한 앞을 내다보는 시간의 구조―을 반영한다.

　리처드 3세의 복원과 공적 인지도 상승으로 장기적 관광 자원의 가능성이 새롭게 열렸다. 영국 과학관은 왕의 골격을 3D로 출력해 "리처드 3세: 삶과 죽음, 그리고 DNA"라는 제목의 전시회를 열었고, 이 전시는 이후 아일랜드로도 순회했다. 그러나 가장 두드러진 변화는 2014년 레스터에 방문자 센터가 문을 연 일이다. 이 박물관은 고고학적 발굴이라는 비범한 과정을 전시의 중심축으로 삼고 있으며, 관람 동선의 종착점에 위치한 마지막 전시실은 실제 묘지 위에 건설되었다. 관람객은 "리처드 3세가 오랫동안 발견되지 않았던 바로 그 자리"를 직접 내려다볼 수 있으며, 이를 통해 흔적과 장소, 발굴의 서사가 하나의 경험적 장면 안에서 재구성된다.[77] 이처럼 박물관은 리처드의 매장과 발굴이 지닌 낯섦과 기이함을 전면에 부각하며, 유산 체험에서 장소성이 갖는 핵심적 중요성을 강조한다. 전시는 왕의 유골이 발견된 참호와 그 유해를 해석하는 일련의 과정 자체를 핵심 서사로 삼는다. 동시에 왕의 유해가 이미 레스터 대성당에 다시 안장되어 있다는 사실 때문에 이 박물관은 '부재 위에 세워진 공간'이기도 하다. 3D 프린팅으로 제작된 골격 복제본과 재구성된 얼굴은 바로 이러한 부재를 물질적 형태로 대체하는 장치이며, 유골은 더 이상 한 인간의 잔해가 아니라 박물관적 유산, 전시의 중심 오브젝트로 재규정된다. 이는 앞서 다큐멘터리에서 드러난 것과 동일한 전환, 즉 '인간의 몸→ 해석 가능한 표본→ 문화유산적 오브제'라는 변환 과정을 다시금 수행한다.

박물관 서사의 중심은 유해 발견과 분석에 참여한 유전학자, 고고학자 등 전문가들의 목소리다. 이로써 박물관은 단순한 역사 전시를 넘어 과정(process)의 전시가 되며, 전문 지식과 실천이 문화유산의 장에서 어떻게 역사적 서사를 형성하고 재배치하는지 보여준다. 리처드 3세 유해를 둘러싼 모든 공적 역사—박물관 전시, 추모식, 언론 보도—는 학제적 조사팀의 권위를 반복적으로 호출하며, '탐정식 조사'가 이야기의 구조적 축으로 기능하게 된다. 이 점에서 방문자 센터는 하나의 공적 역사학(popular historiography) 장치다. 박물관은 증거의 해석 과정을 가시화하며, 유전정보를 과거를 '읽는' 하나의 텍스트로 제시한다. 그러나 동시에 박물관은 '진실'에 도달하려는 목적론적 서사를 세운다. 유해가 실제로 리처드 3세의 것이라는 결론을 향해 흐르는 이 내적 구조에서 유전학적 정보는 '확고한 사실'(hard fact)처럼 자리하며 기존의 기록·문헌 자료를 보강하고 정당화한다. 결국 DNA 분석은 이 뼈를 '리처드 3세'로 명명하게 만드는 결정적 매개이자 그 명칭을 모든 반론으로부터 방어하는 근거가 된다. 이처럼 유전학적 조사는 역사 서술의 한 축으로서 발화적(articulative) 역할을 수행하게 된다.

리처드 3세의 사례는 대중이 어떻게 역사를 생산하고 재배치하며, 궁극적으로는 새로운 역사적 실체를 '창설'하는지를 보여주는 강력한 예다. 그는 발굴과 분석, 재매장을 거치며 복권되었고, 재구성되었으며, 반복적으로 재현되었다. 유전학의 개입을 통해 리처드 3세는 다시금

'번역되고'(translate) '식별된'(identified) 존재가 되었고, 이는 지식의 영역과 집단 기억의 차원 모두에서 깊고 장기적인 역사적 여파를 불러일으켰다.

이 사건은 특히 지역 지식과 시민적 참여가 결정적 기여를 할 수 있음을 보여준다. 지역 역사 단체의 활동이 국가적 의례, 기념공연, 관광 산업으로 확장되며 전문 과학 조사와 문화유산적 퍼포먼스가 예기치 않게 결합되는 방식을 드러낸다. 이로써 유전학은 단순한 과학적 도구가 아니라, 문화적 상상력과 공적 기억이 작동하는 장에서 상징적·서사적 자원으로 기능하게 된다. 무엇보다 이 사례는 유전학적 조사(genetic inquiry)가 공적 역사 상상(popular historical imagination) 속에서 어떻게 자연스럽게 역사 탐구의 일부로 편입되는지, 그리고 그 과정에서 기존 서사를 뒤흔들고 새로운 증거와 해석 가능성을 제시하는지를 뚜렷하게 보여준다.

유전학적 공적 역사의 수정

이 마지막 절에서는 유전학이 기억의 아카이브를 어떻게 변형하고 도전해왔는지를 살펴본다. 특히 새롭게 등장한 유전학 데이터가 기존의 역사 서술에 개입해 그것을 수정하고 재배열함으로써, 공적 역사 지식에서의 '수정'(revision) 개념을 확장하고자 한다.

샐리 헤밍스

리처드 3세의 사례 이전에, 유전학적 조사와 역사 이해—특히 수정주의적 재해석—가 본격적으로 결합된 가장 널리 알려진 사건은 샐리 헤밍스와 토머스 제퍼슨의 관계였다. 이 사건은 애넷 고든리드(Annette Gordon-Reed)의 선구적 연구에서 결정적으로 전개되었다. 고든리드는 1997년에 출간한 저서 《토머스 제퍼슨과 샐리 헤밍스: 미국의 논쟁》(*Thomas Jefferson and Sally Hemings: An American Controversy*)에서, 제퍼슨이 자신의 노예였던 헤밍스와 사실상 함께 살며 여러 자녀를 두었다는 주장의 진상을 규명하려 했다.[78] 고든리드는 헤밍스 가문에 전해 내려오는 구전과 증언을 기존 역사학보다 훨씬 진지하게 받아들였고, 면밀한 조사와 분석을 통해 헤밍스와 제퍼슨이 장기간에 걸쳐 관계를 유지했다는 주장에 설득력을 부여했다. 두 사람의 관계는 오랫동안 암시되거나 논쟁의 대상이었지만, 명확히 입증된 적은 없었다. 그녀의 책이 출간된 이후 은퇴한 병리학자 유진 포스터(Eugene Foster)가 제퍼슨과 헤밍스의 후손들로부터 DNA 샘플을 채취해 비교 분석에 나섰다.[79] 신중하게 진행된 이 연구는 두 혈통 사이의 유전적 연관성을 분명히 시사했다. 오늘날에는 제퍼슨이 헤밍스의 여섯 자녀 모두의 생부였다는 견해가 대체로 받아들여지고 있다. 이 사건은 역사 연구와 DNA 증거가 결합된 대표적 사례로, 여러 논란에도 불구하고 유전학이 제시한 증거가 강력한 설득력을 지닐 수 있음을 보여준다. 크리스틴 케닐리(Christine Kenneally)는 1998년 제퍼슨 후손을 대상으로 한 이 연구를 새로운 유형의 '수정주의'(revisionism)의 탄생을 알리는 주요 사례로 평가했다. "DNA 덕분에 역사적 인물의 실제 삶은 더 이상 존경과 허구의 장막 뒤에 숨겨질 수 없게 되었다."[80] DNA 증거는 두 사람이 실제로 오랜 기간 관계를 맺어왔다는 인식이 널리 받아들여지도록 하는 데 결정적 역할을 했다.[81]

역사적 논쟁은 단순한 친자 관계의 문제로 끝나지 않는다. 캐서린 내시(Catherine Nash)가 지적하듯, 유전자 증거는 본질적으로 복잡하고 문제적인 역사 논쟁 속에 깊숙이 포섭되어 있다. 내시는 이렇게 말한다. "인종적 순수성, 혼혈, 인종 간 결합, 금지된 성관계, 성적 권력에 대한 깊이 인종화되고 성적으로 상상된 개념들이 이 오랜 논쟁 전체를 관통하고 있다"(141쪽). 제퍼슨과 헤밍스의 관계에 대한 논의는 노예제도, 권력, 가부장제, 폭력, 배상 등 더 넓은 문제들과 연결되어 있을 뿐 아니라, 정당성과 유산을 둘러싼 논의이기도 하다. 더욱이 제퍼슨은 미국 '건국의 아버지'로, 미국의 자기 정체성 형성의 핵심 인물이다. 그의 권위에 대한 도전은 미국 국민 정체성을 한층 복잡하게 만들며, 그 국가주의가 전제하는 기본 가정들 자체에 의문을 제기한다. 이 때문에 유전학 정보는 순수성, 집단 기억, 국민성, 가부장제, 인종 등 여러 규범적 구조에 균열을 낸다. DNA 증거는 오랜 신념을 흔들고, 가족 내 갈등을 야기하며, 지배적 담론을 내부에서부터 뒤흔드는 힘을 지닌다.

결국 유전학은 역사적 우선순위를 재편하는 데에도 기여할 수 있다. DNA 연구가 가져온 중요한 결과 가운데 하나는 역사 기록을 다른 목소리들에게도 열어주는 일이었다. 루시아 스탠튼(Lucia Stanton)과 애넷 고든리드는 제퍼슨의 저택 몬티셀로에 살았던 헤밍스 일가와 다른 아프리카계 미국인 가족들을 다룬 연구서를 잇달아 출간했다. 고든리드는

2008년《몬티셀로의 헤밍스 가문》으로 퓰리처상을 수상했다.[82] 이후 헤밍스는 학계와 대중 모두에게서 더욱 폭넓은 연구와 재평가의 대상이 되었다[83] 몬티셀로에서는 제퍼슨의 방 바로 옆에 있던 헤밍스의 생활 공간이 발굴되었고, 현재는 그녀의 삶과 경험에 초점을 맞춘 가이드 투어가 운영되고 있다. 또한 스미소니언박물관과 몬티셀로가 공동 기획한 전시회 "자유의 역설: 제퍼슨의 몬티셀로에서의 노예제"(Paradox of Liberty: Slavery at Jefferson's Monticello)는 2012년 이후 미국 전역을 순회 중이다.[84] 제퍼슨의 후손인 섀넌 래니어(Shannon Lanier)와 제인 펠드먼(Jane Feldman)은《제퍼슨의 아이들》(Jefferson's Children)이라는 동화책을 함께 집필했다.[85] 제퍼슨과 헤밍스의 관계가 밝혀지면서 미국 역사 서술은 더 다층적으로 확장되었고, 여성·흑인·노예의 경험을 둘러싼 논의 역시 한층 활발해졌다.

이러한 작업의 대부분은 유전학적 정보가 없었더라도 가능했을 것이다. 그러나 DNA 연구는 이 사건에 특별한 권위를 부여했다. 역사적 재해석과 변화는 유전학이 지닌, 일종의 '비역사적 권위'로 여겨지는 힘과 결합해 이루어진 결과였다. 고든리드는 이 책 후속판의 서문에서 이렇게 적었다. "많은 문헌 증거가 있었음에도, 당시(그리고 지금도) 내가 보기에 문제 해결을 가로막은 것은 증거의 부족이 아니라 심리적 장벽이었다."[86] 그녀는 "결과적으로 과학과 역사는 서로를 완벽하게 보완한다"고 덧붙였다('작가 노트', 12항). 그녀가 말한 '심리적 장벽'은 DNA 증거가 역사 논쟁 속으로 개입하는 방식을 잘 보여준다. 이런 종류의 결합은 논거를 보다 견고하게 만들고, 사건에 더욱 강력한 정당성과 근거를 부여한다. 고든리드는 초판 서문에서도 이미 이를 예견하며 이렇게 적었다. "최종 결론은 문서와 진술의 해석을 통해서가 아니라, 현대 과학의 기적과 DNA 연구가 지닌 경이로움을 통해 도달하게 될 것이다"('작가 노트', 1항). 여기서 과학은 어떤 계시적 힘을 가진 것처럼 제시되며, 순수한 역사적 텍스트만으로는 결코 도달할 수 없는 권위를 주장한다.

아프리카계 미국인 매장지 프로젝트와 헨리 루이스 게이츠 주니어

1991년 뉴욕에서는 새로운 연방 청사 건립을 앞두고 사전 고고학 조사가 진행되었다. 조사 과정에서 상태가 온전히 보존된 많은 시신이 발견되었고, 추가 발굴 결과 이곳이 1790년경까지 사용된 아프리카계 미국인 매장지였다는 사실이 밝혀졌다. 이후 시민운동과 법적 분쟁을 거쳐 이 부지는 국가 기념물로 지정되었고, 2007년 일반에게 개방되었다. 발굴된 유해를 대상으로 광범위한 생물고고학 연구가 이루어졌으며, 그 과정에는 DNA 분석도 포함되었다.[87] 조지아주 찰스턴과 매사추세츠주 포츠머스의 다른 아프리카계 매장지에서도 유사한 DNA 조사가 이루어졌다. 이러한 연구는 미국뿐 아니라 전 세계 아프리카 디아스포라에 대한 지식을 크게 확장했고, 유전정보를 활용해 디아스포라 공동체의 역사적 경험과 그들이 겪어온 폭력을 더 깊이 이해하고 기록할 수 있는 가능성을 보여주었다. 아프리카 디아스포라의 과거를 유전학으로 탐구하는 작업은 과거를 대상으로 한 DNA 연구 가운데 가장 주목할 만한 사례 중 하나였다. 2000년에는 릭 키틀스(Rick Kittles)가 아프리카계 미국인을 대상으로 자신의 회사 아프리칸앤세스트리닷컴(AfricanAncestry.com)을 통해 유전자 검사 서비스를 시작했다.[88] 이 회사는 지금도 운영되고 있으며, "아프리카계 사람들이 자신의 역사를 회복하고 조상과 다시 연결되며, 미래 세대를 위한 지속 가능한 유산을 만들어갈 수 있도록 돕는다"고 홍보한다.[89] 이러한 '계시'의 수사와 미래에 대한 기대는 아프리카 디아스포라 유전학 연구의 핵심을 잘 보여준다.

　이 연구 흐름 덕분에 아프리카 디아스포라의 DNA에 대한 관심이 크게 높아졌고, 유전학적 탐사를 통해 이전에는 볼 수 없었던 과거를 새롭게 이해할 수 있는 길이 열렸다. 이 가능성을 공적 역사에 대한 적극적인 개입으로 발전시킨 인물이 역사학자 헨리 루이스 게이츠 주니어였다. 그는 정치적으로 수정주의적 성격을 지닌 유전적 계보학(genetic genealogy)을 다큐멘터리 형식으로 대중에게 소개했다. 2006년 이후 게이츠는 PBS에서 다큐멘터리 시리즈 〈아프리카계 미국인의 삶〉(African American Lives, 2006 – 2008)과 〈뿌리 찾기〉(Find Your Roots, 2012 –)를 제작·진행했다. 두 프로그램은 유명 인사들의 가족사를 추적하는 과정에서 유전 정보를 핵심 도구로 활용하는 인기 시리즈로, 전 세계적으로 방영된 〈당신은 자신을 누구라고 생각하십니까?〉(Who Do You Think You Are?)와 유사한 형식을 취한다. 그러나 게이츠의 시리즈가 도입한 결정적 혁신은 바로 유전정보의 적극적 활용이었다. 특히 〈아프리카계 미국인의 삶〉은 '공식' 역사에서 지워진 조상들의 이야기를 되살리는 데 큰 비중을 두었다. 게이츠의 작업은 DNA 조사가 수정주의 역사 접근(revisionist historical approach)과 직접 연결될 수 있음을 보여주며, 기존 사료가 부족했던 영역을 보완하고 새로운 연구 가능성을 여는 중요한 역할을 했다. 그는 이 시리즈와 함께 출간한 저서 《우리의 뿌리를 찾아서》(*In Search of Our Roots*)에서 '표준' 역사학이 아프리카계 미국인 공동체를 외면해왔다는 점을 비판적으로 지적한다.

> 그들의 이야기는 여전히 먼 친척들에게만 의미가 있을 뿐, 먼지 쌓인 기록 보관소 속에 방치되어 있다.… 그 이야기가 복원되어 다시 전해지지 않는 한, 우리의 조상들은 인간으로서도, 행위자로서도, 그리고 '미국 역사'라는 거대한 드라마의 주인공으로서도 존재할 수 없다. 노예제 아래에서 우리 조상들은 이름조차 부여받지 못했기 때문이다.**90**

그렇다면 유전학적 연구는 이러한 익명성에 맞서 싸울 수 있는 길을 연다. 이는 역사 속에서 지워지고 잊히도록 강요받은 존재들에 대한 강력한 저항 행위다. 이러한 과정을 통해 아프리카계 미국인들은 더 넓은 국가적 역사 속에서 자신들의 자리를 되찾을 수 있게 된다. 나아가 유전학 데이터는 기존 문헌 자료만으로는 도달할 수 없었던 더 넓고 깊은 과거와 오늘의 사람들을 이어주는 통로가 된다. 루이스 게이츠 주니어는 "미국에 사는 아프리카인의 일상에서 아프리카 과거에 대한 의식적 지식은 거의 완전히 말소되었다"(12단락)고 지적한다. 그 공백을 메우기 위해 DNA는 공동체를 그들의 뿌리와 다시 연결하는 역할을 수행할 수 있다. 이 점에서 유전학은 중요한 역사학적 함의를 갖는다. "우리 대가족 구성원들의 삶의 이야기를 복원하는 일은 역사가들이 우리 민족의 더 큰 역사 서사를 재구성하는 방식을 직접적으로 변화시킬 수 있으며… 궁극적으로 미국 역사의 '공식 서사' 자체를 바꿀 수 있다"(17단락). 더불어 의도적으로 '보이지 않게' 만들어진 것을 다시 보이게 하는 행위는 곧 정치적 개입이기도 하다. "이것은 또한 아프리카계 미국인의 집단적 역사에서 도둑맞고, 은폐되고, 잃어버린 것들을 엿볼 수 있게 해준다"(19단락). 여기서 우리는 지식이 항상 현재 속에도 잠재해 있으며, 그것을 '제대로 보기'만 하면 된다는 사고방식과 다시 맞닥뜨린다. 동시에 DNA 연구는 일종의 '계시'처럼 기능하면서도, 과거에 대한 새로운 정보와 관점을 제공하여 기존 역사 인식을 수정하는 하나의 방법이 된다. 게이츠에게 DNA는 아프리카계 미국인들이 "상징적으로나마 대서양 노예무역의 여정을 거꾸로 되돌릴 수 있는"(14단락) 힘을 부여한다. 즉 존재하지 않는 것처럼 취급되던 역사를 회복하고, 기록의 부재를 메우는 역할을 수행한다. 실제로 유전학적 탐사는 아카이브 구조에 내재한 인종주의를 드러내고, 특정 유형의 기록(또는 그 부재)에 과도하게 의존해온 국가 역사 서술의 인종주의적 기반을 비판하게 한다. 이러한 상징적 '되돌림'은 매우 강력하다. 이는 노예제 이전의 연결을 회복하고, 공동체가 자신들의 기원에 더 가까이 다가가도록 돕는다. 즉 '노예제 이후'가 아니라 그 '이전'을 볼 수 있는 능력, 그리고 지난 세기의 폭력을 일정 부분 우회하는 '역사적 단락'을 제공한다. 따라서 이러한 프로그램들은 단순한 대중 오락물이 아니라 공적 역사(public history)의 역할을 수행한다. 그것들은 기존 역사 서술의 규범적 전제를 비판하며, 과거에 접근하고 그것을 다시 회복하는 새로운 방식을 제안한다. 그리고 이 프로그램들이 보여주는 핵심 메시지는 분명하다. 주변화와 삭제는 우연이 아니라 선택의 산물이며, 망각을 반복하는 역사는 결국 그러한 선택을 다시 확인하는 일에 불과하다는 것이다. 이들은 유전학이 과거에 대한 기존 이해에 도전하고 그것을 변화시킬 수 있는 독특한 형태의 정보임을 강조한다. 이를 통해 '그때'와 '지금'은 훨씬 더 복잡하게 얽혀 있음을 드러낸다. 새롭게 얻어진 유전학적 정보는 과거 자료의 신뢰성을 약화시키기도 하는데, 이는 공동체가 자신들의 '역사'가 특정한 방식(문헌 자료와 의도적 망각)에 의해 구성되어왔음을 꿰뚫어보게 만들기 때문이다. 이제 그러한 '오래된 역사' 대신 DNA를 통해 과거와 연결되는 새로운 방식이 자리 잡게 된다.

게이츠 주니어의 프로그램들은 유전적 복잡성 그 자체를 전면에 부각한다. 특히 〈뿌리 찾기〉는 현대 인물들의 유전적 계보를 추적하는 과정에서 드러나는 다층적이고 복합적인 배경에 깊은 관심을 기울인다. 이 프로그램이 제기하는 역사적 핵심은, 오늘날 우리가 이해하는 정체성이 실제 유전적 현실과 반드시 일치하지는 않는다는 점이다. 시리즈는 일종의 게놈 문자주의(genomic literalism)에 기대어, 유전적·민족적 배경이 현대인의 정체성을 새롭게 흔들고 재구성할 가능성을 탐색한다. 동시에 이러한 유전적 발견은 현대적 자아 개념에 ㅁ 묘한 균열을 일으키며, 정체성의 규범성과 '온전한 자아'(totality in selfhood)라는 관념을 의문에 부친다. 이는 키스 웨일루가 말한 "유전적 주장과 개인적 자기정체화 방식 사이의 불가능한 긴장"을 극명하게 드러내는 사례이기도 하다.[91] 또한 이 프로그램에서 DNA 분석은 훨씬 더 장기적인 유산을 드러낸다. 때로는 수백 년 전으로 거슬러 올라가 가봉, 카메룬, 한국, 아일랜드 등 세계 여러 지역과 연결된 기원을 밝혀내기도 한다. 이러한 탐색은 참가자들로 하여금 과거와 더 단단히 이어져 있다는 감각을 갖게 하고, 자신의 현재 정체성을 더 분명히 이해하도록 만든다. 참가자 산제이 굽타(Sanjay Gupta)는 이렇게 말한다. "오늘 나는 더 인도인이라고 느끼고, 내 뿌리에 대해 더 큰 자부심을 느낍니다.… 물론 나는 늘 인도인이라는 게 자랑스러웠지만, 이제는 그에 대한 '진짜 이야기'를 갖게 된 것 같아요."[92] 이 사례에서 보듯, 유전 정보는 개인이 과거를 이해하는 방식뿐 아니라 현재의 정체성을 바라보는 관점까지도 바꾸는 계기가 될 수 있다.

2장

실천
practice

이 장에서는 유전학 데이터와 분석이 역사 연구의 방식 자체를 어떻게 변화시키고 있는지를 보다 구체적으로 살펴본다. 1장에서는 유전 정보가 영국을 비롯한 여러 지역의 '기념 실천'(commemorative practices)에 어떤 영향을 미쳤는지, 그리고 DNA로부터 얻어진 정보가 역사적 이해와 인식을 어떻게 전환시킬 수 있는지를 검토했다. 이어서 이 장에서는 새로운 유전 정보가 기존의 역사 탐구 방식에 어떻게 도전하며, 과거를 해석하는 사고의 전환을 어떻게 이끌 수 있는지를 본격적으로 탐구한다. 이 장의 핵심은 DNA를 하나의 역사적 '실천'(practice)으로 간주하는 데 있다. 즉 DNA를 과거를 탐색하는 하나의 방법론이자, 사건을 이해하고 서술하는 방식으로 다룬다. 특히 고고학 유적지에서 채취한 시료를 통해 분석되는 고DNA(ancient DNA)의 해석 과정과 그 실천을 중심으로 논의를 전개한다.

고DNA 분석은 고대 인간·동물·병원체·식물 시료는 물론 치수(齒髓), 토양, 화석화된 배설물 등에 남아 있는 미생물군(microbiome)의 분석까지 폭넓게 아우른다.[1] 데이비드 라이히가 '고DNA 혁명'이라 부르고, 크리스티안 크리스티안센(Kristian Kristiansen)이 '제3의 과학 혁명'이라 명명한 이 연구 흐름은 과거를 바라보는 방식과 접근법 전반에 근본적 변화를 가져온 것으로 평가된다.[2] 물론 고DNA는 과거에도 학제적 역사 연구에 활용된 바 있지만, 2010년 이후 데이터가 폭발적으로 증가하면서 "역사학자와 고고학자들이 새로운 과학기술과 본격적으로 씨름해야 할 정도의 변화"가 일어났다.[3] 이 분야를 설명하는 연구자들은, 급격히 확장되는 정보가 과거를 이해하는 우리의 방식을 근본적으로 바꾸고 있다고 강조한다. "고DNA 연구 결과는 인류사에 대한 우리의 이해를 그 어느 때보다 빠른 속도로 변화시키고 있다.… 과학자들은 불과 몇 년 전만 해도 상상조차 하지 못했던 인류의 진화와 역사에 관한 질문들에 답하기 위해 이 연구를 앞다투어 적용하고 있다."[4] 또 연구팀들 스스로도 고DNA 연구가 '과거를 아는 방식'을 혁신적으로 바꾸고 있다고 주장한다. "고DNA의 전체 게놈 분석은 선사시대 연구에 있어 변혁적 기술로 자리 잡았으며, 그 정보력은 고고학과 언어학에 견줄 만큼 강력하다."[5]

　　그렇다면 이런 변화는 역사학과 역사학자에게 어떤 의미를 갖는가? 고DNA 연구의 급속한 확장과 그에 따른 데이터의 폭발적 증가는 이 책 전반에서 다루는 핵심적인 학문적·인식론적 질문을 다시 제기한다.[6] 2010년 이후 급증한 고DNA 연구와 그로부터 생성된 방대한 '역사적' 정보는, 유전학이 역사 지식과 역사적 실천에 어떤 변화를 가져오는지를 깊이 성찰할 수 있는 중요한 계기가 된다.[7] 한편으로 역사학자들은 이러한 새로운 연구 흐름과 비판적으로 관계 맺는 방식을 마련해야 한다. 유전학 연구에서 사용되는 기본 개념과 언어를 면밀히 검토하고, 이를 비판적으로 탐구할 틀을 갖출 필요가 있다. 다른 한편으로는 이 분야의 잠재적 유용성을 인식하고, 공동 작업을 가능하게 할 방법론적 도구를 개발해야 한다.[8] 따라서 이 장에서는 고DNA 연구가 제안하는 역사적 실천의 변화를 개괄한다. 첫째, 고DNA 분석의 핵심 측면들을 비판적으로 검토하고, 고DNA 물질의 분석을 하나의 '역사적 실천'(historical praxis)으로 어떻게 사유할 수 있을지를 탐색한다. 이 논의는 고DNA 연구가 '역사적 데이터'와 '역사적 지식'이 생산되는 방식, 나아가 그 개념적 정의 자체에 어떤 영향을 미치는지를 살핀다. 둘째, 고DNA 연구가 학문적 분과(disciplinarity)에 던지는 함의를 검토한다. 게놈학의 발달은 이 분야 연구자들이 일종의 역사가로 간주되어 새로운 사료를 발굴하고, 혁신적 증거를 제시하며, 과거에 대한 새로운 해석을 내놓을 수 있다는 점을 보여주며, 이로써 고DNA 연구는 점차 하나의 '역사적 실천'으로 자리 잡아가고 있다. 이는 기존의 역사적 '지식'에 도전하는 유전학자이자 동시에 역사가가 등장하며, 고DNA를 기반으로 한 새로운 형태의 역사학이 시작되고 있음을 의미한다. 이 과정에서 특히 중요한 것은 상상력을 발휘해 고DNA가 지닌 이중적 성격—물질적 대상이자 인식의 방식, 곧 도구이자 지식의 형태—을 인식하는 일이다.

게놈 역사: 고DNA 분석과 역사적 실천

(고대) 유전학자와 역사

고고학 시료를 유전학적으로 분석해 인간의 발전을 탐구하려는 시도는 1980년대 중반에 본격적으로 시작되었다.[9] 이 분야의 초기 연구는 고대 시료에서 DNA를 실제로 추출할 수 있는지 여부를 확인하는 데 초점이 맞춰져 있었다.[10] 그 뒤로 인체 유해(遺骸)는 점차 더 다양한 방식으로 연구 대상이 되었고, DNA의 추출과 분석 기술도 한층 정교해졌다.[11] 이러한 접근법은 "현대 인구유전학, 언어학, 문화·인류학 자료에서 얻은 간접 증거에 더해 새로운 1차 증거를 제공하기 때문에, 과거 인구 집단 연구에 매우 중요한 영향을 미친다"며 점점 더 중요한 연구 도구로 평가받았다.[12] 이러한 언급은 고DNA 연구가 처음부터 '1차 증거'를 생산하는 새로운 지식 형태로 인식되었음을 잘 보여준다.

기술의 발전은 활용 가능한 데이터를 더욱 빠르고 정교하게 만들어냈다.[13] 1992년 테런스 브라운(Terrence Brown)과 케리 브라운(Keri Brown)은 고DNA가 "앞으로 고고학 과학의 주요 분야가 될 것"이라고 전망하며, 이주, 친족 관계, 질병 등을 연구하는 고고학자들에게 중요한 도구가 될 것이라고 제안했다.[14] 특히 인류학자들은 "이전에는 결코 **확보할 수 없었던** 데이터를 생산하기 위해 이러한 새로운 기술을 빠르게 도입했으며"(저자 강조), 이를 통해 "인간과 영장류의 진화 및 역사에 대한 우리의 이해를 획기적으로 확장할 가능성"을 보았다. 이러한 연구 흐름은 윤리, 인구 이동, 진화와 같은 핵심 주제에 대한 중요한 논의로 이어

실천 practice

졌다.[15] 고DNA 분석은 고대 문헌뿐 아니라 전 세계 고고학 유적지에서 출토된 다양한 시료에도 적용되었다.[16] 이는 "시간에 따른 인간 진화의 동역학을 이해하는 데 독특한 관점을 제공하는 연구"로 평가되었다.[17] 그러나 실제 연구 현장에서는 방법과 절차에서 여전히 큰 차이가 있었기 때문에, 그 결과의 신뢰도를 둘러싼 의문이 지속적으로 제기되었다.[18]

2000년부터 2010년 사이 이 분야는 연구 접근 방식, 결과의 일관성, 학문적 위상에서 큰 전환을 맞았다. 특히 2005년에 도입된 '차세대 시퀀싱'(next generation sequencing, NGS) 기술은 정보를 더 빠르고, 더 일관되게, 그리고 더 낮은 비용으로 생산할 수 있도록 만들었다.[19] 현대의 연구는 훨씬 더 긴 DNA 조각을 다룰 수 있는 새로운 샘플링 기법을 사용하며, 이를 통해 이전과 비교할 수 없을 만큼 방대한 데이터 세트를 구축하게 되었다.[20] 이렇게 생산된 정보는 인류의 이동과 인구 변화에 관한 자료와 결합될 때 특히 강력한 의미를 갖는다. 2010년에는 네안데르탈인, 새로 확인된 데니소바인, 그리고 약 4000년 전의 고대 에스키모인(Paleo-Eskimo)을 포함한 고대 인류의 게놈 서열이 처음으로 공개되었다.[21] 그 후 관련 연구는 급격히 늘어났고, 〈네이처〉와 〈사이언스〉 같은 주요 저널에 대규모 연구 결과가 정기적으로 실리기 시작했다.[22] 2018년 폰투스 스코글런드(Pontus Skoglund)와 이언 매시슨(Iain Mathieson)은 '새로운 연구의 첫 10년'을 정리 개괄한 논문에서 약 100편에 이르는 핵심 논문을 목록화했다. 이 목록에는 식물·동물·병원체 등 인간 이외의 고DNA 연구는 포함되지 않았다.[23] 같은 해 〈네이처〉에 실린 한 논문은

2010년 이후 약 1,300개의 '고대' 게놈이 시퀀싱되었다고 보고했다.[24]

2010년 이후 네안데르탈인 게놈의 해독과, 그들과 관련된 새로운 인류 집단인 데니소바인의 발견을 계기로 이 분야는 '기하급수적'으로 성장했다. 그에 따라 고DNA 연구는 고고학과 역사 연구의 여러 영역을 실질적으로 잠식하기 시작했다.[25] 많은 연구자들이 2010년을 '고대 인류 게놈학의 원년'으로 지칭한다. 이 시점을 전후해 고DNA 연구를 둘러싼 담론과 보도는, 새로운 데이터의 폭발적 확대와 함께 도래한 심대한 변화를 감지하기 시작했다.[26] 2017년 고게놈학(paleogenomics) 분야를 검토한 논문에서 미켈라 레오나르디(Michela Leonardi)와 공동 연구자들은 "500명 이상 고대 인류의 전체 게놈 서열 변이를 분석했으며", 그중 "약 80개의 고인류 게놈이… 새롭게 규명되었다"고 보고했다.[27] 마르시니악(Marciniak)과 페리(Perry)는 이러한 연구의 급격한 확대를 가리켜 '고대 게놈의 폭발'이라고 표현했다.[28] 레오나르디 등의 연구를 개괄하면, 고DNA 연구는 인류 표본의 경우 약 200년 전부터 4만 5천 년 전까지, 네안데르탈인과 데니소바인 표본의 경우 약 4만-5만 년 전 사이의 시료를 포함한다. 아울러 이들은 연구 범위가 인류를 넘어 병원체와 동물로까지 확장되고 있음을 강조한다. 병원체 유전자는 약 150년 전부터 4887년 전까지의 시료가 분석되고 있으며, 말·늑대 등 포유류 표본은 약 100년 전부터 최대 78만 년 전까지 거슬러 올라가는 자료가 연구되고 있다.[29]

고DNA 분석은 동물·병원균·식물의 진화를 이해하는 데 새로운 관점을 제공하며, 그 분석 대상에는 이미 멸종한 종들도 포함된다.[30] 이 연구는 오늘날 생태계에 대한 논의에도 중요한 기여를 해왔다. 베스 샤피로(Beth Shapiro)가 말하듯, "고DNA는 현재의 생물다양성을 형성해온 진화 과정을 이해하는 데 매우 강력한 기술임이 입증되었다."[31] 현재의 고DNA 연구는 분석 가능한 상태로 보존된 시료에 크게 좌우되기 때문에, 지금까지의 연구 대부분은 '한대 및 온대 지역'에서 발견된 자료에 기반했다. 이로 인해 연구가 특정 지역에 편중되는 경향이 있었지만, 기술의 정교화로 이런 한계는 점차 해소되고 있다.[32] 오늘날 고DNA 연구는 다양한 분야와 접속하며 역동적으로 확장되고 있는 한편, 그 학문적 기반 역시 점차 견고해지고 있다.[33] 연구 논문들은 물질문화의 변화가 수천 년에 걸친 게놈 변화 속에 어떻게 '각인'되는지를 탐구하거나, 특정 시기의 유전적 사건에 주목해 그 의미를 해석한다.[34] 또한 연구자들은 새로운 가설을 검증하거나 기존 해석을 보완하는 정보를 제시하고, 새롭게 생성된 데이터를 보고한다. 나아가 최신 분석 기술을 도입해 방법론적 진전을 보여주거나, 역사적 시료 연구에서 제기되는 윤리적 문제들을 직접 논의하기도 한다.[35] 이 가운데 일부 연구는 모계 왕조(matrilineal dynasties)에 관한 새로운 논의를 전개하거나, 그동안 충분히 조명되지 못했던 공동체의 유전적 계보를 확장하는 데 기여한다.[36] 연구팀들은 아직 드러나지 않은 게놈의 역사를 복원하기 위해 다양한 창의적 접근을 시도하며,[37] 자신들의 연구를 기존 지식을 보완하고 확장하는 노력으로 자리매김한다.[38] 또한 현대 인류와의 유전적 연관성을 추적함으로써 새로운 결론을 도출한다.[39] 이와 함께 연구자들 사이에서는 용어 선택의 자의성, 그리고 분석 과정 전반에 내재한 다양한 편향에 대한 문제

의식도 점점 높아지고 있다.[40]

정보와 분석의 폭발적 확장은 고DNA 연구가 근세의 역사적 사건들에 대한 우리의 인식을 실질적으로 재편할 수 있음을 보여준다.[41] 이 연구는 18세기 노예무역, 7세기 게르만 부족의 매장 관습, 6세기 유럽 전역의 인구 이동 등과 같은 주제에 역사학자들이 접근하고 해석하는 방식을 근본적으로 변화시키고 있다.[42] 이런 사례들에서 유전학 데이터는 기존의 역사학적·고고학적 방법론과 결합되며, 더 넓은 시각과 새로운 지식의 지평을 열어준다. 연구자들은 "우리는 역사적·고고학적 가설을 직접 검증했다", "우리는 전장 게놈 데이터를 이용해 노예로 끌려온 세 명의 아프리카인의 기원을 추적했다"와 같은 방식으로, 유전 정보를 통해 과거를 더욱 정밀하게 재구성할 수 있음을 보여준다.[43] 이와 같은 연구는 기존 역사 서술에서 누락되거나 설명되지 못한 문제적 공백(lacuna)을 메우는 데 기여하기도 한다. 제이다 벤 토레스(Jada Benn Torres)의 말처럼, "이러한 접근 방식은 식민 지배의 파괴적 영향으로 인해 생겨난 지식의 공백을 메우는 데 도움이 될 수 있다."[44] 이처럼 고DNA 연구는 국가, 아카이브, 도서관 같은 기존 역사 제도들에 도전하며 역사 지식의 생산 방식을 근본적으로 재편하고 있다.

이 분야에서 이루어진 획기적 발견과 발표, 기술적 혁신은 지난 10여 년 동안 고고학·유전학 분야에서 가장 주목받은 뉴스 가운데 상당 부분을 차지한다. 특히 2013-2014년 리처드 3세 유해 분석 사건이 대중매체의 집중 조명을 받은 이후, 고DNA 연구는 일반 언론에서도 활발히 다뤄지는 주제가 되었다.[45] 주요 사례로는 2018년의 '체더맨'(Cheddar

Man) 논란(3장에서 다룸), 같은 해 발표된 '비커인'(Beaker people) 연구, 2014-2015년에 이루어진 '앤직-1'(Anzick-1)과 '케너윅 맨'(Kennewick Man) 분석, 2015년 '엑트베드 걸'(Egtved Girl)을 둘러싼 해석 논쟁, 그리고 2016년 다시 불거진 '멍고 맨'(Mungo Man) 관련 논의 등이 있다.[46] 이들 각각의 사건은 기억이 형성되는 방식, 기념 행위가 가진 윤리적 문제, 그리고 과거에 대한 지식을 구성하는 데서 유전학이 어떤 역할을 수행하는지에 관한 공적 논쟁을 촉발했다.[47] 예를 들어, '앤직-1'의 유해는 2015년 몬태나 지역 원주민 장로들에 의해 의식적으로 재매장되었고, 리처드 3세의 유해는 같은 해 영국에서 공공 국가장 형태로 다시 안장되었다. 이처럼 DNA 시료의 분석은 특정한 추모·기념의 방식과 직접적으로 연결되기도 한다. 반면 '엑트베드 걸' '체더맨' '비커인'과 같은 사례에서는 유전학적 분석이 오랫동안 유지되어온 민족성과 인종에 대한 통념을 정면으로 뒤흔들었다(3장 참조). 예를 들어, 덴마크의 정체성과 역사적 안정성의 상징으로 여겨졌던 '엑트베드 걸'은 사실상 "현대 덴마크 영토 바깥 지역 출신"으로 밝혀졌으며, 이 사례는 청동기 시대의 이동성과 인구 이동성(mobility and migration)을 보여주는 대표 사례로 인용되었다.[48] 또 유럽에서 가장 오래된 인류 유해 중 하나인 '체더맨' 분석에서는 그의 피부색이 짙었음을 시사하는 결과가 나왔다. 이처럼 고DNA 연구는 정치적으로 중립적이지도, 문화적으로 무해한 것도 아니다. 오히려 정체성, 민족성, 인종, 생물학적 차이, 이동성 등을 둘러싼 역사적·문화적 논쟁 속에 적극적으로 개입하며, 기존의 기억 서사(memorial tropes)를 비판적으로 재검토하고 과거에 대한 새로운 해석과 재사유를 가능하게 한다.

또한 에스케 윌러슬레브(Eske Willerslev), 데이비드 라이히와 같은 핵심 연구자들이 영향력 있는 언론 매체에 자주 등장하고, 고DNA를 다룬 대중 과학서를 집필하는 등, 새로운 세대의 고대 유전학자들은 대중의 높은 관심을 끌고 있다.[49] 과학 전문 언론 보도는 고DNA 연구의 혁신성과 일종의 '계시적' 성격을 부각한다. BBC는 "고DNA가 과거를 바라보는 우리의 방식을 어떻게 변화시키고 있는가"를 조명했고,[50] 다른 주요 매체들의 보도 역시 비슷한 톤을 취한다. 〈애틀랜틱〉은 "고DNA가 인간(그리고 네안데르탈인) 역사를 다시 쓰고 있다"고 전했고, 〈인디펜던트〉는 "청동기 시대 인류의 DNA 분석이 전례 없는 통찰을 가져왔다"고 보도했다. 〈워싱턴포스트〉는 "네안데르탈인 미생물이 뜻밖의 사실을 드러냈다"고 했으며, 〈데일리메일〉은 "8천 년 전 유골의 DNA가 현대 인류 집단에 대한 정보를 밝혀냈다"고 전했다.[51] 이처럼 고DNA 연구는 대중의 관심을 크게 끌고 있으며, 사람들은 유전학적 탐구를 통해 과거 서사와 역사 자체가 새롭게 재구성될 수 있다는 사실을 점점 더 인식하게 되었다.

언론 보도의 대부분은 이러한 연구 성과를 '계시적' 어조로 전달한다. 새로운 데이터가 등장할 때마다 기존의 역사적 '진실'이 도전받거나 수정되기 때문이다. 언론은 종종 고DNA 연구가 "우리의 선조들이 어떻게 살아왔는지 이해하는 방식을 근본적으로 바꿀 수 있다는 희망을 보여준다"고 강조한다.[52] 예를 들어, BBC는 2015년 "고DNA가 바스크인 기원의 퍼즐을 풀다"(Ancient DNA cracks puzzle of Basque origins)라는 제목의 기사에서 "고대 유해의 DNA가 유럽에서 가장 수수께끼 같은 민족 중 하나인 바스크인의 퍼즐을 푼 것 같다"고 보도했다.[53] 해당 기사 편집진은 북부 스페인에서 발굴된 석기시대 유골의 게놈 분석 결과, 약 3500-5500년 전 사람들의 DNA가 현대 바스크인과 유전적으로 연결되어 있음을 보여준다고 설명했다.[54] 이와 같은 보도 방식은 DNA 연구가 새로운 연결을 밝혀내고, 그동안 숨겨져 있던 역사적 진실을 드러내는 데 중요한 역할을 한다는 점을 강조한다. 이런 담론은 흔히 잃어버린 것, 무시된 것, 보이지 않던 것을 되찾는 서사와 맞닿아 있다. 예컨대 앨리스 로버츠(Alice Roberts)는 "고DNA는 잊힌 여정의 실마리를 품고 있다"고 표현한다.[55] 따라서 고DNA 연구를 다루는 이러한 글쓰기 방식은 이 연구가 과거를 이해하는 새로운 지식 생산 방식(new mode of knowing the past)을 열어젖히고 있음을 암시한다. 다시 말해, 지금까지 놓쳐왔던 중요한 증거들을 제공함으로써 역사적 사건에 새로운 명료함을 부여하는 것이다. 이와 같은 '계시적 언어'(revelatory rhetoric)의 반복적 사용은 과학 논문뿐 아니라 공공 보도에서도 두드러지며, 이러한 담론이 하나의 인식론적 틀을 강화하는 방식 또한 보여준다. 특히 이런 현상은 포스트게놈 시대의 사고방식이 문화적으로 어떻게 구성되고 있는지를 잘 드러낸다. 언론 보도 속에서 선사시대에 대한 이해는 이제 '포스트게놈적 인식'에 점점 더 의존하게 되었고, 우리가 과거를 한층 더 정교하게 파악하고 있다고 느끼는 그 감각 자체가 새로운 유전학적 지식이 만들어낸 산물임을 시사한다.

역사적 실천으로서의 고DNA 연구

고DNA가 새로운 증거 집합이자 과거를 인식하는 새로운 방식으로 공적 역사적 상상 속에 편입되기 시작한 변화를 고려하면, 이러한 연구들이 스스로의 실천을 어떻게 서술하고 있는지를 주의 깊게 살펴보는 것이 중요하다. 고DNA 연구는 유전자 및 게놈 데이터를 근거로 과거에 대한 주장과 서사를 구성하며, 그로부터 특정한 과거상을 제시한다. 이분야 연구자들은 '유전적 역사'(genetic history)라는 표현을 비교적 자연스럽게 사용하고, 데이터를 시각화해 완결된 형태의 역사적 설명으로 제시한다. 여기에는 유전적 상호관계의 시간적 배열, 곧 DNA가 지닌 시간적 위상을 해석하는 하나의 지식 영역으로서 '유전적 역사'가 암묵적으로 전제되어 있다. 더욱 중요한 점은, 그리고 연구자들 스스로도 점점 더 분명하게 인식하고 있듯이, 고DNA 연구가 역사 데이터 구성과 역사학 혁신에 실질적으로 기여하고 있다는 사실이다.[56] 연구팀들은 과거를 탐구하는 방식과 그 과정에서 생산되는 정보의 성격 자체에 새로운 요소를 지속적으로 더하고 있다. 이는 단순한 기술적 진전이 아니라 명백한 방법론적 개입이자 역사적 실천에 대한 인식론적 참여라고 할 수 있다. 이러한 논문들에서 수행되는 '역사'란, 과거를 모델링하고 그 과거를 어떠한 형태로 서술하고 탐색할 것인가에 대한 하나의 총체적 모형을 제시하는 작업이다.[57] 각 논문은 연구 과정과 분석이 복합적으로 얽혀 있는 하나의 사례로서, 현대 고DNA 조사가 지닌 편향, 제도적 맥락, 그리고 그 목적을 드러내는 사례 연구로 면밀히 검토될 수 있다.[58] 이런 '유전적 역사'의 두 가지 최신 사례를 뒤에서 검토할 텐데, 이들은 고DNA 연구가 역사적 실천을 어떤 방식으로 구현하고 있는지를 분명하게 보여준다. 이를 통해 우리는 연구자들이 제시하는 역사 탐구 모델을 사유하고, 특히 언어 사용과 정보 서술 방식에 스며 있는 인식의 양식(modes of knowing)을 고찰할 수 있다.

푸 차오메이(Qiaomei Fu) 등 연구진이 2016년에 발표한 "빙하기 유럽의 유전사"(The Genetic History of Ice Age Europe)는 약 4만 5천 년에서 7천 년 전에 살았던 유라시아인 51명의 유전적 계통을 분석한 개괄적 연구다.[59] 연구팀은 인간 유골에서 DNA를 추출한 뒤, 표준 절차에 따라 이를 시퀀싱 라이브러리(sequencing library, DNA를 짧은 조각으로 분절한 뒤 인공 서열을 부착하여 시퀀싱 장비가 읽을 수 있도록 만든 샘플 집합—옮긴이)로 가공했다. 고DNA 연구의 핵심 난제 중 하나는 "대부분의 시료에서 추출된 DNA의 상당 부분이 미생물 기원"(200쪽)이라는 점으로, 이로 인해 시퀀싱 효율이 크게 저하된다는 것이다. 이런 문제를 해결하기 위해 푸 연구팀은 DNA 라이브러리를 보강하는 혁신적 기술을 도입했다. 그 결과 이들은 '샷건 시퀀싱' 기법을 활용해 추출된 DNA 가운데 어느 부분이 인간 게놈과 일치하는지를 효과적으로 식별할 수 있었다. 연구 과정에서 현대인의 DNA가 혼입되지 않도록 엄격히 관리했으며, 이렇게 확보한 데이터 세트를 기반으로 후속 분석이 이루어졌다.[60] 연구의 핵심 단계 가운데 상당 부분은 새로 구축된 이 데이터 세트를 기존의 고인류 및 현대인류 시퀀싱 자료와 비교하는 작업으로 이루어졌다. 최종 데이터 세트가 확보된 이후 연구팀은 알려진 인구 구성 정보와 유전적 특성을 토대로 다양한 비교 분석을 수행했다. 이러한 정보는 통계 지표와 함께 정밀하게 검토되었으며, 이를 통해 자연선택의 작동 방식, 기후 변화의 영향, 그리고 그에 따른 유전적 변동에 대한 해석이 도출되었다. 논문은 이러한 분석 결과를 다음과 같이 서술한다.

> 현생 인류는 약 4만 5천 년 전에 유럽에 도착했지만, 약 8천 5백 년 전 농경이 시작되기 전까지 이들이 어떤 유전적 구성을 지니고 있었는지는 거의 밝혀지지 않았다. 본 연구는 약 4만 5천 년에서 7천 년 전 사이에 살았던 51명의 유라시아인의 전장 게놈 데이터를 분석했다(200쪽).

이 연구는 고DNA 자료와 고대 인류의 유전적 구성을 해석함으로써 약 3만 8천 년에 걸친 역사적 서술을 제시한다. 특히 그동안 유럽의 '상부 구석기 시대'(Upper Palaeolithic, 약 5만–1만 년 전 현생 인류가 유럽에서 문화적·기술적 발전을 이룬 시기—옮긴이) 인류에 대한 전장 게놈 수준의 정보가 단 네 개의 표본에서만 확보되었다는 점을 고려하면, 이 연구는 그 한계를 크게 확장하는 새로운 통찰을 제공한다. 연구팀이 생성한 데이터는 하나의 사료로 제시되며, 논문은 이렇게 말한다. "이 데이터 세트는 3만 년이 넘는 상부 구석기 시대 유럽 인구의 역사를 연구할 수 있는 전례 없는 기회를 제공한다"(202쪽). 즉 연구자들은 51명의 유전 정보를 바탕으로 3만 년이 넘는 인류의 역사를 이해하고, 서술하고, 해석할 수 있게 된 것이다. 이 연구는 기존의 역사학적·고고학적 서술과는 구별되는, '유전적 역사'(genetic history)라는 새로운 형태의 서사를 생성한다. 연구팀은 유전적 분류와 고고학적 분류 사이에서 비롯될 수 있는 선입견을 피하기 위해 다음과 같은 접근 방식을 취했다.

연구팀은 유전적 집단과 고고학적 집단을 연결하는 과정에서 발생할 수 있는 편향을 피하기 위해, 먼저 순수하게 유전학 데이터만을 기반으로 시료들의 집단을 구분한 뒤, 그 이후에야 이 집단들이 어떤 고고학적 문화 복합체와 연관되는지를 조사했다(202쪽).

연구팀은 새롭게 구축된 데이터를 검토한 끝에 중요한 결론에 도달했다. "이러한 결과는 유럽 선사시대에 인구 이동과 이주가 반복적으로 일어났음을 보여준다.… 이는 신석기 이전 유럽의 인구 역사가 여러 측면에서 복합적이었음을 시사한다"(200, 204쪽). 결론의 핵심은 인구 형성과 변동의 문제에 있다. "빌라브루나 집단의 출현은 빙하기 말기에 유럽 내부에서 발생한 이주 또는 인구 이동을 반영하는 것으로 보인다.… 이런 패턴을 설명할 수 있는 한 가지 시나리오는 마지막 빙하기 극대기(Glacial Maximum) 이후 남동부 유럽 혹은 서아시아의 피난처에서 인구가 확장되었다는 것이다"(204쪽). 또 저자들은 유럽인의 게놈에서 네안데르탈인의 유전적 비율이 감소한 이유에 대한 논의에도 참여하며(201쪽), 아직 규명되지 않은 문제들이 향후 연구 방향을 결정짓는다고 강조한다. "향후 연구에서 중요한 과제는 남동부 유럽과 근동 지역에서도 유사한 고DNA 데이터를 확보하여, 서유라시아 상부 구석기 시대 인구 역사의 전모를 밝히는 것이다"(204쪽). 이 논문은 명확한 정보 제시와 분석적 해석을 통해 학문적 경계를 가로지르는 지식의 연속처 속에서 하나의 개입으로 기능한다. 고고학, 유전학, 인류학, 고생물학, 인구유전학 등 다양한 분야의 연구자들에게 유의미한 자료를 제공하는 동시에, 이 연구가 생산하는 지식은 데이터 세트로 구성된 '경험적 정보'(hard information)와 그에 대한 분석적 해석(interpretation)이라는 두 층위에서 작동한다.

전 세계 64명의 학자가 참여한 이 '역사'는 집약적인 협업의 산물이다. 이러한 연구는 결코 개인 단독으로 수행될 수 없으며, 다수 연구자의 기여가 겹겹이 쌓여 이루어진 공동 작업의 결과다. 이와 같은 연구 방식은 초국가적 네트워크의 구축, 지식의 확장, 그리고 특정한 형태의 역사 수정주의적 태도를 반영한다. 여기서 수정주의는 유전학 데이터를 바탕으로 기존 인류사 해석을 다시 검토하고 재구성하려는 접근을 의미한다. 즉 과거의 데이터를 수집한 뒤 최신 분석 기법을 적용하여 모델링하고 재배열하는 과정이 핵심이다. 이런 맥락에서 '유전적 역사'란 지리적 범위(유럽)와 시간적 범위(약 4만 5천-7천 년 전)를 가로질러 데이터를 연결하고, 그 분석을 통해 일련의 역사적 결론에 도달하는 서술 방식을 가리킨다. 이 데이터는 수년에 걸쳐 개발된 정교한 분석 기술과 다양한 도구, 소프트웨어를 활용해 '읽히는' 정보로 가공된다.

푸 연구팀보다 더 대규모인, 총 75명의 저자가 참여한 국제 공동 연구팀은 2018년 5월, 고대 인류 137명의 게놈을 해독한 야심적 연구 결과를 〈네이처〉에 발표했다.[61] 연구 목표는 "청동기 시대 이후 대초원 지역에서 나타난 언어 및 문화 변동과 관련된 인구유전학적 과정을 해명하는 것"(369쪽)이었다. 이 연구는 기원전 2500년부터 서기 1500년까지 약 4천 년에 걸친 137명의 고대 인류 게놈을 분석 대상으로 삼는다. 이를 통해 특정 언어와 문화의 형성 과정, 유스티니아누스 전염병의 범위와 영향, 그리고 "역사 시대까지 이어진 유전적 조상의 변화 과정"(374

쪽)과 같은 여러 논쟁적 주제에 개입한다. 이 논문은 고대사 연구자뿐 아니라 근세 초기 인류사를 연구하는 학자들에게도 중요한 통찰을 제공한다. 연구 접근법은 푸 등의 연구와 마찬가지로 게놈 시퀀싱, 통계적 비교, 생물수학적 모델링, 조상 유전 비율 분석, 병원체 분석을 포함한다. 논문의 주요 결론은 "부록"에 제시된 그래프와 도표, 표를 통해 더 구체적으로 드러난다. 예컨대 "주요 조상 집단을 이용해 고대 및 현대 중앙 아시아 전체의 다양성을 모델링한" 그림(373쪽)은 데이터 분석이 밝혀 낸 유전적 변화와 인구 이동의 양상을 시각적으로 제시한다. 이 논문은 '기술적 절차의 반복'(rehearsal of technique)과 '분석의 서사화'(narrativising of analysis)를 거쳐 결론을 구축한다. "이 발견은 고고학적 모델과 일치한다"(370쪽), "우리의 발견은 이 지역의 역사언어학적 연구 성과와 잘 부합한다"(373쪽)와 같은 문장은 연구가 신중하고 협업적인 방식으로 진행되었음을 보여준다. 즉 고DNA 분석은 기존의 다양한 연구와 '정합적' 관계를 이루며, 도출된 데이터는 다른 학문적 탐구와도 '일관성'을 갖는다. 그 결과 이 연구는 언어학·고고학·유전학의 통합적 상호의존성을 구현하는 대표적 사례가 된다. 이러한 세 분야의 '결합'(integration)은 이와 같은 고DNA 연구에서 반복적으로 등장하는 핵심 주제이기도 하다.

여기서 '유전적 역사'는 과거에 접근하는 하나의 고유한 방식으로 자리매김한다. 그것은 장구한 세대를 가로지르는 새로운 데이터 세트를 구축하는 동시에, 국경을 넘어 확장되는(transnational) 지식 생산의 성격을 지닌다. 이러한 논문들에 참여하는 연구 네트워크는 일종의 '역사 쓰기'(history-making)를 수행하고 있다. 즉 과거 자료에서 초기 데이터를 수집한 뒤, 이를 최신 분석 기법과 (간략히 언급되는) 현대 역사학·고고학의 성과를 바탕으로 모델링하는 것이다. 이렇게 형성되는 '유전적 역사'란 유전학 데이터를 지리적 범위와 시간적 축(예: 약 4만 5천-7천 년 전, 혹은 기원전 2500-서기 1500년) 속에서 연결하고, 그 분석을 통해 일련의 결론과 해석을 도출하는 과정을 의미한다. 여기서 DNA는 연구의 1차 원천 자료이며, 그로부터 도출된 시사점은 다른 연구 모델과의 교차검증을 통해 정교화된다. 이런 분석은 윤리적 승인과 동료심사를 거쳐 이루어지며, 연구는 방대하고 심층적이며 특정 역사적 연대기의 변화를 정밀하게 추적한다. 초점은 인구 집단 간의 형성과 변동, 이동, 패턴의 탐색과 그 의미의 해석에 맞추어져 있다. '역사가-유전학자'(historian-geneticist)는 데이터를 생성하고, 보존하고, 해석하는 주체다. 이들은 증거를 생산할 뿐 아니라, '증거'가 무엇이며 어떻게 읽혀야 하는지를 규정하는 사람들이다. 즉 이는 과정과 변화에 대한 탐구이며, 그 탐구를 하나의 서사적 관점으로 조직하려는 시도다. 이러한 개입을 통해 인류의 발전사를 더욱 깊이 이해할 수 있다. 이 역사적 탐구는 기술, 컴퓨팅 파워, 통신·협업 방식의 진보에 기반하며, 결국 '역사가-유전학자'는 데이터를 축적하고 분석함으로써 새로운 증거의 지평을 확립하는 존재라고 할 수 있다.

고DNA 연구: 계시와 시대 구분

이처럼 거대한 주장과 정교한 데이터 분석에도 불구하고, 이 논문들이 제시하는 가설 검증은 대체로 간략한 역사적 논거에 기대고 있다. 활용되는 고고학·역사 자료는 많지 않으며, 고고학적 내용은 종종 단선적 서사에 부수적으로 덧붙는 수준에 머문다. 검증 대상이 되는 가설 역시 광범위한 시공간을 포괄하는, 비교적 거칠고 포괄적인 형태다. 고DNA 연구들은 기법의 혁신성과 '새로운 지식'의 등장을 강조하는 경향이 뚜렷하다. "과거에는 고DNA 증거가 부족해 이런 사건에 동반된 인구 이동을 파악할 수 없었다", "호주 원주민 게놈 다양성에 대한 최초의 광범위한 조사"와 같은 식으로 스스로를 혁신적 시도로 제시한다.[62] 이 논문들은 자신들이 기존 연구를 확장하고, 그에 응답하며, 나아가 이를 수정한다고 주장한다. 동시에 인류 지식의 축적에 기여하고 세계에 대한 우리의 이해를 넓힌다고 말한다. 여기서 말하는 '혁신적 기술'은 곧 역사적 불확실성을 해소해주는 중요한 정보의 원천으로 간주된다. 방법론적으로 핵심이 되는 점은 다양한 역사적·고고학적 가설과 추론을 반박하거나 보완하려는 시도다. 고DNA 분석은 기존에 미처 상상하지 못했던 측면을 드러내고, 정보 부족으로 중단되거나 제한되었던 논의를 다시 열어준다는 점에서 일종의 계시적 연구로 자리매김한다. 이렇게 "고대 게놈이 유럽 인류의 선사시대를 새롭게 조명할 잠재력"(2쪽)을 보여주는 논문들은, 고고학이나 역사학에서 무시되었거나 실패했거나 간과되었던 표본들을 다시 전면에 가져온다. 예컨대 이오시프 라자리디스(Iosif Lazarides) 등의 연구는 기존 고DNA 시료를 재검토해, 그 절편 속에서 22명의 '새로운' 개체 게놈을 재구성했다.[63] 이렇게 생성된 풍부한 데이터 프로파일로 '새로운 역사적 해석'이 가능해진다.[64] 고DNA 연구는 인간 자체를 하나의 역사적 데이터로 간주한다. 뼈 조각과 같은 물리적 흔적을 숫자 데이터로 전환한 뒤, 이를 다양한 방식으로 분석하고 해석한다. 이러한 연구는 장구한 시간에 걸친 인간 존재와 이동 양상을 추적하며, 그 성과로 "지난 10년간 고대게놈학(paleogenomics)은 오랫동안 논란이 되어온 고고학적 질문들을 해결하는 데 중요한 역할을 했다"고 주장한다.[65]

〈르몽드〉는 2006년, 고DNA 염기서열 분석이 "'인류의 기원'이라는 이야기를 다시 써야 할 상황을 만들었다"고 예견하듯 보도했다.[66] 재창조와 계시의 언어는 고DNA 연구의 어조와 추진력을 이루는 핵심이다. 이 연구가 불러오는 효과는 역사적으로 일종의 '수정주의적' 성격을 띤다. 〈뉴욕타임스〉가 지적하듯, 이 연구는 "고대 인류에 대한 우리의 지식을 전면적으로 수정할 만큼 강력한 방법론을 사용한다"고 평가된다.[67] 앞서 살펴본 것처럼, 과학적 실천은 종종 역사적 방법론과 결합하여 고유한 역사서술적 추동력을 만들어낸다. '보다 복합적인 진실에 이르기 위한 계시의 수사'는 이 연구가 스스로의 방법론적 접점을 설명하는 핵심 방식으로 작동한다. 이는 가장 온건한 논문에서도 예외가 아니다. "고대 인간 DNA 분석을 이용하면, 이 지역에서 최근 인류 진화와 관련해 우리가 여전히 이해하지 못하는 이 난제를 부분적으로 **해결할 수 있다**"(인용자 강조).[68] "이해하기 어렵다"고 표현되는 아프리카 인구 집단, 즉 "가장 고대의 인간 유전 계통을 지닌 집단"을 다룬 조셉 피크렐(Joseph Pickrell) 등의 연구는 이렇게 말한다. "이 가설을 지지하는 인류학적·고고학적 증거는 여전히 논쟁적이다.… 그러나 게놈 연구는 코이산족의 역사에 새로운 빛을 비출 잠재력을 지니고 있다."[69] 이 '새로운 빛'은 이전 논란의 매듭을 풀어줄 수 있을 것이라고 기대된다. 실제로 고DNA

연구는 무엇인가를 '드러내고 밝힌다'는 표현을 반복적으로 사용한다.

> 우리의 분석은 수렵채집인들이 두 가지 경로를 통해 스칸디나비아에 정착했다는 유전적 증거를 제시한다. 또 우리는 최초의 스칸디나비아 농경민들이 기존에 알려진 것보다 1천 년 더 이른 시기에 아나톨리아인에게서 유래했음을 밝혀냈다.[70]

연구자들은 "고DNA의 힘은, 현존 생물이나 고생물학 연구만으로는 접근할 수 없던 과거의 생명체와 진화 과정을 들여다볼 수 있는 창을 제공한다는 점"에 있다고 말한다.[71] 이들은 고DNA를 계시적 대상으로 제시한다. 즉 고DNA가 과거를 바라보는 새로운 방식을 열어주며, 이전까지 '접근 불가능'했던 것을 밝혀내게 해준다는 것이다. '밝혀낸다'(reveal)라는 표현은 '통찰'(insight), '기록'(document), '보여준다'(show), '보고한다'(report) 등과 함께 연구 성과를 드러내는 논문에서 가장 빈번하게 사용되는 어휘 중 하나다. 이런 '계시의 언어'는 지식의 명료성을 부여하고 탐구의 방향을 설정하는 기능을 한다. 새롭게 생성된 정보가 우리를 '보다 분명한 인식으로' 이끈다고 전제하기 때문이다.[72] 이러한 '계시적' 용어들은 논문 제목에서도 반복적으로 사용되며, 연구의 주장을 강화하는 동시에 이후 더 광범위한 과학 보도 전반에서 계속 재현된다.[73] 고DNA 연구에서 현대의 연구자들은 오래도록 이해되기를 기다려온 것들을 자신들이 '밝혀낸다'고 말한다. 그들은 역사 연구 속에 이전에는 포착되지 않았던 무수한 '알려진 미지'(known unknowns)의 영역을 새롭게 도입한다. 이러한 표현 방식은 고DNA가 과거를 이해하는 새로운 방식을 가능하게 한다는 인식을 더욱 강화한다. 즉 이 계시의 언어가 일종의 역사 탐구와 서술 방식으로 옮겨진다는 사실은, 많은 고DNA 연구가 암묵적인 이론적 토대 위에서 수행되고 있음을 보여준다. 언어와 실천이 결합해 결국 하나의 고유한 지식 서술 형식을 만들어내는 셈이다.

여기서 중요한 개념은 바로 '고대'(ancient)라는 말이다. '고DNA'는 가장 기본적으로는 시료(material sample)가 손상된 상태를 가리키는 기술적 용어에서 출발했지만, 이제는 하나의 규정적 개념으로 자리 잡았다. 대중매체 기사에서도 '고DNA'라는 표현이 별다른 설명 없이 곧바로 연구 분야 전체를 지칭하는 경우가 많다.[74] '고DNA'는 일종의 키워드이자 정의의 방식으로 자리 잡았다. 관련 논문들은 지질학적·고고학적 용어와 더 친숙한 시간적 표현들을 넘나들며, 고대의 범주와 연대를 설정한다.[75] 현재 고DNA 연구의 폭발적 확장을 부분적으로 촉발한 세 편의 핵심 논문(모두 2010년에 발표됨)을 살펴보면, '고DNA'라는 개념이 얼마나 다양한 발견에 적용될 수 있는지를 확인할 수 있다.[76] 모르텐 라스무센(Morten Rasmussen) 등이 분석한 시료는 영구동토층(permafrost)에서 채취된 것으로, 탄소연대법 기준 '4750–2500 C14년 전'(757쪽)에 해당하며, 다른 문맥에서는 약 4천 년 전으로도 추정된다. 데이비드 라이히가 사용한 데니소바인 시료는 해부학적으로 현대 인류와 대비되는 고인류(archaic hominin)의 것으로, 약 5만 년에서 3만 년 전 시기로 추정된다(2053쪽). 리처드 그린(Richard Green)이 연구한 네안데르탈인 데이터는 탄소연대 측정 결과 '38,310±2,130년 전'(711쪽)으로 나타나며, 다른 자료에서는 보다 일반적인 표현인 '플라이스토세 후기의 멸종 인류'(extinct late Pleistocene hominin)로 기술된다(722쪽).[77] 이처럼 다양한 시간적·고고학적 명명은 데이터에 특정한 의미를 부여하며, 복수의 연대 측정 기준과 용어 사용은 이해를 더욱 복잡하게 만든다. 이런 언어는 통상적으로 받아들여지지만, 그 용어들이 지니는 영향력만큼은 비판적으로 검토될 필요가 있다.

이 분야의 논문들은 종종 '고대의 개체'(ancient individuals)를 언급한다. 예컨대 기원전 1만 2000년에서 1400년 사이에 살았던 44명의 DNA를 분석한 연구가 그 한 예다. 또 어떤 연구는 라파누이(Rapanui)에서 유럽인 접촉 전후의 DNA 변화를 추적하고, 다른 연구는 유럽에서 발견된 해부학적으로 현대 인류의 가장 오래된 화석 가운데 하나를 분석한다. 더 나아가 '시간을 가로지르는 영국의 고DNA 단면'(ancient DNA transect-through-time in Britain)을 제시하는 논문도 있다.[78] 이처럼 지리학적·지질학적·시간적·유전적·고대게놈학적 언어는 매우 정밀하다. 그러나 연구 대상이 시간적으로 위치 지워지는 방식은 어떤 과학적 담론과 연구 관행을 참조하느냐에 따라 달라진다. 그럼에도 '고대'라는 말은 일관되게 '무엇인가보다 앞선 시대의 것'을 의미하는 포괄적 정의로 활용된다. 현대 DNA의 오염 가능성 때문에 연구자들은 시료의 순도를 확보하고, '내인성'(endogenous) DNA와 '오염된'(contaminating) 현대 DNA 서열을 구분하기 위해 세심한 노력을 기울인다. 이 과정에서 '현대'와 '고대'의 물질적 구분이 생성되며, 이러한 구분은 발견 결과를 전달하는 과학 보도에서도 널리 반복된다. '현대'(modern), '고대'(ancient), '고인류'(archaic), '선사'(prehistory)와 같은 시대 구분 용어들은 과학 논문에서 기술적 용도로 사용되지만, 동시에 역사적 함의를 지닌 채 기능하고 있다.

이 개념의 유동성은 매우 중요한 의미를 지닌다. '고DNA'는 동시에 역사적 지시어이자 데이터의 기술 방식이며, 하나의 하위 학문 분야를 포괄하는 용어이자 기술적 접근 방식을 가리킨다. 이러한 용어의 유연성은 새로운 지식 체계(episteme)가 형성되고 있음을 시사하며, 특히 인간에 대한 시간적 인식을 재구성하려는 방향으로 초점을 맞추고 있다.[79] '고대'라는 말을 통해 서로 다른 시기를 구분하려는 시도는, 이러한 연구들 자체가 특정한 시간성을 구성하고 있음을 보여준다. 고DNA 연구는 '고대'를 '현대'와 대립시키며 자신의 주장을 전개한다. 더 빠르고 정교해진 데이터 처리 기술 덕분에 분석 가능한 정보량이 늘어나면서, 새로운 '자원'(resource)에 접근할 수 있는 길이 열렸고, 그 과정에서 '고대의 신체'는 지식 생산의 하나의 방식 속으로 편입된다. 즉 고대의 신체는 가설을 개념화하고, 검증하며, 주장을 통해 '진리'를 입증하는 지식 생산 체계의 일부가 되는 것이다. 이제 '고대 인간 게놈'은 개념을 검증하는 자원이며, 정보를 담은 아카이브이자, 읽히고 해석되는 하나의 도서관이 된다. 이렇게 구축된 아카이브는 수백 개의 게놈 서열로 구성되어 있으며, '고대 인간의 아카이브'라는 개념은 이 연구들이 특정한 형태의 탐구를 수행하도록 하는 개념적 장치로 기능한다. 이는 라슨(Larsen)이 말한 "신체를 하나의 텍스트이자 역사적 아카이브로 보는 관점"을 확장한 것이라고 할 수 있다.[80] 인간은 이러한 연구들이 설정한 '그때'와 '지금'의 시간적 관계 속에서 규정되며, 그에 따라 특정한 시간적 의미를 부여받는다.

역사로서의 고DNA

과거의 물질을 탐구하고 서술하기 위해 사용되는 이러한 '도구' 대부분은 불과 십여 년 전만 해도 존재하지 않았다. 분명한 것은, 현재 이용 가능한 데이터의 양이 과거와 비교할 수 없을 만큼 확대되었다는 점이다. 고DNA 관련 문헌을 보면, 많은 연구팀이 애덤 러더포드(Adam Rutherford)의 표현대로 DNA가 '역사적 사료로 전환되었다'고 간주하고 있음이 드러난다.[81] 고DNA가 '역사적 자료'로 변모한 상황을 고려한다면, 접근 방식과 학문적 경계, 방법론, 이론에 대한 비판적 재검토가 필요하다. 고DNA가 어떤 유형의 '사료'인지, 그리고 그것이 어떻게 읽히고 사용되며 도전받고 서술될 수 있는지를 이해하는 것이 중요하다. 고DNA 데이터를 '사료'로 바라본다면, 이를 다루고 질문하는 행위 자체가 고유한 역사 연구의 맥락과 방법론을 지닌 활동이 된다. 이러한 작업을 '기술' 혹은 '도구'로 이해하는 관점은 문헌에서 흔히 발견되며, 이는 유전학적 분석이 역사적 탐구 속에서 목적을 갖고 변화를 일으키는 '유용한' 행위라는 기본 전제를 형성한다. 이러한 시각은 유전학이 인간 역사에 대한 이해를 전환시키는 새로운 정보의 아카이브를 생성한다는 함의를 내포하고 있다.

그러나 일부 DNA 연구자들은 러더퍼드의 공식에서 더 나아간 관점을 제시한다. 고DNA는 역사적 탐구를 위한 하나의 '사료'이자 '도구'로 간주될 수 있으며, 이는 전문적 유전학자들—언젠가는 '역사가'라고 불릴지도 모를—이 독해하고 검증할 수 있는 대상이다. 하지만 연구자들 가운데 일부는 고DNA가 그 이상의 의미를 지닌다고 주장한다. 그들은 첨단 기술의 등장이 우리가 과거를 인식하는 방식은 물론, 과거에 관해 제기하고 답할 수 있는 질문의 유형 자체를 변화시키는 범주적 전환을 이끌고 있다고 본다. 예를 들어 하크(Haak) 등은 고DNA 분석이 과거에 접근하기 위한 새로운 인프라를 제공한다고 말한다. 이들에게 게놈 분석은 "고고학이나 언어학에 필적할 만한 힘을 지닌" 탐구이며, 독자적이고 중요한 학문적 존재로 자리 잡을 잠재력을 지닌다. 그것은 지식과 정보를 가져오는 '변혁적 기술'이며, '역사'가 무엇인지, 그리고 우리가 그것을 어떻게 연구할 수 있는지에 대한 이해 자체를 '변혁'할 가능성을 품고 있다.[82] 이러한 연구자들은 고DNA 연구를 단순한 도구나 보조적 데이터 세트가 아니라, 새로운 형태의 역사적 실천으로 간주한다. 그들에게 이것은 과거를 인식하는 하나의 방법이며, 동시에 그 과거를 새롭고 혁신적인 방식으로 서술하게 만드는 행위다.

이 연구팀에게 고DNA 연구는 단순한 접근 방식이 아니라 하나의 인식론이며, 이는 그들이 역사 조사를 설계하고 상상하는 방식에 직접적인 영향을 미친다. 이 논문을 집필하고, 데이터를 생산하며, 그에 관한 주장을 제시하는 학자들은 대부분 전문적인 의미의 역사학자는 아니다. 이들이 수행하는 연구는 인간의 조직과 사회를 참조하는 유기체의 '게놈 역사'를 서술하려는 시도이며, 인간의 몸을 하나의 데이터 아카이브로 제시한다. 이들의 연구는 기존의 익숙한 역사 서술과 맞닿아 있으면서도 본질적으로는 매우 다르다. 그것은 생물학적·유전학적 차원에서 시간 속 다양한 국면을 따라 발전과 변화를 그려내는 하나의 윤곽도이며, 목적도, 증거의 형태도, 범위도 다른 또 하나의 역사적 지식의 형태다. 이때 인간 주체는 특정 시대를 살아간 개인이 아니라, 종의 하위 범주로서의 호모 사피엔스다. 여기서 고DNA 자료를 개념적·지적으로 생동하게 만드는 상상력, 창조적 도구, 과학적 수단은 모두 유전학자에게 속한다. 그럼에도 이러한 연구 성과는 더 넓은 의미에서의 '역사적' 이해에 기여하며, 동시에 '역사'라는 학문이 무엇인지에 대한 통념 자체에 도전하고 이를 재구성한다.

이러한 학문적 도전은 데이비드 라이히의 대중과학서 《믹스처: 우리는 누구인가에 대한 고대 DNA의 대답》(동녘사이언스, 2020)에서도 드러난다. 이 책은 DNA를 통해 과거를 탐구하는 '새로운' 연구 방식의 우위를 강하게 주장하는, 일종의 논쟁적 저작이다. 이 책의 기반에는 하버드 대학교에 있는 그의 '공장' 같은 연구실에서 이루어진 방대한 연구와, 코펜하겐·베이징·런던·라이프치히 등 여러 연구팀이 주도한 학문적 폭발이 자리하고 있다. 라이히는 수백 건의 고대 인류 데이터 세트를 인용하며, 이러한 대규모 연구를 수행할 수 있는 능력 자체가 지식의 전환을 이끌었다고 주장한다. 그는 고DNA 염기서열 분석을 '게임 체인저'라고 단언한다. 그러나 그의 수사는 지나치게 과장된 면이 있다. 그의 주장은 진화인류학 등 일부 분야에서 이루어진 신중한 분석과 뚜렷한 대비를 이룬다. 그 분야에서는 오래전부터 연구의 윤리적 함의가 논의의 중심이었고, 역사적 영향에 대한 거창한 선언보다는 인구 집단의 역사에 대한 세밀한 검증과 신중한 서술이 훨씬 더 중요하게 여겨져 왔다.

그러나 고DNA 연구가 인간과 인간 문화를 바라보는 인식을 변화시키고 있으며, 그 과정에서 오랫동안 유지돼 온 학문적·지적 전통을 흔들고 있다는 주장은 실제로 많은 유전학자들이 공유하는 견해이기도 하다. 레오나르디 등은 "고DNA 연구는 매우 짧은 역사에도 불구하고 엄청난 진전을 이루었으며, 특히 '박물관 표본이 다루는 시간적 범위를 크게 넘어서는' 멸종 종의 복원 가능성까지 탐색하고 있다"(e1쪽)고 말한다.[83] 이러한 학자들에게 고DNA 연구는 과거의 지식 공백을 메우는 동시에, 현재의 인간 이해에도 기여하는 연구 영역이다. "고대 유해에서 전체 게놈을 복원할 수 있는 능력은 인간의 과거를 이해하는 강력한 도구로 부상했다."[84] 프레겔(Fregel) 등의 주장처럼, 이러한 접근은 역사 분석에 분명한 이점을 제공한다. "지난 10년 동안 고대게놈학은 오랫동안 논란이 되어온 고고학적 문제를 해결하는 데 중요한 역할을 했다."[85]

실제로 이 분야의 많은 유전학자들은 자신들의 연구가 지니는 의의와 영향력에 대해 매우 적극적으로 발언한다. 이니고 올라데(Iñigo Olalde)와 카를레스 랄루에사-폭스(Carles Lalueza-Fox)는 "우리는 지금 고대게놈학의 황금기에 접어들고 있으며, 이는 연구자들에게 인류의 과거를 재구성하기 위한 전례 없는 양의 정보를 제공할 것이다"라고 말한다.[86] 이러한 데이터의 폭발적 증가는 "이 새로운 게놈 데이터로, 인구 이동과 문화적 지평의 연관성을 다루는 **모든** 고고학적 가설이 탐구될 것"(7쪽, 저자 강조)임을 의미한다. 이들의 비전은 과거에 대한 모든 연구와 기존 관점의 재평가를 가능하게 하는 방대한 정보 아카이브다. 그들은 게놈 데이터가 "고고학이 **발견하지 못한** 과거의 이동 경로를 밝혀내고 있다"(5쪽, 저자 강조)고 지적한다.

데이비드 라이히는 고DNA 분석이 "고고학, 역사학, 언어학, 사회학, 심지어 인구학과 경제사까지 모든 분야에서 **우리의 연구 수행 방식**을 근본적으로 바꿔놓을 것"이라고 주장한다(저자 강조).[87] 이니고 올라데와 카를레스 랄루에자폭스 역시 이러한 변화가 모든 역사적 지식의 전면적 재검토를 요구한다고 말한다. 조셉 피크렐과 데이비드 라이히는 2014년에 다음과 같이 주장했다.

이러한 기술 발전으로 지난 몇 년 동안 인류 역사를 탐구할 데이터의 **양**이 급격히 증가했다. 동일하게 중요한 것은, 이러한 데이터로부터 결론을 도출하는 방법론 또한 빠르게 혁신되었다는 점이다. 우리는 여기서 지난 몇 년간의 기술적 혁신이 **현대 게놈 도구를 활용해 인류 역사를 체계적으로 재평가**하도록 이끌고 있다고 주장한다. 이는 초기의 **종합**보다 **비교할 수 없을 만큼 방대한 규모의 데이터**를 활용하는 새로운 '인간 유전자의 역사와 지리'라고 할 수 있다(저자 강조).[88]

이들은 모든 인류 역사에 대한 '체계적 재평가'를 주장한다. 이 주장은 더 많은 정보와 더 많은 데이터의 존재를 전제로 한다. 여기서 이들의 논리는 정보 아카이브의 규모와 품질에 기대고 있다. 더 많은 정보가 '드러났기' 때문에, 그들의 관점에서는 더 많은 것이 '알려지게 되었다'는 것이다. 그러나 이러한 전제 자체가 역사학자들에게는 방법론적 도전을 제기한다. 이 방대한 데이터를 읽고 이해하고 분류하기 위한 새로운 도구의 개발이 불가피하기 때문이다. 이 담론의 수사는 계시적이다—'획기적', '현대적', '극적', '진보'와 같은 표현들로 구성되어 있다. 저자들이 제안하는 이러한 수정주의적 움직임은 이 연구 분야 전반에서 일정하게 나타나는 특징이기도 하다. 새로운 정보는 새로운 통찰로 이어지고, 이전에 가려져 있던 진실이 드러난다. 과거를 연구하기 위한 정보의 양은 분명히 확대되었다. 이 논리에서 가장 중요한 것은 데이터 수집과 그 정보를 분석하는 정교한 방법의 발전이다. 역사학적 기여는 알려진 내용을 보강하고 아카이브를 확장하는 것에 있다. 이제 DNA 데이터는 역사가이자 유전학자인 연구자가 다루어야 할 방대한 정보의 집적체로 간주된다. 이러한 증거를 다루기 위해서는 혁신적인 방법론적 도구와, '과거'가 실제로 무엇인지에 대한 새로운 인식 방식이 필요하다.

학제 간 연구와 DNA 중심 역사 연구의 미래

2019년 〈뉴욕타임스 매거진〉에 실린 기사는 새로운 지식의 등장과 고DNA 연구의 확장에 따른 영향에 대해 비판적 관점과 우려를 제기했다.

실제로 고대게놈학자들은 선사시대 연구의 환경을 완전히 재편해

놓았다. 이 분야는 자금력이 풍부하고 서로 강하게 연결된 네 개의 연구소가 주도하고 있으며, 이 중 세 연구소는… 일부 비평가들이 '담합'이라고 비판할 정도로 긴밀히 협력하고 있다. 이들 최상위 연구소의 영향력은 시료와 데이터, 심지어 연구 기술까지 미친다. 이들이 보유한 독점적 화학 시약 덕분에, 다른 연구소보다 훨씬 더 정확하고 비용 효율적으로 고대 시료를 분리하고 농축할 수 있기 때문이다.[89]

이 장에서 인용된 많은 논문들은 선사시대 분석의 제도적·학문적 위치에서 나타난 작지만 중요한 변화를 보여준다. 영향력 있는 과학 저널인 〈네이처〉, 〈셀〉, 〈사이언스〉는 고대게놈학, 고기후학, 유전고고학에 관한 논문을 정기적으로 게재하고 있다. 지난 20년 동안 과거에 대한 해석을 둘러싼 연구 성과는 새로운 학문적 장(場)에서 발표되었으며, 유전학자와 인문학자 간의 학제 간 협력이 활발해지면서 과거 연구는 점점 더 비전통적인 영역에서 수행되고, 그 결과 역시 과학 저널에 소개될 가능성이 높아졌다. 지난 15년, 특히 2010년 이후 고DNA 분야에서 이루어진 방대한 연구 덕분에 우리는 이제 엄청난 양의 새로운 데이터를 마주하게 되었고, 이를 이해해야 하는 상황에 놓여 있다.

고DNA 연구의 상당 부분은 고고학과 인류학의 연구 방법과 맞닿아 있다.[90] 최근 선사시대 연구에서 나타난 고대유전학(paleogenetics)의 전환은, 일부 영향력 있는 연구소가 생산한 방대한 데이터에 크게 힘입은 것이며, 그 결과 고고학 분야 내부에서는 증거의 성격, 학제 간 연구의 방식, 지식이 무엇인지에 대한 일련의 논쟁이 촉발되었다.[91] 한편, 인류학자들과 비판적 인종 연구자들은 고DNA 연구가 지닌 윤리적 문제와 그 함의에 주목하며, 이 분야에서 협의(consultation)·협력(collaboration)·공동(cooperation)의 방식을 어떻게 실천할 것인지 꾸준히 모색해왔다.[92] 새로운 정보가 제기하는 윤리적·인식론적 도전은 새로운 연구 모델의 등장을 이끌어냈다.[93] 고DNA 연구가 빠르게 확장되면서, 이론적 모델과 실천적 방향을 명확히 할 필요성 역시 부상했다. 다양한 분야의 학자들은 고DNA 연구가 어떤 접근 방식에 속하는지, 그리고 기존의 학문 구조와 연구 전통과 어떻게 조응할 수 있을지를 모색해왔다. 2018년 〈네이처〉는 사설과 뉴스 해설에서 역사·고고학·고DNA의 다학제 연구를 둘러싼 '여러 문제'를 지적하며, 특히 데이터가 정치적으로 해석될 가능성에 대해 우려를 표했다. 그러나 동시에 〈네이처〉는 "다른 학문 분야의 통찰과 함께 올바르게 제시된다면, 고DNA 연구는 편견에 맞서는 강력한 무기가 될 수 있다"고 강조했다.[94]

　　고DNA 지식이 고고학 내부에서 차지하는 위상은 현재 치열하게 논쟁되고 있다. 유전학 연구팀들이 발표하는 논문 수가 급증하면서, 이들의 연구가 고고학 분야에 실질적인 영향을 미치고 있기 때문이다.[95] 이에 대해 고고학 이론가들은 정교한 대응을 내놓고 있다. 그들은 유전학 연구의 성과가 인상적이라는 점을 인정하면서도, "해석의 틀은 더 많은 논의가 필요하다"고 강조한다.[96] 이러한 반응은 학자들이 유전학 데이터의 해석과 제시에 내재한 전제를 비판적으로 검토하고, 연구 용어를 합의하며, 자료 수집과 해석 과정 자체를 성찰하려는 움직임과 맞닿아 있다.[97] 많은 고고학자들은 인류 역사를 설명하는 거대 서사의 부활을 경계하며 의심의 눈초리를 보낸다. 이와 마찬가지로 인류학자들 역시 고DNA 연구의 학제 간 함의를 오랫동안 논의해왔으며, "어떤 고DNA 연구도 고립적으로 진행될 수 없으며, 맥락을 제공하기 위해 필요한 기존 연구에 의존한다…"고 거듭 상기시킨다.[98] 이런 맥락의 특성과 구성 방식을 살펴보면, 고DNA 연구가 본질적으로 다학제적 연결망 위에서 이루어지고 있음을 자연스럽게 인식하게 된다.

고고학 저널 〈앤티쿼티〉(Antiquity)에 기고한 한 다학제 연구팀은 유전학이 "고고학에서 해석상의 부담을 덜어주었다"고 주장하며, 이 논문은 같은 호에 실린 볼커 하이드(Volker Hyder)의 매우 비판적인 글과 짝을 이룬다.[99] 공동 논문의 어조는 전반적으로 온건하며, 저자들은 자신들이 "관찰 가능한 고고학적 변화 뒤에 놓인 사회적 과정을 어느 정도 구체적으로 재구성하려는 것일 뿐"이라고 밝힌다(338쪽). 그들은 과거 자료를 다루는 데 있어 다원적 접근을 지지한다. 그러나 연구의 함의를 설명하는 과정에서는 수정주의적 주장을 펼치며 계시적 어휘를 동원한다. "일부는 이것이 오래된 패러다임과 닮았다는 이유로 마음에 들지 않을 수도 있지만… 우리는 이제 역사적 과정의 이면에 있는 **복잡성**을 훨씬 더 세밀히 **풀어낼** 수 있는 위치에 있으며, 그로써 과거의 **단순한** 모델을 피할 수 있다"(저자 강조, 343쪽). 반면 크리스티안센 등의 논문은 협업을 통한 역사 연구의 미래를 제시한다. 이 논문은 다양한 배경을 지닌 12명의 학자가 공동 저술했으며, 과학적 정보를 역사 서사와 논증 속에 통합하는 새로운 가능성을 보여준다. 저자들은 "문화적·언어적·유전적 변화의 통합 모델"이 기존의 역사적·고고학적 가정에 도전하고, 자료 접근과 연구 결합을 위한 새로운 '방식'을 제시한다고 주장한다.

이러한 유형의 공동 작업은 어쩌면 해답보다 훨씬 더 많은 질문을 불러일으킬지도 모른다. 휴 그루컷(Huw S. Groucutt) 등은 개괄 논문에서 다음과 같이 말한다.

> 확산 과정에 대한 새로운 그림은 역동적인 행동의 다양성, 인구 집단 간의 복잡한 상호작용, 그리고 정교한 유전적·문화적 유산을 시사한다. 이러한 진화적·역사적 복잡성은 단순한 서사를 넘어서는 설명을 요구하며, 복합적 모델과 명시적 가설의 검증을 필요로 한다.[100]

'복합적 모델'(hybrid models)에 대한 요구는 '단순한 서사'를 대체하기 위해 특정한 형태의 학제 간 교류가 필요함을 시사한다. 그러나 다양한 학문적 모델이 복잡하게 상호작용한다고 해서 그 자체로 명료함이 확보되는 것은 아니다. "화석, 유전학, 고고학 데이터는 현재 여러 서로 다른 모델들과 모두 일치한다"(161쪽)는 사실은 겉보기에도 모순적이다. 생산되는 데이터의 양은 엄청날 정도로 방대하다. 실제로 접근 방식의 다양성과 더불어 데이터와 정보의 다층성 자체가 명확성의 결여로 이어질 가능성이 있다.

크리스티안센 등이 '통합적'(integrated) 조사 모델이라고 부르는 것과, 그루컷 등이 '복합적'(hybrid)이라고 부르는 접근 방식이 각각 학제 간 연구, 다학제 연구, 그리고 향후 연구의 방법론적 운영 방식에 대해 무엇을 함의하는지는 보다 세밀한 분석이 필요하다.[101] '통합'이라는 용어 자체는 이미 하나의 전사를 지닌다. 이 용어는 콜린 렌프루(Colin Renfrew)가 "유전학, 고고학, 언어학 간의 종합"을 꾸준히 요청해온 데 대한 응답이며, 그런 점에서 동화적–통합적(assimilative - integrative) 개념은 역사적으로도 의미를 갖는다.[102] 이는 고고학·언어학·유전학이 "공통의 이야기… 단일한 역사"로 수렴하기를 바랐던 루이지 루카 카발리–스포르차(Luigi Luca Cavalli-Sforza)의 기대를 반영하는 것이기도 하다.[103] 이 동화적 모델은 고DNA 연구가 선사 연구의 세 가지 핵심 접근 가운데 하나로 자리 잡아, 실제 조사에 중요한 기여를 하게 될 것임을 시사한다. 그러나 '통합'(integrated)과 '복합적'(hybrid)이라는 용어 자체가 혼합(admixture)과 통합(integration)의 어휘를 사용하고 있다는 점에서 비판적으로 검토될 필요가 있다. 이처럼 통합적·복합적 접근, 혹은 세 가지 접근법을 한데 묶는 종합의 개념은 실제 연구가 어떻게 전개될 것인지, 그리고 그 연구가 상정하는 지식 구조가 어떤 형태인지 신중하게 살펴볼 것을 요구한다. 현재로서는 유전학자와 인문학자 사이의 방법론적 교류가 충분하지 않기 때문에, '통합된' 구조가 실제로 어떻게 작동할지는 분명하지 않다. 만약 이 모델이 단순히 조사 업무의 일부를 여러 학문에 분배하는 수준에 그친다면, 그것은 엄밀한 의미에서 학제 간 실천이라고 보기 어렵다. 그러나 역사학자들이 유전학 데이터에 대응하는 방법을 익히고, DNA 정보의 의미를 이해할 수 있는 능력을 개발해야 한다는 점만은 분명해 보인다.

학자들은 고DNA 분석이 산출한 새로운 데이터와, 그 데이터를 통해 가능해진 새로운 접근법을 점차 활용하기 시작했다. 그러나 한 비평이 지적하듯, "분야 간 진정한 협력의 빈번한 부재"가 이러한 흐름의 진전을 더디게 하고 있다.[104] 브룩(Brooke)과 라슨은 역사학자들에게 유전학자들과 "긴밀히 협력할 것"을 촉구한다. "이 영역의 대부분은 새롭고, 문서 자료와 수십 년 단위의 시간에 익숙한 역사학자들에게는 낯설고 어쩌면 위협적으로 느껴질 수도 있다. 그러나 우리는 이 도전을 받아들이고, 이 연구에서 적극적인 역할을 해야 한다"(1513쪽). 이런 논쟁적 주장과 관점들은 학제 간 접점을 마련하려는 시도이며, 역사학자들이 가능한 한 이 새로운 영역에 참여해 과거를 탐구하는 새로운 도구를 개발하는 데 '기여적 파트너'(contributory partners)가 되도록 장려한다. 한 저명한 평론가도 최근 이 분야의 '긴장'을 인정하면서, 아직 구체적으로 정의되지 않은 방식 속에서 '초학제적 접근'의 기회와 실질적 협력의 중요성을 강조했다.[105] 그러나 앞서 살펴본 것처럼, 많은 연구팀이 아직 정형화된 방법을 갖추지 않은 상태에서 이미 역사수정주의적 주장을 펼치고 있다. 이들은 데이터를 논쟁적이면서도 역사학적 목적을 가지고 읽어내며, 그 결과 과거에 대한 대중의 이해에 영향을 미치는 일종의 '역사화된 게놈학'(historicised genomics)을 만들어내고 있다.[106] 이것은 수행되는 고DNA 연구의 유형에도 직접적인 영향을 미친다. 현재 논의되고 제시되는 접근 방식의 다양성은 이 지적 장(場)이 얼마나 불안정하면서도 역동적인지를 단적으로 보여준다.

그렇다면 역사학자들은 '역사 연구라는 경기장에 새롭게 등장한 선수'를 기꺼이 환영해야 할까, 아니면 보다 회의적인 태도를 유지해야 할까?[107] 고DNA라는 지니를 다시 병 속에 집어넣을 수는 없다. 역사학자들은 이제 기존의 역사적 틀 안에서 이러한 방법론을 어떻게 수용할지, 혹은 전혀 새로운 접근법을 발전시킬 수 있을지를 고민해야 한다.[108] 키스 웨일루, 알론드라 넬슨, 캐서린 리(Catherine Lee)는 인문학자들이 모든 형태의 DNA 연구를 비판적으로 검토할 필요가 있다고 주장한다.

> DNA 분석은 현재와 먼 과거에 대해 근본적이지만 동시에 문제적인 주장들을 제기한다. 따라서 유전학이 내세우는 주장과 그 신뢰성, 그리고 다양한 응용은 여러 학문적 맥락에서 면밀히 검토되어야 한다.[109]

이러한 고DNA 연구에 대한 공식적인 역사 서술은 아직 존재하지 않으며, 그 실천은 지금까지 빠르고 유기적으로 진화해왔다. 그럼에도 여러 연구팀이 중요한 조사를 수행하고 있고, 겉보기에는 인상적인 결과가 잇따라 발표되고 있다. 현재 고DNA 연구의 정통적 입장과 접근법은 과학적 실천을 통해 형성되고 있으며, 그 방향은 주요 글로벌 연구 네트워크들에 의해 규정되고 있다.[110] 세계 곳곳의 연구팀에게 고DNA 분석은 과거를 연구하는 방식, 더 나아가 무엇을 연구 대상으로 삼을 것인지까지 근본적으로 바꾸어놓는 도구가 되었다. 이제 중요한 과제는, 과거를 탐구하고 이해하며 '서술하는'(telling) 데 사용할 수 있는 새로운 모델과 혁신적 언어를 어떻게 이해할 것인가다.[111] 역사학자는 과장된 수사와 실제 인식론적 변화를 구분하고, 급진적이거나 변혁적인 것으로 스스로를 내세우는 '새로운' 지식의 양식을 비판적으로 검토해야 한다. 이는 이미 고고학자와 인류학자가 수행해온 과제이기도 하다. 지식의 전환이라는 주장에 대해서는 회의적 태도를 유지하되, '총체적 변화'를 약속하는 과도한 담론을 경계할 필요가 있다. 동시에 혁신적인 생명사적 역사(bio-history)가 지닌 진정한 가능성을 포착하려는 시선을 놓치지 않아야 한다.[112]

고DNA는 우리에게 겉보기에는 상충되는 결과들을 제시한다. 이러한 유형의 연구는 학계의 다른 작업들과 공명하며, 과거 연구에 내재한 인간중심주의(anthropocentrism)에 도전한다. 특히 고DNA 연구는 비인간 행위자(non-human actors)와 사물(objects)에까지 행위주체성(agency)을 부여하는 듯하며, 호모 사피엔스를 '문화'가 아니라 '정보'로 파악하는 일종의 선사적 포스트휴머니즘(prehistoric posthumanism)을 구성한다. 병원체(pathogens)와 비인간 DNA(non-human aDNA)에 대한 연구는 역사 속에서 비인간적 행위(non-human actions)가 실제로 작동했음을 시사한다. 이러한 연구 범위와 규모는 분명 '거시사'와 '심층시간'(deep time) 연구 논의에 중요한 기여를 할 잠재력을 지닌다.[113] 동시에 호모 사피엔스의 고DNA를 다루는 연구는 '인간'을 중심에 두지만 그 과정에서 바로 그 '인간'이 무엇인지에 대한 정의를 끊임없이 유동적으로 만든다. 이러한 '인간' 개념의 복잡성은 고DNA 연구가 과거를 사유하는 방식을 해방시키는 계기를 제공한다. 그러나 동시에 인종(race)과 민족성(ethnicity)을 둘러싼 논의에서 이미 드러났듯, 이런 연구는 인간을 사유하는 특정 방식에 대한 본질주의(essentialism)를 재차 드러낼 위험도 내포하고 있다. 또 DNA 연구는 때때로 원주민 공동체와의 긴밀한 협업 속에서 수행되어 왔다.[114] 이런 협업은 기념, 토지 권리, 역사적 주변화에 대한 인식을 높이는 데 일정한 기여를 했다. 그러나 유전학 논문과 대중 서적에서 제시되는 인종적 정체성 논의는, 인종을 어떻게 범주화하고 식별할 것인가에 대한 전제들 때문에 지속적으로 논쟁을 불러일으켰다.[115] 고DNA 연구는 '역사'라는 접근과 제도적 체계에 내재한 인간중심적 가정들에 도전한다.[116] 동시에 고DNA 연구는 '현대' 인간과 '고대'의 유해 및 데이터를 서로 병치한다.

이 복잡성을 다루는 일은 이러한 접근들에 본질적으로 내재한 모호성을 드러낸다. 우리는 고DNA 연구를 일종의 기념적 실천, 즉 과거를 기억하고 이해하며, 재구성하고 재연하고, 때로는 애도하는 현대적 방식으로 이해할 수도 있다. 특히 고DNA 연구는 신자유주의적 지식 조직과 일정한 이념적 친연성을 보이며, 종종 규범성과 문제적 본질주의를 재확인하는 것처럼 보이기도 한다. 우리는 새로운 포스트게놈 시대를, 유전 담론이 과거와 현재의 모든 인간 삶을 포섭하기 시작한 시기로 규정할 수 있다. 예를 들어 2017년 12월 런던의 프랜시스 크릭 생의학연구소가 고DNA 실험실을 설치한 사실은, 이러한 연구가 현대 보건의료 연구와 제도적으로 긴밀히 연결되고 있음을 분명히 보여준다. 우리는 고DNA 연구를 무의미하거나 가치 없는 것으로 치부할 수도 있다. 하지만 다른 한편으로 그것을 전혀 다른 유형의 과거를 엿볼 수 있는 하나의 통로로 인정할 수도 있을 것이다.

현재 생성되는 데이터 세트의 규모와 이 연구에 제공되는 제도적 지원을 고려할 때, 향후 10년 동안 고DNA를 외면하기는 어려울 것이다. 증거와 기억, 데이터 조작과 정보 저장, 인류 이동에 대한 논의, 복잡성의 내면화, 실천을 통한 역사학의 전개, 그리고 무엇보다 역사 탐구의 윤리에 관한 핵심 쟁점들에 대한 검토가 시급하다.[117] 데이비드 라이히는 "DNA 연구가 고고학의 논의를 밀어붙이고 있다"고 말한다.[118] 이러한 강력한 영향력은 역사학 전반의 논의에 새로운 도전 과제를 제기한다. 역사학자들은 유전학적 증거와 데이터가 어떻게 생산되고 제시되는지를 면밀히 검토해야 하며, 그 연구 실천 자체를 분석하여 비판적 성찰의 대상으로 삼아야 한다. 역사학이라는 학문은 유전학자들의 기여를 인식하고 이해할 수 있어야 하며, 그들이 고대 샘플을 분석하는 행위가 일종의 역사적 실천으로 간주될 수 있는지를 숙고해야 한다. 만약 그것이 역사적 실천으로 받아들여질 수 있다면, 이를 어떻게 이해할 것인지, 그리고 그것이 역사학이라는 학문에 어떤 함의를 지니는지 탐구해야 한다.

3장

정치
politics

2018년 영국에서는 유전학자와 고고학자로 구성된 한 연구팀이 약 1만 년 전 인물인 '체더맨'—'최초의 브리튼인'(First Brit)으로도 알려져 있다—이 짙은 피부색을 지녔다는 주장을 내놓으면서, 정체성과 국민성에 관한 폭넓은 정치적 논의가 촉발되었다.[1] 이 장은 유전학과 인종을 둘러싼 논의를 검토함으로써, 포스트게놈 시대의 과학이 결코 정치적으로 중립적이지 않다는 사실을 밝히고자 한다. 앞선 장에서 살펴보았듯, 유전 정보의 수집·검증·해석·배열 과정은 권력 구조를 반영하며, 종종 충분히 검토되지 않은 역사서술적·윤리적 문제를 불러일으킨다.[2] 증거로서의 DNA 정보는 다층적인 방식으로 비판적으로 검토되어야 하며, 역사 서사의 일부로서 가능한 한 넓은 맥락에서 고려될 필요가 있다. 분명한 것은 유전학 데이터의 수집·저장·활용·해석 과정이 결코 중립적이지 않다는 점이다. 이 장에서는 과거의 유전학적 탐구와 관련해 민족성과 정체성을 둘러싸고 벌어진 여러 고위 프로필 논쟁들을 검토하며, 지역 공동체, 국내 집단, 원주민 집단이 게놈학의 연구 결과와 과학 자체에 문제를 제기한 최근 사례들을 분석한다. 나는 또한 선사시대가 '인종 이전'(before race)의 시대로 개념화된 방식을 살펴보고, 이를 영국 내 민족주의 논의와 연결해 탐구한다. 마지막으로 유전학 데이터와 DNA 기반의 민족·역사 모델을 비판적으로 도전하고 검증할 수 있는 여러 방안을 제시한다.

생물식민주의와 정치 권력

새로운 정보와 게놈 데이터 아카이브가 개방되면서, "우리의 깊은 과거를 불러들임"으로써 "원주민 공동체에 힘을 실어줄 수 있는" 거대한 잠재력이 열리고 있다.[3] 여러 공동체에게 DNA는 과거와의 연결과 소유감을 가능하게 하는 매개가 될 수 있으며, 이는 종종 폭력적으로 지워지거나 탈취된 역사를 회복하는 과정이 될 수 있다. 그러나 오늘날 유전학 데이터가 수집·관리·제시·해석되는 방식은 대체로 "생물식민주의(biocolonialism)에 대한 원주민들의 두려움을 오히려 재확인시킬 뿐"이다.[4] 이 절에서는 유전학이 원주민 및 토착 공동체를 다루어온 방식에서 나타난 심각한 문제들을 살펴봄으로써, 이러한 접근이 과거를 이해하고 서술하는 방법으로서 안고 있는 핵심 쟁점들을 드러내고자 한다.

인간게놈다양성프로젝트

HGP는 인간의 인족적 변이(ethnic variation)를 고려하지 않았다. 이에 1991년 인구유전학에 관심을 가진 연구자들은 HGP가 "우리의 유전적 유산을 기록으로 남길 기회를 잃어가고 있다"고 비판하며, 이를 보완하기 위한 인간게놈다양성프로젝트(Human Genome Diversity Project, HGDP)를 제안했다.[5] 그들은 "우리의 진화적 과거에 대해 가장 많은 것을 알려줄 수 있는 집단은 오랫동안 고립된 집단"이라고 주장하며, "고립된 인간 집단은 최근의 도시 집단보다 훨씬 더 유의미한 유전 기록을 담고 있다"(490쪽)고 덧붙였다. "우리는 공동의 유산을 보존하기 위해 지금 행동해야 하며", "이 역사적 기록을 보존해야 한다"(490쪽)고 제안한 대목에서 보이듯, 그들의 개입은 과학적이면서 동시에 역사적 성격을 띠고 있다. 이 프로젝트의 목적은 미래 연구를 위해 자료를 보존하려는 일종의 아카이브 구축이었다. 주목할 점은, 인류라는 종(species)을 이해하려는 인문주의적 이상(humanist ideals)과 의학적 필요성이 결합되어 있었다는 것이다. 유전 정보를 수집하려는 동기는 "정상적 변이와 유전 질환을 모두 포함한 인간 다양성을 이해하기 위함"이었다(490쪽). HGDP 제안자들은 특히 사하라사막, 일본, 말레이시아, 중국, 폴리네시아, 호주 원주민, 그리고 '미국 원주민 집단'을 구체적으로 언급하며, "각 집단 연구는 그들의 고유한 필요에 대한 응답과 통합 속에서 이루어져야 한다"(490쪽)고 강조했다.

　유전학이 인류 공통의 유산이라는 '역사적' 주장은 DNA 정보를 박물관에 보관된 유물과 동일시한다. 그러나 이런 비유는, 자신들의 유물을 되찾거나 선의의 과학자·큐레이터·인류학자들에 의해 분류되기를 거부해온 원주민과 토착민들의 오랜 투쟁을 고려할 때 매우 불운한 연결이다.[6] 캐서린 내시가 지적하듯, HGDP는 문제적인 '유전적 구제 담론'(rhetoric of genetic salvage)을 활용했다. 과거의 유전 정보를 현재와 미래의 어떤 용도를 위해 보존해야 한다는 이 논리는 많은 집단으로 하여금 이 프로젝트를 비판하거나 아예 거부하도록 만들었다.[7] 실제로 HGDP는 출범 초기부터 원주민·토착 공동체와 인류학자, 그리고 과학계로부터 비판을 받았다. 비평가들은 "민족 집단은 자연이 부여한 것이 아니라 인간이 만들어낸 범주"라고 지적했다.[8] 학자들은 HGDP가 내세운 '보존의 수사, 시간의 압박, 위기감'의 담론을 문제 삼았으며, 일부 원주민들은 이를 아예 '뱀파이어 프로젝트'라고 불렀다.[9] 희귀성과 활용 가치를 이유로 특정 공동체를 '샘플링'하는 행위는 많은 원주민과 토착 공동체에게 일종의 생물식민주의로 보였다.[10] 비판적 목소리들은 "현재의 구조 속에서 많은 게놈 과학자와 원주민 사이의 상호작용이 원주민을 단지 목적 달성을 위한 수단으로 취급하고 있다"고 지적했다.[11] 또 여러 공동체는 "누가 원주민의 문제를 대변할 자격이 있는가"를 외부가 규정하려는 시도, 다시 말해 원주민을 대신해 말할 '발화권의 구성' 자체에 반대했다.[12] 이런 맥락에서 많은 공동체는 프로젝트 전반에 진정한 공동생산(co-production)이 결여되어 있다고 느꼈다. HGDP가 여전히 데이터를 통해 정체성과 범주를 '읽어내려는' 태도를 고수하고 있었기 때문이다.

이 프로젝트는 HGP와 같은 방식으로 자금이나 지원을 받지 않았음에도 불구하고 계속되고 있으며, 현재 전 세계 51개 집단이 참여하고 있다.[13] 2005년 카발리-스포르차는 〈네이처〉에 실린 업데이트 글에서 이 프로젝트를 강력히 옹호하며, 이러한 작업이 생의학 연구와 진화 연구에 어떤 방식으로 기여하는지를 상세히 설명했다.[14] 카발리-스포르차는 "DNA 샘플은 비영리 연구소에만 제공된다"(333쪽)고 강조하며, 상업적 착취에 대한 의혹은 사실과 다르다고 반박했다. 그러나 그는 수집 방식, 연구 태도, 담론 구성, 자원 조작, 생물식민주의 개념과 관련된 문제에는 실질적으로 답하지 않았다. 또 그는 "인간 변이에 대한 반세기의 연구가 오히려 그 반대의 관점을 지지해왔다. 즉 인종차별에는 과학적 근거가 없다"(333쪽)는 점을 들어 '과학적 인종주의'에 대한 비난은 완전히 잘못되었다고 주장했다. 그러나 이는 핵심을 비껴간 주장이다. '과학적 인종주의'는 과학적으로 입증된 인종차별이나 인종차별적 과학, 혹은 언론 보도를 통한 과학의 왜곡된 확산과 동일한 개념이 아니기 때문이다.[15] "과학은 본질적으로 정치적이지 않으며, 따라서 도전을 받지 않는다"는 태도―휘트(Whitt)가 '가치중립성에 대한 신실증주의적 가정'이라 부른 바로 그 태도―는 과학 실천 내부에 구조적이고 구체적인 문제들을 낳았다.[16]

HGDP는 유전학 연구 공동체와 원주민·토착 집단 사이에 존재하는 지속적인 분열을 적나라하게 드러낸다. 특히 유전 연구의 가치에 대한 평가, 그리고 DNA와 인간의 과거 사이의 관계를 어떻게 이해할 것인가에 대한 인식 차이에서 그 분열이 두드러진다.[17] 이 갈등은 종종 무의식적인 보수적 태도와 역사적 차이에 대한 오독에서 비롯된다. 아마

데 음차렉(Amade M'Charek)은 HGDP가 역사와 기원의 특정한 버전을 실체화한다고 지적한다. 즉 이 프로젝트는 고립된 부족을 하나의 정지된 장면으로 포착하지만, 그 집단들이 언제나 그러했던 것은 아니다. 일부 집단은 식민화나 대규모 이주를 통해 비로소 고립되었기 때문에, 프로젝트가 유전학 데이터에 부여하는 시간 구분(당시/현재, 고대/현대)은 사실상 허구적이다. 이러한 접근은 과거의 인간을 이해하는 과정에서 일종의 '순수성'을 추구하도록 만들며, 더 나아가 원주민 데이터에 특정한 이데올로기적 모델을 부과하고 그 위에 권위를 행사하는 것처럼 보인다. 이처럼 '타자'와 '중심부의 혼종적 유전학'을 구분하는 방식은 토착 공동체를 지속적으로 주변화하고, 그 주변성을 역사적이며 불가피한 것으로 고착시킨다. 탈식민주의 관점에서 볼 때, HGDP는 도움과 지원을 제공하는 듯 보이지만 실제로는 억압적 구조를 유지하는 데 기여한다. 음차렉은 이렇게 말한다. "인종은 피부색, 신체적 특징, 손금, DNA, 복장, 국적 정체성 등 특정 속성에 내재하는 것이 아니다. 인종은 차이들 사이의 관계 속에서 발생하는 구성체이며, 관계의 효과다. 따라서 인종은 관계적 객체다." 유전학 내에서 인종을 논의할 때의 문제는 대체로 이러한 사회적 범주로서의 인종 이해를 논의에서 분리해버리는 데서 비롯한다.

하바수파이족과 안직-1

많은 원주민과 토착 공동체는 다양한 이유로 수십 년 동안 DNA 데이터 수집에 깊은 의구심을 품어왔다. 그중에서도 가장 큰 우려는 유전 정보가 수집되는 방식과, 이후 그 정보가 사용된 방식에 관한 것이다. 대표적 사례로, 하바수파이(Havasupai) 부족이 애리조나주립대학교를 상대로 제기한 소송이 있다. 이들은 연구자들이 원래의 연구 목적과 다른 다양한 연구에 유전자 샘플을 활용했다며 학교를 고소했다.[19] 애초의 연구 목적은 부족 구성원 사이에서 높은 비율로 나타나는 당뇨병 발병률을 조사하는 것이었다. 그러나 연구자들은 이후 이 데이터를 활용해 논란이 많고 윤리적으로 문제적인 여러 연구를 수행하고 논문을 발표했다. 2010년에 이뤄진 합의는 '사전 동의' 원칙이 명백히 위반되었다는 사실을 인정했다.[20] 하바수파이 DNA의 오용은 전 세계 여러 지역에서 반복된 사례들과도 연결된다. 이런 사건들에서 연구자들은 종종 불리한 처지의 공동체를 부적절하게 대우했고, 그들과의 진정한 협력을 배제했으며, 그들의 역사와 정체성과 공동체 전통에 대한 이해가 거의 없거나 전혀 없는 상태로 그들을 재현했다.[21] 하바수파이 사건은 연구자들이 자신이 수집하는 데이터의 중요성을 인식하지 못하거나 이를 무시할 때 어떤 피해가 발생할 수 있는지를 잘 보여준다. 또 이러한 행위가 공동체 간 신뢰를 얼마나 쉽게 훼손할 수 있는지를 단적으로 드러낸다.[22]

　　고DNA 연구의 선구자인 코펜하겐대학교 에스케 빌러슬레프(Eske Willerslev) 연구팀이 진행한 조사 결과, 앤직-1은 현대 북아메리카 원주민 공동체의 직접 조상(남성 Y염색체 계통을 통해)일 뿐 아니라 아시아 조상도 지니고 있음이 밝혀졌다.[23] 이 연구는 원주민이 유럽에서 아메리카 대륙으로 이동했다는 소위 '솔루트레안'(Solutrean) 가설을 결정적으로 반박했다.[24] 연구의 결론부는 다음과 같은 핵심 명제를 제시했다.

앤직-1 데이터는 초기 북아메리카의 유전학적 기록과 고고학적 기록을 통합하며, 클로비스 문화 이전 수천 년 전부터 아메리카에 인류가 거주했음을 보여준다. 또 현대 아메리카 원주민이 아메리카 대륙에 처음 정착한 이들의 후손임을 입증한다.[25]

이는 최첨단 과학과 역사 해석을 결합하여, 과거 사건에 대해 현대적 정치 함의를 지닌 명확한 주장을 제시한 사례다. DNA 염기서열 분석은 유해가 다시 안장되기 전 수행된 마지막 조사 과정의 일부였다. 매장식은 짧고 조용하게 진행되었지만, 유해의 발굴과 이용을 둘러싼 논쟁은 상당했다. 재매장을 주도한 학자 셰인 도일(Shane Doyle)은 "부족의 관점에서 이것은 우리 역사를 되찾고, 우리 아이들을 위한 존엄을 회복하는 일의 큰 부분이다"라고 말했다.[26] 〈빌링스 가제트〉의 같은 기사에서는 현재 오리건주에 거주하는 우마틸라 부족의 아르망 민손(Armand Minthorn)의 말도 인용된다. 그는 "이것은 우리 조상들의 유해이지 유물이 아니다. 우리 후손들도 이 사실을 기억해주길 바란다"고 말했다. 앤직-1의 재매장은 전 세계적으로 진행 중인, 고대 기억의 물질적 흔적을 되찾으려는 원주민 권리 회복 운동의 일환이다. 이 과정에는 미국의 '케너윅 맨', 호주의 '멍고 레이디'(Mungo Lady) 등 여러 갈등 지점이 있으며, DNA 연구는 많은 부족과 원주민 공동체가 일정한 보상과 협력의 기회를 얻는 계기로 작용했다.[27] 연구자들은 이러한 공동체와의 교류를 통해 사용 언어를 조금씩 수정하고 그들의 우려를 어느 정도 인정하기 시작했지만, 여전히 해결해야 할 과제가 많다.[28]

원주민과 원주민 학자들은 현재 게놈학의 전제들, 특히 샘플 사용과 관련된 전제들에 지속적으로 문제를 제기해왔다. 그들은 "소수 연구자의 당면한 연구 관심에 따라 고대 표본의 샘플링에 대해 돌이킬 수 없는 결정이 계속 내려지고 있다"는 점을 지적하며, 이른바 '유골 수집 열풍'(bone-rush)을 강하게 비판했다.[29] 일부 연구자들은 원주민 유전물질을 수집하고 조작하는 과정에서 자신들이 따르는 절차와 윤리 기준을 제시하려 노력했으나, "원주민 공동체가 게놈 연구에 참여하기 위해서는 게놈 데이터에 대한 그들의 권리와 이익을 인정해야 하며, 결과적으로 신뢰·형평성·책임성에 대한 근본적 개선이 필요하다"는 점을 인정하고 있다.[30] 전 세계에서 나타나는 다양한 생물식민주의 사례들은, 게놈 과학이 다시금 원주민의 몸을 점유하고 있다는 트착 학자들의 주장을 뒷받침한다.[31] 제니 리어든과 킴 톨베어(Kim TallBear)는 이렇게 지적한다. "아메리카 원주민의 DNA는 원주민들이 소유하지만, 현대의 주체, 즉 자신을 유럽인이라 규정하는 존재는 그것을 모든 인류에게 가치 있고 유용한 지식으로 발전시킬 욕망과 능력을 지닌 새로운 천연자원으로 본다."[32] 이들은 학문 기관과 연구자들이 여전히 유지하는 전제들, 그리고 식민주의적 이데올로기를 재생산하는 연구 틀 속에서 발생하는 지속적 문제들을 드러내며, 이러한 사례는 근본적 개혁과 비판의 필요성을 분명히 시사한다. 또 리어던과 톨베어가 말하는 "백인성(whiteness), 재산(property), 기술과학(technoscience) 간의 관계"(S235쪽)에 대한 이해, 그리고 원주민과 토착민이 '조상들'로 표상되어 과학적·역사적으로 타자화되는 방식에 대한 보다 깊은 성찰이 요구된다. 이에 대응하여 원주민과 토착 집단은 데이터 수집의 목적과 결과에 문제를 제기하며, 연구 설계가 자신들을 포함하지 않을 뿐 아니라 오히려 배제하기 위해 작동하고 있다고 주장한다.[33] 많은 원주민 공동체는 자치권과 과거에 대한 소유의 일환으로 '게놈 데이터 주권'을 요구하고 있지만, 부족 구조를 우회하거나 무시하는 연구자들에 의해 이러한 권리가 여전히 손쉽게 훼손될 수 있다.[34] 여러 공동체에서는 유전학의 목적 자체와, 그 과정에서 원주민 지식을 배제하거나 무시하는 방식에 대해 강력한 비판이 제기되고 있다.[35] 원주민 집단은 과학 연구의 방향 설정에서 배제되면서 주변화되고 있으며, 캐서린 밀리건-마이르(Kathryn Milligan-Myhre)가 자신의 학부 시절을 회상하며 말한 것처럼 "나는 이누피악(Inupiaq, 알래스카 지역에 거주하는 이누이트 계열 원주민 집단—옮긴이)에게 중요한 질문들을 공부하지 않았다"고 토로한다.[36] 지금까지 제시된 최선의 실천 방식은, 연구 성과를 개발하는 과정에서 공동체와의 파트너십을 적극적으로 구축하여 연구가 공동체에 일방적으로 부과되지 않도록 하는 것이다.[37] 그러나 이런 규정은 종종 회피되거나 무시된다. 최근 한 연구는 다음과 같이 지적한다.

> 게놈 연구를 포함한 수많은 연구 프로젝트가 대표성 부족, 비동의, 협의 결여, 오해석, 그리고 데이터와 샘플 오용으로 인해 원주민, 소수 인구, 사회적 약자들에게 지속적으로 부정적인 영향을 미치고 있다.[38]

현재 전 세계의 법률은 조직되어 있고 주권 단체로 인정받은 공동체에만 실질적으로 적용되고 있다. 그 결과 브라질˚나 콜롬비아 등지의 소수 집단과 비공식 공동체는 거의 보호를 받지 못한다. 클로(Klaw) 등이 설명하듯, 세계 곳곳의 원주민들은 윤리 지침과 모범 사례에 대한 권고를 포함해 유전 연구와 관련된 자체 정책을 개발해왔다.[39] 또한 여러 중요한 이니셔티브가 설립되어 공동체가 유전 연구를 주도하거나 연구자들과 협력할 수 있는 기반이 마련되었다. 대표적 사례로는 미국의 원주민 바이오데이터 컨소시엄과 알래스카 지역 표본 은행, H3 아프리카 그룹, 뉴질랜드의 테 마타 하우투 타케타케 마오리 및 원주민 거버넌스 센터, 그리고 호주의 국립 원주민 게놈학 센터 등이 있다.[40] 일부 지역에서는, 예컨대 캐나다 뉴펀들랜드처럼 원주민 공동체와의 협력 연구를 전담하는 법률과 주정부 지정 윤리위원회가 마련되어 공동체를 데이터 오용으로부터 보호한다. 그러나 이런 형태의 법적·제도적 장치는 여전히 드물고, 정책이 지나치게 일반화되어 중앙집권적이라는 비판도 제기된다.[41] DNA 연구로 인구의 역사와 발전에 대한 보다 복합적인 이해가 가능하다.[42] 그러나 주요 유전학 데이터베이스에 다양성이 결여되어 있어 정보의 포괄성을 떨어뜨리고, 비유럽계 공동체의 주변화가 지속적으로 심화된다.[43] 비록 느리지만 연구는 쿠바·라틴아메리카·아시아 등 다양한 지역 인구를 포함하는 방향으로 점차 확장되고 있다. 그러나 여전히 "비유럽계 인구를 대상으로 발견하려는 노력은 한계가 있다."[44]

상업적이고 소비자 중심적인 DNA 수집과 활용에 대해서도, 특히 원주민 정체성과 관련하여 강한 비판이 제기되고 있다. 원주민과 토착 공동체는 유전학을 통해 정체성이 단순하게 규정될 수 있다는 생각을 일관되게 거부해왔다(아래 참조).[45] 따라서 자신들이 "유전적 정체성을 확인할 수 있다"고 주장하는 소비자직접(DTC, Direct-To-Consumer) 유전자 검사 서비스는 부족 정체성을 환원주의적으로 해석하는 데 기반하고 있으며, 그러한 정체성을 구성하는 복합적인 사회적·정치적·역사적 서사를 무시한다.[46] 이들 기업은 원주민 정체성을 단지 생물학적 결정 요인의 집합으로 단순화함으로써, 문화적·역사적 고려의 중요성을 흐려버린다.[47] 과학계에서도 DTC 유전자 검사 서비스가 제시하는 '민족성' 표현 방식에 대한 비판이 제기되었으며, '인종'은 본질적으로 생물학적 범주가 아니라는 점이 거듭 강조되었다.

> 현재 우리가 이해하는 인종과 민족성 개념은 단순한 유전적 연관성을 넘어, 특정한 사회적·역사적 맥락(즉 유럽과 미국의 식민주의) 속에서 형성된 것이다. 더 나아가 사회적 관계와 삶의 경험 역시 개인의 정체성과 집단 소속을 구성하는 데 있어 생물학적 혈통만큼이나 중요한 역할을 해왔다.[48]

많은 이용자가 이런 서비스를 통해 자신의 혈통을 주장하기 시작하면서, '원주민화' 현상과 잘못된 정체성 주장 같은 문제가 나타나고 있다.[49] 일부 지역에서는 원주민 집단의 구성원 자격이 사회적·법적 지위를 부여하기도 하지만(예컨대 브라질에서는 오히려 극단적으로 주변화되기도 한다), 그럼에도 많은 공동체는 수십 년 동안 유전적 정체성이 구성원 자격을 단독으로 규정하지 않으며, 많은 경우 아예 관련이 없다는 원칙을 지켜왔다. 전 세계 원주민들은 "공동체의 일원으로 인정받고 그 안에 속한다는 것"의 의미에 대해 다층적이고 복합적인 이해를 가지고 있다. 킴 톨베어는 "이런 검사들을 상용화하는 몇몇 회사들이 정체성을 순수한 인종 범주로 표현하지만, 실제 이야기는 훨씬 더 복잡하다"고 말한다.[50] DTC 유전자 검사 기업들은 정체성을 규정하고 부여하는 도구로 DNA 증거를 마케팅하고 있으며, 그 결과 이른바 '아메리카 원주민' 혹은 원주민의 민족적 특성이 공동체가 아니라 기업에 의해 정의되고 조직되는 상황이 벌어졌다. 톨베어는 유전 정보가 "알려진 가족 관계, 보호구역의 역사, 부족 및 연방정부의 규제와 얽혀 있는 매우 특정한 사회적·역사적 맥락" 속에서 사용된다고 설명한다.[51] 그녀는 또 이렇게 말한다. "원주민 정체성은 단순히 자신을 어떻게 주장하느냐의 문제가 아니라, 누가 당신을 공동체의 일원으로 인정하느냐의 문제다."[52]

이러한 복합성은 DTC 유전자 검사 기업들이 민족적 정체성과 혈통을 부여하는 과정에서 철저히 무시되고 있다.

엘리자베스 워런과 유전적 정체성의 정치적 이용

2018년 말, 미국 매사추세츠주 상원의원 엘리자베스 워런(Elizabeth Warren)의 행동으로 인해 유전적 정체성과 정치적 정체성을 혼동하는 문제가 언론의 주목을 받았다. 워런은 오랫동안 자신에게 체로키(Cherokee) 혈통이 있다고 주장해왔고, 이를 두고 정치적 공격을 받았다. 일각에서는 그녀가 자신의 민족적 배경과 혈통을 법조계 경력에 유리하게 활용했다고 비난했지만, 워런은 이를 부인했다. 이후 도널드 트럼프 대통령이 이 문제를 반복적으로 조롱하자, 워런은 민주당 대선 후보 경선을 앞두고 DNA 검사를 통해 자신의 정체성을 '증명'하기로 결정했다.[53] 실제로 트럼프는 그녀에게 "자신이 진짜 원주민이라면 DNA 검사를 통해 증명하라"고 공개적으로 도발했다. 2018년 10월, 워런은 스탠퍼드대학교 유전학자 카를로스 D. 부스타만테(Carlos D. Bustamante)에게 DNA 분석을 의뢰했다. 그 결과 부스타만테는 워런의 유전적 프로필이 "6세대에서 10세대 전 사이에 '혼합되지 않은' 아메리카 원주민 조상을 지녔을 가능성이 높다"고 보고했다.[54] 이 내용은 곧 "워런이 64분의 1에서 1024분의 1 사이의 원주민 혈통을 지녔다"는 식으로 보도되었다.[55] 유명 정치인인 워런의 유전적 정체성 문제는 전 세계적인 뉴스로 번졌고, 그 결과는 트럼프의 조롱에 맞서기 위한 일종의 반격으로 해석되었다. 워런은 자신의 가족사와 부족 정체성 주장을 명확히 구분하려 했지만, 언론 보도에서는 이러한 미묘한 차이가 거의 사라지고 'DNA 결과로 원주민 정체성이 입증되었다'는 점만이 부각되었다. 이 사건은 매우 큰 관심을 끌었고, 분명히 정치적 의도가 깔려 있었다. 워런은 트럼프의 인신공격을 무력화하고, DNA 검사를 통해 그가 인종차별적이라는 사실을 드러냄으로써 정치적 이득을 얻으려 했던 것이다.

원주민 집단은 곧바로 이러한 유전적 유산이 정체성의 전부가 아니며, 더 나아가 이러한 분석을 뒷받침하는 과학 자체도 부정확할 수 있다고 지적했다. 체로키 네이션(Cherokee Nation, 미국 원주민 중 하나인 체로키족의 대표 정부이자 공동체—옮긴이)은 공식 입장을 발표하며 단호하게 밝혔다.

"DNA 검사는 부족 시민권을 결정하는 데 아무런 쓸모가 없다.… DNA 검사를 사용해 체로키 네이션이나 다른 어떤 부족과의 연결을 주장하는 것은, 그것이 모호하더라도, 부적절하며 잘못된 일이다."[56] 체로키 부족의 국무장관 척 호스킨(Chuck Hoskin)은 현재 유전학이 체로키 부족의 정체성 결정에 아무런 역할을 하지 않는다는 점을 강조하며 이렇게 말했다. "DNA는 이 과정과 전혀 관련이 없다.… 우리는 매우 엄격한 절차를 거치고 있으며, 그것은 문서화와 추적에 관한 것이다."[57] 과학 비평가들 역시 이러한 작업의 한계를 반복해서 지적하며, 이 문제가 전 세계적으로 보도된 방식 자체를 비판했다.[58] 또한 원주민 학자들과 전문가들은 워런의 공개적 행동이 부족의 이익에 반하고, 부족 정체성에 대한 잘못된 인식을 퍼뜨렸으며, 주류 사회의 과학적 틀을 다시 강화했다고 비판했다. 유전학을 통해 역사적 정체성을 '규정'하려는 시도는, 원주민 공동체의 입장에서는 "누가 원주민인가를 정하는 정착민-식민주의적 정의"를 확인하려는 백인 특권의 발현으로 받아들여졌다.[59]

워런의 사례는 상업적 DNA 검사가 대중에게 얼마나 큰 영향력과 상징적 중요성을 지니는지를 다시 한번 보여준다. 조상과 유전적 배경에 대한 논의는 이제 일종의 정치적 자산이 되었다. 워런은 상업용 DNA 검사를 받은 것은 아니었지만, 자신이 공개한 분석 결과를 통해 대중이 자신의 유전적 배경을 이해하길 기대했다. 여기서 핵심은 DNA가 다른 형태의 역사적 탐구를 대체하며, 논란에도 불구하고 워런이 자기 자신에 대한 '진실'을 주장할 수 있게 해주는 도구로 기능했다는 점이다. 이것은 자신과 사건, 사람, 공동체 사이의 관계를 인식하는 또 하나의 방식이었다. 워런은 유전적으로 역사화(genetically historified)되었고, 과거의 공동체와 사람들과의 특정한 연결이라는 새로운 차원을 부여받았다. DNA 공개의 목적은 워런을 보다 정확히 '위치시키고', 그로부터 정치적 이익을 얻는 데 있었던 것으로 보인다. 그러나 그 시도는 정치적으로 효과를 거두지 못했을 뿐 아니라 오히려 역효과를 낳았다. 워런은 체로키 네이션에 사과해야 했고, 대통령 후보 경선 기간 내내 계속해서 사과를 이어가야 했다.[60] 이 시점에서 유전학을 통한 역사와 혈통의 규정은 거부되었다. 그러나 워런의 유전적 정체성과 공동체 소속을 둘러싼 논쟁은, 과학이 '인종'을 정의해온 오랜 역사적 논쟁의 연장선에 놓여 있다.[61]

'인종주의' 과학의 귀환

유전학과 인종의 얽힘을 둘러싼 불안은 전후 우생학적 과학에 대한 일반적 경계심, 그리고 그와 관련된 윤리적으로 문제적인 연구 사례들에서 비롯된다. 유전학과 인종의 연관성은 우생학을 창시한 프랜시스 골턴의 연구부터, 인종과 지능에 대한 제임스 왓슨의 후기 견해에 이르기까지(1장 논의 참조) 길고도 불쾌한 역사를 지닌다.[62] 그러나 지난 20년 동안 과학에 대한 인종적 해석은 오히려 증가했다. 과학 정보를 이념적 목적으로 활용하면서 증오 범죄와 인종화된 담론이 뚜렷하게 확산된 것이다.[63] 이러한 경우 사용되는 과학은 대체로 유전학이다. 유전학이 인종과 민족성에 관한 특성을 밝혀주는 학문으로 널리 인식되어 있기 때문이다. 애덤 러더포드는 이렇게 말한다.

인간 유전학이 초래할 수 있는 정치적 함의에 대해 과학자들이 의견 표명을 주저하는 태도는 재고할 필요가 있다. 과학을 이념적 목적에 맞춰 오용하는 이들은 그런 자제심을 전혀 보이지 않으며, 오히려 현대 기술을 적극 활용해 자신의 메시지를 널리 퍼뜨리기 때문이다.[64]

유전학은 정당성, 순수성, 진정성, 민족주의에 대한 주장을 펼치는 극우 세력에 의해 반복적으로 차용되어왔다.[65] 미국의 우파 집단들은 인종적 순수성을 입증하려는 욕망의 일환으로 상업적 유전자 검사를 이용하고 있다.[66] 이런 집단들과, 과학을 동원해 정당성과 순수성에 관한 이론을 뒷받침하려는 인물들은 DNA가 지닌 '문화적 권위', 다시 말해 대중이 인식하는 '진실을 말하는 과학적 권위'를 활용해 인종과 정체성에 관한 새로운 주장을 만들어내고 있다. 그들은 현대 세계를 넘어, 역사속 '인종적으로 순수한' 혈통과 자신을 연결하려는 방식을 추구하는 것이다.

유전적 차이는 여전히 전 세계 사회에서 사람들이 인종을 규정하는 중요한 공적 방식으로 남아 있다.[67] 유전학의 발전이 인종에 대한 문화적·사회적 이해에 중대한 영향을 미쳐왔다는 사실은 오래전부터 분명했다.[68] 현재 유전학은 민족성을 설명하고 인종 정체성을 규정하는 능력을 가진 것처럼 받아들여지고 있으며, 대부분의 상업적 유전자 검사는 이러한 범주를 매우 자신 있게 제시한다. 영국 정치인 데이비드 래미(David Lammy)는 현대의 정치적 분열을 이해하고자 쓴 저서 《부족》

(Tribes)에서 자신의 DNA 검사 경험을 언급하며, 그 검사가 자신에게 이전에는 없었던 '역사적 연결감'을 부여했다고 말한다.[69] DTC 유전자 검사를 통해 다층적이고 복잡한 개인의 역사를 찾아가려는 이야기는 흔하다. 이런 사례들은 유전학이 어떤 경우에는 이야기의 지평을 넓히기도 하고(래미의 경우처럼), 다른 경우에는 오히려 그것을 좁혀버리기도 함을 보여준다. 즉 DNA 검사는 개인(혹은 집단)의 과거와 현재 정체성을 다양한 방식으로 해석하게 만들며, 그 결과는 정체성의 의미를 새롭게 형성하거나 제한할 수 있다.

이 자료를 사용하는 역사학자와 고고학자는 데이터에 내재한 가정과 이데올로기를 비판적으로 검토하고 논의해야 한다. 특히 그 결과를 산출한 연구의 전제와 방법론 그 자체를 성찰할 필요가 있다. 바로 이 지점에서 DNA를 매개로 인문학과 과학이 과거를 함께 탐구할 수 있는 의미 있는 접점이 형성된다. 예컨대 고고학자들은 고고학 연구에서 유전학의 적용을 비판해왔다. 몇몇 연구는 고DNA 분석이 인간 상호작용의 복잡성을 지나치게 단순화하고, 다양성과 복합성 위에 일률적인 틀을 덧씌운다고 지적한다.[70] 다른 학자들은 더욱 강경한 비판을 제기하며, 특히 데이비드 라이히의 연구에 드러나는 '생물결정론'(biodeterminism)을 문제 삼았다. 마이클 블레이키(Michael Blakey)는 "서구의 과학과 사회" 속에서 나타나는 "DNA에 대한 거의 숭배적 집착"을 비판하며, "유전적 설명에 과도한 권위를 부여하는 태도"를 강하게 비난했다.[71]

그는 고고학자들에게, 암묵적으로 결정론적 이데올로기에 기대는 접근법을 가진 과학자들과 협업할 때 각별히 조심해야 한다고 경고한다. 이러한 비판의 순환—즉 역사학자들이 데이터 생산과 해석에 내재한 제도적·사회적 편견을 드러내고 비판하는 과정—은 DNA 연구의 탈식민화를 향한 중요한 발걸음이 될 것이다. 지금 필요한 것은 유전정보가 어떻게, 그리고 왜 특정한 방식으로 생성되고 해석되는지를 탐구하기 위한 역사적 해석의 접점을 구축하는 일이다. 이러한 과정은 협력과 비판을 통해 이루어져야 하며, 기존의 인식론적 전제들에 필수적으로 도전하는 방향으로 나아가야 한다.

유전적 민족주의

역사 연구에서 DNA를 활용하는 방식에 대해 제기되는 우려 가운데 하나는, 그것이 '게놈 자유주의'(genomic liberalism)라 불리는 현상—다문화적 포용성과 진보적 가치를 실현할 것이라는 환상—과 교차한다는 점이다. 이런 현상은 유전학을 비판 없이 '긍정적 과학'으로 상정하고, 그것이 미래에 본질적으로 선한 효과를 가져올 것이라는 열망적 전망에 뿌리를 두고 있다. 제니 리어던은 '게놈 자유주의'를, 유전학이 근본적으로 반인종주의적 과학인 것처럼 보이게 만들려는 일종의 수행적 시도로 정의한다.[72] 리어던은 자신의 비평에서 이러한 담론이 '인종의 개인화'(individualization of race)에 핵심적 역할을 하게 된다고 지적하며(41쪽), 이를 비판한다. 즉 이러한 담론은 인종에 맞서기 위한 사회적·정치적 실천보다는, 개인이 스스로의 정체성을 선택하고 이해하는 문제에 초점을 두도록 만들며, 결과적으로 반인종주의를 개인적 자기인식의 차원으로 축소하는 경향을 강화한다는 것이다.

이러한 담론의 전형적 사례는, DNA 기반의 민족성이 '인종을 넘어서는 이해'를 가능하게 한다는 명목 아래 이를 적극적으로 홍보하는 앤세스트리닷컴(Ancestry.com)의 마케팅에서 확인할 수 있다. 예컨대 홍보 영상 〈선언의 후손들〉(Declaration Descendants)은 1776년 토머스 제퍼슨이 의회에 독립선언서를 제출하는 유명한 장면을 재현한 것이다.[73] 이 영상에는 미국 건국의 아버지들의 후손뿐 아니라 여성, 유색인, 그리고 제퍼슨의 노예였던 샐리 헤밍스의 후손들까지 등장한다(이 혈연관계는 DNA 증거를 통해서만 입증되고 인정되었다. 1장 참조). 앤세스트리닷컴은 유전 정보를 통해 '근본적 다양성'을 강조하고, 이를 곧 미국 정체성의 핵심으로 제시하려 했다. 마케팅 총괄 책임자 비닛 메흐라(Vineet Mehra)는 이렇게 말했다.

> 다양성은 우리가 미국인으로서 중요하게 여기는 가치일 뿐 아니라, 말 그대로 우리 존재의 일부입니다.… 우리가 할 수 있는 가장 강력한 일 가운데 하나는, 우리가 실제로 얼마나 깊이 서로 연결되어 있는지를 보여주는 일입니다.… 우리는 '우리가 누구이며 어떻게 연결되어 있는가'를 알고자 하는 본능적 욕구를 공유하고 있으며, 이는 우리가 세상을 바라보는 방식뿐 아니라 미래를 상상하는 방식까지 바꿔놓을 수 있습니다.[74]

메흐라는 게놈 자유주의를 일종의 열망 마케팅과 접속시키며, 과거의 재해석을 '상품화된 열망의 대상'이 된 유전적 다양성과 결합한다.

앤세스트리닷컴은 민족성과 가족사를 사유하는 하나의 열망적 방식을 제시하고, 이러한 포용성은 결국 '인종'을 '다양성'으로 치환한 미래의 공간을 상상하는 방식에 기반하고 있다.

이에 반해 민족주의와 DNA를 둘러싼 많은 논의는 지나치게 단순화되어 있으며, 몇 가지 구체적이고 진부한 특성을 고립적으로 추출해 정체성을 규정하려는 경향을 보인다. 2016년 7월 영국 〈텔레그래프〉는 "당신은 얼마나 영국인인가?"(How British Are You?)라는 제목의 기사를 통해, 앤세스트리닷컴이 자사 DNA 염기서열 분석 서비스를 이용한 약 1만 5천 명의 사용자를 대상으로 수행한 연구를 보도했다. 이 연구는 여러 항목 가운데 특히 '앵글로색슨' 혈통과의 DNA 일치를 강조했고, 〈텔레그래프〉는 이를 곧바로 '영국인'(British)을 정의하는 핵심 기준으로 제시했다. 해당 검사에 참여한 영국 거주자들의 평균 비율은 앵글로색슨 36.94%, 켈트 21.59%, 서유럽 19.91%, 스칸디나비아 9.2%였으며, 이 밖에도 이베리아반도, 이탈리아, 그리스, 유럽 유대인, 핀란드, 러시아, 동유럽 출신의 비율이 포함되어 있었다. 이 보도는 가족사 추적을 위한 DNA 샘플링이 어떻게 특정한 방식으로 '데이터화'되고 다시 해석되는지를 잘 보여준다. 참여자들은 이를 통해 개인적 조상 정보를 확인할 수 있지만, 동시에 그 정보는 하나의 아카이브로 환원되어 현재 인구 집단을 정의하는 자료로 재독해된다. 집단유전학, 고DNA 분석, 언어 형성 연구 등 생물고고학적 맥락이 없었다면 이러한 데이터는 해석이 불가능했을 것이다. 이 데이터는 민족성과 관련된 틀 속에서 '읽히며', 바로 그 해석을 통해 의미를 획득한다. 다시 말해, 이러한 동시대의 해석은 DNA

를 특정한 역사적 맥락 속에서 이해하는 방식에 의존하고 있으며, 이는 과거 어느 시점에서 '민족성'을 개념화하고 정의해온 역사적 해석의 연장선 위에서 성립한다.

이 기사는 요크셔 출신 사람들이 가장 '영국적'이라고 주장하며, 크리켓과 차, 그리고 리블헤드 고가교 같은 요크셔의 명소 이미지를 함께 배치했다. 그러나 이런 시도는 데이터가 실제로 보여주는 훨씬 더 복합적이고 다층적인 정체성을 축소하여, 특정한 유형의 '영국다움'을 정의하려는 다소 기이한 시도로 보였다. 기사에는 여러 앤세스트리닷컴 관계자의 인용문도 포함되었는데, 그들은 "영국은 단지 몇 세대가 아니라 수세기에 걸쳐 문화적·민족적 용광로였다"고 강조했다.[75] 이 보고서는 영국에서 논란이 된 브렉시트 국민투표가 치러진 지 한 달 후 신문 뉴스 섹션에 실린 것으로, 국적과 민족과 DNA에 대한 지속적 관심이 공적 담론에서 어떻게 재생산되는지를 보여주는 사례로 이해될 수 있다. 동시에 이 기사는 '영국다움'이라는 개념을 앵글로색슨 유전적 정체성과 자연스럽게 연결하는 경향을 드러냈다. 물론 앵글로색슨족은 역사적으로 이주 집단이지만, 토지 조직화, 제도 발전, 정부 형성 등 '잉글랜드'라는 정치적 실체의 기반을 구축한 집단으로 오랫동안 인식되어왔다. 언론이 유전학 데이터를 대중의 흥미와 결부해 단순화하는 경향은 어느 정도 예상 가능한 일이다. 그러나 앤세스트리닷컴의 자체 보도 역시 이러한 단순화와 상투적 해석을 반복했다. 예컨대 그들은 다음과 같이 설명했다. "잉글랜드 동부에 살면서 왜 유난히 피자나 페이스트리, 자이로스를 좋아하는지 궁금하신가요? 어쩌면 이유는, 이 지역이 이탈리아·그리스(남유럽) 혈통 2.53%, 서유럽(프랑스·독일) 혈통 22.52%, 그리고 이베리아 반도(스페인·포르투갈) 혈통 3.43%로, 이 세 지역의 혈통 비율이 잉글랜드에서 가장 높기 때문일지도 모릅니다."[76]

그 기사와 앤세스트리닷컴의 블로그는 DNA 염기서열과 특정 유전적 표지(marker)를 매개로, 현대인의 정체성을 역사적 민족 집단의 범주 속에서 해석하려 한다. 특히 앵글로색슨족(약 450 - 1100년)과 켈트족이 오늘날의 공동체와 어떤 방식으로든 직접적 연결을 맺고 있는 것처럼 제시한다. 그러나 하나의 신체—세포의 집합, 유전자의 묶음, 샘플 속에 암호화된 유전정보—를 생리학적·지리적·국가적·역사적 차원에서 동시에 정의하려는 이러한 전제는, 그 자체로 놀라울 만큼 복잡하며 쉽게 단순화될 수 없는 문제다.[77] 여기서 드러나는 복합적인 형태의 국가 정체성—특히 '영국성', 더 구체적으로는 잉글랜드 민족주의—은 유전학과 공적 역사 이해가 결합해 만들어낸 현대적 상투어에 의해 강화된다. 차(tea)나 피자 같은 피상적 기호들이 마치 유전적 기원과 연결되는 것처럼 제시되면서, 우리의 현대적 신체 속 세포 구조와 기술적 염기서열 분석을 통해 식별될 수 있는 분자적 구성요소 안에 '국가 정체성'이 내재한다는 상상력이 형성되는 것이다. 이러한 DNA 정보는 오늘날 인간을 다층적 시간성과 복합성을 지닌 존재로 구성하며, "몸은 거짓말하지 않는다"는 신념 아래, 그 안에서 발견되는 증거가 부정할 수 없는 특정한 '진실'을 말해준다는 인상을 준다. 그러나 이 '진실'은 언제나 당대의 시선 (생리학적 사실과는 무관한 정체성의 기호들) 속에서 해석되며, 결국 오늘의 사회가 믿고자 하는 정체성의 언어로 다시 읽히고 재구성된다.

체더맨과 민족주의 역사

민족적 '영국다움'(Britishness)과 과거에 대한 유전학적 이해가 결합하는 방식은 '체더맨' 사례에서 특히 선명하게 드러난다. 이 사례는 유전학적 연구가 어떻게 정치적·문화적 맥락 속에서 수정주의적 성격을 띠게 되는지를 보여주는 대표적 예다. 1903-1904년, 영국 체더협곡의 한 동굴에서 한 호미닌(hominid)의 유골이 발굴되었으며, 이후 이 유해는 영국 선사와 정체성 논의의 중요한 기호로 자리 잡았다.[78] '체더맨'으로 알려진 이 유골은, 도거랜드가 영국과 유럽 대륙을 잇고 있던 중석기 시대(약 기원전 7000년)로 거슬러 올라간다. 현재 이 유해는 런던 자연사박물관 진화갤러리(Evolution Gallery)에 소장되어 있으며, 유럽에서 발견된 가장 오래된 인류 유골 가운데 하나로 평가된다. 맨체스터대학교 연구진은 이 유해의 두개골을 기반으로 얼굴 복원 작업을 수행해, 창백한 피부와 검은 머리카락을 지닌 인물로 재현한 바 있다. 그러나 2017년에 진행된 후속 유전학 연구는 이 호미닌이 짙은 피부색과 검은 머리, 그리고 파란 눈을 지니고 있었다는 결론을 제시했다.[79] "영국 최초의 인류가 어두운 피부를 지니고 있었다"는 연구 결과는 큰 논란을 촉발했으며, 이 데이터는 전 세계적으로 상당한 반향을 일으켰다.[80] 사실 고대 유럽인이 어두운 피부를 지녔다는 사실은 생물고고학계에서는 이미 비교적 널리 알려져 있었다.[81] 그러나 체더맨에 대한 이 유전학 연구는 공적 인식 차원에서 하나의 획기적 전환점이 되었다. 이런 현상은 언론의 집중적 관심이 더해지며 더욱 부각되었다. 유전 분석 과정 전체가 다큐멘터리 팀에 의

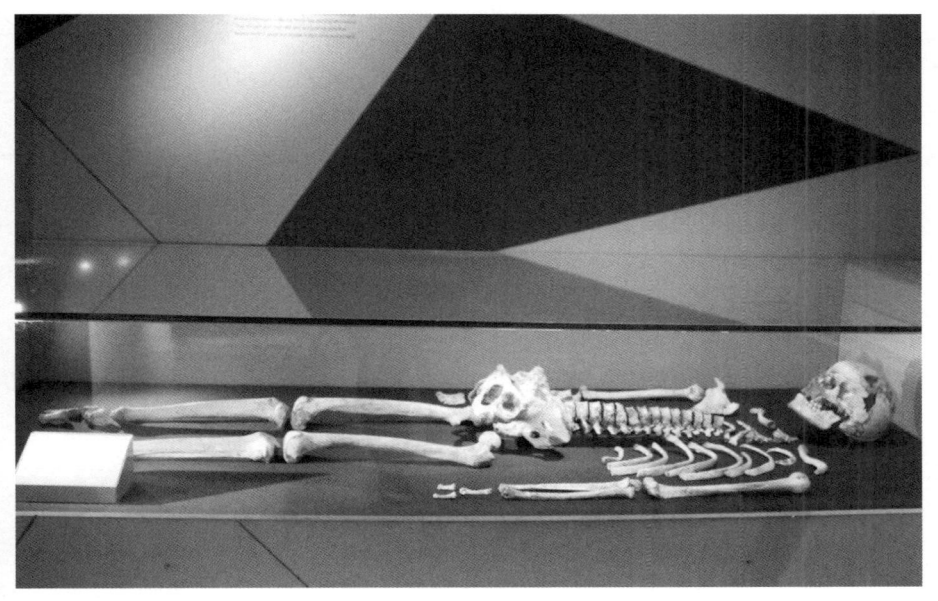

그림 3.1 런던 자연사박물관에 전시된 체더맨의 유골.

해 촬영되었고, 그 결과물인 영화 〈퍼스트 브릿: 1만 년 전 남자의 비밀〉(채널 4)은 2018년에 방영되었다. 체더맨 사례는 재현, 물질성, 고고학에 대한 대중의 이해, 인간 유골 전시의 윤리, 그리고 과학의 수행적 성격이 교차하는 지점에 놓여 있다(그림 3.1).

퍼스트 브릿

〈퍼스트 브릿〉은 여러 층위를 지닌 다큐멘터리다. 고DNA와 고고유전학의 실제적 연구 과정을 보여주는 동시에, 공적 과학 교육의 한 형태이자 민족·인종·유전학을 통해 인간을 이해하려는 공적 담론에 개입하는 정치적 시도이기도 하다. 영화는 "과학은 우리가 어디에서 왔는지, 그리고 우리가 진정 누구인지를 밝혀낼 것이다"라는 문장으로 시작한다. 이어서 "영국인이란 무엇인가에 대한 우리의 개념을 다시 생각해야 할지도 모른다"고 말하며, 데이터가 국가 정체성 자체를 뒤흔들 수 있다는 '계시적' 감각을 강조한다. 이러한 감각은 다큐멘터리가 역사적 증거를 제시하는 방식의 핵심을 이룬다. 영화는 "아직 답을 얻지 못한 질문에 빛을 비춘다"고 선언하며, 관객에게 "이 이야기는 영국이 섬이 되기 전, 우리의 첫 조상들이 도착하기 이전, 1만 년 전으로 거슬러 올라간다"고 상기시킨다. 이처럼 '영국 이전의 과거'(pre-British past), 즉 국가 형성 이전의 선사시대를 향한 상상은 다큐멘터리의 계시적 성격을 구성하는 중요한 장치다. 그러나 이 '계시'는 불안정하게 드러나기도 한다. 출연자들이 "우리는 이 이야기를 허공에서 지어낸 것이 아니다. 실제 과학적 데이터가 있다"고 반복적으로 강조하기 때문이다. 다큐멘터리는 이런 데이터를 통해 "우리에게 최초의 영국인(First Brit)을 마주하게 하고, 인식론적 변화를 촉발할 것"이라고 주장한다. 그 결과 〈퍼스트 브릿〉은 역사적 사건과 국가의 유산을 과학적으로 다시 서술하려는 수정주의적 서사를 제시하며, 인종과 유럽의 관계를 포함한 '영국다움'의 기존 개념들에 도전한다.[82] 즉 유전학이 역사적 시간을 압축해 관객이 '최초의 영국인'과 직접 마주한 듯한 감각을 경험하게 만든다는 것이다.

다큐멘터리의 첫 장면에서 유골은 테이블 위에 놓이고, 두 명의 과학자가 두개골을 들여다보며 접근성에 대해 논의한다. 해설 음성은 이 유골을 일관되게 '그것'(it)이라고 지칭하고, 한 기고자는 반복해서 '표본'(specimen)이라는 용어를 사용한다. 그러나 인간의 유해를 전시하고 다루는 행위에 수반되는 윤리적 문제에 대해서는 어떤 언급도 없다.[83] 물론 이 프로젝트가 윤리적·법적 절차를 거쳤을 가능성은 높다. 그러나 그 과정은 화면 어디에서도 드러나지 않으며, 이로 인해 이 텔레비전 프로그램이 지닌 역사기술학적(historiographical) 성격은 일정 부분 훼손된다. 인간의 유해를 보여주고, 그것을 유산과 과학의 맥락 속에서 다루는 다큐멘터리는 어떤 윤리적 책임을 져야 할까? 그리고 텔레비전 매체는 물질적 분석을 통해 과거를 탐구하는 과정을 어떤 방식으로 제시해야 할까? 이러한 질문은 프로그램 속에서 샘플을 채취하는 장면에서 특히 절실하게 드러난다. 두개골에 아주 작은 구멍이 뚫리고, 그 과정이 세세하게 설명된다. "그 구멍에서 아주 희고 고운 뼛가루가 쏟아져 나올 겁니다.… 그 뼛가루에서 우리는 DNA를 추출할 수 있죠." 이 침습적 행위—드릴링—는 신체 내부로 더 깊숙이 진입해 생명의 물질, 즉 유전 암호를 드러낸다. 해설자는 탐구의 '계시적' 성격을 강조하며 이렇게 말한다. "이 몇 밀리그램의 뼛가루에는 만 년 동안 숨겨져 있던 비밀이 담겨 있을지도 모릅니다." 조용한 드릴의 윙윙거림 속에서 뼛가루가 부드럽게 떨어진다. 그 장면은 침입적이면서도 동시에 의식처럼 정결하게 연출되며, 과학적 행위가 일종의 의례적 수행처럼 묘사된다. 이처럼 신체에 물리적으로 개입해 '비밀'을 드러내는 유전학자의 힘을 시각적으로 재현하는 과정은 프로그램 전반에 반복적으로 등장한다. 그와 더불어 '샘플'은 점차 골격―두개골―으로부터 분리되어 추상화되고, 결국에는 죽은 자, 곧 한때 인간이었던 존재로서의 행위성(agency)을 잃는다.[84] 과학자는 인간 유해의 물리적 완결성에 개입해 그것을 단단한 신체에서 파편화된 '표본'으로 전환시킨다.

DNA 분석 작업은 철저히 비공개적으로 이루어진다. 이는 실제 사실이기도 하며, 영화는 주요 유전학자가 박물관 공간을 지나 문을 통과해 실험실로 들어가는 모습을 여러 차례 보여주며 이를 강조한다. 유전학적 조사는 유산(heritage) 환경 바깥, 즉 공개적 검증이 닿지 않는 영역에서 수행된다. 이 지점에서의 편집은 '보이는 지식'에서 '보이지 않는 지식'으로의 이동을 시각적으로 드러낸다. 박물관의 유산 공간은 임상적 분위기의 실험실로 대체되고, 때로는 그 대비를 부각하기 위해 멀리서 촬영되기도 한다(위의 이미지는 유리 너머로 촬영되었다). 카메라는 비닐장갑과 방호복을 착용하는 손, 오염 방지를 위한 짧은 대화, 그리고 기계와 컴퓨터, 멸균된 작업대 등을 비추어 정밀함과 청결, 기술적 세련됨을 강조한다. 이 실험실은 무균적이고 비인간적인 공간으로 묘사되며, 그 안에서 '샘플'—두개골—만이 유기적이고 낯선 존재로 도드라진다. 다양한 실험실에서 촬영된 장면들은 분석 행위를 임상적이고 정밀한 절차로 제시한다. 이곳에서 수행되는 '역사적' 작업은 기술적이고 무균적이며, 전통적인 역사학자나 박물관 큐레이터가 하는 연구와는 다른, 확장된 탐구 실천의 일부로 그려진다. 인터뷰에 등장하는 연구자들은 모두 자신이 수행하는 작업의 '새로움'을 강조하고, 고대의 과거를 탐구하는 이 조사가 철저히 '현대성'의 산물임을 주장한다. 그 극단적 사례로, 국제우주정거장(ISS)에서 사용하도록 설계된 첨단 스캐너로 두개골을 스캔하는 복원 과정이 소개된다. 이 프로젝트는 결국 지구 밖 환경을 위해 고안된 최첨단 기술로 수천 년 된 유기물질을 분석하는 장면을 통해, '고대의 과거'와 '초현대 기술'이 만나는 아이러니한 순간을 만들어낸다.

DNA 실험실 내부에서 촬영된 이 장면은 고DNA 분석 과정이 스크린에 공개된 거의 첫 사례라는 점에서 주목할 만하다. 또한 조사의 무대를 박물관의 다른 공간이 아닌 '과학적' 공간으로 옮기는 연출은, 오직 그곳에서만 드러날 수 있는 특별한 형태의 지식이 존재한다는 인상을 강화한다. 그러나 구체적인 연구 절차에 대한 설명은 거의 제시되지 않는다. 화면에는 실험복을 입은 연구자들이 '생물학적'(bio) 조사를 상징하는 일련의 '과학적' 동작을 수행하는 모습만이 반복될 뿐이다. 해설자는 관객에게 이렇게 말한다. "이 연구는 수십만 파운드(20만 파운드)에 달하는 첨단 기계들로 가득 찬 하이테크 DNA 염기서열 분석 실험실에서 이루어진다. 이 기기들은 수천만 개의 데이터를 분석할 수 있으며, 과거에는 몇 주가 걸리던 과정을 이제는 몇 시간 만에 처리할 수 있다." 기계의 가격은 이 연구에 일종의 '무게감'을 부여하고, 데이터 수집의 규모와 속도는 기술적 능력의 위상을 드높인다. 인간이라는 종이 지닌 복잡성 역시 이러한 기술에 의해 '처리'될 수 있는 것으로 묘사된다. 그러나 정작 고DNA 분석의 혁신이 무엇인지, 그 과정이 어떻게 작동하는지에 대해서는 아무런 설명도 없다. 관객은 단지 해설자의 "염기서열 분석을 통해 많은 것이 밝혀질 것이다", "만 년 동안 감춰져 있던 비밀이 곧 드러날 것이다"라는 말만 듣는다. 해설은 체더맨이 실험실에 자신의 "비밀을 내어줄 것"이라고 이야기하지만, 그 과정이 실제로 어떻게 비밀을 '생산'하는지, 혹은 왜 DNA가 그렇게 '계시적' 매체가 되는지에 대한 설명은 부재한다. 과학자들은 샘플을 실험실로 가져와 어떤 절차를 수행하고, 그 결과 '비밀이 드러난다'는 서사만이 남는다.

이 프로그램은 피부색소(pigmentation) 문제와 유전자·피부색의 상호 관계에 특히 초점을 맞춘다. DNA 비교 연구가 눈 색깔과 피부색에 관해 어떤 정보를 제공할 수 있는지를 간단히 설명하지만, 그 내용은 극도로 단순화되어 있다. 이어지는 장면에서는 비교 데이터 분석, 모델링, 인구통계 자료가 차례로 제시된다. 과학자들은 서로 협력하여 각자의 데이터가 전 세계에서 축적된 다른 연구자들의 자료와 어떻게 맞물리는지를 보여준다. 이런 비교 연구는 개인의 DNA를 해석하는 일이 더 넓은 인구 집단의 맥락 속에서만 가능하다는 사실을 잘 드러낸다. 그러나 프로그램은 계속해서 연구자들이 컴퓨터 화면이나 노트북을 들여다보며 작업하는 모습을 반복적으로 비추는 데 그친다. 지식은 '명확하고 자명한 것'으로 제시되지만, 그 구체적 내용은 시청자에게 직접적으로 설명되거나 공유되지 않는다. 결국 화면에 남는 것은 데이터 표와 그래프뿐이며, 이 '역사적 탐구'는 수치를 읽고 해석하는 분석 과정으로만 재현된다. 이러한 형태의 조사가 텔레비전에서 본격적으로 다뤄진 것은 아마도 처음일 것이다. 특히 이 프로그램은 유전물질로부터 과거의 '비밀'을 끌어낼 수 있는 새로운 방식의 '역사적' 탐구가 존재한다는 가능성을 시사한다. 정보는 협업적 연구 과정을 통해 생성된 데이터 형태로 제시되며, 그것이 곧 역사적 통찰의 근거가 된다. 흥미롭게도 연구팀의 비(非)과학자인 고고학자가 DNA 염기서열을 판독하고 단 한 차례의 통찰을 제시하는 장면이 등장한다. 이는 '전통적인' 고고학자의 역할조차 점차 과학적 탐구 모델 안으로 흡수되고 있음을 보여주는 상징적 장면이다.

유골을 복원하고 재정리하는 과정에서 연구팀은 첨단 스캐닝 기술과 유전학 데이터 해석을 결합해 새로운 '체더맨' 도형을 제작했다. 얼굴과 어깨를 재현하는 작업은 일종의 예술적 실천이기도 하며, 스튜디오 내부에서 이루어지는 물리적 조형 과정이 강조된다. 이 초상은 유전학자들이 수집한 정보를 기반으로 예술가의 해석이 더해져 입체적으로 완성된 것이다. 얼굴 복원의 상당 부분은 골격 분석에 의존하지만, 피부색과 머리색, 눈 색깔은 유전학적 연구 결과와 직접적으로 연결되어 있다. 복원을 담당한 케니스 형제(Kennis brothers)는 특히 피부색 재현에 공을 들이며, 여러 실험적 방식을 통해 '얼굴'을 구축한다. 과학자들은 눈에 보이는 형태가 생겨난다는 사실에서 오는 흥분과 낯섦을 이야기하고, 예술가들은 '독특한 얼굴'을 '드러내는 과정' 그 자체에 열광한다. 이 작업은 유전학자들로 하여금 데이터와 물질성 사이의 관계를 새롭게 사유하게 만든다. 그들은 말한다. "누군가의 유전 정보를 분석하고… 그것이 실제 살(flesh)로 구현된 것을 보는 건 놀라운 일이다." 이 조형 행위는 곧 '체더맨'을 '창조하는' 과정이 된다. 데이터와 '현실'—혹은 구성된 현실—의 결합은 복원된 얼굴이 원본 유골이나 DNA 데이터보다 더 '진짜'로 느껴지게 만들며, "그는 살아 있다. 이제 그는 한 인간이다. 단순한 뼈가 아니다"라는 감정을 불러일으킨다. 이러한 시각적 재현은 체더맨을 실재하는 존재로 재구성하는 동시에 DNA 연구가 전달하고자 하는 메시지를 시각적으로 구현한다. 다큐멘터리는 리얼리티 TV의 서사 구조—'공개'와 '변신'—를 적극 차용한다. '체더맨'은 이 과정을 거치며 스크린 속에서 점차 하나의 '인물'로 형성된다. 이 전형적 구조는 '표본'에서 '개인'으로, 더 나아가 '한 인간'으로의 전환을 가능하게 하며, 그를 과거로부터 현재로 소환한다. 프로그램의 마지막, 자연사박물관 홀에서 예술가들이 제막식을 열며 그가 말 그대로 '공개'된다. 이 순간 예술, 퍼포먼스, 과학, 리얼리티 다큐멘터리, 무대 연출의 모티프가 하나로 결합되며, 조각의 공개라는 행위를 통해 인간 진화에 대한 수정주의적 서사가 완성된다.

과학, 민족주의, 유산

프로그램의 마지막 장면은 유전학을 매개로 과거와 현재를 잇는 역사적 연결 고리를 재확인하는 데 초점을 둔다. 현대 '영국인'과 체더맨의 DNA를 비교한 연구는 "놀라운 사실"을 드러내는 것으로 제시된다. "300세대가 지난 지금, 우리 모두는 어느 정도 체더맨의 일부다." 내레이션에 반복적으로 등장하는 '우리'(we)와 '우리의'(our)라는 표현은 의도적이며, 과거와 현재의 연속성을 강조함과 동시에 시청자를 그 관계 속에 적극적으로 포함시킨다. 해설은 이렇게 결론짓는다. "DNA 과학은 그의 정체성에 얽힌 만 년의 비밀을 완전히 풀어내고, 우리의 조상, '최초의 영국인'(The First Brit)에게 얼굴을 부여했다. 그는 우리의 국가적 이야기의 시작을 열었고, 오늘날 우리 모두가 여전히 지니고 있는 유전적 유산을 남겼다." 이러한 역사적·사료학적 인식의 전환은 유전학을 통해 가능해진 것으로 제시된다. '국가적 이야기'라는 표현은 체더맨의 '복원'이 선사시대와 국민국가(nation-state)를 하나의 연속적 서사로 결합시키는 기능을 수행하고 있음을 암시한다. 그에게 '최초의 영국인'이라는 호칭이 부여되는데, 엄밀히 말해 인종적·역사적으로는 무의미한 명칭이지만, 현대 인구와의 연속성을 강조하는 효과를 발휘한다. 이 서사의 핵심에는 "우리 모두는 어느 정도 체더맨의 일부다"라는 명제가 자리한다. 즉 인간의 유전적 다양성과 현대적 정체성 기호의 허구성을 부각하는 것이다. 내레이션은 이렇게 이어진다. "우리의 나라는 이 원형적 인물에서 비롯되었다. 이제야 유전학의 개입을 통해 그 사실을 이해할 수 있게 되었고, 우리 모두는 그에게서 어떤 무형의 것을 이어받았다. 우리는 모두 그의 일부다." 이 과학적 작업의 효과는 역사기술학적(historiographic) 차원을 갖는 동시에, 명백히 수정주의적이다. "이 연구는 우리가 사용하는 인종 범주가 실은 매우 현대적이거나 최근의 구성물일 뿐이며, 결코 과거에는 적용될 수 없는 것임을 보여준다." 다시 말해, DNA 연구와 고대 물질 분석은 현재의 정체성 인식을 교정하는 하나의 장치로 작용하며,

현대적 자아 개념을 해체하고 재구성할 수 있는 가능성을 제시한다. 그러나 동시에 이러한 접근은 과거와 현재 사이의 단절 역시 드러낸다. 현대의 정체성 구성은 오히려 '진짜 과거'와의 접점을 희미하게 만들고, 그 결과 새로운 역사적 상상력과 불편한 긴장을 함께 발생시키는 역설을 남긴다.

이 프로그램은 의도적으로 정치적 개입을 시도하고 있다. 바로 그렇기에 피부 색소에 초점을 맞추고, 과거와 현재의 연속성을 반복해 강조하는 것이다. 피부 색소와 피부색, 더 나아가 생리적·신체적 특성에 관한 연구는, 오늘날의 영국 지역을 이루게 된 공간에서 인류 이동과 인구 형성의 역사를 설명하려는 보다 광범위한 담론에 속한다. '퍼스트 브릿'(First Brit)이라는 명명 자체도 인종차별적 극우 단체인 '브리튼 퍼스트'(Britain First)의 이름을 의도적으로 반향시키고 뒤틀어내는 표현이다. 이 프로그램은 영국이 유럽연합 탈퇴를 결정한 브렉시트 국민투표(2016년) 직후 제작된 것으로, 역사적 차이를 강조하고 '타고난' 혹은 '자연적' 영국성(Englishness)에 도전하려는 시도는 명백히 정치적 맥락 속에 자리잡고 있다.[85] UCL의 참여자 중 한 명인 요안 디크만(Yoan Diekmann)은 이러한 연구가 그 규모와 범위로 인해 본질적으로 수정주의적 성격을 지닌다고 지적한다. 그는 이렇게 말한다. "역사적 관점에서 보면 사물은 변하고 유동적이며, 시간이 지나면서 진리처럼 굳어 보이는 것들도… 결코 변하지 않는 절대적 진실은 아니다." 디크만에 따르면, 인간 데이터를 이처럼 장기적인 시간축에서 바라보는 관점은 우리가 '진리'와 '정체성'을 사고하는 방식을 변화시키며, 연구자는 이러한 '역사적 관점'을 통해 사물의 가변성과 비고정성을 인식하게 된다. 이 프로그램은 또한 선사시대와 인간성(humanness)에 관한 정보를 드러내기 위해 활용되는 '새로운' 조사 기법들을 전면적으로 부각한다. 이러한 강조는 고DNA 연구를 단순한 과학적 절차가 아니라, 기존의 역사적 이해를 재구성하고 갱신하는 하나의 지적 실천으로 제시하려는 서사의 일부다.

이 과학적 연구와 다큐멘터리가 제시한 발견은 언론 전반에서 폭넓게 다루어졌다. 특히 영국의 타블로이드 매체들은 공적 관심을 반영하듯 관련 보도를 쏟아냈다. 〈더 선〉(*The Sun*)은 이번 "선구적 연구"가 수행한 "전례 없는 DNA 검사"를 강조하며, 이 발견이 "이전에 시도되었던 복원과는 근본적으로 다른, 극적인 전환을 보여준다"고 보도했다.[86] 콜린 페르난데스(Colin Fernandez)는 〈데일리 메일〉 기고문에서 "최첨단 DNA 분석과 안면 복원 기술 덕분에 우리는 마침내 1만 년 전 남자의 얼굴을 실제로 볼 수 있게 되었으며, 300세대가 흐른 지금 그가 오늘날의 우리와 어떤 관계를 맺고 있는지도 밝힐 수 있게 되었다"고 강조했다.[87] 〈데일리 메일〉 기사에 달린 방대한 댓글(1,400개)과 44,000회에 달하는 공유 수를 보면 이 연구가 미친 파급력을 가늠할 수 있다. 댓글 대부분은 사실을 과장하거나 허위 정보, 잘못된 해석을 담고 있거나, 기본 개념 자체에 대한 오해를 드러낸다. 어떤 의미에서 이는 대중매체가 난해하고 도전적인 과학 연구를 보도할 때 발생하는 구조적 문제를 보여주는 일종의 사례 연구라고 할 수 있다. 핵심은 과거를 다루는 DNA 조사가 여전히 복잡하고 일반 독자가 이해하기 어렵다는 점이며, 언론이 이를 설득력 있는 서사로 구성하는 데에도 상당한 어려움이 있다는 것이다(흥미롭게도 타블로이드 기사들은 분량도 길고 정보도 풍부했음에도 이러한 난점은 여전했다). 댓글들은 체더맨 관련 정보에 대한 다양한 반응을 보여줄 뿐 아니라, 새로운 해석이 결코 중립적이지 않다는 사실도 드러낸다. 반응은 "헛소리다"에서 "가짜다"에 이르기까지 매우 폭넓게 분포하고 있으며,[88] 전반적으로 유전학이 특정한 의도를 위해 이용되고 있다고 주장하는 공격적 불신의 흐름이 깔려 있다.

> "한 개인일 뿐이다. 한 사람. 그리고 76%의 확률이라니… 게다가 모든 백인과 그들의 문화를 악마화하려는 가장 편향된 뉴스 채널, 채널4의 지원까지 받고 있다니…."
>
> "아하, 역시 또 그 소위 '과학자'들이란 사람들은 철저한 과학 연구보다 정치적 올바름을 더 중요하게 여기지. 정부의 '인간이 만든 지구 온난화' 연구 지원금 수백만 달러가 말라가기 시작하니까 이런 쪽으로 눈을 돌리는 거겠지."
>
> "좌파적 헛소리."
>
> "이건 틀림없이 100% 진실이고, 절대 의도적인 조작은 아니겠지."
>
> "하하, 뭐 새삼스럽지도 않네. 진보적 과학자들이라면 당연히 흑인이라고 했겠지. 백인만 아니면 아무 색이나 괜찮다는 거잖아. 이게 다 요즘식 진보 담론의 일부야."
>
> "이런 '복원'이라는 것들은 과거보다는 현대 사회에서 '허용 가능한' 태도가 무엇인지를 더 잘 보여준다, 예전부터 늘 그래왔듯이."[89]

한 사용자는 이 이야기에 대해 "절대 사실일 리 없다. 미친 정치적 올바름일 뿐이다"라고 주장했다.[90] 이 연구가 말하는 '진실'이 어떤 절대적 사실이 아니라는 점에서(그리고 참/거짓의 이분법 자체를 비껴가려는 시도로 보인다는 점에서) 그 사용자의 발언은 일정 부분 타당하다. 그러나 더 근본적으로 보자면, 그의 말은 유전학적 탐구의 순간이 얼마나 깊이 역사적 맥락에 묶여 있는지를 역설적으로 드러낸다. 체더맨은 정치적·제도적·문화적 구조 속에서 재해석되었다. 이 뼈 조각들에 던져진 질문 자체가 특정한 시간과 장소의 산물이며, 유전학적 조사는 독립된 절대적 절차가 아니라 역사적 기능과 역사적으로 형성된 이데올로기를 동시에 내포하는 탐구 기술 중 하나다. 그런 의미에서 이 연구는 "미친 정치적 올바름"이라는 비난 속 표현을 문자 그대로 재귀적으로 실현한다. 바로 지금-여기의 시점에서, 과거와 현재의 관계를 재정의하려는 정치적 개입의 형태로 작동하고 있기 때문이다. 오늘날 이루어지는 모든 고DNA 연구와 마찬가지로, 이 작업 역시 특정한 역사적 맥락에 의존하고 있으며 과거를 탐구하는 더 거대한 인프라—대학, 박물관, 연구소, 공적 역사 기관—의 일부를 이루고 있다. 1장에서 논의한 리처드 3세 사례처럼, 체더맨 역시 여러 종류의 '과거 탐구 실천'이 교차하는 지점에 놓여 있다. 각 실천은 과거성에 대한 현대적 개념뿐 아니라 문화유산에 대한 윤리에 대해서도 많은 것을 드러낸다. 체더맨은 오늘날의 관점에서 새롭게 의미를 부여받고 있으며, 그가 현대 세계로 '번역'되는 과정은 그의 휴면 상태의 DNA를 매개로 진행된다. 이 '인간'이라는 개체-종은 오랜 기간 박물관 속에서 일종의 '드래그' 상태, 즉 상징적 연기(performance)로 존재해왔다. 그를 알고, 다시 구성하고, '실재하는 얼굴'을 부여하고자 하는 욕망은 그의 크기, 외형, 의미, 그리고 피부색까지 바꾸어놓았다. 이러한 기념의 실천은 그를 다시 '알려진 존재'로 만들어내며, 실제 삶과는 거의 무관한 방식으로 반복 재현한다. 그는 다시 태어나고, 다시 만들어지고, 다시 사유되고, 다시 이해된다. 그는 선사시대, 곧 '역사 이전'의 존재다. 우리의 언어와 사회 조직, 자아, 합리성, 국가 형성의 틀 이전의 시기에 위치하며, 인종·계급·성별·생물학에 대한 현대적 정의 역시 초월한다. 그는 예비적이고 도전적이며, 선조이자 최초의 인간, 문자 그대로 하나의 '알파 수컷'이다. 그의 마르고 부패한 몸속에 DNA는 여전히 남아 있었고, 죽음 이후에도 의미를 지니며, 결국 탐지될 수 있었다. 그 '비밀'들은 적절한 방식으로 접근하고, 올바른 질문을 받을 때 드러날 준비가 되어 있었다. 그 비밀들은 그의 죽음을 넘어 살아남아, 다시 소생되어 새로운 기록이 될 가능성으로 남아 있었던 것이다.

우리가 '체더맨'이라 부르는 이 유골은 한때 살아 있던 존재에서 죽음과 부재의 상태로 이동했다가, 다시 발견된 이후 또 다른 교육적이고 문화적 의미를 부여받는다. 이 유골은 과학적 형식을 통해 재해석되며, 국가주의, 정체성, 민족성, 인종을 둘러싼 이해에 기여하는 하나의 매개가 된다. 체더맨의 뼈는 연구 대상이 되고, 출판을 통해 해석되며, 법적·제도적 구조 속에서 위치를 부여받고, 공적 전시를 통해 새로운 생명력을 얻으며, 다양한 재정적 지원을 받는다. 그의 유골에 남아 있던 DNA는 살아 있는 유기체의 일부에서 죽은 존재의 아카이브, 즉 생명의 메아리로 변모한다. 그리고 수천 년 후 다시 의미를 부여받으며 '그때-지금성'(then-nowness)의 잔향으로 현재를 배회한다. 체더맨의 유해는 과학적 담론의 일부가 되어 데이터를 생성하고, 논증의 근거로 순환하며, 더 넓은 지식 체계 속에서 새로운 접근법과 과학적 '계시'를 상징한다. 또한 박물관의 일부로 정착해 물질적으로 구성되고 정밀하게 재조정된다. 이 개인들을 그의 유전 정보로 환원하는 행위는 오히려 그에게 새로운 행위성(agency)을 부여하며, 주변 세계를 변화시키는 능력을 부여한다. 개체를 데이터로 전환하는 과정은 그 물질 자체를 변형시키며, 유전학적 분석은 과거를 다시 바라보고, 상상력과 텍스트를 통해 다시 살아 숨 쉬게 하는 하나의 방식이 된다. 이 물질에 목적과 의미, 일종의 생명력을 부여하는 상상적 장치는 바로 유전학자의 손에 달렸다. '체더맨'의 유전학적 프로필은 그에게 새로운 정체성을 써 넣고, 그를 다른 위치에 재배치하며, 그의 실재를 재창조한다. 이러한 유전학적 정체성은 과거에 대한 새로운 수정주의적 사고방식을 가능하게 하고, 체더맨은 자신도 모르는 사이 영국 민족 정체성의 본질과, 현대의 인간이 고대의 과거와 맺는 관계를 둘러싼 동시대적 논쟁 속에서 중요한 행위자로 참여하게 된다.

DNA 탈식민화

인종, 유전학, 정치에 대한 논의를 마무리하며, 이번 장의 내용을 바탕으로 다음 장인 "윤리"로 나아가기 위해, 이 마지막 절에서는 유전학적 데이터의 사용과 해석을 통해 드러나는 권력과 인식의 구조에 어떻게 저항할 수 있을지를 고찰한다. 제임스 왓슨의 인종주의적 발언에 대해 실비아 윈터는 그의 사유가 "현재 우리의 인식론에 내재한 생명중심적 스콜라주의… 를 드러낸다"고 지적한다.[91] 그녀는 이렇게 설명한다.

> 이 인식론은 현대 세계의 지식과 그 체계적 현실을 다루는 방식에서, 중세 라틴-기독교 유럽의 신학적-스콜라 철학 지식 체계와 마찬가지로 인지적으로 폐쇄된 서술적 명제들과, 사회적·유전적으로 부호화된 연대의 진리를 따라 작동한다(20쪽).

반대로 윈터는 "우리는 더 이상 이런 방식으로 사고하는 것을 허용할 수 없다.… 이런 사고는 인간을 독특하게 세속적이고 자유주의적인 단일인간주의(monohumanist) 개념으로 규정하는 행위다"(20–21쪽)라고 주장한다. 유전학적 역사는 이러한 모델에 도전할 잠재력을 지닌다. 린다 투히와이 스미스(Linda Tuhiwai Smith)가 지적하듯, 원주민의 목소리는 학문의 근본 전제와 인식론 자체에 균열을 낸다. 그녀는 다음과 같이 일깨운다. "전 세계 원주민들은 그 이상과 그것이 낳은 실천의 본질에 의문을 제기할 뿐 아니라, 식민화된 자들의 시선에서 바라본 서구 연구의 역사라는 또 다른 이야기를 전할 권리를 지닌다."[92] 그러나 역사와 시간, 정체성에 대한 원주민과 토착민의 개념은 종종 서로 구별되며, 주류 과학이나 고고학, 역사학적 사고 속에서는 거의 고려되지 않는다.[93] 원주민 또는 토착 공동체가 주도하는 고DNA 연구는 다른 역사적 과정의 모델을 제시할 수 있다. 이런 연구는 하위주체(subaltern)와 비서구권의 목소리를 드러내며, 지배적인 제도적·지적 구조에 도전할 잠재력을 지닌다. 고DNA 연구는 인간성을 규정하는 중심축으로 자리해온 '백인성'(whiteness)에 문제를 제기하고, 정체성·인종·친족 개념을 더욱 복잡하게 만든다.[94] 이러한 연구는 원주민들이 단순히 탈식민(post-colonial)이나 접촉 이후(post-contact)의 역사에 국한되지 않고, 훨씬 더 장구한 역사적 연속성과 연결될 수 있도록 한다. 이는 원주민과 토착민이 대안적이며 저항적인 서사를 제시할 수 있게 하는 강력한 도구가 된다. 동시에 이러한 연구는 유전학적 정보와 통찰이 '역사', 즉 지배적 서사에 도전하거나 그것을 수정하기 위한 증거로 작동하는 순간을 만들어낸다.

고DNA에서 얻은 정보는 기존의 역사 서술을 복잡하게 만들기도 하고, 현대의 소외된 공동체가 지금까지의 '주류' 방법으로는 접근할 수 없었던 방식으로 자신의 역사적 전개를 더 깊이 이해할 수 있는 증거를 제공할 수도 있다. 이러한 데이터는 노예화되었던 사람들에 관한 정보를 드러내며, 그들이 역사 기록 속에서 목소리를 회복하고 일정한 지위를 되찾을 수 있도록 하는 데 활용될 수 있다.[95] 역사에서 지워졌던 집단들은 다시 조명되며, 더 이상 역사적 이해의 주변부로 밀려나지 않게 된다.[96] 이런 분석은 현대의 사람들이 소외되었거나 심지어 사라진 문화와의 연관성을 이해할 수 있는 하나의 통로를 제공한다.[97] 이는 많은 원주민 공동체가 수십 년간 제기해온 '멸종 서사'에 대한 도전을 가능하게 한다. 이 멸종 서사는 토지 점유를 정당화하고 원주민의 권리 인정을 지연시키는 데 활용되어왔다.[98] 고DNA 분석은 식민 정착민들이 구축해온 서사를 뒤흔들고 전복하며, 기존의 규범적 역사 담론을 비판하는 데 강력한 근거를 제공한다. 예컨대 푸에르토리코의 고DNA 연구는 현대 인구의 복잡성을 보여줌으로써, 식민 정착민들이 주장해온 인구 발달 서사에 도전할 근거를 마련했다. 현재까지도 "접촉 이후 원주민 공동체가 어떻게 저항하고, 생존하며, 변화해왔는지는 명확하지 않으며, 그들의 생물문화적 연관성(biocultural connection)이 오늘날 섬 주민들과 이어져 있는지도 여전히 논란의 대상이다."[99] "주로 식민지 시대의 인구 조사에 기반한 멸종 서사"는 "자신들이 접촉 이전 토착 공동체와 직접적인 혈통적 연속성과 문화적 소속을 지닌다고 주장하는 섬 주민들에 의해 강하게 반박되고 있다"(612쪽). 이에 대응해, 유전적 복잡성에 관한 연구는 "원주민 멸종에 대한 역사 서사를 비판적이고 학제적으로 재평가하는 작업"(621쪽)으로 이어질 수 있다.

이 사례에서 보듯, 유전학 중심의 조사는 과학과 역사에서 제시된 주류 서사에 도전할 뿐 아니라, 현대의 원주민 공동체가 역사적 주체성을 회복하고 지금까지 알려지지 않았던 자신의 역사를 새롭게 제시할 수 있게 한다. 이러한 연구는 명백한 수정주의적 개입으로, 과학적 탐구와 탈식민 연구의 실천적 역사 접근을 결합하여 "유럽 식민화에 대한 원주민의 대응에 관한 미래 연구의 기초를 제공한다"(621쪽). 고DNA 연구는 "접촉 이전의 유전적 다양성"(612쪽)을 밝혀내고, 다양한 기원을 지닌 원주민 집단을 드러낼 수 있다. 또한 원주민들이 역사 속에서 어떻게 주변화되고 권력을 박탈당해왔는지를 더욱 깊고 세밀하게 이해할 수 있도록 한다.[100] 마찬가지로, 고DNA 연구는 식민 통치 속에서 새롭게 형성

된 원주민의 다양한 실천들을 드러내며, 식민의 역사를 한층 더 복잡하고 다층적으로 보여준다.[101]

그러나 유전학적 지식이 단순히 상품화되거나, 새로운 통제와 조작의 수단으로 전락하지 않도록 하기 위해서는 여전히 해결해야 할 과제가 많다.[102] 탈식민화 문제는 단순한 지적 과제가 아니라 현실적 과제다. 이는 단순히 우선순위를 재조정하는 차원을 넘어, 실제로 행동하는 역사적 개입을 요구한다.[103] 이러한 실천이 실제로 효과를 가지려면, 유전학적 역사 연구의 방법과 접근 또한 탈식민화 프로젝트에 적극적으로 참여해야 한다. 즉 기존 구조에 도전하고, 그것을 변화시키며, 사람들이 어떻게 주변화되고 권력을 박탈당해왔는지를 드러내야 한다. 특히 유전학적 조사가 가능하게 한 발전들은 규범적으로 구성된 '역사' 자체를 포함한 특정 서사와 지식의 방식들을 보다 넓은 차원에서 비중심화(decentring)하는 데 기여해야 한다. 탈식민화는 사물의 수집 방식, 구조에 내재한 권력 관계, 지배적 서사, 그리고 사람들과 그들의 목소리가 지속적으로 지워지는 문제에 접근하는 하나의 방법이다.[104] 여러 측면에서 탈식민화는 타자(the other)와의 관계 맺음을 전제로 한 '참여의 윤리'를 요구하며, 이는 현대의 윤리와 인식론 자체를 전복한다. 이런 과정은 지식을 비중심화하고 재구성하려는 시도의 일부이기도 하다. 디페시 차크라바르티(Dipesh Chakrabarty)는 다음과 같이 말한다.

이 모든 '다른 역사들'은 결국 '유럽의 역사'라 부를 수 있는 주서사(master narrative)의 변주로 귀결되는 고유한 방식을 지닌다. 그런 의미에서 '인도'의 역사 또한 하위성(subalternity)의 위치에 놓이게 된다. 사람들은 오직 이 '역사'라는 이름 아래에서만 하위주체의 입장을 표명할 수 있다.[105]

DNA 탈식민화는 유전학 지식이 생산되는 구조 자체가 문제의 일부임을 인식하는 데서 출발한다. 역사유전학의 탈식민화는 규범적 구조에 도전하기 위해 DNA 정보를 활용할 수도 있지만, 그와 동시에 DNA를 지식의 위계를 약화시키거나 비판하는 수단으로 사용할 수도 있다. 따라서 DNA는 과거·정체성·인종·인간성에 관한 특정 개념들의 기반이 되어온 인식론을 드러내고, 그것을 분열시키며 다른 방식으로 전환하는 매개가 될 수 있다. 이 과정은 또한 소외된 사람들에게 목소리를 되돌려주고, 서사의 흐름을 전환하며, 새로운 인식 모델을 구축하는 일을 포함한다. 하나의 방식, 접근법, 혹은 비평으로서 DNA 탈식민화란 유전학이 민족의 억압과 주변화에 가담해왔고, 더 넓은 구조적 불평등에 기여해온 만큼 역사적 행위성(historical agency)을 지닌 것으로 인정하는 것이다. 'DNA를 탈식민화'하려는 시도는 복원의 수단으로서, 유전학이 현재와 과거를 새롭게 사유하는 방식—즉 규범적 질서에 대한 비판적 성찰—에 기여해야 한다는 점을 함의한다. 질 들뢰즈(Gilles Deleuze)와 펠릭스 가타리(Félix Guattari)가 말하듯, 이는 과거의 인간을 인식하는 전혀 새로운 방식으로 이어질 수 있다.

역사는 언제나 정착민의 관점에서, 그리고 최소한 하나의 단일한 국

가 기구의 이름으로 쓰인다. 설령 그 주제가 유목민일지라도 그렇
다. 지금 결여된 것은 노마돌로지(Nomadology), 즉 역사에 대한 대극
(對極)이다.[106]

DNA를 탈식민화한다는 것은 유전학적 지식과 데이터를 생산·해
석·교육하는 현재의 제도들에 도전하는 것을 포함한다. 이는 생명권력
(biopower)과 정치권력 사이의 상관관계에 의문을 제기하는 일로 구성된
다. 또 유전학이 전제해온 인종주의적 역사와 실천을 성찰하는 것으로,
단순히 교육과정을 다양화하거나 연구실의 이름을 바꾸는 수준을 넘
어서는 인식의 전환을 요구한다. DNA 탈식민화는 서구의 보건 향상을
곧 세계적 진보와 동일시해온 등식 자체에 근본적으로 도전하는 것이
다.[107] 이는 대부분의 과학적 권력 기반이 인종주의 이데올로기에 의해
형성되어 있으며, 지식 접근의 불평등 위에 세워져 있음을 인식하는 것
을 의미한다. 또한 계몽주의 이후의 인식론이 세계를 이해하고 구성하
는 방식을 형성해왔다는 사실을 인정하는 일이기도 하다. 이것은 시간
해석의 특정한 중심성과 과학적 객관성의 중심성에 도전하는 것을 포함
한다. DNA 탈식민화는 불평등과 침묵된 목소리를 인식하고, 주변화된
이들을 가시화하며, 기존 질서에 의문을 제기하고 재편하는 과정이다.
이는 우리의 현대적 상황이 식민적·제국적 폭력 위에 구축되어 있음을
자각하는 일이며, 동시에 정치적으로 능동적인 접근이자 필연적인 복원
과 재구성을 포함한다. 린다 투히와이 스미스는 다음과 같이 말한다.

자결권을 위한 투쟁의 핵심에는 원주민으로서 우리의 역사에 관한 질문, 그리고 타자로서 우리가 다양한 서술 속에서 어떻게 재현되거나 배제되어왔는지에 대한 비판이 포함된다.··· 원주민들은 우리의 이야기를 직접, 우리의 방식으로, 우리의 목적을 위해, 우리의 버전으로 쓰고자 한다. 이는 단순히 땅과 그 위에서 벌어진 사건들의 구전 기록이나 혈통적 명명에 관한 문제가 아니라, 파편화되고 소멸해가던 세계를 다시 살아나게 하기 위해 영혼에 증언하고 그것을 복원하려는 강력한 열망에 관한 것이다. 이러한 접근이 구성하는 역사의식은 '역사학'이라는 학문적 규율과는 다르며, 바로 그렇기 때문에 우리의 서술은 서로 충돌하고 마찰을 빚는다.[108]

4장

윤리
ethics

유전학 데이터는 과거에 대한 새로운 지식을 제공하는 것처럼 보이지만, 그 지식을 수집·해석·사용하는 과정에는 여러 문제가 존재한다. 안톤 프로이만(Anton Froeyman)의 말처럼 윤리가 '역사학의 핵심'이라면, 과거를 사유하고 서술하기 위해 DNA를 활용하는 일 또한 고유한 윤리를 수반해야 한다. 그리고 그 윤리는 생명윤리(bioethics)와는 또 다른 차원의 것이다.[1] 이 장은 새로운 유전 정보가 과거에 접근하고 그것을 서술하는 윤리에 어떤 영향을 미칠 수 있는지를 살핀다.[2] 나는 역사적 탐구와 관련된 유전학의 윤리를 검토할 수 있는 몇 가지 사례를 살펴본다.[3] 이 장에서 논의하는 여러 현상은 유전 정보를 통해 과거를 이해하는 과정에서 발생하는 다양한 윤리적 난제를 드러낸다. 그 중심에는 정보의 사용과 조작에 관한 도덕적 판단이 있다. 특히 DNA를 '증거'로 간주하는 방식, 그리고 그것이 역사학자나 법 집행기관, 대중에 의해 어떻게 활용되는가의 문제가 핵심적으로 제기된다. 아울러 데이터 자체와 그 수집 방식, 사생활 보호, 보관(아카이빙)의 문제 역시 뒤따른다. 그러나 이러한 '물질적' 윤리 문제가 해결된 뒤에도, 유전 정보를 증거로 배열하는 윤리, 과거를 서술하는 윤리, 그리고 이런 데이터를 통해 역사를 재현하는 윤리에 관한 새로운 질문들이 제기된다. 마지막으로 DNA를 '초역사적'(transhistorical) 존재로 간주하는 관념 역시 비판적 검토가 필요하다. 복원생물(de-extinction)을 둘러싼 논쟁에서는 DNA가 역사적 맥락에 의존한다는 설득력 있는 주장이 제기된다. 특정한 역사적 맥락을 벗어나 DNA를 '활용'하려는 시도는, 영화 〈쥬라기 공원〉이 상상하듯, 파괴적이고 비윤리적인 결과로 이어질 수 있다. 이처럼 DNA는 과거와 현재를 잇는 연속체이지만, 그 연속성을 구성하는 모든 역사적 서사와 마찬가지로 그 속에서 '재현의 윤리'가 드러난다.

DNA의 윤리를 둘러싼 논쟁은 여전히 현재진행형이다. 이 논쟁은 국가의 감시적 정보 활용에서부터 유전학 데이터의 소유권 문제에 이르기까지 폭넓다(이 중 일부는 앞 장에서 다루었다). 생체유전학적 정보의 사용·해석·수집에 관한 중요한 논의가 지속되고 있지만, 역사에 관심을 두는 사람들에게는 또 다른 층위의 윤리적 고려가 필요하다. 여기서 핵심 관심사는 데이터가 과거에 개입하거나 과거를 구성하는 방식에 있다. 법 집행 과정에서 DNA 정보가 활용되는 것은 이러한 특성이 가장 분명하게 드러나는 사례다. 또 DNA는 인간 유해 분석을 통해 집단학살(genocide) 조사에 사용되기도 한다. 이런 경우 DNA는 다른 어떤 수단으로도 얻을 수 없는 과거의 정보를 제공하며, 그 자체로 중요한 '정보 매개자'로 기능한다. DNA는 본래 사적인 것이지만 공적 맥락에서 사용되고 있으며, 과거의 사건을 더 명확하게 이해하도록 돕는 하나의 증거로 작동한다. 유전학적 지식의 개입은 지금까지 숨겨졌던 진실을 드러내려는 시도의 일부이며, DNA는 우리가 과거를 다시 들여다보고 더 분명하게 이해할 수 있도록 해준다. 그리고 많은 이들에게는 일종의 정서적 종결감까지 제공한다.

DNA의 '증거로서의 지위'를 사유하는 일은 중요하다. DNA가 과거를 어떻게 증언하는지, 그리고 그것이 역사화된 담론 속에서 어떤 방식으로 등장하는지를 함께 고려해야 한다. 특히 유전학적 역사와 관련된 담론에서는 '객관성'과 '진리'가 서로 얽혀 있음을 인식할 필요가 있다. 유전학은 과학적 담론으로서의 위상뿐 아니라 형사 사법, 친자 관계, 정체성 규명 등 다양한 '증거'의 맥락에서 폭넓게 활용되기 때문에, 일반적으로 일종의 진리를 지향하는 학문으로 받아들여진다. 따라서 역사 서술이나 역사적 구성에 유전학이 사용될 때, 그것은 거의 의심받지 않는 '증거' 혹은 '증언'의 형식이 도입되는 결과를 낳는다. 고고학의 경우에서도 보았듯, 유전학 데이터는 종종 다른 모든 증거가 그 주위를 재배치해야 하는 '고정점'으로 간주된다(2장 참조). 그러나 DNA는 결국 물질이며, 우리가 '읽고' '보고' 조작할 수 있는 데이터다. 우리가 이 물질을 다루는 기술이 정교해질수록 더 많은 이야기와 서사가 생성될 수 있다. 하지만 DNA를 다루고 이해하는 방식은 증거를 의미로 번역하는 과정에 직접 영향을 미치기 때문에, 그 사용과 해석에 대한 비판적 검토가 필수적이다. 우리는 DNA를 하나의 사물로서 이론적이고 비판적으로 분석할 수 있어야 하며, 역사적 실천 속에서 증거로서의 견고함을 확보하기 위해 다양한 탐구 절차를 거쳐야 한다.

DNA의 윤리적 측면 중 하나는 유전학이 현재 사회에 미치는 영향을 대중이 어떻게 이해하는가와 관련되어 있다. 민족성과 건강을 둘러싼 논의는 개인의 유전적 과거가 현재의 삶에 어떤 의미를 갖는지에 초점을 맞춘다. 이러한 담론은 특정 집단—현재의 참여자와 그 가족, 그리고 그들의 조상—에게 국한된 것이지만, 더 넓게 보면 사회가 과거로부터 '학습'한다는 인식의 일부이기도 하다. 이 경우, 사회 전체가 과거와 도덕적으로 관계 맺으며 자신을 더 깊이 이해하는 대신, 개인과 그 가족이 자신의 혈통을 '읽음'으로써 자신을 더 온전히 이해하게 된다. 다시 말해, 계몽주의 이후 '역사'의 도덕적 동력으로 간주되어온 목적—과거의 복잡성을 성찰함으로써 우리를 '가르친다'는—이 이제 개인의 차원으로 이동한 것이다. 특히 건강과 관련된 담론에서는 또 다른 도덕적 함의가 드러난다. "이런 정보를 알 수 있다면, 왜 알지 않겠는가?"라는 물음이다. 이는 자기 자신을 위해서이기도 하고, 가족을 위해서이기도 하다.

하지만 DNA가 과거를 알 수 있는 하나의 방식이라면, 그것은 윤리적으로 더 문제적이지 않을까? 예를 들어 특정 원주민 집단과 관련된 유전 정보는 그들을 규정하고, 식별 가능하게 만들며(혹은 조작 가능하게 만들며), 나아가 그들을 특정 방식으로 구성하는 것으로 여겨질 수 있다. 따라서 우리는 윤리의 관점에서 유전적 '증거'가 어떻게 정의될 수 있는지를 고민해야 한다. 그것은 어떤 종류의 증거인가? 그 수집은 공정하게 이루어졌는가? 아니면 무엇을, 어디에서, 어떻게 수집할지를 결정한 과정—즉 수집의 맥락—이 비판의 대상이 될 수 있는가? 서로 다른(혹은 사실상 부재한) 윤리적 틀 속에서 역사적으로 수집된 자료는 어떻게 다뤄야 할까? 또 이러한 데이터베이스가 구축된 방식 자체를 비판적으로 검토할 수 있을까? DNA 정보는 하나의 아카이브를 형성하며, 이 아카이브는 다른 모든 데이터와 마찬가지로 면밀한 검토와 질문의 대상이 되어야 한다. 그 아카이브는 무엇을 의미하며, 어떻게 그리고 왜 수집되었는가? 무엇이 누락되어 있는가? 전체적인 수집의 원칙은 그것을 구축한 사람들과 그들이 이 데이터를 어떻게 사용하려 하는지를 무엇으로 드러내는가? 그리고 이 아카이브는 어떻게 탈식민화될 수 있을까? 자크 데리다는 아카이브를 "질서가 부여되는 장소"라고 말했으며, 유전 정보는 바로 그 질서와 구조를 부여하려는 시도의 일부로 기능한다.[4] 이 정보가 어떻게 저장되고, 다뤄지며, 해석되고, 읽히는가—이 모든 것은 윤리적 문제이며, 지금까지 '비활성적' 정보나 데이터로 여겨졌던 것에 새로운 차원을 부여한다. 이러한 질문들에 대한 답은 DNA의 '행위성'과, 그것이 채취된 개인과 맺는 관계 방식에 직접적 영향을 미친다.

여기서 중요한 사례로 고고학과 역사 연구에서 매장지의 DNA를 사용하는 문제를 들 수 있다(2장 참조). 토머스 라퀘어(Thomas Laqueur)는 최근 '죽은 자의 일'(work of the dead)과, 죽은 자와의 만남이 우리의 사회적·문화적 세계를 어떻게 구성하는지에 대해 논한 바 있다.[5] 그가 말하는 "죽은 자의 존재론적 지위"(18쪽)에 대한 관심은 DNA에서 추출된, 겉보기에는 비활성적인 데이터의 지위를 사유하는 데 중요한 통찰을 제공한다. 그런 데이터는 '원본'과 어떤 관계를 맺는가? 오래전에 죽은 신체로부터 얻어진 정보라면, 그 정보를 허락 없이 사용하는 것은 어떤 윤리적 문제를 수반하는가? DNA 정보의 경우 '존재론적 지위'의 문제는 특히 복잡하다. DNA는 원본의 바깥(outwith the original)에서 계속해서 살아있기 때문이다. 유전 정보는 결코 중립적이지 않으며, 언제나 그것이 추출된 물리적 신체—원천 물질—와 연결되어 있다. 물리적 신체와 데이터의 간극에서 우리는 하나의 '표현의 윤리'를 읽어낼 수 있다.[6] 데이터라는 새로운 공간 속에서 신체는 종종 잊힌다. 개인은 자신이 드러낼 수 있는 정보에 따라 해석되는 존재가 된다. 그러나 라쿼어의 주장처럼, 신체는 여전히 그 자리에 있다. 정보를 산출해낸 유령, 스펙터로서의 신체다. 라쿼어는 죽은 자가 오늘날에도 물질적으로 반향하는 방식, 그리고 그 속에서 암시되는 과거와 현재, 추모의 관계를 탐구한다. 그는 이렇게 말한다.

> 죽은 자의 일의 역사는, 개인적으로든 공동체적으로든 그들이 우리 안에 어떻게 거주하는가에 대한 역사다. 그것은 우리가 그들을 어떻게 상상하는지, 그들이 우리 삶에 어떤 의미를 부여하는지, 그리고 그들이 공적 공간, 정치, 시간을 어떻게 구조화하는지에 관한 역사다. 그것은 상상력의 역사이며, 죽은 자—다시 말해, 내가 주로 말하고자 하는 것은 죽은 육체—에게 우리가 어떻게 의미를 부여하는가에 대한 역사이기도 하다. (17쪽)

윤리적 문제는 우리가 죽은 자에게 어떻게 의미를 부여하는가와 관련해 발생한다. 죽은 자의 신체에서 얻은 정보를 사용해 해석하고, 읽고, 조사하고, 이해한다는 것은 곧 그들을 다시 말하게 만드는 일이다. 이는 매우 중요한 동시에 깊은 울림을 지닌 행위다. 오래전에 죽은 신체가 현재의 순간과 관계를 맺으며, 다시 의미를 갖기 시작하는 것이다.

역사적 폭력과 유전학적 증거

유전 정보와 법의학적 DNA 검사는 과거의 폭력적 사건을 조사하는 데 자주 활용된다.[7] 예를 들어, 1914 – 1918년 전쟁 당시의 집단 매장지에서 발견된 시신의 신원을 확인하기 위해 DNA 증거가 활용되고 있다. DNA는 특정 공동체에 가해진 구체적 폭력을 규명하거나, 드물게는 자연재해와 관련된 사례를 조사하는 데에도 사용된다. 특히 이러한 데이터는 집단학살, 인권 침해, 학살과 같은 폭력 사건 조사에 일반적으로 포함된다.[8] 병리학적 기술과 더불어 이러한 유전학적 증거의 활용은 집단학살이나 대규모 폭력 조사를 수행하는 과정에서 나타난 '법의학적 전환'의 일부를 이룬다.[9] '법의학적 전환'은 정밀한 조사 기법을 통해 대규모 폭력을 이해하고 해석하려는 흐름을 가리킨다. 이 맥락에서 DNA는 사건에 접근하기 위한 여러 도구 중 하나로서, 숨겨진 사건을 드러내고 그 위에 빛을 비추는 기능을 한다.

특히 집단학살과 같은 역사적 전쟁 범죄에서 법의학적 DNA 증거는 가해자를 기소하고 피해자를 식별하는 데 사용되어왔다. 예를 들어 이러한 DNA 증거는 구유고슬라비아, 르완다, 시리아, 아르헨티나, 과테말라, 칠레, 남아프리카공화국, 스페인 등 다양한 지역에서 폭넓게 활용되었다.[10] 국제실종자위원회(ICMP)는 이러한 대부분의 지역과 주요 재난 발생지에서 DNA 분석 작업을 수행했다. 유전 감식은 유해의 신원을 확인하고, 역사적 범죄를 바로잡는 하나의 수단이 된다. 유전학적 조사는 공동체가 과거 사건에 대한 정의를 회복하도록 돕는 데 필수적이다.[11] 윤리적 관점에서 유전학 데이터는 정의를 박탈당한 이들에게 정의를 되돌리고, 주변화되거나 지워진 공동체와 개인의 역사에 다시 목소리를 부여하기 위해 사용된다.

아르헨티나에서는 1980년대 중반 이후, 국가에 의해 부모가 살해되고 유괴된 아이들의 DNA를 중심으로 한 운동이 전개되었다. 린지 애덤스 스미스(Lindsay Adams Smith)는 실종자 가운데 한 사람의 아들인 피치의 이야기를 이렇게 전한다. "그는 자신의 기억 속에서, 그리고 그만큼 중요한 자신의 몸 안에서, 자신이 여러 실종자의 저장소이며, 파괴된 가계도를 대신하는 살아 있는 대체물이라고 설명했다."[12] 유전학의 개입을 통해 공동체는 기억하고 되찾을 수 있게 되었다. 법의학적 유전학은 가족이 관계를 재구성하는 하나의 방식이 되었다. "아르헨티나에서 DNA는 과거의 만행을 화해시키기 위한 주요 기술적 도구가 되었다"(1054쪽). 스페인에서도 DNA는 유해를 식별하고, 추모와 기념을 둘러싼 사회적 논의를 가능하게 하는 데 중요한 역할을 했다. 내전 당시 '실종자' 가운데 처음으로 DNA를 통해 신원이 확인된 사례는 2003년 집단

매장지 발굴 과정에서 나왔다.[13] 스미스는 더 넓은 관점에서, 공동체가 정의를 회복하는 데 DNA 연구가 핵심적 역할을 하게 되었으며, 유전학적 분석을 일종의 '인권 기술'로 규정하게 되었다고 말한다(비록 이러한 성격은 9·11 이후 약화되었지만).[14] DNA 증거 분석은 죽은 자들에게 정의를 되돌려주고, 살아 있는 자들에게는 정서적 종결감을 제공한다. 이런 유전학적 작업은 과거의 부재와 유령 같은 흔적을 구체화한다. DNA 증거가 가능하게 하는 이야기들은 잃어버렸거나, 묻혀 있었거나, 혹은 무시되어 왔던 이야기들이다.

일부 공동체의 경우, DNA 아카이브 구축은 자신들이 다시 '역사' 속에 포함될 가능성을 열어주었으며, 과거가 구성되고 서술되어온 방식에 도전할 수 있는 계기를 마련했다. 유전 정보는 미국 내 매장지에서 발견된 노예들의 신원을 확인하는 데 사용되었고,[15] 미국 전역에서 매장지를 어떻게 추모할 것인가를 둘러싼 논의를 촉발하는 데에도 중요한 역할을 했다.[16] 활동가 디에드리아 파머-파엘먼(Deadria Farmer-Paellmann)은 노예제도로 이익을 얻은 이들에게 배상을 요구하는 과정에서 DNA 검사를 활용했다.[17] 특히 그녀는 2002년과 2004년에 노예 후손들을 대표해 집단소송을 제기하는 과정에서 상업용 DNA 검사를 활용했다. 파머-파엘먼은 이를 통해 "법적으로 인정될 수 있는 연결을 시도하기 위해 동시대 집단과의 유전적 친연성을 드러냈다"고 할 수 있다.[18] 알론드라 넬슨이 지적하듯, 이는 "상급 법원이 HGP의 상업적·문화적 산출물을 다루어야 했던 최초의 사례 중 하나였다."[19] 이러한 소송에서 DNA 검사는 기원의 장소와 연결되며, 역사적 범죄와 관련된 법적 문제를 제기하는 수단으로 사용되었다. 비록 소송 자체는 성공하지 못했지만, 오늘날의 후손들과 역사적 사건 사이의 연관성이라는 더 큰 전제는 공적으로 분명하게 각인되었다. 따라서 넬슨과 웨일루가 말하듯, "DNA는 인정을 향한 하나의 길을 제시할 수는 있지만, 화해를 대신할 수는 없다"(29쪽).

가족사 연구를 위한 DNA 검사의 대표적 옹호자인 헨리 루이스 게이츠 주니어(6장 논의 참조)는 이 새로운 기술이 국가와 국가 아카이브에서 잊히거나 지워진 이들이 스스로의 역사적 행위성을 주장할 가능성을 지닌다고 지적한다. 그는 이렇게 말한다. "17세기 이후 처음으로 우리는 적어도 상징적으로나마 대서양 노예무역의 여정을 거꾸로 되돌릴 수 있게 되었다."[20] 이 놀라운 진술은 유전학적 작업이 가족과 공동체와의 재연결을 가능하게 한다는 점을 암시한다. 그는 "나의 조상을 찾는 일은 언제나 험난한 과정이었다. 그것은 언제나 기쁨, 좌절, 분노가 뒤섞인 일이었으며, 아프리카계 미국인이라면 누구에게나 그렇듯, 개인적으로나 집단적으로 역사를 재구성하는 일은 늘 그러했다"(5쪽)라고 회상한다. 게이츠에 따르면 DNA 연구의 힘은 바로 이 지점에서 드러난다. "서류상의 흔적이 사라지는 지점—그것은 불가피하게도 노예제도의 끔찍한 어둠 속에서 끝나게 되었다—에서 우리는 DNA를 통해 우리의 아프리카적 뿌리를 추적했다"(11쪽). DNA 연구는 수집되지 않았거나 지워진 것을 통해서도 드러나는, 아카이브 자체에 내재된 보이지 않는 폭력을 보여준다. 즉 아카이브가 무엇을 포함하고 무엇을 배제하는지에 따라 특정한 태도와 실천이 어떻게 고착화되는지를 드러내는 것이다.

게이츠 주니어의 구도에서 유전학적 증거의 개입은 공동체를 연결한다. 이는 아카이브에 새로운 데이터를 더함으로써 과거의 더 다양하고 포괄적인 모습을 그릴 수 있게 해주기 때문에 역사학적으로 중요한 의미를 갖는다. 그는 이렇게 말한다. "대가족 구성원들의 삶의 이야기를 복원하는 일은, 역사학자들이 우리 민족의 더 큰 역사를 재구성하는 방식을 직접적으로 변화시킬 수 있다"(12쪽). 이런 맥락에서 유전학적 증거는 국가 아카이브를 우회하여 잊힌 민족을 역사 속에 다시 써넣는 새로운 방식을 제시한다. 게이츠 주니어에게 유전학적 조사는 과거와의 새로운 유형의 연결을 제공하며, 기존 아카이브가 구축해온 서사에 도전하고, 과거를 인식하고 서술하는 또 다른 방식을 탐색하게 한다. '재구성' '복원' '재조립' '되돌림' 등 그가 사용하는 언어는 DNA가 회복적 효과를 지니며 과거의 재창조에 기여한다는 점을 잘 보여준다. 따라서 유전학 데이터는 주류 증거와 병행되는 동시에 회복적 정의의 작용으로 이해된다. 이런 방식으로 정보를 사용하는 것은 역사적 유전학 데이터에 윤리적 성격을 부여한다. 그것이 동시대적 자아의 재구성과 특정 공동체가 과거를 되찾는 과정의 일부가 되기 때문이다.

화해와 재구성을 위한 유전학적 정보의 활용은 점점 더 보편화되고 있다. 이런 프로젝트들은 제도적·구조적 인종주의에 대한 논의는 물론, 정보가 수집되고 보존되며 유통되는 방식에 내재한 권력관계까지 드러나게 한다.[21] 그러나 율리아 예고로바(Yulia Egorova)가 지적하듯, DNA 작업을 "하위 공동체(subaltern community)가 정체성 중재나 화해 프로젝트에서 역량 강화의 도구로 사용할 수 있는 것'으로 보는 것은 '매혹적'이지만, 이러한 프로젝트들은 종종 "종속, 주변화, 억압의 도구"로 전락할 수도 있다.[22] 공동체에 대한 정보를 단순화하거나, 특정 서사를 강요하거나, 데이터를 오해하는 행위는 회복적 측면에서 얻는 이익만 큼이나 큰 해를 끼칠 수 있다. 많은 학자와 공동체는 민족성, 정체성, 유산에 대한 유전학적 접근에 깊은 의구심을 품고 있으며, '인종'을 유전적 또는 생물학적 데이터로 환원하는 것은 인종차별적 태도를 지속시키고 강화할 수 있다고 지적한다.[23] 특히 인종에 대한 오해나 의사과학적 (pseudoscientific) 유전학적 정의가 널리 확산된 현상은 비판적으로 검토되어야 한다.[24] 비판적 학자들이 지적하듯, 유전학 데이터는 매우 강력하며 전체 공동체를 오독하거나 사람들이 자신의 과거를 인식하는 방식을 왜곡할 잠재력을 지니고 있다(이 문제는 3장에서 더 자세히 논의했다). 과거를 해석하고 이해하기 위해 DNA를 사용하는 것을 둘러싼 논란은 이 새로운 기술이 지닌 위험성과 함의를 명확하게 보여준다. 이런 맥락에서 유전학 데이터는 과거의 서사를 다시 구성하고 복원하며, 오래된 사건을 재조명하고, 정의를 회복하고, 기념하고, 추모하고, 중재하는 데 증거로 활용되고 있다. 유전학이 법률과 인권 담론 속으로 들어왔다는 사실은, 그것이 현재와 연결되는 역사적 증거의 한 형태로 매우 강력한 의미를 갖게 되었음을 뜻한다. 이러한 정보는 화해의 실천 속에서 윤리적 차원을 지닌다. 유전학적 정보는 옳든 그르든 과거를 이해하고 질서를 재편하는 데 사용되고 있다. 실제로 DNA 데이터의 오용과 문제적 해석은 정보와 증거를 읽고 해석하는 과정 자체에 내재한 윤리적 문제를 드러낸다. 누가 '말할 수 있는가'라는 질문은 점점 더 중요해지고 있다. 유전 정보는 결코 중립적으로 말하지 않으며, 오히려 그것이 '말하도록 만들어지는 방식'이 결코 중립적이지 않기 때문이다. 여러 측면에서 DNA 데이터는 참신하고 강력하며 객관적인 것처럼 보이지만, 다른 어떤 형태의 증거와 마찬가지로 가변적이고 문제적인 것으로 드러난다. 그럼에도 DNA가 사회적 태도와 인식 전반에 미치는 영향은, DNA가 증거로서 '더 큰 의미'를 지니게 만든다. 이는 기억이 구조화되고 이해되는 방식을 변화시킨다. 알론드라 넬슨은 이를 DNA의 '사회적 생명'이라 부르며, DNA가 사회의 여러 영역을 가로지르며 이동하고, 그 의미와 해석이 끊임없이 변형된다는 점을 지적한다.[25]

미제 사건

이 절에서는 범죄 수사 절차의 일부로 DNA가 사용되는 경우를 살펴본다. 여기서 유전학적 증거는 범죄와 가해자를 연결하거나, 과거의 DNA를 통해 개인을 식별하는 데 활용된다. 이러한 용례는 공적 상상 속에서 DNA의 가장 핵심적인 역할로 자리 잡아 왔으며, 증거로서의 유전학에 대한 일반적 이해를 형성하는 데 큰 영향을 미쳤다.[26] DNA 증거는 과거 범죄 사건의 가해자를 현재 밝혀내는 역할을 한다. 유전학적 정보는 이전에는 알 수 없었던 사실을 조사하는 수단이자, 과거로부터 제시되는 새로운 형태의 증거다. 이러한 과정은 정보의 가치에 대한 새로운 윤리적 논의를 열어줄 뿐 아니라, 법적·역사적 범주로서 '증거'의 개념을 새롭게 재구성한다. 유전계보학(genetic genealogy)에 대한 논의는 6장에서 자세히 살펴본다.

유전계보학과 범죄

유전학은 1980년대 초 영국과 미국에서 DNA 프로파일링(DNA 지문 분석)이 발전한 이후 범죄 수사에 활용되었다.[27] DNA 지문 분석은 "법의학 수사에 혁명을 일으켜" 완전히 새로운 수사 방식을 열었다.[28] 이는 시민을 이해하는 방식, 그리고 신체가 통제 수단으로 구성되고 활용되는 방식을 바라보는 시각에 중대한 변화를 가져왔다. 기술 발전에 따라 "DNA 샘플링을 뒷받침하는 법률은 법적 맥락에서 인간의 신체를 재구성하고, 그 친밀한 경계를 다시 그렸다."[29] 그 결과 유전학적 정체성은 강제적이며 피할 수 없는 것이 되었고, 국가는 이를 인구를 통제하고 호명하는 작업의 일부로 삼았다. 로빈 매키(Robin McKie)는 알렉 제프리스(Alec Jeffreys)의 기술 개발 25주년을 기념하며 〈옵저버〉에 이렇게 썼다. "DNA 지문은 개인의 움직임을 전례 없는 정확도로 추적할 수 있는 시민적 장치의 일부가 되었다."[30] 우리 모두 DNA를 통해 추적 가능한 존재가 되었다는 인식은 DNA가 감시 기술로 기능하고 있음을 보여준다. 우리가 원하든 원하지 않든, 우리는 가는 곳마다 우리 자신에 대한 증거를 남긴다. 적절한 조사를 통해 추적 가능한 DNA 흔적을 남기고 있다는 사실은 일상에 긴장감을 더할 뿐 아니라, 우리가 '나'라고 부르는 육체적 자아가 끊임없이 탈피하고 해체되고 있음을 일깨운다. DNA 증거의 복수성과 대중문화에서의 폭넓은 수용(이 문제는 아래에서 논의됨)은 사람들이 이런 방식으로 자신을 이해하는 데 이미 상당히 익숙해졌음을 시사한다.[31] 그러나 이는 범죄와 관련된 자아 개념에 대한 매우 현대적인 이해 방식이다. 1995년 O. J. 심슨 재판에서 검찰은 DNA 증거에 대한 대중의 이해 부족이 사건 입증을 크게 방해했다는 사실을 확인했다.[32] 반대로 최근에는 범죄 현장 분석과 수사에서 DNA 정보 활용이 지나치게 일상화되면서, 그러한 증거가 없을 경우 배심원들이 유죄 판결을 내리는 데 주저하는 상황도 발생하고 있다.[33] 따라서 유전학적 분석이 증거로서 행사하는 영향력은 사실 불과 지난 20여 년 사이에 형성된 현상이다.

세계에서 가장 큰 법 집행용 유전학 정보 데이터베이스는 영국의 국립 DNA 데이터베이스(UK National DNA Database)로, 약 640만 개의 개인 프로필과 범죄 현장에서 채취된 약 63만 개의 샘플을 보유하고 있다.[34] 이 데이터베이스는 80% 이상이 남성이며, 75%가 백인 유럽인이고, 영국 전체 인구의 약 9.5%를 포함한다. 이는 현재 진행 중인 사건과 미제 사건 모두에 활용되는 방대한 정보 아카이브다.[35] 형사 사건에서의 DNA 사용과 개인정보 보호, 그리고 그러한 정보의 보관을 둘러싸고 광범위한 윤리적 쟁점이 존재한다. 여기서 주목해야 할 점은 DNA 정보가 증거로 사용될 뿐 아니라 범죄의 더 큰 서사를 구성하는 일부로 기능한다는 사실이다. 유전학적 특이성과 유전물질을 특정할 수 있는 능력은 전체 인구 속에서 개인의 특수성을 식별하고 드러낸다. 이런 방식으로 DNA 정보는 범죄를 밝혀내고 법 집행에 기여하게 된다.

유전계보학 자원은 신원을 확인하지 못한 유해를 식별하는 데 꾸준히 활용되었다(위 참조).[36] 전문 계보학자들과 자원봉사자들은 수십 년 동안 신원이 밝혀지지 않은 시신을 확인하기 위해 경찰과 협력해왔다.[37] 이 과정에는 DNA 결과를 다양한 유전학 데이터베이스, 특히 게드매치 (GEDMatch) 데이터베이스와 비교하는 절차가 포함된다. 게드매치는 주요 상업용 데이터베이스에서 추출한 유전 정보를 사용자가 직접 업로드할 수 있는 무료 커뮤니티 기반 데이터베이스로, 데이터를 분석하고 조작할 수 있는 여러 도구를 제공한다. 'DNA 도(Doe) 프로젝트'는 게드매치의 DNA 데이터를 활용해 인간 유해의 신원을 처음으로 확인한 단체다. 이 프로젝트의 목표는 유전계보학을 통해 신원 미상의 시신을 식별하는 것이다. 연구자들은 게드매치를 주요 연구 도구로 사용하며, 일치하는 결과가 발견되면 가족 관계도를 구축해 실종자의 현대 가족을 찾아낸다. 이 프로젝트는 비교적 성공적이었고, 이후 법집행기관에서도 점점 더 자주 활용되고 있다. 연구팀은 전문 계보학자들로 구성되어 있지만, 프로젝트의 지속은 후원에 크게 의존하고 있다.

그러나 점점 더 많은 경찰 기관에서 유전계보학을 단순히 신원 미상의 유해를 확인하는 용도에 그치지 않고 미제 사건을 해결하는 수단으로 활용하고 있다. 2018년 4월 캘리포니아 경찰은 이른바 '골든 스테이트 킬러' 사건의 용의자를 체포했다고 발표했다. 이 남성은 1970년대와 1980년대에 여성들을 살해하고 성폭력을 행사했던 인물로 지목되었다. 이 사건은 경찰이 유전계보 사이트 '게드매치'를 활용하기로 결정하기 전까지 수십 년 동안 미제로 남아 있었다. 경찰은 범죄 현장 중 한 곳에서 채취한 DNA 프로필을 게드매치에 업로드했고, 여러 가능성 있는 가족 구성원과의 일치 결과를 확보했다. 그 단서를 바탕으로 경찰은 용의자와의 연관성을 추적했고, 특정 인물이 좁혀지자 추가 DNA 검사를 통해 일치 여부를 확인했다. 그 결과 한 남성이 체포되었고 사건은 법정으로 넘겨졌다. 이런 방식으로 해결된 미제 사건은 약 25건으로 추정되며, 그중 가장 유명한 사례가 바로 '골든 스테이트 킬러' 사건이다.[38] 윌리엄 탈보트 2세(William Talbott II)는 유전계보학을 활용한 사건에서 처음으로 유죄 판결을 받은 인물이다.[39] 사건의 종결은 피해자들에게 정의를 돌려주었고, 유가족들에게는 일종의 정서적 종결감을 제공했다. 유전계보 조사는 수사의 일부인 단서로 간주되며(탈보트 사건의 경우 변호인단이 이를 문제 삼지 않았다), 주로 강력범죄와 관련된 사건에서 가장 빈번히 활용된다. 또한 캐나다와 미국에서는 유기된 아기의 생모를 확인하는 용도로도 적용되고 있으며, 현재 여러 사건이 진행 중이다.

현재 유전계보학은 두 가지 접근 방식—기업 주도와 자원봉사자 주도—이 결합된 형태로 작동한다. 범죄 수사에서 커뮤니티 데이터베이스를 활용하는 것은 사생활에 대한 기존 개념에 도전하는 측면이 있다. 한편에는 자원봉사자들이 운영하는 'DNA 도 프로젝트'가 있고, 다른 한편에는 "DNA 증거에서 더 많은 것을 얻으라"는 홍보 문구를 내세우는 파라본 나노랩스(Parabon Nanolabs)가 있다.[40] 파라본은 유전계보학과 표현형 예측 등 다양한 DNA 관련 기술을 결합한 '스냅샷'(Snapshot)이라는 서비스를 제공한다. 그들의 마케팅 문구에 따르면, '스냅샷은 잘못된 단서를 쫓느라 시간과 돈을 낭비하지 않고 수사 단서를 생성하며, 용의자 목록을 좁히고, 미확인 유해 사건을 해결하는 데 이상적이다."[41] 파라본은 미국 전역에서 수백 건의 사건을 처리했으며, 2019년에는 69건의 범

인을 확인하는 데 성공했다.[42]

실제로 게드매치는 한동안 법집행기관의 핵심 자원으로 활용되었다. 이런 상황에 대응하여 게드매치는 2019년 6월 개인정보 보호 약관을 변경해, 사용자가 자신의 정보가 이런 방식으로 이용되는 것에 명시적으로 동의하도록 요구했다. FBI와 협력했던 패밀리트리DNA(Family-TreeDNA) 역시 2019년에 이와 관련해 사과한 뒤 개인정보 보호 설정을 수정했다.[43] 많은 사용자가 스스로 탈퇴하면서 즉시 수사에 사용할 수 있는 자원이 크게 줄어들었다. 그러나 이러한 방식으로 DNA를 활용한다는 개념은 여전히 법집행기관, 특히 국경 순찰대의 관심을 끌었다. 다른 많은 기술 기업과 마찬가지로 유전계보학 기관들 또한 법집행기관이 자신들의 정보를 활용할 수 있도록 허용하라는 압박에 직면했다.

가족사 정보와 연계된 유전학 데이터의 사용은 '장거리 가족 탐색'(long-range familial search)으로 알려져 있다.[44] 2018년에는 약 13건의 사건이 '장거리 가족 탐색'으로 해결되었으나, 이를 '적극적인 수사'에 활용하는 사례가 늘어나면서 이 접근법은 점차 '표준 수사 도구'가 될 것으로 보인다.[45] 이 접근법은 매우 강력하다. 적용될 수 있는 잠재적 인구 규모가 워낙 크기 때문에, 비교적 적은 표본(게드매치가 처음 활용되었을 때 약 100만 명의 사용자가 있었음)만으로도 수백만 명에 달하는 일치 항목을 생성할 수 있다. 일부 연구에 따르면 "유전학 데이터베이스가 대상 인구의 2%만 포함해도 거의 모든 사람에게 3촌 혈족 매칭을 제공할 수 있으며", 따라서 "이 기술은 가까운 미래에 거의 모든 유럽계 미국인을 특정할 수 있을 것"이라고 전망된다.[46] 많은 사람들은 "민주적 심의나 입법에 의해 마련된 것이 아니라, 사실상 우연적으로 국가적 규모의 DNA 데이터베이스가 구축되고 있다"는 점에 깊은 우려를 표했다.[47] 데이터베이스가 사실상 공개되어 있다는 점은 또 다른 문제를 낳는다. 용의자의 DNA를 업로드하면 그 정보가 수많은 사람들과 공유되기 때문에, 이는 "용의자의 헌법상 사생활 보호권을 침해한다"는 우려로 이어진다.[48] 비평가들은 이러한 "유전학 기반 수사 방식이 임의적이며 규제가 미비하다"고 지적한다.[49]

이는 개인정보 보호에 중대한 함의를 지니며, 과거에 대한 유전학적 이해 속에 '법'이라는 새로운 차원을 도입한다. 한편으로 유전계보학 정보는 하나의 데이터베이스로서 실용적 가치를 지니며, 새로운 수사 경로를 여는 데 활용된다. 법집행기관은 이전에는 고려되지 않았던 방식으로 데이터를 '읽는' 방법을 찾아내고 있는 것이다. 그러나 다른 한편에서는, 자신도 모르는 사이 살인 사건에 연루될 수 있는 여러 사람들과, 이러한 수사가 수반하는 다양한 프라이버시 및 절차적 문제를 충분히 고려하지 않은 채 유전계보학적 도구가 일종의 지름길처럼 사용되고 있다는 점도 문제로 지적된다.[50] 이런 흐름 속에서 신체를 개인적·종적·법적 정보를 저장하는 하나의 아카이브로 바라보는 새로운 윤리가 형성되고 있다.

온라인 유전학 데이터와 관련된 개인정보 보호 문제는 매우 복잡하다. 의료, 법률, 연구용 데이터베이스는 엄격한 규제를 받지만, 상업적 용도의 경우에는 그렇지 않다. DTC 유전자 검사 기업에 대한 일부 감독이 존재하긴 하지만, 시장이 점점 더 복잡하고 다양해지면서 "개인의 원래 유전학 데이터를 해석하거나 재해석하거나 자기 해석을 촉진하는 서비스만을 제공하는 기업"에 대한 규제는 거의 없는 실정이다.[51] 따라서 일부 작업에는 강력한 윤리 및 개인정보 보호 정책이 적용될 수 있지만, 신생 제공업체나 커뮤니티 그룹의 경우에는 규제가 미약하다. 이는 유명 범죄 사건 이후 여러 조직이 개인정보 보호 정책을 변경한 사례에서도 드러난다.[52] 법학자들이 지적하듯, 온라인 서비스와 체결되는 계약은 구속력이 매우 강하지만 정작 이용자들은 그 내용을 거의 이해하지 못한다.[53]

이러한 유전계보학의 활용에는 다양한 도덕적 차원이 얽혀 있다. 특정한 목적을 위해 수집된 정보가 범죄 수사의 일부로 사용되는 것은 개인정보 보호에 대한 현대적 개념을 시험하는 일이다.[54] 많은 사용자는 처음에 어떤 동의 절차도 거치지 않았음에도 자신의 데이터가 살인이나 강력범죄 수사에 사용되는 것을 대체로 용인하는 듯하다. 그러나 이러한 접근 방식이 결국 더 광범위하게 확장될 수 있다는 우려 또한 분명하다.[55] 예컨대 국경 순찰대나 특정 사건이 아닌 광범위한 프로파일링에 유전계보학이 활용될 경우, 그 도덕적 문제는 더욱 불분명해진다. 또한 적법 절차, 증거의 인정 가능성, 관할권, 해석을 둘러싼 중요한 우려도 뒤따른다.[56] 법집행기관이 이 도구를 사용할 때 나타나는 결과 중 하나는 '개입의 역전'이다. 경찰이 활용하는 DNA 데이터베이스가 주로 가족사를 연구하는 사람들의 샘플로 구성되어 있기 때문이다. 이 때문에 데이터는 대부분 '백인' 개인과 관련되어 있으며, 이는 "전통적인 법의학 데이터베이스에서 나타나는 인종적 불균형과는 반대되는 불균형"

을 낳는다.[57] 범죄 수사에 연루되는 데 인종이 핵심 요소로 작동해온 미국 사회에서, 이러한 상황이 지니는 아이러니를 여러 논평가가 지적했다.

가상의 미제 사건(콜드 케이스)

DNA 프로파일링은 공적 상상 속에서 유전학이 이해되는 방식을 크게 바꾸어놓았다. 특히 DNA를 '지문'에 비유하는 상징은 DNA가 각 개인에게 고유하며 신원을 식별하는 표식이라는 인식을 강화한다. 보이지 않는 것을 보이게 만들면서 DNA는 어느 정도 성격화되거나 의인화되기도 한다. 반대로, 공적 버전의 DNA 프로파일링은 급속히 확산되어왔으며, 스스로 신뢰성과 사용의 용이성이라는 이미지를 유지한다.[58] 현대의 다양한 범죄소설에서는 범죄 현장이나 범죄자에게서 DNA가 '오염'될 위험이 당연한 요소로 등장한다. 방진복 착용, 현장 세척 시도, 과학적 증거가 만들어내는 돌발적 수사 전환점 등은 모두 익숙한 장면이다. 특히 미국 드라마 〈CSI: 범죄현장수사대〉(CBS, 2000–2015)의 영향과 이른바 'CSI 효과'는 법의학, 그리고 특히 DNA 증거에 대한 공적 기대치를 크게 끌어올렸다. 이런 맥락에서 DNA 데이터는 과거 사건의 서사를 구성하는 증거로 사용된다. 어떤 의미에서 이는 유전 정보를 '역사적' 방식으로 활용하는 가장 단순한 사례라 할 수 있다. DNA 정보는 진실을 가리키고 잘못을 폭로하거나 드러내기 위해 호출된다. 앞서 살펴본 여러 사례와 마찬가지로 DNA는 과거 사건의 일부로서, 동시에 현재의 수사 속에서 작동한다.[59] DNA는 강하게 상상되고, 쉽게 관습적 장면으로 재현되며, 널리 인지된다. 이 경우 DNA는 비교적 직접적인 기능을 수행하며, 특정 사실을 입증하거나 반증하는 증거로 작동한다.

이러한 증거 기능은 미제 사건을 고려할 때 더욱 복잡해지고, 더 역사적 의미를 띠게 된다. 미제 사건이라는 개념은 이미 오랫동안 널리 알려졌다. 가장 널리 알려진 예로는 1888년에 발생한 연쇄살인 사건, 즉 메리 앤 니콜스, 애니 채프먼, 엘리자베스 스트라이드, 캐서린 에도우스, 메리 제인 켈리의 살해 사건을 들 수 있다('잭 더 리퍼' 사건으로 알려짐). 과거의 참혹한 사건을 되짚어 바로잡고, 시간을 거슬러 과거를 이해할 수 있다는 발상은 탐정소설의 근본 구조를 이룬다. 이언 랜킨(Ian Rankin)의 캐릭터 리버스(Rebus)가 깨닫듯, "탐정으로서 그는 늘 사람들의 과거 속에서 살았다. 자신이 도착하기 전에 저질러진 범죄들, 뒤져야 하는 증인들의 기억 속에서 말이다. 그는 역사학자가 되었고, 그 역할은 그의 개인 삶에도 스며들었다. 유령, 악몽, 메아리들."[60] 그러나 절차적 '유형'으로서의 미제 사건은 지난 20년 동안 훨씬 더 두드러지게 부상하면서 대중문화의 한 축을 형성했다. 이는 부분적으로 법과학 기술이 더욱 정교해졌기 때문이다. 미제 사건이라는 개념은 어느 정도 '포스트-게놈적 현대성'의 감각에 의존하는데, 이는 수사자가 당시 사건 관계자들이 결코 알 수 없었던 방식으로 과거를 이해할 수 있게 한다. 증거는 그때도 존재했고 종종 이미 수집되어 있었지만, 그 진실을 밝혀낼 만큼 정교하게 해석하거나 이해할 수는 없었다.

DNA에 대한 현대적 상상력, 특히 과거를 재해석하고 재구성하는 기능에서 미제 사건이 차지하는 중요성은 이러한 수사에 전념하는 TV

프로그램의 급증에서도 확인된다. 〈CSI: 범죄현장수사대〉는 과거 범죄를 현대적 기법으로 재조사하는 과정을 정형화한 스핀오프 시리즈 〈콜드 케이스〉(CBS, 2003 – 2010)를 낳았다. 새로운 법과학 증거로 인해 오래된 사건을 다시 들여다보게 되는 흐름은 〈콜드 스쿼드〉(Cold Squad, Canada TV, 1998 – 2005), 〈웨이킹 더 데드〉(Waking the Dead, BBC, 2000 – 2011), 〈뉴 트릭스〉(New Tricks, BBC, 2003 – 2015), 〈절대영도〉(Zettai Reido, 후지 TV, 2010 – 2011), 〈언포가튼〉(Unforgotten, ITV, 2015 –), 〈DNA〉(Nordisk, 2020) 등에서도 두드러진다. 이와 더불어 〈콜드 케이스 파일〉(Cold Case Files, A&E, 1999 – 2006; 넷플릭스, 2017), 〈콜드 저스티스〉(Cold Justice, TNT, 2013 – 2015; Oxygen, 2017 –), 〈솔브드〉(Solved, Investigation Discovery, 2008 – 2010), 〈더 저네틱 디텍티브〉(The Genetic Detective, ABC, 2020 –) 같은 실화 범죄 다큐멘터리 시리즈도 있다. 〈펨브룩셔 살인사건〉(The Pembrokeshire Murders, ITV, 2021)의 마지막 연설은 유전 정보가 과거 이해를 어떻게 바꾸는지를 극적으로 보여준다. "오늘의 판결은 모든 개인에게 보내는 경고다.… 그들이 무엇을 만지든, 그것은 결국 그들에게 불리한 증거가 될 것이다. 증거는 남는다. 증거는 잊지 않으며, 거짓말하지 않는다. 그리고 그것을 찾으려는 의지가 있는 이에게는 언제든 발견될 것이다."[61] 데이터는 숨어 있으며, 발견되기를 기다리고 있고, 발견되는 순간 현대 세계를 바꿔놓을 힘을 지닌다. 앞서 살펴보았듯 유전계보학은 이미 여러 미제 사건 수사에 활용되었으며, 일부는 성과를 거두었고 일부는 윤리적 논란을 낳았다. 범죄 현장에서 채취한 DNA를 유전학 데이터베이스와 대조해 새로운 단서를 찾는 방식은 수사의 범위를 확장하는 방법이다. 이 방식은 유전적 가족사를 경찰 절차와 직접 연결함으로써 '역사적' DNA의 가치를 높인다. 〈더 제네틱 디텍티브〉는 이러한 새로운 방식을 보여주는 대표적 사례로, 유전계보학자 시시 무어(CeCe Moore)가 유전계보 기법을 활용해 미제 사건을 조사하는 과정을 다룬다. 이 프로그램에서 미제 사건이라는 장르는 가족사 연구와 유전 기반 수사가 직접 결합되는 형태로 제시된다.

법과학 기술과 미제 사건에 대한 관심의 급증은 범죄소설에서도 뚜렷하게 나타난다. 1990년 패트리샤 콘웰(Patricia Cornwell)의 영향력 있는 소설 《법의관》(랜덤하우스, 2010)은 탐정이 아니라 법의학 병리학자인 케이 스카페타(Kay Scarpetta)를 주인공으로 내세웠다. 《법의관》은 전통적 탐정 기법 없이 법과학적 조사만으로도 범죄를 해결할 수 있다는 전제 위에서 전개된다. 이 소설은 또 혁신적 수사 방식과 새로운 유전 기술을 결합한 DNA 프로파일링을 공적 상상 속으로 도입한 작품이었다. DNA는 이제 표준 수사 기법이 되었고, 범죄 현장을 더 정밀하게 해석할 수 있게 하여 범죄자들로 하여금 더욱 신중하게 행동하도록 만든다. 지난 10여 년간 가장 널리 읽힌 범죄소설 작가 중 한 명인 밸 맥더미드(Val Mc-Dermid)는 미제 사건 담당 형사 카렌 피어리(Karen Pirie)가 등장하는 시리즈(2003 –)를 집필하고 있다. 피어리는 결국 스코틀랜드 경찰의 역사적 사건 전담반 책임자가 되는데, 이는 미제 사건 수사가 경찰 조직 내에서 제도화되었음을 보여준다. 맥더미드의 시리즈 가운데 《아웃 오브 바운즈》(Out of Bounds, 2016)는 DNA 증거가 치안 활동에 미치는 영향뿐 아니라, 유전 정보가 가족에게 가져올 수 있는 문제를 세심하게 드러낸다. 《아웃 오브 바운즈》는 DNA를 중심으로 연결된 두 개의 이야기를 병렬로 전개한다. 하나는 미제 사건에 새로운 단서를 제공하는 DNA이고, 다른 하나는 값싼 상업적 유전자 검사로 얻어진 새로운 정보에 의존하는 서사다. 피해자 중 한 명은 상업적 유전자 검사를 통해 직계 가족에 관한 충격적 사실을 알기 직전 살해된다. 두 사건 모두 DNA 정부가 개입하면서 해결의 실마리가 드러난다. 살인범은 재킷에서 발견된 DNA 잔여물로 추적되며, 소설 속 인물은 "요즘 같으면 누구나 기본적인 법과학 상식 정도는 갖고 있을 줄 알지"(479쪽)라고 말한다.《아웃 오브 바운즈》는 DNA 프로파일링이 경찰 업무와 공적 상상 속에 얼마나 깊이 자리 잡았는지를 보여줄 뿐 아니라, 수십 년 동안 미제로 남은 사건이 해결되는 방식을 극적으로 제시한다. 홍보 문구에서 "해답을 찾는 일은 단순해 보이지만 DNA 나선 구조만큼이나 뒤틀려 있다"(뒷표지)라고 표현한 것처럼, 소설은 이중 이야기 구조, 인물의 이중 제시, 부모의 뒤바뀜 등 DNA의 구조적 속성을 서사 속에서 적극적으로 활용한다. 이는 5장에서 논의되는 여러 텍스트와 유사한 전략으로, 유전 구조의 복잡성을 성찰하게 하면서 유전 지식을 서사의 핵심 요소로 배치한다. 서문에서 논의한 아르날두르 인드리다손의 소설《저주받은 피》와 마찬가지로《아웃 오브 바운즈》는 확장된 유전 지식이 불러일으키는 결과를 탐색한다. 두 작품 모두 현대 사회의 불안을 반영하며, 다루는 범죄는 특정한 역사적 조건 속에서 형성된다. 피어리는 기술이 존재했다면 과거의 범죄가 해결될 수 있었을지도 모른다는 사실을 인식하며 "그녀의 살해범을 잡을 수 있었던 그 증거는 당시 그들에겐 존재하지 않았다"고 말한다.[62]

2000년 이후 미제 사건 수사에 대한 관심이 급증한 것은 법과학 수사의 **빠른** 확장과 발전, 그리고 HGP의 완료와 시기를 같이한다. 이러한 프로그램들은 우리가 이제 폭력 범죄를 이해할 기술을 갖추었으며, 과거의 사건 또한 더 명확하게 파악할 능력을 지니게 되었음을 시사한다. 이 드라마들과 그 사이에 놓인 소설들은 DNA가 탐지 도구로 기능한다는 공적 '진실'을 강화하며, 오랫동안 묻혀 있던 비밀, 즉 과거에는 결코 알 수 없었던 것들을 드러내는 역할을 한다. 이 시리즈들은 현대 과학이 과거의 수사 방식과는 전혀 다른 방식으로 신체를 해석한다는 점에서, 유전 이전과 이후의 현대성을 이해하도록 돕는다. 여기서 DNA는 역사적 망원경처럼 작동하여 과거와 현재 사이에 하나의 연속체를 제공한다. DNA는 과거와 현재 모두에서 '살아 있으며', 현재의 DNA 물질은 과거에 대한 우리의 이해를 다시 변화시킨다.

개인정보 보호 및 데이터 수집

증거를 수집하는 방식에는 접근, 정당화, 보관을 중심으로 한 윤리적 차원이 존재한다. 인체 조직이나 인체 유래물을 사용하는 모든 연구는 이러한 윤리적 거버넌스의 적용을 받으며, 이는 국내 및 국제 법제에 따라 감독된다. 실제로 DNA 증거의 수집과 유통은 다른 많은 종류의 증거보다 훨씬 촘촘한 법적 감독을 받기 때문에, 이러한 정보는 해석되기 훨씬 이전부터 윤리·함의·합법성이라는 여러 연결망 속에서 다뤄지게 된다. 상업적 유전자 검사가 폭발적으로 증가하기 전까지 거의 모든 DNA 증거는 어떤 방식으로든 윤리적 틀 안에서 수집되었다. 모든 과학적 수집은 윤리적 감독의 대상이 되며, 상업적 수집 또한 일정 부분 다양한 개인정보 보호 규정의 통제를 받는다.[63] 여기에 적용되는 맥락은 매우 다양하다. 과학의 각 분야와 지역은 각각 고유한 윤리적·법적 규칙을 갖고 있기 때문이다.[64] 그러나 대체로 인간 유전자 물질의 수집과 해석은 어떤 형태로든 윤리 지침의 감독 아래 이루어져왔다고 할 수 있다. 이러한 지침은 유네스코(국제생명윤리위원회), 유럽연합, 각국 정부 등 다양한 기관의 규범을 해석하거나 이행하는 방식으로 마련되었다. 대표적 기관으로는 영국 너필드생명윤리위원회(1991 –), 미국 대통령생명윤리문제연구위원회(2009 –), 독일 윤리위원회(2008 –) 등이 있다. 이러한 윤리적 경계를 벗어난 연구는 극히 드물다. 예컨대 크리스퍼 기술을 사용해 인간 쌍둥이를 '편집'했다고 주장한 허젠쿠이(He Jiankui)의 사례가 그러하며, 이 연구는 국제 가이드라인을 무시했다는 이유로 강한 비판을 받았다.[65] 따라서 생성된 대부분의 유전 정보는 윤리적 감독 체계 속에서 개발되었다는 점에서, 일종의 '보이지 않는' 윤리적 차원을 갖는다(아래의 네안데르탈인 DNA 논의 참조).

2019년 10월 프랑스 국회에서는 조상 DNA 검사와 관련한 법률 개정안이 부결되었다. 실제로 국회는 여가용 유전자 검사를 적극적으로 억제하기 위한 조치를 한층 강화했다. "국민의회는 법을 더욱 엄격하게 했다. '레크리에이션용' 유전자 검사에 대한 광고를 공식적으로 금지하는 특정 개정안이 채택되었다."[66] 이는 프랑스에서 광범위한 DNA 검사에 지속적으로 저항해온 오랜 흐름의 일부다. 독일의 관련 법률은 보다 모호하지만, 2009년 제정된 DNA 검사법은 DTC 유전자 검사를 억제하는 방향으로 작용하는 것으로 보인다. 여러 DTC 유전자 검사 기업이 독일에서 활동하고 있음에도, 세계 최대 규모의 기업인 앤세스트리(Ancestry)는 아직 그 시장으로까지 확장하지 않은 것으로 보인다. 전 세계 국가들은 서로 다른 규정을 갖고 있기 때문에 기업들은 이에 맞추어 운영 방식을 조정해야 한다. 법적 측면에서는 이러한 산업 활동의 속도가 이미 매우 빠르게 전개되고 있어, 각국 정부가 그 속도를 따라가는 데 어려움을 겪고 있는 실정이다.[67]

DNA 관련 거버넌스는 시장에서 벌어지는 급격한 변화에 충분히 빠르게 대응하지 못하고 있다. 특히 '여가용' 유전자 검사를 제공하는 기업의 수가 매우 빠른 속도로 증가하면서, 이러한 규제 체계는 점점 그 속도를 따라가기 어려워지고 있다.[68] 현재 약 300개 회사가 어떤 형태로든 유전자 검사를 제공하고 있으며, 이들의 제품은 점점 더 복잡해지고 있다. 예컨대 조상 정보와 건강 정보를 함께 제공하거나, 두 가지를 결합한 패키지를 판매하는 식이다. 이들 기업은 건강, 식습관, 다양한 유형의 조상 정보, 친자 관계, 운동 능력, 재능(적성과 지능)에 관한 검사를 제공한다. 일부 회사는 불륜 여부를 확인해준다고 광고하며, 당사자가 모르는 사이에 시료를 채취하도록 부추기기도 한다. 잠재적 파트너와의 '궁합'을 알려준다고 홍보하는 회사도 있다. 이들 기업 상당수는 미국이나 영국 등 특정 지역에 기반을 두지만, 대개 전 세계 어디에서든 그들의 서비스에 접근할 수 있다. 이러한 검사 회사들은 자신의 DNA를 이해함으로써 자신을 더 온전히 '알 수 있다'는 폭넓은 인식을 형성하는데 기여한다(6장 참조). 여기에는 생물학적 정밀성, 어떤 것이 '드러난다'는 감각, 유전적 자아가 접근 가능하고 이해 가능하다는 새로운 인식이 함께 작용한다. 개인의 미시적 측면을 더 많이 알수록 세계를 더 잘 헤쳐나갈 수 있다는 생각이 자리 잡는다. '새로운 인간'을 이루는 연결망은 유전적 대물림과 새로운 정보가 복잡하게 상호작용하는 구조다. 이 기업들은 인간이 무엇일 수 있는지, 그리고 인간을 어떻게 알 수 있는지에 관한 일종의 진화 과정에 참여하고 있다. 우리의 건강, 조상, 능력, 가족적 연결성, 취향은 모두 이해 가능하며 서로 긴밀하게 얽혀 있다. DNA 개인 데이터에 담긴 조상과 민족성에 관한 역사적 정보는 유전적 자아에 대한 '현대적' 이해 속으로 포개진다. DNA가 제공하는 개인적 증거의 연쇄 속에서, 역사적 조상 정보와 현대의 건강 정보는 한 층위 위에서 서로 결합된다.

미제 사건 해결에 유전계보학이 활용되는 일은 계보 DNA 데이터베이스 확대에서 나타나는 가장 도전적이며 기이한 측면 중 하나다. 이는 전혀 예상하지 않은 용도였으며, 바로 이 점 때문에 이러한 방식으로 DNA 정보를 수집하고 저장하는 문제에 더 많은 비판적 의문이 제기된다. DNA 데이터베이스가 급속히 확대되고 그로부터 유추할 수 있는 정보의 범위가 빠르게 증가하면서, 관련 법률은 이를 따라가지 못하고 있고 그 결과 정보가 비윤리적으로 사용될 가능성도 생겼다. 또한 이렇게 짧은 기간 안에 지식이 급격하게 변화한 상황에서는 데이터베이스 확장의 의미가 이제야 제대로 이해되기 시작했다. 유전계보학의 활용은 DNA가 '증거'로 여겨지는 방식을 비틀기 시작한다. 법적 담론이 과학과 유산 개념과 얽히면서, 유전계보학은 발견을 통해 해결로 이어지는 과정—일종의 진실을 향한 움직임—의 일부가 된다. 여기서 중요한 점은,

데이터 사용을 둘러싼 도덕적·윤리적 논의와, 유전적 수단을 통해 과거를 서술하고 이해하려는 더 넓은 윤리적 접근을 구별하는 일이다. 과거 사건과 범죄를 조사하기 위해 유전 자료를 증거로 사용하거나 증거 수집에 이용하는 행위는 DNA의 '역사적 윤리'를 전면에 드러낸다.[69] 법집행기관이 유전계보학을 끌어다 쓰는 현상은, 유전 정보를 증거로 생성·활용하는 역사적 실천이 여전히 자신의 윤리적 위치를 성찰해야 한다는 사실을 보여준다. 여기서 유전 정보는 증거로서 여러 의미를 지닐 수 있으며, 다양한 맥락에서 서로 다르게 해석될 수 있음이 드러난다.

　가장 중요한 윤리적 문제는 개인정보 보호이며, 새로운 유전 지식이 전혀 무관한 개인들까지 수사 과정으로 끌어들일 수 있다는 점과 관련된다. 자신의 '데이터'가 다른 기관에 의해 활용되거나 조작될 것이라고는 전혀 예상하지 못했던 수백만 명의 이용자들은, 자신에 관해 생성된 정보와 자신이 보유한 타인에 관한 정보가 지니는 프라이버시와 그 함의를 다시 숙고해야 했다. 이들은 자신의 활동과 실천이 윤리적 차원을 지니며, 자신과 타인 모두에게 영향을 미친다는 사실을 인정하지 않을 수 없었다. 두 번째 윤리적 문제는, 애초에 다른 목적으로 만들어진 정보를 전혀 다른 종류의 이야기—예컨대 범죄 수사를 구성하는 이야기—로 재배치하는 일과 관련된다. 역사적 데이터는 고정되어 있지 않으며, 특정 맥락이나 목적(범죄 수사 등)에 따라 정보가 조직되고 배열되는 방식은 이를 명확히 보여준다. 범죄 수사를 위해 유전 정보를 오용하는 일은, 각 새로운 해석이 지닌 이데올로기적 틀을 적나라하게 드러낸다. 또 다른 윤리적 문제는 정보의 사용과 보관에 관한 것이다. '윤리적 아카이브'라는 것은 존재하지 않기 때문에, 사용자는 과거와 관련된 정보를 수집하고 보관하며 조작하는 일이 결국 하나의 이데올로기적 행위임을 다시금 인식하게 된다.

더 나아가, 앞서 설명한 맥락에서 유전적 역사는 죽은 이들을 인식하게 하고, 우리가 그들과 맺고 있는 관계와 의무를 자각하게 만든다.[70] 이러한 만남은 주로 우리보다 앞서 살았던 이들과의 유전적 연결을 통해 이루어지지만, 우리의 DNA가 개입함으로써 누군가에게 정의를 부여할 수 있는 가능성을 통해서도 성립한다. 미제 사건, 역사적 조사, 신원 확인과 같은 사례에서 우리는 윤리적 책임을 지닌 '타자'와의 직접적 연결을 확인하게 된다. 이처럼 DNA는 현재의 자아를 과거 수십억 명의 사람들과 연결하며, 그 과거를 '말하는' 행위가 언제나 윤리적 타협을 수반한다는 사실을 깨닫게 한다. 그러나 그 과거를 말하지 않는 것은 훨씬 더 큰 문제이므로, 우리가 죽은 이들에게 지닌 책임을 어떻게 조율할 것인지가 핵심 과제가 된다.

탈멸종과 근대성의 윤리

2013년 3월 15일, 교육 미디어 단체 TED는 내셔널 지오그래픽 협회와 협력해 "부활과 복원"(Revive and Restore)이라는 타이틀의 행사를 생중계했다.[71] 전 세계 11,000명이 탈멸종이라고도 불리는 부활생물학 혹은 탈멸종의 가능성과 타당성에 대해 참가자들이 토론하는 모습을 지켜보았다. 이 행사에 참여한 베스 샤피로는 이렇게 회상했다. "탈멸종을 지지하는 우리는… 탈멸종이 보존 공동체가 현대의 멸종에 대응하기 위해 기존에 보유한 방어 메커니즘에 더할 수 있는 하나의 도구가 되기를 바랐다."[72] 탈멸종은 역사학자들에게 유전학이 세계를 바라보고 생물학적 삶을 시간 속에서 개념화하는 방식을 이해하고 그에 관여할 것을 요구한다. 이 과정에서 유전학자들은 과거에 접근하는 방식을 큐레이션하고, 과거를 현재 속에 다시 새겨 넣는 복원적이면서도 수정주의적 역사학자의 역할을 맡게 된다. 이러한 개념은 새로운 연구 대상을 도입할 뿐 아니라, 과거에 접근하고 이해하는 방식이 변화함에 따라 역사학의 실천 자체를 재구성한다. 분명 탈멸종은 유전학의 개입을 통해 현대 세계가 과거의 생명체와 직접적으로 '만날' 수 있는 통로를 제공하는 듯 보인다. 그러나 이는 문제가 없는 접근이 아니며, 이 절은 이러한 유전학적 시간 여행의 가능성이 역사적 상상력에 어떤 함의를 지니는지 살펴보면서 앞에서의 윤리 논의를 이어간다.

탈멸종

탈멸종(de-extinction)을 향한 움직임은 지난 20년 동안 이루어진 게놈학의 발전에 힘입어 추진되어왔다.[73] 유전학 연구는 한때 존재했지만 지금은 사라진 생명체의 복제된 버전을 다시 도입하는 일을 가능하게 한다. 탈멸종에는 선택적 역교배, 복제, 게놈 공학 등 몇 가지 방식이 제안되었다. 지난 10년 동안 기술적 진보, 특히 게놈 생물학의 발전에 힘입어 가장 널리 논의된 방식은 유전공학을 활용한 접근이다.

박물관 표본에서 추출한 고DNA—과거에는 활용할 수 없는 물질로 여겨졌던 것—를 이용해, 과학자들은 이제 멸종된 생물의 게놈을 염기서열 분석할 수 있게 되었다. 더 나아가 가까운 종의 DNA를 '편집'함으로써, 멸종된 형태와 매우 유사한 유전적 청사진을 만들어낼 수도 있다.[74]

보전 네트워크이자 세계적 연구 주도 기관인 리바이브 앤드 리스토어(Revive & Restore)는 이 분야를 "생명공학에 기반한 유전적 구조조정의 신흥 영역"이라 규정하며, 이는 "생태 복원 능력을 확장한다"고 설명한다.[75] 태즈메이니아호랑이부터 털매머드까지 다양한 생물을 대상으로 한 여러 연구가 진행되고 있다.[76] 스페인의 한 연구팀은 폐 질환으로 죽은 스페인 아이벡스를 복제하는 데 성공했다.[77] 이들 생물 대부분은 인간 활동으로 멸종된 종들이기 때문에(예컨대 태즈메이니아호랑이는 1930년대 사냥으로 멸종했다), 이러한 종을 다시 도입하는 일이 복원이자 동시에 보전에도 기여할 수 있다는 제안이 제기되었다. 탈멸종을 지지하는 이들은 이러한 개입이 "사라진 생태학적 기능을 회복하고 생태계의 다양성을 강화할 것"이라고 주장한다.[78]

네안데르탈인이나 데니소바인과 같은 고인류를 대상으로 한 현재의 연구는, 현대 DNA 연구가 지닌 도덕적·윤리적 경계를 선명하게 드러낸다.[79] 네안데르탈인을 복제하는 문제를 둘러싼 이론적 논의가 일부 존재하긴 하지만, 이 분야에서 실제로 진지하게 추진되는 연구는 없다.[80] 그러나 고DNA를 현대적 맥락에서 활용하는 새로운 연구들은 또 다른 형태의 '재가동'(reanimation) 모델을 제시한다. 이런 연구에는 크리스퍼 기술과 인간 줄기세포를 이용해 네안데르탈인 뇌 오가노이드를 생성하는 기술 개발도 포함된다.[81] 오가노이드는 체외에서 생성된 단순한 3차원 세포 구조물이며, 네안데르탈인 유전자를 인간 다능성 줄기세포에 결합하면 고인류의 뇌 조직과 유사한 무언가를 만들어낼 수 있다. 이렇게 생성된 조직과 인간 뇌 발달 사이의 차이를 살펴보는 작업은 인간, 그리고 더 나아가 영장류의 뇌 진화 과정을 이해하는 데 기여할 수 있다. 그러나 이러한 연구는 인간 뇌 발달 이해에 도움을 주는 동시에, 생성되는 물질의 성격, 그 물질이 인간 진화를 이해하는 데 사용되는 방식, 그리고 오래전에 멸종한 종의 조직을 만들어내는 과정에서 작동하는 복잡한 권력관계 등 심각한 윤리적 우려를 불러일으킨다.[82] 인간 질병의 치료법을 찾기 위해 네안데르탈인 세포에서 유래한 조직을 만드는 일은 도덕적으로 매우 복잡하다. 고인류를 수익성 있는 유전 정보의 저장소로 취급하는 이러한 접근은 생물식민주의로 간주될 수 있으며, 이는 과거 원주민 집단의 유전물질이 활용되던 방식과 뚜렷한 연관을 갖는다 (3장 참조). 비록 이런 의학적 분석이 특정 장기만을 대상으로 한다고 하더라도, 네안데르탈인의 탈멸종은 생각보다 그리 먼 미래의 일이 아닐지도 모른다.[83]

이러한 사례들이 보여주듯, 탈멸종 연구에는 다양한 윤리적 쟁점과—말할 것도 없이—실행상의 문제가 뒤따른다. 무엇보다 그것이 바람직한지, 또 가능한지 검토하기에 앞서 이미 사회적 집단을 이루지 않는 종을 다시 도입하는 행위는 새로 만들어진 개체에게 심각한 어려움을 초래할 수 있다. 기존 개체군을 위협할 위험이 있으며, 질병 발생이나 예기치 못한 다른 문제들이 뒤따를 수도 있다.[84] 비평가들은 탈멸종이 현재 살아 있는 생명체를 보호하는 데 훨씬 더 효과적으로 사용될 수 있는 자원을 낭비한다고 지적한다. 또한 인간이 초래한 결과를 되돌리려는 도덕적 주장보다, 지금 진행 중인 멸종을 막는 일이 더 시급하다고 말한다. 더 나아가 원래의 서식지는 인간의 개입, 산업화, 기후 변화로 인해 이미 붕괴하거나 크게 변형되었을 가능성이 높다는 점도 문제로 제기된다.[85] 이런 상황은 인류세에 산다는 것의 역사적 역설을 단적으로 드러낸다. 인간의 개입은 지구를 근본적으로 변화시켰으며, 그 결과 한때 존재했으나 오래전에 사라진 생물들조차 이제는 그 멸종 이후 형성된 새로운 시간적 조건 속에서 다시 위치 지워진다. 다시 말해, 그들이 사라진 이후 지구는 이미 다른 세계가 되어버렸다. 탈식민주의 비평가들은 이러한 담론이 근대성과 보다 단순하고 토착적이며 '원시적'으로 상상된 과거를 이분법적으로 대비시키는 구도를 강화하며, 그 과정에서 현대의 원주민성 개념을 약화시키는 파괴적 효과를 낳는다고 비판한다. 오가노이드 연구의 도덕성은 이미 광범위하게 논의되어왔지만, 여기에 새로운 종을 다시 도입하는 문제까지 더해지면 동의, 인간 정체성, 권력, 도덕성에 관한 또 다른 층위의 윤리적 문제들이 발생한다.[86] 네안데르탈인을 복제하는 문제는 그들을 어떤 범주의 인간으로 간주할 것인지, 나아가 그들에게 어떠한 권리를 부여해야 하는지라는 질문을 불가피하게 제기한다. 실험실에서 네안데르탈인 DNA를 다루는 행위는, 대개 매장지에서 확보한 조직 샘플을 사용할 때 함께 수반되는 권력관계를 더욱 선명하게 드러낸다.

　　한편 이 분야의 많은 연구자들은 기후 재앙의 상황 속에서 탈멸종이 중대하고 시급한 기여를 할 수 있다고 주장한다. 털매머드 탈멸종을 연구하는 하버드대학 팀의 책임자 조지 처치(George Church)는 널리 인용된 발언에서 이러한 과정이 지구 온난화와의 싸움에 도움이 될 것이라고 말한 바 있다. 그의 설명에 따르면 "털매머드는 눈을 뚫어 차가운 공기가 지면에 스며들게 함으로써 툰드라의 해빙을 막고, 여름에는 나무를 쓰러뜨려 풀이 자랄 수 있게 돕는다."[87] 탈멸종 담론은 종의 최초 박멸에 인간이 관여했다는 사실을 보상하려는, 매우 인간 중심적인 윤리를 자주 호출한다. 이는 우리가 새롭게 얻게 된 유전학적 지식과 기술적 전문성을 통해 역사적 잘못을 바로잡고, 조상이 저지른 파괴적 행위를 일종의 속죄 형태로 되돌리려는 시도로 이해될 수 있다.[88] 탈멸종을 둘러싼 이러한 사고방식은 불과 20년 전만 해도 현실적으로 상상하기 어려웠다. 보전을 사유하는 새로운 접근으로 등장한 탈멸종은 우리에게 "만약?"이라는 질문을 던지며, 인간이 지구 생태계에 개입하는 방식을 다시 성찰하도록 만든다. 동시에 이는 유전학이 역사화된 근대성의 한 방식으로 작동하고 있음을 보여준다. 우리는 이제 유전학의 발전을 바탕으로 재창조와 부활의 가능성을 탐색할 만큼 충분한 기술적 수준에 도달했다. 유전학은 과거를 현재에 다시 새겨 넣는 시간적 장치이자 하나의 시간 여행 기술처럼 기능한다.[89] 유전학자는 과거의 어떤 존재를 오늘의 순간 속에 물리적으로 다시 현현시키는 인물이 된다. 탈멸종을 둘러싼 논쟁 자체가 이미 우리로 하여금 이러한 형상을 상상하도록 만든다.

기후 비상사태가 다양한 문화적 사고에 미치는 영향은 인간과 과거를 새롭게 사유하게 만들었다. 학자들은 점점 더 중기 지속성, 초국적 차원, 새로운 존재론, 그리고 시간과 연대를 통해 경험되는 '근대성'의 붕괴에 관심을 기울이고 있다. 와이 치 디목(Wai Chee Dimock)은 "느리게 움직이는 역사"를 논하며 페르디난드 브라우델(Fercinand Braudel)을 인용해, "깊은 시간"을 고려할 때 예술과 문화, 정체성에 대한 사유가 근본적으로 달라질 수 있다고 주장한다.[90] '깊은 시간'은 시대화, 시간, 국가성, 존재론의 문제가 인간의 본질과 '역사'를 사유하는 우리의 틀과 어떻게 맞물려 있는지를 다시 검토하도록 도전한다. 더 근본적으로, 차크라바티는 기후 변화가 제시하는 압도적 증거를 바탕으로 '종적 사고'로의 전환을 촉구해왔다. 그의 비관적 진단에 따르면, 인류는 이제 "지질학적 의미에서 하나의 자연적 힘"이 되어버렸다.[91] 인류세의 도래는 '자연사'와 '인간사'의 경계를 붕괴시켰다. "인간사와 자연사 사이의 벽이 무너졌다"(221쪽). 실제로 인류세라는 용어와 시대 구분이 폭넓게 수용되면서, 많은 인문학자는 기후 재앙이라는 조건 속에서 비평의 가치를 다시 성찰하게 되었다. 폴 길로이가 유전학의 전개에 따라 '새로운 휴머니즘'을 요구했다면, 기후 변화가 인문학적 사고에 미친 영향은 '종적 사고'로의 전환을 촉구하는 흐름으로 나타난다. '종적 사고'는 '깊은 시간'과 마찬가지로 인문학자로 하여금 '초시간성'을 사유하고 "비인간적 맥락… 그리고 초역사적 시간의 틀"을 상상하도록 요구한다.[92] 이런 맥락에서 탈멸종은 DNA를 '시간 밖의 것', 즉 시간적 제약을 벗어난 무엇으로 상상하게 만드는 방식이다. 이 실천은 유전적 조작을 통해 인간의 시간 자체를 붕괴시키려는 시도다. 이런 상상 속에서 DNA는 어떠한 맥락에도 속하지 않은 채, 연대기의 한 지점에서 다른 지점으로 옮겨질 수 있는 존재로 여겨진다. 서식지가 이미 사라진 세계에 동물을 다시 들여놓는 윤리를 둘러싼 논쟁은 치열하지만, DNA가 시간성 바깥에 존재한다는 이 핵심적 관념은 거의 논의되지 않는다. DNA는 시간성—적어도 인간이 경험하는 시간성—을 벗어나 있는 것으로 간주된다. 종의 부활을 통한 재야생의 가능성은 인간의 시간성을 거부하고 우리의 파괴적 근대성에 도전하는 방식을 유전적으로 설계할 수 있음을 시사한다. 종의 재도입은 선사적 어떤 것의 '귀환'을 가능하게 하고, 역사에서 지워졌던 무엇인가가 다시 시간성 속으로 돌아오게 만든다. 지금까지 부재했던 존재가 유전학적 개입을 통해 재도입되면서 세계는 재구성된다. 이는 현재의 생태적 재앙에 대한 현대인의 죄책감과 수치심이 뒤섞인 일종의 향수를 암시한다.

쥬라기 공원

이러한 사유를 더욱 확장하기 위한 사례 연구로, 나는 이제 영화 〈쥬라기 공원〉 시리즈(1997-2019)를 살펴보고자 한다. 이 영화들은 탈멸종과 유전공학의 윤리를 둘러싼 논쟁을 극적으로 재현하며, 과거를 하나의 상품으로 전유하는 방식에 대한 문제를 제기하고 DNA 기술이 현대 세계에 미치는 영향에 대한 지속적 관심을 반영한다. 영화 속에서 창조된 공룡들은 근대성의 구조를 와해시키고, 인간이 시간성을 정의하는 방식을 뒤흔든다. 그들은 선사시대의 존재지만 현대에 출현하며, 그 존재 자체가 DNA의 낯설고 도전적인 시간성을 암시한다.

마이클 크라이튼(Michael Crichton)의 1990년 소설 《쥬라기 공원》은 탈멸종이 함축하는 윤리적·기술적 난제를 미리 탐색하는 작품이다.[93] 소설에서 유전학자들은 호박 속에 보존된 혈액에서 DNA를 추출해 여러 공룡을 복제한다. 그러나 DNA가 완전하지 않기 때문에 복제된 개체들은 온전한 형태가 아니며, 결손된 부분은 개구리 DNA로 대체된다. 그 결과 이 생명체들은 실제로는 '복원된' 것이 아니라 완전히 새롭게 창조된 존재들이다. 이들은 개구리의 유전적 특성 일부를 이어받아 그중 하나인 성전환 능력을 활용할 수 있고, 이는 결국 스스로 번식할 수 있음을 의미한다. 애초 이 프로젝트의 목표는 교육적 목적이었으나, 곧 새로 만들어진 생명체와 기술이 지닌 재정적·군사적 응용 가능성이 더욱 중요하게 부상한다. 복제된 생명체들은 섬으로 이루어진 사파리 공원에 배치되고, 관람객들은 이 경이로운 존재들을 바라보는 경험을 통해 '더 나은 인간'이 될 수 있으리라는 기대를 품는다. 그러나 곧 공룡들은 공원을 파괴하며 난동을 일으키고, 인간을 먹잇감으로 뒤쫓기 시작한다.

이 소설을 영화화한 첫 번째 작품은 큰 성공을 거두었고, 1993년부터 2020년까지 총 여섯 편의 장편 영화 프랜차이즈로 이어졌다(CGI 애니메이션 시리즈도 예정되어 있다). 이 영화들은 1993-2001년, 그리고 2015-2020년 두 시기에 걸쳐 제작되었는데, 이는 각각 고DNA와 탈멸종을 둘러싼 유전학적 혁신과 공적 관심이 고조되었던 시기와 맞물린다. 시리즈는 과거를 상품화하는 사고방식을 비판적으로 탐색하며, DNA 기술이 현대 세계에 미치는 영향에 대한 우려를 반영한다. 초기 〈쥬라기 공원〉 3부작은 복제와 동물원, 생명 관리의 윤리를 둘러싼 논쟁을 전면에 내세우며, 고DNA를 통해 새로운 생명을 창조할 가능성을 실험적으로 상상한다. 반면 최근의 〈쥬라기 월드〉 시리즈는 DNA 기술의 변화를 반영해 유전공학, 재야생, 종의 혼종화가 초래하는 새로운 불안들을 중심으로 이야기가 전개된다(그림 4.1).

이 영화들은 DNA를 조작하고 과거에 손을 뻗을 수 있는 능력이 궁극적으로는 언제나 돈벌이로 귀결된다는 점을 암시한다. 이것이 1차 〈쥬라기 공원〉 시리즈가 제기하는 핵심 비판이다. 이윤 동기가 프로젝트를 주도하는 이들로 하여금 자신들의 행위에 따르는 윤리적 책임과 잠재적 결과를 보지 못하게 만든다는 것이다. "가능한 한 빨리 무언가를 해내기 위해 너희는 천재들의 어깨 위에 올라탔다"는 대사는 이러한 맹목적 추진력에 대한 비판을 상징적으로 드러낸다.[94] 이언 말콤은 공원의 창립자들이 의도적으로 눈을 감았다고 비판한다. "무엇을 손에 넣었는지도 모른 채 특허를 내고, 포장하고, 그걸 플라스틱 도시락통에 붙여 팔아치우려 하고 있지."[95] 이러한 말들은 유전자 특허를 둘러싼 불안뿐 아니라, 과거를 유전적으로 되살리는 일이 필연적으로 이윤 논리에 종속될 것임을 드러낸다. 과거는 조작되고 착취될 수 있는 하나의 상품으로 제시된다. 어떤 의미에서 이 영화들이 전하는 메시지는, 과거가 자본주의가 점유하려 드는 또 하나의 영토에 불과하다는 것이다. 자본주의가 현재의 세계를 유린하고 나면, 이번에는 과거로 되돌아가 그것을 사후적으로 사유화하려 들 것이라는 의미다. "되살아난 멸종 동물은 어떤

그림 4.1 쥬라기 공원 입구 아치(Universal's Islands of Adventure)

권리도 없다. 그 존재는 우리가 만들었기에 가능한 것이며, 우리는 그것에 특허를 걸었고, 우리는 그것을 소유한다."[96] 두 번째 영화 시리즈가제기하는 우려는 과거를 조작하는 능력이 곧바로 현재의 전쟁 수행을가능하게 한다는 데 있다. 고DNA는 "사냥과 살해를 위해 설계된 모든뼈와 근육"[97]을 지닌, 전투에 적합한 존재로 만들어진다. 여기서 죽은 자들의 행위성은 현대에서 폭력을 행사할 수 있는 능력으로 제시된다. 그들의 유전적 구성에는 이 능력 외에는 아무것도 없으며, 바로 그 점만이그들에게 부여된 가치다. 유전학이 열어준 과거와의 소통은 이 지점에서 이윤을 위한 수단으로 변모하고, 역사는 수익 창출을 위한 재료로 동원된다.

　　분명 이 영화들 자체도 과거의 DNA를 상품과 퍼포먼스로 변환하는 작업에 가담한다. 영화는 현재 속에서 과거를 하나의 '테마파크'로 재현하며, '공룡들'의 노동(?)을 통해 이윤을 발생시킨다. 주인공 이언 말콤은 첫 번째 속편 〈쥬라기 공원 2: 잃어버린 세계〉(1997)에서 이러한 영화들의 전개 방식을 정확히 짚어낸다. 스스로 즐기는 '메타' 텍스트답게 그는 말한다. "오, 그래. '우와, 아아'로 항상 시작되지. 하지만 그다음엔 결국 달리고 비명을 지르게 돼."[98] 영화는 과거를 제시하는 일을 하나의테마파크 운영처럼 만들어버린다. 과거는 더 이상 진지한 성찰의 대상이 아니라 오락을 위해 소비되는 볼거리가 된다. 이런 작업을 주도하는유전학자 헨리 우는 〈쥬라기 월드〉에서 공원 소유주에게 이렇게 말한다. "당신이 원한 건 현실이 아니었어요. 이빨이 더 많은 생물이었죠." 마찬가지로 영화 기술 또한 생명체들을 더욱 과장해 보여주고, 그 위협을 극대화하는 방향으로 발전했다.

오리지널 세 편에서 유전자 편집을 둘러싼 핵심 우려는, '할 수 있다'는 이유만으로 개입을 감행하는 것이 과연 윤리적으로 정당한가라는 질문이었다. 3부작이 전하는 교훈은 자연에 대한 무분별한 개입은 결국 재앙으로 되돌아온다는 것이다. 시리즈가 마무리될 무렵, 공룡들은 자신들이 사육되고 전시되었던 섬을 점령하며 공격적으로 재야생을 이룬다. 그곳에서 인간 사회를 가리키는 것은 테마파크 건물의 폐허뿐이며, 그것은 창조 행위를 소유하려 했던 자본주의적 시도가 남긴 메아리이자 잔해에 지나지 않는다. 〈쥬라기 공원〉의 마지막 메시지인 "생명은 길을 찾아낸다"는 말은, 이 생명체들이 자신들의 환경 속에서 적응하고 또 다른 방향으로 진화해갈 것임을 암시한다.[99] 이 두 섬에서 현대의 생태와 선사시대의 생태가 맞물리는 순간, 인간의 역사는 무의미해지고 근대성은 우회된다. 인간을 대면한 공룡들의 흔들림 없는 태도는 이를 더욱 분명히 드러낸다. 인류, 시간, 근대성, 자본주의는 서로 전혀 다른 시간성 속에서 살아가는 이 생명체들에게 아무런 의미가 없다.

가장 최근의 영화들은 단순히 개별 특성을 유전적으로 결합하는 문제를 넘어서, 동물의 사회화나 서로 다른 서식지에서의 진화 같은 훨씬 복잡한 주제들을 탐구한다. 주인공 오언 그레이디는 복제된 벨로시랩터 무리와 소통하는 방식을 개척한 인물이며, 우두머리 암컷 '블루'는 두 편의 영화에 걸쳐 뚜렷한 상호작용 능력과 일종의 공동체 의식을 보여준다. 반면 '유전자 조작 잡종'인 인도미누스 렉스는 감금과 고립 속에서 길러진 탓에, 영화는 그 존재를 철저히 비이성적이고 기능 부전적인 것으로 묘사한다.[100] 동물과 소통하는 일은 그들을 야만적 타자로 규정하는 것이 아니라, 하나의 진보로 나아가기 위한 수단으로 제시된다. 그럼에도 불구하고 〈쥬라기 월드: 폴른 킹덤〉(2018)에 등장하는 최종 인도랩터를 비롯해 영화 전반에 걸쳐 창조된 모든 생명체들은 근대성을 붕괴시키고, 인간이 시간성을 정의하는 방식을 뒤흔든다. 이 생명체들은 선사시대 존재지만 현대에 출현하며, 그 존재 자체가 DNA가 지닌 기이하고 도전적인 시간성을 드러낸다. 이 공룡들은 숭고하면서도 불협화음을 일으키며 인간의 시간 바깥에 존재한다. 모든 영화에는 인간이 그 장엄한 아름다움에 잠시 압도되는 순간이 등장하지만, 동시에 '지금 여기에 존재해서는 안 될 무엇'이라는 경외감 또한 암시된다("처음 보면 기적 같아요").[101] 이 점은 〈쥬라기 월드〉의 짧은 대사에서도 선명하게 드러난다. 공원 보안 책임자 빅 호스킨스가 "멸종 동물에게는 권리가 없어"라고 주장하자, 그레이디는 냉소적으로 "이제 더 이상 멸종된 게 아니잖아, 호스킨스"라고 받아친다.[102] 탈멸종 생물을 어떻게 법적으로 규정할 것인지는, 이 개념이 등장한 이래 줄곧 논쟁의 대상이 되어왔다.[103] 호스킨스는 이 생명체들이 고유한 정체성을 지니지 않으며, 어떤 의미에서는 새로운 '비-존재'에 가깝다고 주장한다. 반면 그레이디는 한때 불가능해 보였던 존재가 이제 눈앞에 실재하는 이상, 이 생물들은 권리와 법적 지위, 행위성을 갖는 존재로 개념화되어야 한다고 강조한다. 유전학적 개입은 인간의 시간성을 교란하고 뒤틀어놓는다. 과거의 것이 현재로 편입되었고, 그 변화는 변혁적이며 되돌릴 수 없다.

〈쥬라기 공원〉 1, 2편을 잇는 인물인 이언 말콤은 〈쥬라기 월드: 폴른 킹덤〉의 결말에서, 탈멸종의 결과로 일종의 재야생이 일어났으며, 이런 '변화' 자체가 유전적 조작의 일부라고 주장한다. 그는 "이제 유전학적 힘이 풀려났고, 물론 그것은 재앙이 될 것이다"라고 말한다.[104] 이어서 그는 "이 생명체들은 우리보다 먼저 이곳에 있었다. 그리고 우리가 조심하지 않으면 우리 이후에도 남아 있을 것이다"라고 지적하며, "우리는 상상도 못했던 새로운 위협에 적응해야 한다. 우리는 새로운 시대에 들어섰다. 쥬라기 월드에 오신 것을 환영한다"라고 말한다. 말콤에게 세계의 생태적 구성은 유전 기술의 혁신으로 인해 이미 바뀌어버린 것이다. 그는 '유전학적 힘'을 둘러싼 두려움과 그것이 사용될 때 초래될 '재앙적' 결과를 강조한다. 탈멸종과 DNA 조작은 세계가 조직되는 방식 자체를 근본적으로 뒤흔들었으며, 이 영화들이 던지는 경고는 바로 여기에 있다. 말콤의 마지막 발언은 기후 재앙과 인류세를 둘러싼 동시대적 인식을 반영한다. 인간의 행동이 지구를 돌이킬 수 없게 바꾸어놓았고, 인류는 스스로 불러온 '새로운 위협' 앞에서 더 이상 생존하지 못할지도 모른다. 인간의 시간은 끝나고, 다른 종들이 다시 주도권을 쥐게 될 것이다. 이 새로운 순간을 포착하고 이해하기 위해 사용해온 '시대'라는 개념조차 무력해질지 모른다. 과거를 구획하고 연속된 시퀀스로 이해하려는 인간의 시도는 지금 일어나고 있는 사건의 규모와 비인간적 성격을 담아내지 못한다. 결국 인간의 역사, 더 나아가 역사 쓰기 자체가 종말을 맞았다는 것이다. 맹목적 행동을 통해 인류는 스스로 '근본적' 변화를 불러왔지만, 이를 되돌릴 방법은 없다. 공룡들은 인간이 자신의 손으로 만들어낸 미래의 파국을 상징하며, 그 파국은 더 이상 무시할 수도 피할 수도 없다.

그러나 '쥬라기 월드'라는 개념은 이 영화 시퀀스 전체가 품고 있는 비도시적·주변적 공간에 대한 문제의식, 그리고 원시적·전근대적 존재가 현대 세계를 침범할 것이라는 말콤의 우려를 다시 소환한다. 각 공원이 자리한 위치는 중앙집권적이고 문명화된 세계의 변두리에 놓여 있으며, 그곳은 야만성과 야생성, 원시성과 낙원성이 뒤섞인 공간으로 제시된다. 공원의 관광 논리는 방문객들이 과거를 하나의 풍경이자 다양한 생명체가 등장하는 사파리로 경험한다는 사실에 의존한다. 영화 전반에 걸쳐 등장하는 군용 헬리콥터와 차량, 특히 조난된 관광객을 '구조'하는 장면들은 이러한 '야만적 공간'에 가해지는 개입의 방식을 강조한다. 정글과 그 어둠은 영화적 상상력 속에서 베트남 전쟁을 연상시키며, 어둠 속에서 갑작스럽게 공격해오는 불가항력적 적의 이미지와 겹쳐진다. 각 영화는 라디오 통신에서 전기 울타리에 이르기까지 현대 기술이 실패하는 순간을 반복해 보여주며, 이러한 기술적 붕괴는 야만적이고 동물적인 힘이 (때로는 문자 그대로) 현재의 질서 속으로 침입하는 계기가 된다. 이는 여러 작품에서 등장인물들이 과거 공원 건물의 폐허―정글에 의해 재야생되고 현대인에게 점점 더 적대적인 장소―로 다시 들어가는 장면들에서도 명확하게 드러난다. 이러한 재야생은 인간의 간섭이 사라질 경우 세계가 스스로 회복되거나 에덴적 '순수', 즉 다듬어지지 않은 전근대적 상태로 되돌아갈 수 있음을 암시한다.

〈쥬라기 공원〉 시리즈는 현대의 불안감을 반영하는 동시에, 탈멸종을 둘러싼 논쟁에 대한 다양한 대응 양식을 제시한다. 새롭게 만들어진 생명체는 이미 변해버린 세계에 태어나며, 시간 바깥에 존재하는 반(反)역사적이고 완전히 새로운 존재가 된다. 프랑켄슈타인의 피조물처럼, 이 새로운 동물들은 사회화되거나 교육받을 수 있는 경로가 없다. 그들은 어떠한 '과거'도 지니지 않은 채, 맥락도 부모도 없이 홀로 등장하기 때문에 필연적으로 소외된다. 여기서 유전학은 인간의 의도에 따라 새롭고도 오래된 종을 다시 만들어내고 재구성할 수 있게 하며, 그 과정은 인간 경험의 중심성에 대한 일종의 포스트휴먼적 도전을 낳는다. 상징적으로 〈쥬라기 월드: 폴른 킹덤〉의 결말에서 '새로운' 공룡 인도랩터는 랩터 '블루'에게 죽임을 당하는데, 케라톱스류(Ceratopsian) 화석의 뿔에 꿰뚫리는 방식이다. 이 장면에는 '실제' 생물의 클론, 유전적으로 설계된 '새로운' 생물, 그리고 '진짜' 화석이라는 세 가지 유형의 '공룡'이 한 프레임 안에 등장한다. 이때 발전의 단계는 뚜렷하다. 인도랩터와 같은 '새로운' 생명체는 복제된 생물의 기민함에도 뒤처지고, '진짜' 공룡이 남긴 물리적 힘의 흔적—화석—에도 취약하다. 그러나 케라톱스류 화석이 박물관에서 전시되고 소유되고 해석되는 대상인 반면 다른 생명체들은 살아 있으며, 길들여질 수 없고, 폭력적이며, 공포를 불러일으키는 존재로 남는다.

5장

상상
imagination

유전학은 오래전부터 예술가, 작가, 영화감독, 시인, 음악가들의 지속적 관심을 받아왔다.[1] 마찬가지로 대중문화 역시 유전학에 대한 폭넓은 이해를 형성하는 데 결정적 역할을 한다.[2] 지난 20여 년 동안 제이디 스미스(Zadie Smith, 《하얀 이빨》, 민음사, 2010), 가즈오 이시구로(Kazuo Ishiguro, 《나를 보내지 마》, 민음사, 2021), 옥타비아 버틀러(Octavia Butler, 이종생성Xenogenesis 시리즈), 아미타브 고시(Amitav Ghosh, 《캘커타 염색체》*The Calcutta Chromosome*, 1995), 마거릿 애트우드(Margaret Atwood, 《오릭스와 크레이크》, 민음사, 2019)와 같은 작가들은 모두 유전학이 인간성에 도전하는 방식을 탐구한 영향력 있는 작품들을 내놓았다.[3] 영화와 TV 시리즈에서도 이러한 탐구는 꾸준히 이어지고 있다. 〈엑스맨〉(영화 시리즈, 2000-)에서 브래드 페이튼(Brad Peyton)의 〈램페이지〉(2018), 그리고 〈오펀 블랙〉(Space/BBC America, 2013 – 2017)에 이르기까지, 이 작품들은 정체성, 인간중심주의, 유전학적 근대성을 각기 다른 방식으로 탐구했다. 이 작가들과 영화감독들에게 유전학은 기존 질서를 넘어서는 위반적이자 정치적으로 해방적인 정체성을 실험하고 표현할 수 있는 통로가 된다. 그러나 이러한 텍스트들은 동시에 '포스트게놈' 시대가 불러오는 불안을 드러낸다. 유전적으로 규정된 인간성의 경계를 시험하면서, 이 새로운 존재 방식이 품고 있는 가능성과 위험을 함께 노출시키는 것이다. 조시 길(Josie Gill), 라라 초크시, 제이 클레이턴, 재키 스테이시, 클레어 핸슨(Clare Hanson) 등 여러 비평가는 유전학적 지식과 미학적 재현이 서로 깊이 얽혀 있음을 설득력 있게 논해왔다. 조시 길은 "동시대 소설은 유전학 안에서 인종적 관념이 어떻게 만들어지는지를 탐구하고, 거기에 능동적으로 참여하며, 때로는 그 형성 과정에 영향을 미치기도 한다"고 설명한다.[4] 초크시는 "서사가 생물학과 사회의 관계를 새롭게 상상하도록 관심과 정보의 흐름을 어떻게 전환할 수 있는가"라고 질문하며, DNA와의 만남 속에서 이러한 새로운 구성 가능성을 찾아낸다.[5]

이 장은 이러한 유전학적 미학에 대한 비판적 논의에 동참하면서, 지난 20년 동안 예술가들이 유전학을 탐구해온 방식과 그것이 과거에 대한 상상과 어떻게 연결되는지를 살핀다. 일부 예술가들은 유전학이 제공하는 재현 가능성—특히 DNA가 모더니스트적·반부르주아적·퀴어적 성격을 띤 새로운 유형의 '리얼리즘'을 가능하게 할 수 있는지—에 매혹된다. 마크 퀸(Marc Quinn), 버나딘 에바리스토(Bernardine Evaristo), 앨리 스미스의 경우, 유전학과의 만남은 재현 관습을 재구성하는 계기가 된다. 이러한 작업은 곧 '지금'을 위치시키기 위한 역사적 실천이자, 미학에 대한 성찰로 이어진다. 시인과 래퍼들은 특히 인종 담론과 관련해 새로운 정치적 배열을 표현하기 위해 유전학을 활용하며, 과거와 얽힌 형식과 정체성을 다시 묻는 수단으로 DNA를 사유한다. 이들에게 '포스트게놈'은 거부해야 할 틀, 곧 통제와 종속을 시도하는 장치이며 비판의 대상이다. 마지막으로 이 장은, 유전학이 불안으로 가득한 과거에 접근하기 위한 하나의 상상적 장치―즉 현재를 교란할 수 있는 일종의 시간 여행 방식―로 어떻게 사유되어왔는지를 살핀다.

DNA의 물질화

이 절에서는 작가들이 정체성, 역사, 리얼리즘에 대한 규범적 가정에 도전하기 위해 유전학의 물질성을 어떻게 탐구해왔는지를 살핀다. 특히 유전학에 대한 사유가 기존의 재현적 수사를 어떤 방식으로 압박하는지, 그리고 유전학을 활용하고 이를 통해 사유함으로써 '실재' 담론이 어떻게 도전받으며 그 결과 자아와 사회의 잠재적 재구성이 어떻게 가능해지는지를 검토한다. 실험적 시인 크리스티안 뵈크(Christian Bök)는 수년간 시를 DNA 가닥에 암호화하는 '제노텍스트'(Xenotext) 작업을 수행했다. 이 프로젝트의 원리는, 창조된 DNA 가닥(시의 첫 번째 '부분')을 한 생명체에 주입하면 그 생명체가 그 '시'를 자신의 일부로 통합하고, 이에 반응해 단백질을 '써내는' 구조를 만들어내는 데 있다. 뵈크는 이렇게 설명한다. "나는 텍스트를 DNA 안에 보관할 뿐 아니라 그에 반응해 시를 쓰는 기계가 될 박테리아를 유전적으로 설계하고 있다."[6] 이 작업에서 뵈크는 유전적 단백질과 시 사이의 관계를 물질적 차원에서 구현하려는 시도를 이어왔다.[7] 그의 실험은 예술과 유전학이 서로를 어떤 방식으로 질문하고 교차할 수 있는지를 드러낸다. 이 절은 예술가들이 유전학이 열어준 새로운 가능성을 성찰하며, 이를 토대로 자신의 예술 형식과 재료를 근본적으로 재구성해온 방식을 개관한다.

유전적 리얼리즘: 마크 퀸

마크 퀸의 〈게놈 초상화: 존 설스턴 경〉(A Genomic Portrait: Sir John Sulston, 국립초상화갤러리, 2001)은 포스트게놈 미학이 직면하는 핵심 쟁점—기억, 정체성, 유전적 리얼리즘, 과거—을 선명하게 드러내는 작품이다. 초상화 제작 당시 존 설스턴 경은 HGP의 주요 참여자로, 특히 이 프로젝트가 자유롭고 공공적인 성격을 유지해야 한다고 강하게 주장한 인물로 잘 알려져 있었다. 그는 이후 2002년 생리의학 분야 노벨상을 공동 수상한다. 이 이미지는 협업 방식으로 만들어졌으며, 한천 배지에서 배양한 설스턴의 DNA 플레이트를 스테인리스 스틸 판에 장착하는 방식으로 구성되었다. 해당 작품은 국립초상화갤러리(National Portrait Gallery, NPG)가 웰컴트러스트(Wellcome Trust)와의 파트너십 프로그램의 일환으로 의뢰한 것이며, 초상화와 예술, 과학의 본질에 관한 논쟁을 촉발하기 위해 기획되었다. 작품은 2001년 3월 NPG와 웰컴트러스트의 공동 작업으로 전시되었다.[8] 또한 이 협업은 매년 일정 범위 안에서 운영되던 NPG의 '작품 주문 제작 예산'(commission budget)을 보완해, 기관이 중요하게 평가하던 영 브리티시 아트(Young British Art, 1990년대 영국에서 등장한 급진적 현대미술의 흐름으로, 마크 퀸이 속한 미술 운동—옮긴이)에 투자할 수 있는 여지를 넓혀주었다. 이 작품은 일종의 '유전적 리얼리즘'을 전면에 내세우는데, 이는 가능한 한 원본을 정확하게 재현하려는 재현 방식이다. 켄 아놀드(Ken Arnold)는 잡지 〈테이트〉(Tate Etc.)에서 "퀸의 초상은 훨씬 더 수평적으로 사고해야 할 필요성을 끈질기게 제기하며… 초상화와 전기의 개념을 융합한다"라고 평했다. 관람자는 설스턴의 DNA를 들여다보는 동시에 스테인리스 스틸 판에 비친 자신의 모습도 마주하게 되고, 그 과정에서 생명, 재현, 예술의 문제를 자연스럽게 '반추'하게 된다.

이 이미지는 매우 특이한 타입의 작품이어서, 보존 과정 전반에서 기관에 여러 문제를 초래한다. NPG의 다른 어떤 작품과도 달리 이 작품은 말 그대로 '살아 있는' 성질을 지니고 있기 때문이다. 이러한 특성은 필연적으로 윤리적·법적 쟁점을 불러일으킨다. NPG는 2004년 인체조직법(Human Tissue Act) 제정 이후인 2006년, 설스턴에게 그의 조직을 보관하고 사용하는 데 대한 동의를 요청하는 편지를 보냈다.[10] 이미지가 기획되던 당시 개발위원회 일부 위원들은 이 작품이 유해 물질로 분류되어야 하는 것은 아닌지 우려를 표하기도 했다.[11] 작품의 물질적 특성은 보존 과정에서도 지속적인 난제를 낳았다. 시간이 흐르며 이 작품이 겪어온 여정도 순탄치 않았으며, 이미지의 '수명'은 물질적 대상이 지닌 특성뿐 아니라 생물학적 재료가 어떤 방식으로 '고정'될 수 있는지에 대한 흥미로운 통찰을 제공한다. 이 사례는 '예술'과 과학이 어떻게 결합하고 상호작용하는지, 그리고 그러한 협업에 필연적으로 따라오는 큐레이

선과 아카이브, 실무적 문제들이 무엇인지 많은 것을 드러낸다.

작품은 시간적·물질적 노화를 거치며 의미가 변화했고, 일종의 '의미의 성숙' 단계에 도달했다. 우선 '이 이미지가 실제로 무엇으로 구성되어 있는가'라는 문제가 제기된다. 2004년 헬렌 화이트(Helen White)의 보존 보고서에 따르면 "2003년 11월, 셰필드 전시 대여를 위해 작품을 점검했을 때, 작품의 외관이 변해 있었으며 한천(agar) 층의 여러 지점에서 새로운 형태들이 나타나기 시작했다."[12] 이미지의 핵심을 이루는 한천 층은 점차 악화되고 있었다. "이 시점에서 원본은 상당히 극적으로 훼손되어 결정이 자라나기 시작했고, 층은 원래 두께의 약 1/6 수준으로 얇아졌으며, 그 결과 전체적으로 색도 더 짙어졌다."[13] 이런 변화는 한천이 건조되기 시작했기 때문이다. 퀸, 설스턴, 캐슬린 소리아노(Kathleen Soriano), 그리고 헬렌 화이트는 작품을 함께 점검한 후 보존을 위한 조치가 필요하다는 데 의견을 모았다. 특히 생어연구소(Sanger Institute)에 요청해 밀봉된 새로운 DNA 플레이트를 제공받기로 결정했다. 캐슬린 소리아노가 보낸 한 이메일에는 이렇게 적혀 있다. "작품이 변형되었습니다.… 마크의 조수 안젤라가 이를 밀봉하는 새로운 방식을 개발했습니다."[14] 이로 인해 작품의 기술적 요소는 미묘하게 바뀌었고, 새로운 제작 공정이 요구되었으며, 작품은 이전과는 작게나마 물질적으로 다른 형태로 전환되었다. 그들은 "박테리아를 물리적·시각적으로 방해하지 않기 때문에 퀸이 선택한" 수지를 사용했다. 그러나,

원본의 추가적인 악화를 막기 위해(이미 전시가 불가능한 상태였지만) 그

위에 역시 수지를 부었다. 그러나 즉각 심각한 반응이 일어났고, 수지가 굳는 과정에서 페트리 접시의 측면과 바닥이 뒤틀렸으며, 한천은 더욱 어두워져 접시에서 분리되었고, 표면에는 기포와 균열이 생겼다.[15]

따라서 이미 전시가 불가능해진 원본은 사실상 눈에 띄게 분해되고 있는 상태였다. 의뢰 당시 제공된 다섯 개의 플레이트 중 네 개의 '예비' 가운데 하나가 이를 대체하는 데 사용되었다. 이렇게 만들어진 '새로운' 이미지는 '6591.1'로 분류되었고, 남은 예비 플레이트들은 서랍에 보관되며 각각 '샘플 1, 2, 3'으로 불리는 동시에 '6591.2, 6591.3, 6591.4'라는 번호가 부여되었다.[16] 퀸의 이미지는 여러 의미에서 재현가능성(replicability)과 초상 속 '인간'의 물질성을 변주하는 작업이기도 하다. 첫 전시 후 3년이 지난 시점에서 이 작품은 스스로 부패 과정을 겪으며, 시간의 흐름 속에서 변형되고, 새롭게 되어가며, 교체되고 재제작되어야 하는 상태에 놓였다. 이 그림이 예술에서 '원본성'(originality) 문제를 제기한다는 점을 고려하면, 비록 처음부터 이런 상황에 대비해 준비된 플레이트였다고 하더라도, 원본이 다른 것으로 대체되었다는 사실 자체가 작품의 본질에 대한 질문을 던지게 된다. '새로운' 작품은 과연 이전의 그것과 같은 것인가? DNA는 동일하고 재료도 유사하지만, 물체의 '나이'와 그 구성은 이제 전혀 다른 것이기 때문이다.

2004년에 적용된 수지 코팅은 한천을 어느 정도 '고정'한 것으로 보인다. 그러나 이후 '새로운' 이미지를 점검한 결과, 표면에 선과 '물결

자국'(tide marks), 갈라짐, 결정화 현상이 관찰되었다. 2009년 8월 화이트의 보고서는 이것이 "한천이 건조되고 있음을 시사하며… 현재 'Sample 2'로 표시된 플레이트에는 결정이 형성되고 있다"라고 지적한다.[17] 2011년에는 '새로운' 이미지의 한천 표면에서 작은 점들과 함께 원형의 선이 관찰되었고, 2012년에 이 선은 사라졌지만 예비 플레이트들에서는 여전히 부패 징후가 계속 나타났다.[18] 화이트는 "왜 예비 플레이트들이 액자 속 작품보다 더 심하게 악화되었는지는 알 수 없다"라고 결론지으며, "이는 앞으로 액자 속 작품에서도 같은 일이 발생할 수 있음을 보여주는 경고 신호일 수 있다"(1쪽)라고 밝혔다. 2016년 화이트가 다시 작품을 점검했을 때, 그녀는 "주요 객체는 여전히 안정적이며 전시 가능한 상태를 유지하고 있다. 다만 이전보다 약해졌을 가능성이 있다"라고 보고했다.[19] 그러나 그녀는 예비 플레이트들이 "여전히 심각한 결함을 보인다"(1쪽)고 기록하면서, "왜 예비 플레이트들이 액자 속 버전보다 더 심하게 악화되었는지는 여전히 수수께끼다"(1쪽)라고 덧붙였다.

이는 어느 정도 예상된 일이었다. 이미지와 해당 전시를 둘러싼 회의록은 이 이미지의 '지속가능성'(sustainability)에 대한 논의가 실제 제작 이전부터 꾸준히 이어져왔음을 보여준다.[20] 그러나 이 문제가 실제로 어떻게 정리되었는지는 명확하지 않으며, 2004년에 이어진 논의들은 해당 사안이 어느 정도 미해결 상태로 남아 있었음을 시사한다. 2004년 소리아노가 웰컴트러스트의 켄 아놀드에게 보낸 이메일은 플레이트의 유지 관리와 이미지의 지속가능성에 관한 논의가 계속되고 있었음을 드러낸다. 아놀드와 소리아노는 이 작품의 최초 커미션 단계부터 관여했고, 앞으로 이 작품이 맞닥뜨릴 수 있는 문제들을 분명히 인식하고 있었다. 아놀드는 이렇게 말한다. "이 프로젝트를 시작할 때부터 우리는 항상 알 수 없는 요소들을 안고 있었고, 우리가 이 매체에 대해 가진 제한적인 지식은 말할 것도 없지만, 마크가 '변화'라는 요소에 관심이 없을 거라고 기대한 것 자체가 애초에 무리한 주문이었죠!"[21] 설스턴 역시 2004년 5월 소리아노와 아놀드에게 보낸 이메일에서 "한동안은 내가 직접 관리해보고 싶었지만, 상황이 달라졌다"고 말한다. 그러면서도 그는 "물론 결국은 이런 지점에 도달할 수밖에 없었을 테니, 지금 그것을 마주하는 것이 나쁜 일만은 아니다"라고 덧붙였다.[22] 커미션 과정에서 설스턴은 플레이트가 지닌 제한된 '수명'(lifespan)에 더해 여러 차례 언급했다. 그는 이메일에서 다음과 같은 기술적 문제를 설명한다. "플레이트 제작 과정은 서브클로닝 그룹에게는 일상적인 여러 단계로 이루어져 있지만, 성공하려면 숙련된 기술과 적절한 시약이 모두 필요합니다. 이 대상을 영구적으로 보존하려면 그러한 기술과 시약에 지속적으로 접근할 수 있어야 합니다."[23] 이 사례는 연구실과 보존센터가 요구하는 기술적 조건이 얼마나 상이한지를 잘 보여준다. 이 작품을 보존하기 위해 필요한 조건들은 매우 복잡하고 고도로 기술적이다. 그리고 예컨대 데이터 보존 과정에서 흔히 발생하는 호환성 문제나 하드웨어 교체와 같은 고민과는 달리, 여기서 제기되는 문제는 전적으로 작품 자체의 물질적 구성에 뿌리를 두고 있다. 이는 개념미술에서도 낯선 일은 아니지만, 과학 커뮤니케이션이라는 더 넓은 맥락, 그리고 국가적 컬렉션을 위해 작품을 보존해야 하는 NPG의 역할까지 고려하면 이 논의는 훨씬 더 중요한 의미를 갖는다.

2004년 이메일들은 작품을 다시 검토한 직후, 그리고 향후 보존 계획을 마련해야 할 필요성이 점점 더 긴급하게 대두되던 시점에서 촉발된 것이 분명하다. 소리아노는 아놀드와 웰컴트러스트에 "존의 DNA 클론 라이브러리를 우리를 위해 영구적으로 보관해달라. 이는 웰컴이 이 작품과 맺고 있는 연관성을 유지하는 일이기도 하다"라고 요청했다.[24] 2004년, 아놀드는 소리아노에게 생어연구소가 마크 퀸의 존 설스턴 초상화를 "계속 '살려두기'로"—즉, 주기적으로 설스턴의 '클론 라이브러리'를 활용해 작품을 갱신하는 방식으로 유지하기로— 동의했다고 보고했다.[25] 이 점은 2010년 생어연구소의 브론윈 테릴(Bronwyn Terrill)에 의해서도 거듭 강조되었다. 또한 소리아노가 아놀드에게 보낸 이메일에는, 퀸이 "의뢰 당시 이미 이 작품이 5-10년 안에 훼손될 것임을 알고 있었고, 그렇기 때문에 생어가 작품 유지에 동의했다"는 사실을 분명히 밝혔다는 내용이 포함되어 있다.[26] 2010년과 2012년에 생어연구소와 NPG 사이에서 오간 이메일에는 플레이트에 어떤 조치가 필요한지, 그리고 양 기관이 어떤 방식으로 협력하기로 했는지가 상세히 기록되어 있다. 다만 이러한 합의는 공식 문서로 완전히 확정되지는 않은 것으로 보인다.[27] 그러나 2013년, 페이 블랜차드(Fay Blanchard)는 당시 상황을 파악하는 과정에서 아놀드에게 "관련 부서가 재편되면서 기록이 단절된 듯하다.… 생어 측은 이제 더 이상 플레이트의 지속적 교체를 지원할 수 없다고 판단하는 것으로 보인다"라고 이메일을 보냈다.[28] 블랜차드에 따르면 생어연구소는 이미 설스턴의 가공된 DNA 재고를 보유하고 있지 않았다. 그녀는 "만약 그렇다면 우리는 상당한 문제에 직면한 것이며, 이 작품에 대해 전면적인 재검토가 필요하다"라고 지적한다.[29]

　　작품 자체와 그 물질성 차원에서 이러한 문제가 얼마나 중요한 것일까? 많은 개념미술은 애초부터 보존 문제를 내포하고 있으며, 때로는 '지속가능성'이라는 개념 자체에 질문을 던진다. 1990년대 후반의 여러 개념미술 역시 유한성과 재료가 지닌 고유한 부패 가능성에 관심을 기울였다. 실제로 퀸의 가장 유명한 작품인 〈셀프〉(Self, 1991, 현재도 계속되는 프로젝트)는 자신의 혈액을 동결된 실리콘 속에 고정해 만든 머리 조각으로, 그 보존 조건 자체를 사유하는 작업이다. 그러나 이 초상은 그 중심에 전혀 다른 차원의 논의를 품고 있다. 고정된 존재처럼 보이는 무엇, 거의 초역사적이거나 반(反)시간적인 어떤 것에 대한 성찰이다. 퀸은 이 작품을 "부모와, 우주의 생명 기원까지 거슬러 올라가는 자신이 가진 모든 조상의 초상"이라고 설명한 바 있다.[30] 이러한 깊은 시간의 감각은 이 작품에 하나의 고정된 시간적 지위를 부여하려는 시도다. DNA는 정확하고 확실하며, 어느 정도 변하지 않는 무엇으로서의 위상을 획득한다.

　　이 이미지는 포스트게놈 시대의 인간을 어떻게 이해할 것인가에 대한 하나의 도전이다. 성별도, 인종도, 계급도, 과거도 없는, 규범적 신체 바깥의 정체성—어떤 비시간적 존재—을 암시한다는 점에서 이 작품은 독특하다. 작품이 지닌 절대적 현대성은 애초부터 의도된 목적의 일부이기도 했다. 조너선 존스(Jonathan Jones)는 〈가디언〉에서 이 이미지를 다음과 같이 평했다.

이것은 일종의 생물학적 사진이다. 초상 사진이 그러하듯, 한 개인의 고유한 흔적이 영구적으로 고정되어 있다. 퀸의 작품은 가장 정교한 현대적 매체를 통해 초상화의 핵심에 자리한 원초적 충동—한 인간을 보존하려는 욕망—을 다시 불러낸다.[31]

기술적으로 말해 이는 사실과 다르다. 그 '특정한' 흔적은 영구적으로 고정되거나 보존되지 않았다. 따라서 이 이미지가 고정하고 있는 설스턴의 물질적 흔적이 무엇을 의미하는지에 대한 함의는 여러 갈래로 갈라진다. 이 이미지는 갤러리가 감당할 수 있는 보존 역량을 넘어서는 것이며, 애초부터 하나의 '유효기간'을 내장한 작품이었다. 처음 제작되었을 때는 놀라울 만큼 현대적이고 기술적으로 '정교하며', 무엇보다 영구적이라는 평가를 받았지만, 아카이브 기록을 통해 이 작품이 실은 매우 취약한 물질로 이루어졌다는 사실이 드러났다. 견고해 보였던 현대 과학의 메시지는 허공으로 흩어진다. 작품의 중심에는 썩어가고, 말라가며, 생명력을 잃어가는 박테리아와 한천이 놓여 있고, 그것들은 계속해서 전시 가능한 상태로 남아 있을 수 없으며, 반복적인 관리와 '재생산'을 필요로 한다. 이는 시간을 정복하는 영웅적 과학 초상화라기보는, 서서히 퇴색해가는 우울한 과학 초상화에 가깝다. 작품이 겪는 물질적 문제는 사물이 지닌 역사적 내재성을 다시금 드러낸다. 이미지의 위태로운 성질과 지속적 부패는 작품의 기초 개념에 내재한 근대성과 긴장 관계를 이룬다. DNA가 인간에 대한 우리 자신의 이해에 핵심적 기여를 한다면, 우리는 그 이해를 정확히 어디에 위치시켜야 하는가? 우리가 알고 있는 것은 언제나 '지금'이라는 조건에 종속되어 있으며, 설스턴 초상화의 사후적 생애는 인간에 대한 우리의 이해가 시간 속에서 변화하고 조건화된다는 점을 상기시킨다. DNA는 마치 역사성을 벗어나 인간의 역사적 시간 바깥에서 존재하는 듯 보일 수도 있지만, 그 이해·표현·해석은 결국 기억하기, 기념하기, 보관하기라는 인식의 틀 속에서 구조화된다. 그렇다면 우리는 이 이미지를 설스턴 '그 자체'로 보아야 할까, 아니면 그의 하나의 '버전'으로 보아야 할까? 퀸의 초상화는 포스트게놈 예술과 미학에 대해 여러 질문을 던진다. 무엇보다 유전학적 실재론은 '정확한' 혹은 '진정한' 복제를 제공하는 미학으로 이해될 수 있는가? 누군가를 정확히 재현하는 것은 과연 가능한가? 포스트게놈 예술에서 형식은 내용과 어떤 방식으로 얽히며, 그로 인해 재현의 근본적 취약성이 어떻게 드러나는가? '이미지'는 물질적·생물학적 존재를 통해 어떤 새로운 변곡점과 차원을 획득하는가? 마지막으로, 이러한 유형의 작품은 앞으로 어떻게 보존되고 큐레이션될 수 있는가? 부차적이지만, 이미지의 소유권과 책임 문제 역시 예술의 이해·아카이브·소유에 관한 '통상적' 방식에 근본적 도전을 가한다.[32]

앨리 스미스의 《둘 다 되는 방법》의 실험적 형식

앨리 스미스의 실험 소설 《둘 다 되는 방법》은 유전학을 기존의 재현 방식에 도전하고 '새로운' 실재론을 탐색하는 하나의 수단으로 활용한다. 이 소설은 시간 속에서 관계들이 서로 겹치기도 하고 어긋나기도 하는 이중적 구조를 다루며, 전체 형식은 마치 뫼비우스 띠처럼 앞뒤가 뒤집히고 순환하는 방식으로 구성되어 있다.[33] 이 작품은 무작위 순으로 인쇄된 두 개의 서사로 구성되며, 두 서사는 모두 '하나'라는 동일한 번호에서 시작한다. 이 구조에서는 동시성과 시간적 배열이 함께 작동하며, 독자는 누구나 다른 순서로 이야기를 경험하게 되지만 결국 두 축 가운데 하나를 중심으로 독서를 조직하게 된다. 즉 책은 독자의 손에서 스스로 형식을 전환하며 재구성되고, 독자는 읽는 행위 그 자체를 통해 어떤 시간적 질서─결코 벗어나기 어려운 우선순위의 위계─를 부여하게 된다. 이러한 시간성의 전복은 세라 워터스(Sarah Waters)의 《나이트 워치》(문학동네, 2019)에서 보이듯 현대 소설의 특징적 장치이기도 하다. 워터스처럼 스미스 역시 이질적 구성에 도전하며, 그 점에서 이중 서사는 통제, 선형성, 그리고 '되어감'(becoming)이라는 소설의 중심 주제를 드러내기 위한 실험적 전략으로 기능한다. 스미스의 작품은 역사적 담론이 지닌 규범성을 스스로 퀴어링(queering)하는 방식을 통해 '역사'라는 범주에 도전한다. 이를 드러내는 짧은 농담 같은 장면이 등장하는데, 두 소녀가 생물학과 라틴어 시험을 준비하면서 "둘 다 아는 노래의 선율"에 맞춰 내용을 암기하는 장면이다. "그들은 역사 교실 밖 복도에 서 있었다"(92쪽). 두 소녀는 역사라는 교실─공식적 지식의 장─에서 벗어난 장소에 서 있으며, 노래라는 비규범적 형식을 통해 지식을 비틀고 전복하는 또 다른 방식의 '배움'을 모색하고 있는 것이다.

두 부분은 서로 뚜렷하게 구분되지만 동시에 긴밀하게 연결되어 있다(비록 결코 직접적으로 맞닿지는 않는다). 한 부분은 현대를 살아가는 소녀 조지의 슬픔과, 그녀가 어머니의 죽음을 이해하려는 과정을 따라간다.

다른 부분은 훨씬 더 실험적이다. 스미스는 15세기 예술가 프란체스코 델 코사(Francesco del Cossa)를 소녀였으나 소년으로 길러진 인물로 상상하고, 나아가 몸 없는 유령적 존재로 재현한다. 그는 현대의 순간을 지켜보며 그것을 이해하려 하고, 동시에 자신이 지나온 성장과 예술적 작업을 들려주는 목소리로 소설 안에 자리한다. 소설은 이중성과 시간성을 자유롭게 넘나들며 펼쳐진다. 조지는 어느 기억 속에서 엄마와 함께 다양성과 이주에 대해 이야기하던 순간을 떠올린다. 그때 TV에서는 역사적 열차에 관한 다큐멘터리가 나오고 있었고, "흥미로운 프로그램이라 노트북으로 그 프로그램의 처음부터 다시보기를 켜두고 두 화면을 동시에 보고 있었다"(40쪽). 예술─그리고 과거를 다루는 예술─을 여러 시간대에 걸쳐 동시에 소비할 수 있는 이 능력, 즉 존재와 역사적 사건의 동시성은 스미스가 이 소설에서 집요하게 탐구하는 핵심 요소다. 예술은 역사적 차이를 지워버릴 수도 있고, 그 차이를 고스란히 드러낼 수도 있다. 예술 작품은 잊힐 수도 있으며, 창작자는 역사 속에서 주변화되거나 타인의 해석에 의해 덧씌워질 수도 있다. 조지와 엄마는 예술을 두고 '동시성'을 논의한다. "하지만 그건 아니잖아." 조지가 말한다. "그건 그때 일이고 지금은 지금이야. 그게 시간이잖아"(104쪽). 그러자 엄마는 되묻는다. "눈앞에서 보이지 않는다는 이유만으로 일어난 일이 사라지거나 존재하지 않게 될까?"(104쪽). 이처럼 선형적 시간성(그때─지금)과 다중성 사이의 긴장을 비틀고, 존재와 보기의 다른 방식을 제안하는 것이 바로 이 소설이 구현하는 섬세한, 퀴어한 시선과 미학의 일부다. 제목《둘 다 되는 방법》은 남성과 여성, 삶과 죽음, 젊음과 늙음 같은 이분법적 범주들이 조지가 자신의 이름을 '조지아'에서 '조지'로 바꾸는 것만큼 손쉽게 흔들리고 재배열될 수 있음을 암시한다. 이런 유동성은 스미스의 폭넓은 미학적 실천의 일부지만, 이 작품에서는 특히 역사와 존재에 대한 명상으로 한층 정제되어 나타난다. 어떤 주형(template)과 살아 있는 현실이 겹쳐지는 순간, 조지의 엄마는 이렇게 말한다. "그들이 우리에게 준 지도는 여기 있는 경험과는 아무 상관이 없는 것 같아"(62쪽).

이런 이중성과 동시성에 대한 사유는 분명 유전학의 상상력에서 깊은 영향을 받았으며, 소설 곳곳에는 DNA와 직결되는 대목들이 반복해 등장한다. 책의 대부분은 산문으로 구성되어 있지만, 보다 실험적인 부분은 이야기의 처음과 끝에서 일종의 시적 형식으로 변주된다(이미지 참조). 목소리가 존재 속으로 '헤엄쳐 들어오는' 듯한 순간, 산문은 스스로를 이중나선처럼 뒤틀고 감아 올린다. 서사의 이중성과 병치되는 이 형식적 실험은 곧 텍스트가 DNA의 구조를 모사하는 하나의 방식이며, 소설의 실험적 미학은 바로 이 이중나선적 참여를 통해 가능해진다. 따라서 삶, 예술, 동시성에 대한 스미스의 사유는 이러한 형식적 개입을 매개로 구성된다. 스미스는 대체로 선형적이고 직선적인 산문 형식을 전제하는 동시대 소설의 규범성에 직접 개입함으로써 그 형식의 당연함을 흔들고 또 다른 서사적 배열을 모색한다. 그녀는 전통적 서사 형식을 변주하면서 그것을 대체·확장하는 새로운 형식—즉 대안적·형식적 질서—을 제안한다. 이때 형식의 실험은 단순한 기교가 아니라, 유전학적 사고가 제기하는 시간성과 존재론의 문제를 문학적 차원에서 재구성하려는 시도이기도 하다.

나선형으로 배열된 시적 문장들은 이야기가 진행될수록 산문으로 응결되었다가 결말에서 다시 시로 갈라져 나온다.

오 이것은 강력하게 뒤틀린 어떤 것, 빠르다 마치
입에 걸린 채 끌려가는 물고기처럼
만약 물고기가 끌려 나올 수 있다면
벽돌로 쌓인 6피트 두께의 벽을 통과해, 또는
화살처럼, 하지만 그 화살이 느긋하게
달팽의 고리처럼 말린 곡선을 그리며 날 수 있다면, 혹은
꼬리를 가진 별처럼, 그 별이 쏘아 올려져
구더기와 벌레들을 지나 위로 솟아오를 수 있다면(189쪽).

어떤 독자에게는 이것이 텍스트에서 가장 먼저 눈에 들어오는 측면일 것이다. 텍스트는 마치 자기 자신을 향해 조여들며 말려 들어가고, 그 주변을 감싸는 빈 여백이 오히려 그 형태를 규정한다. 의미뿐 아니라 텍스트의 길이, 밀도, 데이터의 압력까지도 그 형식을 만든다. 이 '거대한 뒤틀림'은 생명, 운동성, 어떤 여정의 시작을 암시하는 듯 보이면서도 동시에 산문이 물리적으로 구현하고 있는 나선 구조—DNA의 이중나선에 대한 분명한 참조—를 호출한다. 그것은 빠르면서도 '느긋하고', 논리적으로는 불가능한 듯하지만 독서의 경험 안에서는 오히려 기이할 만큼 현실적이다. 텍스트의 마지막으로 가면 산문은 다시 한번 구조를 해체하고, 나선형의 곡선은 세 장에 걸쳐 이어지다가 다음과 같은 행들로 수

럼한다.

눈뼈의 곡선

아직 태어나지 않은 것의

안녕 모든 새로운 뼈들아

안녕 오래된 모든

안녕 모든 모든 것들아

만들어질

그리고 해체될

둘 모두에게(372쪽)

텍스트는 풀려나고, 흩어지고, 마치 구조를 잃어가는 듯 보인다. 그러나 동시에 나선형의 형식, 운문 내부의 논리와 리듬이라는 또 다른 구조를 새롭게 획득한다. 아래에서 논의할 로버츠(Roberts)의 시 마지막에 놓인 생략 부호처럼, 이 소설은 결말을 갖지 않는다. 결말은 페이지의 여백 속에, 그리고 독자의 마음속에 열려 있기 때문이다. 그러나 이 책에서 '열림'은 독자에 따라 상반된 효과를 낳는다. 절반의 독자에게 이 끝없음은 곧바로 다음 서사로 이어지는 문턱에 불과하지만, 나머지 절반에게는 바로 이것이 소설의 마지막이다. 모든 독자는 책을 펼치기 전부터, 마치 슈뢰딩거의 고양이가 살아 있으면서도 살아 있지 않은 것처럼, '둘 다'의 잠재성 속에 존재하게 된다. 소설의 육체는 다시 상상된 형태로 제시되며, 파편화되고 불완전하지만 잠재력으로 충만한 어떤 것이 된다.

스미스는 모호함, 낯섦, 유령성, 말로 완전히 붙잡히지 않는 감각 속에 머물기를 선택한다. 소설은 운문으로 변모하는데, 이 변화는 물리적(단어와 여백의 이동)일 뿐 아니라 개념적이기도 하다(산문의 추진력에서 시적 파편성으로의 전환). 작품은 동시에 소설이자 시이며, 언어의 유연성은 그 형식과 그것을 둘러싼 요소들—특히 페이지의 빈 여백—과의 관계 속에서 형성된다. 텍스트는 언어가 아닌 빈 공간과 긴장 관계를 이루며, 의미하지 않는 것과의 대비 속에서 오히려 더 깊은 의미를 획득한다. 마지막 부분에서 텍스트는 시간("아직 태어나지 않은 것")에 도전하며, "모든 것"을 "만들어질 것과/해체될 것/둘 모두"라는 유동적 상태로 상상한다. 이러한 전위는 이중성이 끊임없이 —그리고 본질적으로— 지속된다는 점을 암시한다. 순간은 언제나 동시에, 그리고 계속해서 '형성되며' '붕괴되는' 것이다. 스미스가 "만들어질 것과/해체될 것/둘 모두"를 세 줄로 나누어 배열하는 결정은 이 세 개의 구가 서로를 중심으로 회전하며 맴도는 듯한 효과를 만들어낸다. 이 회전성은 소설 전체가 탐구해온 시간성, 존재, 이중성의 문제를 마지막까지 물질적으로 드러내는 형식적 제스처가 된다.

만들어질 그리고

해체될

둘 모두

눈은 먼저 '그리고'(and)에 도달했다가 다시 '해체됨'(unmade)으로 되돌아가고, 거기서 다시 조금 되돌아 '둘 모두'(both)에 이른다. 이것은 엄밀한 의미에서 하나의 나선 구조라고 할 수는 없지만, 분명 어떤 형태의 회전 혹은 소용돌이에 가깝다. 이 움직임은 아래에서 살펴볼 라투르(Bruno Latour)의 동시성 개념—시간이 직선적으로 나아가는 것이 아니라 서로 다른 계열의 시간이 뒤얽혀 공존한다는 사고 방식—을 극적으로 드러내는 형식적 제스처처럼 보인다. 이 목소리는 오래되었으면서도 새롭고, 과거면서 현재며, 온전하면서도 파편화된, 그 자체로 "둘 모두"다. 스미스의 결론은 역사를 선형적·점진적·목적론적으로 이해하는 방식을 넘어서, 뒤얽히고 기묘하며 본질적으로 동시적인 무엇으로 이해할 수 있다는 잠재성을 극대화한다. 역사는 계보도나 연대기가 아니라, 유전적 관계망처럼 서로 다른 시간이 교차하고 다시 구성되는, 다층적 접힘의 장으로 제시된다. 소설이 다루는 디지털 정체성, 온라인에서의 수치심, 현대적 미학과 같은 문제들은 예술, 기억, 형식이라는 오래된 요소들과 긴장 속에서 대화를 나눈다. 과거와의 관계는 안정적 기원이나 선형적 계승이 아니라, 불안정하지만 계속 이어지는 접촉, 육체적이면서도 아직 형성되지 않은, 생물학적이면서도 상상적인 일종의 "하늘을 향한 외침"으로 다시 구성된다. 그 결과 우리는 '과거'가 무엇인지, 그리고 그것을 어떻게 살아낼 것인지를 다시 묻게 된다. 이 소설의 인식론은 우리가 완전한 '앎'에 도달하지는 못하더라도, 그럼에도 불구하고 어떤 방식의 '이해'에는 다다를 수 있다는 점을 강조한다. 따라서 이 작품은 세계의 복잡성과 기이함을 제거하거나 단순화하려는 욕망을 경계하며, 오히려 그 복잡성과 기이함을 받아들이는 태도를 요청한다.

DNA 검사와 양식: 버나딘 에바리스토

2019년 맨부커상을 공동 수상한 버나딘 에바리스토의《소녀, 여자, 다른 사람들》(비채, 2020)은 DTC DNA 검사가 문학적·미학적 차원에서 어떻게 재현되고 개입되며, 그 가능성을 어디까지 확장해왔는지를 잘 보여주는 작품이다.[34] 이 책은 영국 사회에서 인종과 인종 정체성이 어떻게 구성되고 경험되는지를 노골적이고도 분명하게 탐구한다.《소녀, 여자, 다른 사람들》은 느슨하게 서로 연결된 열두 명의 여성 인물을 따라가되, 우정이나 가족관계로 더욱 밀접히 얽힌 세 명씩을 하나의 장으로 묶어 구성된다. 이 여성들을 하나로 모으는 매개는 국립극장에서 상연될 암마의 연극 〈다호메이의 마지막 아마존〉(The Last Amazon of Dahomey)이다. 한편으로 이 구도는 제도적 성채를 향해 몰아치는 일종의 돌파처럼 읽히기도 한다. 암마의 급진적 레즈비언적 비전이 국립극장 무대에 오른다는 사실, 그리고 에바리스토 자신이 맨부커상을 수상한 최초의 흑인 영국 여성이라는 사실이 그 인상을 강화한다.

각 여성은 모두 비백인적 유산을 지니고 있으며, 짧게 이어지는 단락들은 그들의 삶과 정체성, 그리고 영국에서 비규범적 존재로 살아오며 어떤 방식으로 형성되어왔는지를 간결하게 보여준다. 에바리스토는 짧고 리듬감 있는 문체를 통해 이민의 유산이 이 여성들의 몸과 삶에 남긴 흔적을 탐구한다. 어떤 인물은 자신이 놓인 자리를 문제 삼고, 어떤 인물은 그 자리를 떠나지만, 백인으로서의 막대한 특권을 지니고 노골적으로 인종차별적 태도를 보이는 페넬로페를 제외하면 모두 이러한 경험 속에서 자신을 형성한다. 에바리스토의 기획은 첫 장에서부터 분명히 드러난다. 급진적 극작가 암마, 그녀의 '각성한' 딸 야즈, 그리고 절친한 친구 도미니크가 레즈비언 분리주의, 교차성, 제도적 인종주의 등 다양한 현대 정치적 맥락에 대해 나누는 대화가 그것이다. 이 첫 장은 정체성의 정치와 흑인 경험에 대한 소설 전체의 탐구를 위한 틀을 제시한다. 에바리스토가 강조하는 핵심은 영국 사회가 인종적으로 다양하며, 가족의 형태는 복잡하고 다층적이고, 이러한 이야기들은 발화될 필요가 있다는 점이다. 그녀의 각 장은 전통적 선형성이나 이성애 규범적 질서를 따르지 않으면서도 과거로 뻗어가는 대안적 가족 구조를 제시한다.

소설의 결말에서, 입양되었다는 사실을 오래전부터 알고 있었던 페넬로페는 딸의 권유로 DNA 검사를 받게 된다. '페넬로페'라는 이름이 오디세우스를 기다리던 아내의 이름이라는 점에서, 평생을 '잃어버린 채' 살아온 그녀가 마침내 자신의 가족이자 소속으로 돌아온다는 상징적 의미가 부여된다(446쪽). 페넬로페의 DNA 검사는 에바리스토가 뿌리를 찾는 경험 자체를 미학적으로 형상화할 수 있는 중요한 계기를 마련한다. 남편을 '놀라게 하려던' 그녀의 계획은 "예상대로 되지 않았다"(446쪽). 규범적이거나 흔한 결과 대신 그녀는 자신의 프로필에서 광범위한 아프리카계 유산을 발견한다. 이 결과는 곧 "페넬로페가 외상 후 스트레스 장애를 겪고 있다는 것을 의미"하며, 그녀의 세계는 크게 흔들린다. "이것은 자신의 가장 깊고 비밀스러운 부분에 속한 과학이었고, 그녀가 생각하던 자신과 드러난 자신 사이에는 충돌이 있었다"(446쪽). 에바리스토는 여기서 DNA 검사가 가능하게 하는 자아의 와해, 즉 과거의 유전학 데이터가 현재를 침범하며 현대인의 정체성을 뒤흔드는 충격을 정확히 포착한다. 일상적으로 '외상 후 충격'이라는 표현은 종종 은유적으로 쓰이지만, 이 경우 새로운 정보는 실제로 페넬로페에게 심대한 감정적 파장을 일으킨다. '그녀가 자신이라고 믿어왔던 사람'과 '유전학적으로 드러난 그녀가 누구인지' 사이에는 분명한 간극이 존재하며, 이 차이는 "자신의 가장 깊고 비밀스러운 부분"을 건드리는 과학에 의해 드러난다. 이 측면은 그녀 자신에게조차 오랫동안 감춰져 있던 부분이다. 페넬로페는 원래의 가족을 찾고자 했지만, 대신 전혀 예상치 못한 새로운 유전적 정체성과 마주하게 된다. 트라우마—즉 '충격'—는 바로 여기에 있다. "검사는 해답을 제공한 것이 아니라 그녀를 질문들과 마주하게 했다"(447쪽).

　　인종차별적 태도를 지닌 페넬로페는 자신의 자아를 다시 구성해야 하는 상황에 놓이며, 자신이 지닌 백인성이 어떻게 '표시되지 않은 채'(unmarked) 작동해왔는지를 이해해야 한다. 그러나 그녀의 반응은 결국 그녀 자신의 기존 태도와 세계관에 의해 제한된다. 그녀는 자신의 조상이 "영국이 지역을 제대로 된 국가로 구획하고 규율과 통제를 부과하기 전, 대륙을 떠돌며 서로를 죽이던 유목민이었을 것"이라고 상상한다(448쪽).[35] 그녀는 심지어 자신이 "라스타파리아인이 되어 마약을 팔아야 하는지"까지 상상한다(448쪽). 그러나 생모를 만나는 순간 이런 감정은 흔적도 없이 사라진다. "그녀의 피부색이 무슨 상관이 있겠는가?… 지금 이 순간 그녀는 너무나 순수하고 원초적인 무언가를 느끼고 있어 압도될 정도다"(452쪽). 실제로 이 만남은 문화와 사회라는 층위를 잠시 무화시키고, 두 사람을 일종의 '원초적' 차원으로 되돌린다. 두 사람 사이의

DNA적 결속과 유전적 일치는 너무도 강력하여 "세월이 급격히 되감기며 그들 사이의 생애들이 더 이상 존재하지 않는 것처럼" 느껴진다(452쪽). 소설의 결말에 이르면 시간성은 뒤섞이고 경험은 새롭게 창조된다. "이것은 어떤 감정을 느끼는 일도, 말을 하는 일도 아니다/ 이것은/ 함께 존재하는 일이다"(452쪽). 스미스의 소설에서 산문이 구조와 흐름을 동시에 구현했던 것처럼, 에바리스토의 유전사적 상상력 역시 결합과 파편화, 그리고 새로운 것으로의 재구성을 그려낸다. 신체가 시간 속에서 구성되는 방식의 복잡성은 이 지점에서 핵심적이며, 이는 라투르가 강조한 사유와 맞닿아 있다. 우리는 결코 '근대'도 '고대'도 아닌, 그 둘을 교차하며 다른 차원으로 지속적으로 이행하는 존재라는 것이다. 리타 펠스키(Rita Felski)의 말처럼 "교차 시간적 네트워크는 우리의 정돈된 시대 구분 체계를 어지럽히고, 차이와 더불어 친연성과 근접성을 인정하도록 만들며, 과거와 현재의 공존성과 연결성을 다루도록 강제한다"(Context Stinks!, 579쪽). DNA는 미학적으로도 물리적으로도 기존 질서를 흔들고 재구성할 잠재력을 지닌다.

시, 힙합, 포스트게놈 상상력

이 섹션에서는 시인, 래퍼, 예술가들이 생의학적 시선에 어떤 방식으로 반응해왔는지, 그리고 인간과 과거의 관계를 이해하는 이러한 새로운 방식에 대해 어떻게 반대하거나 혹은 그 위에 새로운 의미를 구축해왔는지를 살펴본다. 이들은 포스트게놈적 방식으로 산다는 것이 무엇을 의미하는지, 그리고 그것이 글쓰기·예술·삶에 어떤 함의를 지닐 수 있는지를 탐구한다. 한편으로 포스트게놈은 일종의 연결성, 즉 인간을 시간 속에서 파악하고 과거와의 관계를 새롭고 혁신적인 방식으로 이해할 수 있는 하나의 경로를 제공하는 것처럼 보인다. 반면 시인들은 포스트게놈을 점점 더 신체를 통제하고 의미를 고정하며 폐쇄하려는 시도로 바라보게 된다. 그들은 파편화와 낯섦, 해체와 은유를 즐기며, 유전학 데이터든 수학이든, 암시든 모티프든 간에 언어라는 것은 —기념할 만하면서도 동시에 신뢰할 수 없는— 본질적으로 미끄럽고 기이한 것임을 강조한다.

메이 스웬슨(May Swenson)의 1968년 시 〈DNA 분자〉(The DNA Molecule)는 현대 예술가들이 반응하고 있는 이러한 이중성과 비선형적 모티프를 이미 예견하고 있다. 스웬슨은 DNA를 뒤샹(Duchamp)의 〈계단을 내려오는 누드〉와 같은 형상으로 그려내며, "그녀는 내려가면서 동시에/ 올라가고 있으며, 스스로를 중심으로 움직이고 있다.… 그녀는 이중나선으로 오르내린다"(5–6, 10행)라고 노래한다.[36] 스웬슨에게서 과학은 뒤샹의 표현적 실천, 즉 이동성과 다중성을 여러 순간이면서도 동시에 하나로 개념화하는 능력을 이제야 따라잡은 셈이다. 이와 비슷하게 현대 시인들 가운데 많은 이들은 DNA와의 상호텍스트성을 활용해 단순한 혈통과 유전 개념을 의심하고 해체한다. 그들은 선형성보다는 DNA를 과거와 맺는 복잡하고 기묘한 관계를 드러내는 모티프로 삼아 울림과 유령적 낯섦의 공간을 열어젖힌다. 그러나 이러한 시들은 동시에 분명한 현대성을 품고 있다. 즉 "상황이 이미 변했다"는 포스트게놈적 감각이다. 로버츠는 "**이제**, 당신의 연인이 잠자리에 들려고 옷을 벗을 때/ 그녀의 몸은 이미 매핑되어 있다"(인용자 강조)라고 쓴다. 시인들은 지난 수십 년간의 기술적 전환을 통해 가능해진 새로운 종류의 지식에 접근하고 있으며, 그 속에서 자신의 고유성—역사적 구체성—을 뚜렷하게 감각한다. DNA는 하나의 연결 장치이자 개인을 과거의 수많은 타자들과 이어주는 끈이다. 시인들은 이러한 신체적 연결을 경유해 역사적 담론을 탐구하면서도 그것을 퀴어하게 비튼다. 그들이 탐구하는 것은 "사람들이 시간 속에서 어떻게 존재하는지, 시간 속에서, 혹은 여러 시간 속에서, 혹은 시간 바깥에서 몸으로 존재하는 것이 어떤 감각인지… 가장 넓은 방식으로 사유하는 역사, 즉 퀴어한 역사"다.[37] 이 시들에서 DNA가 역사에 균열을 내고 그 궤적을 추적하는 방식은 이러한 관점을 드러내며, 시간적 존재의 퀴어함에 대한 딘쇼(Dinshaw)의 이해를 강조한다.

시와 랩이 포스트게놈 정체성에 대해 그토록 수용적이고 창의적으로 사고해온 이유는 무엇일까? 시인과 래퍼는 다른 어떤 작가들보다도 형식과 내용의 상호작용을 깊이 의식하는 이들이다. 실제로 행과 시 사이, 언어의 기술성과 그 의미 사이에서 발생하는 긴장은 운문과 랩에서 더욱 선명하게 드러난다. DNA를 은유이자 사물로, 다중적이면서도 구체적이고 물질적이면서도 덧없는 무엇으로 상상하는 일은 시인들에게 인간성의 유령적 스펙트럼, 그리고 그것이 운문 속에서 어떻게 반영될 수 있는지를 사유하는 통로를 열어준다.[38] 시인과 래퍼는 뿌리와 이주, 그리고 정체성이 어떻게 역사적으로 구성될 수 있는지에 깊은 관심을 기울인다. 각 시인과 래퍼는 자신만의 형식을 통해 DNA가 고정된 무엇처럼 보이는 방식을 질문하며, 그 대신 다른 종류의 가능성을 제시한다. 이러한 고정성에 맞서기 위해 이들은 인간을 역사적으로는 우연적이고 특정한 존재이면서도, 동시에 자신보다 더 오래되고 더 낯선 종이나 가족의 일부로 상상하며 글을 쓴다. 그들은 과거와 현재 사이의 전승을 기념하고, 시는 그러한 일치와 차이—즉 '그때'의 울림이 '지금' 속에서 살아 있는 방식—를 사유한다. 이런 시와 트랙은 현대적이면서도 동시에 고대적이다. 오늘날 인간이 현대적 주체로 이해되면서도 여전히 과거의 존재들과 형태를 공유하고 있다는 점에서 그러하다.

유령 같은 시학: 설리반, 더피, 쿠니얼, 시몬스 로버츠

한나 설리반(Hanna Sullivan)의 〈비가 온 후의 모래밭〉(Sandpit After Rain)은 DNA의 표현 방식이 미적 구성과 어떻게 겹쳐질 수 있는지를 탐구한다. 여기서 신체 개념은 미시와 거시의 스케일을 복잡하게 넘나든다. "모든 암은 한때는 양성이었다/그런 다음 DNA는 운율을 잊어버린다." 이 한 줄에서 설리반은 생물학적 변이의 순간을 시적 형식(운율의 파열)과 겹쳐내며, DNA가 만들어내는 변화가 곧 언어의 리듬과 형태의 파열로 번역될 수 있음을 보여준다.[39] 이는 "그리고 세포는 무한히 분열한다/엉터리 시의 얼기설기한 아름다움"으로 이어진다. 여기서 DNA는 운율과 리듬, 소리를 지닌 것으로 상상되며, 통제된(양성) 형태에서 불쾌하지만 묘한 '아름다움'을 지닌 엉터리 시의 끝없는 혼돈으로 내려가는 양상을 보인다. DNA라는 '고상한' 형태에서 공적이고 노쇠한 시로의 하강은 곧 신체의 쇠퇴와 죽음으로 이어지지만, 그 과정은 "무한히 분열"하며 반복적 혼돈을 펼쳐낸다. 신체 조직의 규범적 아름다움이 파괴되는 순간부터 미학적 판단의 대상이 되는 새로운 질서—혹은 무질서—가 출현하는 셈이다. 설리반은 생명공학적 시선이 신체의 미세한 부분까지도 아름다움 혹은 미적 효과의 영역으로 끌어들이는 방식을 암시한다. 이때 시인은 은유나 직유가 아닌 더욱 급진적인 겹침과 등가성을 사용한다. "현미경 아래 염색된,/ 난소는 해질녘의 베니스다,/ '그리기에는 너무 아름답다'고 모네는 말했다." 여기서 난소는(현미경 아래에서) 베니스가 되고, 암세포는 "엉터리 시의 얼기설기한 아름다움"을 얻는다. 설리반은 눈, 입술, 피부를 나열하던 전통적 블레이즌(신체를 부분별로 나누어 찬미하는 시적 형식—옮긴이)을 세포, 난소, DNA로 치환해, 신체를 읽는 방식을 현대적으로 재구성한다. 그러나 난소와 베니스의 겹침은, 의료 기기를 통해 포착되고 분석되는 신체가 동시에 예술적 형상성을 초과하는 숭고한 어떤 것일 수 있음을 암시한다.

캐롤 앤 더피의 시 〈리처드〉는 신체의 물질성과 그것이 시의 언어와 어떤 방식으로 접속하는지를 탐구한다. 리처드 3세의 유해가 레스터 대성당에서 재안치되는 순간을 위해 쓰인 이 시에서 더피는 왕의 목소리를 빌려 말하게 함으로써, 역사적 시선 속에서 재현되는 신체의 낯섦을 환기한다. 시 전체에는 유령적이고 스펙트럼적인 이중성이 흐른다. 리처드의 존재와 물질적 규정은 암시로 가득한 시적 구절 속에서 흔들리고 미끄러지며, 시는 명료함을 거부하고 암시와 기이함의 방식을 택한다. 따라서 유전학적으로 규정된 리처드의 지위는 이 시를 읽어내는 데 핵심 요소가 된다. 그의 신체는 점자처럼, 비어 있으면서도 의미로 가득한 촉각적 요철로 제시된다. 리처드는 "내 두개골(…)/ 역사가 비워진"(2-3행) 상태로만 개입할 수 있다. 더피는 아일랜드 토탄에서 발굴된 시체를 다룬 시머스 히니(Seamus Heaney)의 〈늪지 여왕〉(Bog Queen)을 반향시키듯 소환한다. 히니의 시에서 "나는 누워 기다렸다/ 토탄과 영지의 담장 사이에서… 내 몸은 점자였다/ 스멀한 느낌으로… 그리고 나는 어둠에서 떨쳐 일어났다"라는 구절이 리처드의 목소리 속에 새겨지며, 점자의 은유는 두 신체를 이어 붙이고 그들을 인상과 윤곽선의 층위로 형사화한다(권국성 번역 참조—옮긴이). 이렇게 리처드의 신체는 유전학적 재발견과 문학적 상상력이 만나는 지점에서 촉각적 언어와 유령적 현존 사이를 오가며 재구성된다.

이 시가 지닌 유령성, 스펙트럴한 감각을 작동시키는 핵심은 바로 형식이다. 더피는 16세기 이후 시인들이 사용해온 전통적 형식, 즉 소네트를 선택한다. 소네트는 영어권 시 전통에서 가장 널리 쓰인 구조 가운데 하나로, 셰익스피어, 워즈워스, 바렛-브라우닝, 스펜서 등 수많은 시인이 이 형식으로 작업했다. 정확히 14행이라는 구격을 갖춘 소네트는 형식적 제약이 강한 만큼, 의식과 자아를 운문으로 표현하는 데 내재한 난점과도 깊게 연결된다. 소네트를 쓰는 일은 단순한 기술적 숙련을 요구하는 것을 넘어, 사실상 400년에 걸친 영어권 시의 역사와의 접속을 의미한다. 소네트는 언제나 그 이전의 변주들을 반향하고, 그 전통을 마주하며 변형하는 시적 실험을 요청한다. 엘리자베스 비숍(Elizabeth Bishop)이 소네트를 급진적으로 전복했을 때조차 그 작업은 소네트라는 형식적 틀 안에서 이루어졌다는 점이 이를 잘 보여준다. 따라서 소네트는 과거와 현재를 관통하는 역사적·형식적 매개체, 일종의 시적 'DNA'를 지닌다. 수백 년의 시간차를 두고 쓰인 텍스트들은 이 형식을 공유함으로써 동일한 구조적 단위를 갖게 되고, 더피가 이 구조를 선택한 것은 곧 시인으로서, 그리고 리처드 3세의 집단적 기억을 형성한 인물로서 셰익스피어를 직접적으로 호출하는 행위다. 더피는 소네트를 통해 물리적 주형(template)과 생명 사이의 차이를 사유하면서도, 줄 끝에 배치한 줄임표와 하이픈(loss—, Dead…, 9‒10행)을 통해 형식의 폐쇄성에 틈을 내고 구조를 열어놓는다. 이 느슨한 행 넘김은 시의 행이 몸체에서 이탈해 페이지의 빈 여백 속으로 흘러가도록 만들며, 그로써 스펙트럴한 개방성과 소멸의 감각을 동시에 환기한다.

　　더피 시의 핵심은 부재와 존재의 교차, 즉 DNA가 극화하는 과거와 현재의 관계를 사유하는 데 있다. 리처드의 목소리는 "또는 나는 한때 이것을 꿈꿨다, 당신의 미래의 숨결이/ 나를 위해 기도하며/ 오랫동안 잃어버린, 영원히 찾은"(11‒12행)이라는 구절을 통해 시간의 유연한 굴곡을 상정하는 동시에, "시간의 끝—알 수 없는, 느껴지지 않는 상실"(9행)을 떠올리며 시간성의 붕괴를 암시한다. 이 시는 이러한 모순적이고 기이한 감각 속에서, 물리적이면서도 상상된 유령적 존재를 어떻게 현현시킬 것인지, 그리고 뼈가 되살아나 현대의 순간과 상상적이면서도 물질적으로 접속할 때 발생하는 섬뜩한 낯섦을 어떻게 포착할 것인지 탐색한다. 그렇다면 리처드 3세는 지금 어떤 의미를 갖는가? 그는 점자가 '읽힐' 때, 즉 해석 행위가 수행될 때만 살아난다. 현대적 유전학의 매개 없이 육체는 거의 아무 의미도 갖지 못한 채 남는다.

마찬가지로 자파르 쿠니알(Zaffar Kunial)의 〈바텀의 자화상〉(Self Portrait as Bottom)은 유전학이 신체를 수치화하고 측정 가능한 대상으로 전환하는 방식을 사유한다. 쿠니알은 자신의 DNA 검사 결과를 설명하며 "본격적으로 숫자 이야기를 해보자", "이보다 더 산문적인 것이 있을까"라고 말한다.[40] 설리반이 DNA를 기초적이고 조직적인 시적 선으로 상상했다면, 쿠니알은 데이터로 환산된 유전 정보의 표현을 둔탁하고, 시적이지 않으며(산문적이라는 의미에서), 규칙적이고 매혹적이지 않은 것으로 본다. '산문적'이라는 표현은 시의 반대편을 가리키며, 이러한 자아 묘사는 인간을 본질적으로 평범하고 음악성 없는 존재로 드러냄을 암시한다. 만약 게놈학이 인간을 재현하는 일종의 전면적 사실주의를 제시한다면, 쿠니알의 시는 그 사실주의가 미학적으로는 매력적이지 않음을 암시한다. 그러나 시 속의 실제 숫자들은 오히려 강한 암시성을 띠며, 그 이면에는 복잡한 정체성 문제가 자리한다. 숫자는 중립적이지 않으며, 쿠니알이 이해하고자 하는 또 하나의 해석 방식으로 기능한다.

쿠니알의 시는 자신의 DNA와 자기감각(selfhocd) 사이의 관계를 파악하려는 시도이기도 하다. 쿠니알과 설리반은 모두 데이터와 물질적 신체 사이에 존재하는 기묘하고 거의 불가사의한 간극을 표현하며, 상상된 것이 어떻게 실재가 되는지를 탐구하기 위해 언어적 은유를 적극적으로 활용한다. 쿠니알의 시는 또한 영국 현대미술가 마크 퀸의 〈게놈 자화상〉(Genomic Portrait)에서 제시된 문제의식과도 맞닿아 있다. 퀸은 자신의 DNA가 지닌 '사실성'(realism), 그리고 그 물질적 구성요소(침)와 상상된 자아 사이의 관계를 탐색하며, '자기'가 무엇으로 구성되는가를 다시 묻는다. 이런 맥락에서 〈바텀의 자화상〉은 자화상이라는 형식 자체와 그 재현 방식의 가능성을 성찰하는 시적 흐름에 자리한다.[41] 쿠니알의 시는 새롭게 형성된 게놈적 자아(genomic self)를 사유한 가장 이른 사례 중 하나로, 2018년의 신체가 처한 동시대적 현실을 단단히 응시하며 포스트게놈 시대의 현대성을 선명하게 드러낸다. 그는 유전학을 매개로 역사적으로 규정되고, 동시에 데이터와의 관계 속에서 상상되는 현대 주체(modern subject)의 모호성과 불안을 정교하게 포착한다. 쿠니알의 화자는 지금이면서 과거이고, 혈통(ancestry)과 동시대성(contemporaneity) 사이를 탄력적으로 횡단하는 존재다. 시 속의 숫자들은 이러한 이행적 특성(transitive quality)을 가시화하는 장치로 작동하며, 시험관 속에서 바라본 침 샘플보다도 더 '실재적'인 자기 재현의 형식으로 기능한다.

셰익스피어의 〈한여름 밤의 꿈〉에서 직공 바텀에게 사랑에 빠지도록 마법을 건 티타니아를 조롱하기 위해, 요정 퍽은 바텀의 머리에 당나귀 머리를 씌워 그를 변신시킨다. 바텀은 최하층 신분에서 갑작스레 호사스러운 처지로 이동하지만, 정작 자신에게 어떤 변화가 일어났는지 전혀 자각하지 못한다는 점이 이 농담의 핵심이다. 이 희곡은 변화, 불안정한 이동성, 그리고 변신 가능성에 집착하는 작품이며, 변화된 상태는 종종 두려움의 대상으로 제시된다. 그러나 바텀의 거만함은 그가 이러한 변화를 이해할 자기 인식조차 갖추지 못했음을 드러낸다. 그가 당나귀 머리로 등장했을 때 피터 퀸스가 "축복하소서, 바텀, 축복하소서. 너는 번역되었다!"라고 외치는 장면은 상징적이다. '축복하소서'라는 반복은 이 변신이 마치 마법적이거나 심지어 악마적 사건이며, 바텀이 보호받아야 할 만큼 위험한 일이라고 퀸스가 믿고 있음을 암시한다. 퀸스가 말하는 '번역되었다'라는 표현은 바텀이 한 상태에서 전혀 다른 상태로 옮겨졌음을 가리키며, 그의 당나귀적 외양은 인간중심주의라는 전제를 희화화하는 방식으로 농담을 확장한다. 결국 바텀은 자기 인식의 부재와 외양과 내면의 괴리 때문에, 관객과 요정 왕 오베론, 그리고 인간 세계의 테세우스에게까지 웃음거리로 전락한다.

쿠니알의 시는 바텀의 대사 "오 나는 번역되었다"를 변주하며 시작된다. 흥미로운 점은 셰익스피어의 '원작' 자체가 여러 텍스트 변형을 지니고 있어, 언어라는 것이 이후의 생애 속에서 의미의 '계보'를 형성하는 데 얼마나 비물질적이고 들쭉날쭉한지를 상기시킨다는 점이다. 특히 '오'(O)라는 감탄사는 후대의 변형에서 등장한 것이며, 이 버전에서는 '번역되었다'(translated)가 '변했다'(chang'd)로 바뀐다. 즉 쿠니알은 이미 텍스트가 생산하는 이후적 생명, 암시, 반향, 상호텍스트성에 내재한 균열과 변위를 작품의 출발점으로 삼고 있는 셈이다. 여기서 '번역'은 단순히 의미의 전환이 아니라, 하나의 양식(연극)에서 다른 양식(시)으로 이동하는 행위까지 포괄한다. 그와 마찬가지로 쿠니알 자신은 시(인간성)에서 산문(숫자, 민족성)으로 이동하며, 그 과정에서 자아와 재현의 방식이 재배열된다. 의미는 언제나 원본과 변형, 둘 중 어디에도 고정되지 않은 채 그 사이의 공간에 자리하며, 바로 그 틈새에서 새로운 감각과 정체성이 발생한다.

오 나는 번역되었다.

숫자의 언어.

여기 그들 안에 내가 있고

내 안에 그들이 있다. (1-4행)

쿠니알의 자아는 정보 속에 겹겹이 스며들며, 그는 시험관 속 자신의 침을 들여다보는 순간 현재의 자신뿐 아니라 그 안에 잠복한 '과거'까지 함께 응시하게 된다.

침이 담긴 시험관을 바라보는 그의 경험은 낯설고, 다른 것이며, 기이하다. 유리 표면에서 길게 늘어나 뒤틀린 그의 얼굴—"길게 늘어난/ 나의 얼굴이, 침 너머로/ 나를 응시하고 있었다"(12 - 14행)—은 존 애쉬베리(John Ashbery)의 1975년 시 〈볼록 거울 속 자화상〉(Self-Portrait in a Convex Mirror)에 등장하는 일그러진 반영을, 그리고 그보다 앞선 파르미지아니노(Parmigianino)의 1524년 동명 회화를, 분명히 현대적 감각으로 갱신한 장면처럼 보인다.[42] 쿠니알의 추상화된 얼굴, 즉 시험관의 '바닥'에 비친 그의 모습은 "연결되지 않은/ 말하지 않는 죽은 자들"(15, 17 - 18행)을 "소환하려는" 표정을 드리운다. 애쉬베리의 시에서 끝내 연결될 수 없었던 파국적 예술가와 달리, 쿠니알은 자신의 과거를 호출하고 자신을 이해할 수 있는 새로운 현대적 매개—자신의 DNA—를 가졌다. "나. 아니면/ 과학과 광고 문구가 말하듯이"(19 - 20행). 그는 자신의 정체성을 과학적 수사와 마케팅 언어가 대신 말해주는 구조 자체에 문제를 제기한다. 이어 그는 자신이 "우스꽝스럽게도… 그 U자형 시험관에서 보려고

했던"(11행) DNA의 기묘한 낯섦, 즉 이해할 수 있을 것 같으면서도 끝내 포착되지 않는 어떤 실재성을 설명한다. 쿠니알이 바랐던 것은 "어느 수준에서는 느껴왔던" 자신의 정체성과 관련된 무언가—"언어의 높이 아래/ 심연의 밑바닥/ 혹은 우리다움"(57~59행)—를 시험관 속에서 발견하는 일이었다. 그는 부모와 자신을 잇는 유전적 연결을 느끼면서도 그 연결이 너무 깊고, 너무 설명 불가능하며, 언어 바깥의 어떤 차원에서만 '알려져 있는' 것임을 직감한다. 그래서 그는 '광고 문구'가 약속하는 명료한 해답이 결코 주어지지 않을 것임을 이미 알고 있다. 그러나 여전히 무언가가 존재한다. 내재해 있고, 그를 과거와 잇고, 느껴지지만 말해질 수 없는 무엇. 그의 정체성은 그 불가시적 깊이에 닿아 있으면서도 끝내 온전히 설명될 수 없다.

발터 벤야민(Walter Benjamin)은 텍스트가 시간 속에서 지니는 이중성, 그리고 그 다중적 시간성이 어떻게 복잡성과 다층적 의미를 생성하는지를 상기시킨다. 그는 "번역은 원본의 삶에서가 아니라 그 이후의 생명에서 비롯된다"라고 말한다.[43] 벤야민에게 원본과 번역은 언제나 서로 긴장 관계에 있다.

아무리 뛰어난 번역이라도 원본 자체에 대해 어떤 의미도 부여할 수는 없다. 그럼에도 번역은 원본의 '번역 가능성'에 힘입어 원본과 가장 가까운 자리에서 존재하며, 아이러니하게도 그 관계는 번역이 더 이상 원본에게 중요하지 않다는 사실 때문에 오히려 더욱 밀착된다.[44]

번역, 각색, 응답, 반향―이 모든 것은 원본의 '이후 생명'으로서 고유한 삶을 가지며, 원본의 삶과 동시에 존재하지만 결코 그것과 직접 맞닿지 않는다. 이와 마찬가지로 쿠니알은 바텀이 그랬던 것처럼, 번역된 자기 자신이자 자신의 한 변형된 버전이다. 그렇다면 무엇이 반향일까? 쿠니알이 원본일까, 혹은 각색일까?[45] DNA는 역사적·시간적으로 더 먼저 존재하며, 그가 결코 속해보지 못했던 과거와 그를 연결하고, 그를 반향하고 반영한다. 그는 자신이 판독하라고 제출한 DNA에 의해 조명을 부여받은 하나의 '이후 생명'이다. 이 서로 다른 사물들 사이의 긴장은 일종의 위기를 불러일으킨다. 시의 첫머리에 놓인 'O'라는 글자는 부재와 존재를 동시에 드러내는 표식이다. DNA처럼 그것은 형상이자 문자이고, 소리이자 텍스트다. 문자 O가 활자적 기능을 갖는 것은 그것이 단순한 여백이 아니기 때문이며, 의미와 비의미가 끝없이 순환하기 때문이다.

이어지는 다음 글자는 '나'(I)다. 부재와 자아, 무와 나 사이의 이러한 긴장은 유전학이 직면한 결정적 위기이기도 하다. DNA는 모든 것이면서 동시에 아무것도 아니다. 쿠니알의 몸은 상상되면서도 실재하고, 그의 DNA는 나선, 데이터, 자아, 현재와 과거, 타자와 초상 사이에서 긴장을 유지하며 거기에 있으면서도 거기에 없다. 이런 이중성과 이원성, 이분법적 장력은 하나의 고유한 미학을 이룬다. 벤야민이 말하듯, 각각의 요소는 서로 관계를 맺으면서도 서로 다르다. 자아와 타자는 타자성의 미학 속에서 영원히 긴장 관계에 놓여 있지만, 새로운 측면이 등장하는 순간 언제든 변화할 수 있다.

쿠니알의 시는 제목과 첫머리 인용을 제외하면(첫 구절은 바텀의 대사지만 시 안에서 인용부호로 표시되지는 않는다) 바텀을 무례하고 주변화된 사회적 인물로 재배치한다. 그는 인간과 동물이라는 두 범주 사이에 갈라져 있는 존재이며, 동시에 비규범적 주체로서 티타니아와의 관계를 통해 사회적 질서뿐 아니라 인간중심주의 자체에도 도전한다. 마찬가지로 시인은 "50% 유럽./ 50% 아시아"로 "갈라져 있다." 이 줄바꿈은 과학적 해석을 통해 그의 몸에 제도화된 이중성을 시각적으로 강조한다. DNA 검사를 수행하는 순간 쿠니알은 새로운 무언가, 다른 무언가가 되며, 사회적 상호관계를 통제하기 위해 마련된 기존 질서 체계를 전복할 잠재성을 드러낸다. 〈한여름 밤의 꿈〉에서 숲이라는 공간이 위험한 가능성과 규범 위반을 지시하듯, 쿠니알에게 자신이 침을 떨어뜨려 넣는 시험관은 해방적 공간이 될 수도 있지만, 동시에 자아가 스스로를 규정하던 경계로부터 풀려나는 불안정한 장소이기도 하다. 연극에서 배우와 연인들이 숲을 탈출과 가능성의 공간으로 경험하면서도 결국 그곳을 두려워하며 도망치듯, 새로운 맥락 속에서 자신을 다시 바라보고, '자기'라는 글쓰기를 통해 자신이 상상해온 자아와 다른 존재일 수 있음을 인정하는 일은 심리적으로 상당한 도전이다.

이 과정에서 쿠니알은 단순히 '산문적' 수치와 비율로 정의되는 것을 거부하며, 그 대신 자신의 존재를 감싸는 신화적 배경을 상상해낸다.

그리고 아버지 쪽은?

48% 남아시아.

마치 이렇게 말하는 듯하다

아버지의

사람들은 가까운

과거의 개종자, 어쩌면 낮은 카스트,

어쩌면 다신을 믿는 이들,

산스크리트로 주조된 하늘의 신들,

무거운 부처,

장난스러운 숲의 존재들,

날개 달린 간다르바들. (35~43행)

쿠니알은 자신이 받은 DNA 검사 결과에 다양성이 결여되었음을 솔직하게 지적한다. 영국, 아일랜드, 스칸디나비아, 핀란드, 이탈리아로 세분화될 만큼 촘촘하게 분류되는 그의 유럽 계보와 달리, 이 검사는 그의 아시아 혈통에 대해서는 어떤 세부적 정보도 제공하지 못한다.[46] 설명이 비어 있는 자리에서 시인은 '남아시아'가 의미할 수 있는 또 다른 자기 버전을 제시하며, 신과 신학의 이미지를 불러온다. 짧고도 정확한 단어 'puckish'의 사용은 독자를 다시 셰익스피어의 세계로 불러들이며, 정령과 요정이 결코 순수하게 '영국적'이지 않다는 사실을 상기시킨다. 동시에 이는 쿠니알의 DNA가 퍽의 "지구를 두르는" 마법적 능력과 어떤 친연성을 지닌다는 암시로 읽힌다.[47] 그는 퍽을 힌두교와 불교의 존재인 '간다르바'와 나란히 놓지만, 이 등치는 의도적으로 느슨하며 언제든 사라질 수 있는 은근한 병치일 뿐이다. 'puckish'라는 단어 하나는 이미 그 자체로 충분한 울림을 생산한다. 또한 〈한여름 밤의 꿈〉에서 오베론과 티타니아의 갈등이 티타니아가 어머니에게서 물려받은 인도 소년에 대한 애착에서 비롯된다는 점을 떠올리면, 쿠니알의 상상은 또 다른 방향으로 확장된다. 그는 자신을 그 아이로, 부모를 오베론과 티타니아로 상상하는 것일까? 시가 부모의 DNA가 지닌 역사적 지리—"거의 만나는", "그러나 완전히는 아닌"—로 되돌아갈 때, 이러한 그림자는 자연스럽게 겹친다. 퀸의 작업과 마찬가지로 여기서도 구성되는 자아는 정확하면서도 독특하고, 동시에 어떤 의미에서는 일반적이기까지 하다. 그것은 단 하나의 고정된 정체성이 아니라 다양한 계보와 이미지가 반향하며 만들어내는 하나의 가능적 자아의 버전이다.

　　마크 퀸의 작업과 마찬가지로 마이클 시몬스 로버츠의 시 〈존 던에게〉(To John Donne, 2004) 역시 존 설스턴에 대한 직접적 응답으로 쓰였다. 이 시는 "네가 유전자를 특허할 때/ 너는 나의 일부, 우리가 공유하는 풍경을 점유한다"라는 설스턴의 말로 시작된다.[48] 로버츠 또한 퀸이 그랬듯, 설스턴이라는 인물 안에서 포스트게놈 시대가 제기하는 사유의 지점을 발견하며 그 의미를 집중적으로 탐구한다. 이 구절은 존 던, 특히 그의 시 〈엘레지 XIX: 잠자리에 드는 연인에게〉(Elegy XIX: To His Mistress Going to Bed, 1654년 초판)를 정면으로 호출하고 도전한다. 여인이 옷을 벗는 장면을 다루는 던의 시는 소유, 권력, 욕망이 고차하는 복잡한 작품으로, 던은 신체성과 육체를 신성, 영성, 은유와 결쿠시키는 독특한 감각을 지닌 시인으로 평가받는다. 로버츠는 바로 이 엘리지의 가장 유명한 구절을 끌어오며, 던의 시적 상상력과 포스트게놈적 세계의 충돌—혹은 공명―을 탐색한다.

> 나의 헤매는 두 손을 허락하오, 그리고 손들을 가게 하오,
>
> 앞으로, 뒤로, 사이로, 위로, 아래로.
>
> 오 나의 아메리카여! 나의 새로 발견된 땅이여,
>
> 나의 왕국이여, 남자 하나뿐일 때 가장 안전한 곳,
>
> 귀금속의 나의 광산이여, 나의 제국이여,
>
> 그대를 발견하다니, 나는 얼마나 축복받았는가!
>
> 이런 속박 속에 들어가는 것은, 자유롭게 되는 것;
>
> 〈〈엘레지 XIX〉 25-31행, 《17세기 영시》, 이창준·이재호 옮김, 탐구당, 1977, 120쪽)

로버츠의 다시 쓰기는 던에게 직접 말을 거는 방식으로, 게놈 과학에 의해 새롭게 이해되고 새롭게 젠더화된 신체를 호출한다. "이제, 당신의 연인이 잠자리에 들기 위해 옷을 벗을 때,/ 그녀의 몸은 이미 매핑되어 있고,/ 그 고대의 이름은 금이 간 암호다"(1-3행). 던의 세계에서 여성의 몸이 신비와 불가해성의 영역에 놓여 있었다면, 로버츠에게서 그 신체는 이미 해독되고, 데이터화되고, 갱신된 현대적 대상이 된다. 여성이라는 성별은 더 이상 본질적 의미를 갖지 않지만 시적·미학적 층위에서는 여전히 상징적 함의를 지닌다. 이와 관련하여 해러웨이(Donna Haraway)는 "생명공학의 기호학적 질서에서 DNA가 '생명 그 자체'를 의미한다면, 합성 DNA는 특히 미래를 실현하고, 그 미래에 대한 투자로부터 이익을 실현하는 데 열려 있다"고 말한다.[49] 이러한 바이오파워의 발

현은 (여성) 인간을 이해하고, 조사하고, 통제하며, 질서화하려는 방향으로 작동한다. 던의 시에서 확인되는 (남성) 시선의 전근대적 형식은, 통제와 상품화를 핵심으로 삼는 현대 과학 담론에 자리를 내준다.

연인의 몸은 두 시 모두에서 '읽히는' 대상으로 제시되며, 각 시대의 지배적 은유와 동시대적 관심사 속에서 인식된다. 던의 시에서 몸은 아직 알려지지 않은 대상에 의미를 부여하고, 여백을 점유하며 통제하려는 욕망의 과정에서 이해된다. 반면 로버츠의 시에서 몸은 한발 물러난 거리에서 파악된다. 생의학적 시선은 개별 여성의 몸을 응시하고 해독하려 하지만, 동시에 그녀를 집단으로서의 종(species)의 일부로 환원한다. 모든 여성은 서로 유사한 존재로 보이며, 타 여성들과의 비교 속에서만 이해된다. 던의 시에서 지워졌던 개별성은 다시 한번 소거되는데, 이번에는 현대 생의학이 구성한 인간 개념에 의해 이루어진다. 그녀는 독특하면서도 중첩적이고, 동시에 다중적인 존재다. 던의 여성혐오는 어떤 점에서는 로버츠에게서 '유예'된다. 그것은 던이 오로지 '지금-이-순간'에 존재하려는 집요함을 지니고 있기 때문이다. 반면 유전자 특허가 부여하는 인간의 가치는 현재에도, 그리고 앞으로도 지속적으로 상품화된다. 로버츠가 과거를 호출하는 이유는 바로 이 현재를 사유하기 위해서다. 결국 두 시인은 같은 문제를 다루지만 서로 다른 수단을 사용할 뿐이다. 여기서 지식은 고정되지 않고 유연하게 작동한다. 대상화된 존재, 즉 연인은 시대마다 서로 다른 방식으로 이해되고 구성된다. 시 속에서 성차는 유전자 과학의 개입을 통해 현대 시 속에서 다시 쓰일 수 있는 무엇이 된다. 초기 근대 작가들이 여성을 새로 발견된 토지에 비유하는 '블레이즌'의 수사로 묘사했다면, 현대 과학은 인간을 데이터로 환원한다. 신체는 언제나 특정한 개념틀 속에서 이해되며, 단일한 방식으로 고정되지 않는다. 이러한 차이는 시인에게 일종의 피드백 루프를 형성하게 하여, 자신이 역사적 맥락 안에 위치해 있음을 인식하게 만드는 동시에 던의 역사적 특수성 또한 드러나게 한다. 그래서 이 시는 '지금'으로 시작한다. 이는 진보를 선언하기보다는 차이를 표시하는 제스처다. 두 시 모두 역사적으로 형상화되고, 역사적으로 구체화된 하나의 사실성을 표현한다. 신체는 결코 그 자체로 존재하는 몸이 아니라 언제나 (대개 남성) 화자에 의해 상상되고, 욕망되며, 꿈꾸어지는 구성물이다.[50]

로버츠가 문제 삼는 것은 던이 상상했던 '새로 발견한 땅'이 이미 "걸음으로 측정되고,/ 크기가 산출된"(4-5행) 상태라는 점이다. 그는 던에게 "그녀의 이 지도는 더 이상 신비로운 책이 아니다"라고 말하며(11행), 신앙이 타락한 이성으로 대체되었음을 암시한다. 생의학적 시선은 그녀의 몸을 대신 구성하고, 그것을 "의사들에 의해 장악된… 질병의 교과서"로 만들어버린다(8, 12행). 그녀의 몸은 새로운 방식으로 파악되며, "도표는 노트북에 저장되고… 적나라하게 드러난다"(7, 8행). 이로써 나체는 더 이상 물리적 경험이 아니라, 수학적이고 데이터 기반의 대상으로 이해된다. 로버츠는 이러한 육체의 물화에서 벗어날 길을 모색한다. 그는 던과 연인이 은유의 차원에서 현실의 순간으로 이동할 것을 요구하며, 생의학적 시선을 차단하려 한다. "당신은 신경 쓰는가? 그녀는? 이 빠르게 스쳐 지나가는 5월의 황혼에 그게 무슨 의미가 있을까"(28-29행). 이 질문은 생물학적 서술을 제쳐두고 오직 지금-여기의 순간을 이해하

라는 요청이다. 이어 그는 "당신의 손과 그녀의 손이 우리를/ 사랑의 대
규모 월경으로 이끌게 하라"(37－38행)고 말한다. 여기서 로버츠는 신세
계의 폐쇄된 공간 대신 경계 설정에 맞서 일어났던 대중 운동—1932년
의 대규모 무단 통행 사건—을 환기한다. 경계는 넘어야 하며, 연인은
서로에게 다가가 결합해야 한다. 그리고 마침내 "속삭임으로/ 몸의 좌표
를 되찾아야 한다"(39－40행). 그러나 이 지점에서 역설이 발생한다. 연인
들이 데이터로 환원되는 순간 시는 더 이상 결속되지 못하고 해체된다.

몸의 좌표: TTA,

GAG, TGT, CCC, ATC, TGT (이것은,

그렇다, 열거다) CTG, GAG, TTG⋯ (39-41행)

시는 DNA의 '주문처럼 이어지는 열거'와 말줄임표로 끝난다. 이
시는 종결되지도, 닫히지도, 울타리로 둘러싸이지도 않으며, 하나의 주
형에 고정되지 않는다. 게놈 역시 결론지어지고 고정되는 대상이 아니
라 끊임없이 열리고 실험되며 변형되는 것으로 제시된다.

이 결말을 또 다른 방식으로 읽자면, 시가 스스로 'DNA가 된다'고
제안하는 것으로 이해할 수 있다. 이는 생물학적인 것과 미학적인 것이
서로 자리를 교환하는 순간이다. 염기서열은 시구로 변환되어 운율과
박자, 형식과 라임과 상호작용하고, 시의 언어로 문자화되며, 문자에서
시로, 시에서 생명으로 이어지는 가장 기초적인 차원의 연금술을 시도
한다. 이들은 시의 구성단위로 기능하면서 율격의 발과 의미로 돌연변

이한다. 그러나 시구는 실제 DNA는 아니며, 이 점은 물질적 실재와 상상된 것, 언어와 세계 사이에 놓인 간극을 드러낸다. DNA 역시 시와 마찬가지로 세계를 설명하는 하나의 방식이자 또 하나의 버전, 곧 일종의 미학이다. 이때 DNA로 이루어진 시구는 '리타니'(litany)로도 묘사되는데, 이는 반복되는 열거이자 교회 의식을 의미한다. 존 던이 육체적 시인이면서 동시에 세인트 폴 대성당의 주임 사제로서 육체와 신성을 결합한 인물이었던 것처럼, 로버츠는 신체를 의례화된 반성적 주문으로 제시하며 그것이 신에게 접근할 수 있는 하나의 통로가 될 수 있음을 보여준다.

여기서 던을 핵심적인 상호텍스트로 호출한다는 것은 시몬스 로버츠의 시가 더피와 쿠니알의 시와 동일한 모티프를 공유한다는 뜻이며, 이는 정당성, 계승, 그리고 과거에서 현재로의 전환을 사유하는 하나의 시적 계보에 참여하고 있음을 의미한다. 크리스티안 뵈크의《제노텍스트》역시 베르길리우스(Virgil)와의 연관을 탐색하면서 소네트 형식을 취한다. 극히 도전적인 시편임에도 불구하고 그 구절들은 여전히 형식에 밀착되어 있다. '거장' 시인과의 관계는 T. S. 엘리엇(Eliot)에서 해럴드 블룸에 이르기까지 시론의 핵심 주제였으며, 이 작가들은 자신들이 중요한 선행자들과 대립하는 위치에 서 있다는 사실을 분명히 자각하고 있다. 각 시인은 과거와의 관계를 재정의하면서도 '지금'의 현대성을 강조한다. 그들은 과거와 현재의 상호 관련성을 전제하며, DNA가 미끄럽지만 물질적이고 관계적이면서도 사소한 존재임을 이해한다. DNA는 현재의 인간을 파악하는 새로운 방식이자 과거와의 관계를 변화시키는 힘이다. 각 작가는 이러한 변화를 드러내기 위해 오래된 형식이나 오래된 시인을 호출한다. 현대의 글쓰기는 인간을 다시 바라보고, 종에 대한 담론 방식을 심문해야 한다. 이 작가들은 이론적으로 '현대 주체'의 형성기로 간주되는 1700-1900년의 시기를 건너뛰고, 그보다 이전의, 제국과 의학, 신앙이 새로운 인간의 묘사를 형성하던 특정한 시대를 응시한다. 그러나 그들은 '근대성'의 발전, 특히 푸코(Michel Paul Foucault)와 다른 이들이 19세기 초에 등장했다고 지적한 신체에 대한 의료적 인식의 발전을 넘어선다. 이 작가들은 인간을 역사적으로 우연적이고 특정한 존재로, 동시에 자신보다 오래되고 더 낯선 종이나 가족에 연결된 존재로 개념화한다. 그들은 과거와 현재 사이의 전이를 기념한다. 브뤼노 라투르가 "우리는 결코 근대인이었던 적이 없다"고 말하며 복잡한 인간 문화를 강조하듯, "내 유전자 중 일부는 5억 년 전에 생겨났고, 또 다른 일부는 300만 년 혹은 10만 년이 되었다. 내 습관의 나이는 며칠에서 수천 년에 이른다.… 이러한 상호 교환이 우리를 규정한다"(75쪽). 시는 이러한 화음과 차이, 곧 과거가 현재 속에서 울리는 공명을 이해한다. 이 시들은 현대적이면서도 고풍스러우며, 이는 현대의 인간이 현대적 주체로 이해되면서도 여전히 과거의 인간과 형식을 공유하고 있음을 보여준다. 우리의 DNA는 수백 년 동안 거의 변하지 않았지만, 우리가 자신을 이해하고 바라보는 방식은 분명히 변해왔다. '사실성'은 역사적으로 우연적인 개념이다. 이 시인들은 '역사'와 그 담론적 함의를 탐문하며, DNA를 통해 현실과 역사적 서사의 범주를 뒤흔든다.

구조적 인종주의와 정체성: 리조, 레지덴테, 켄드릭 라마

DTC DNA 검사에 반응해 제작되는 미학적 작업은, 예술가들이 이러한 검사와 관련해 다양한 비유와 비판적 입장을 형성하기 시작하면서 점차 증가하고 있다. 예술가 데이비드 블랜디(David Blandy)와 래리 아치암퐁(Larry Achiampong)은 영국의 예술기관 아츠캐털리스트(Arts Catalyst)의 'Dreamed Native Ancestry'(DNA) 시리즈의 일부로, "Trust me I'm an artist"를 위한 개입 작업을 선보였다. 블랜디와 아치암퐁은 AncestryDNA(가정용 조상 추적 DNA 검사 서비스—옮긴이) 검사를 여러 차례 진행하면서, 특히 정체성과 관련해 해당 검사가 자신들을 대신해 무엇을 주장하는지를 검토하고, "정체성을 서사적이고 사회적인 차원에서 분리하는 것이 인종과 관계에 대한 이해에 어떤 영향을 미치는가"라는 질문을 던졌다.[51] 이들의 작업은 가정용 검사와 데이터베이스의 확장이 초래하는 결과, 특히 생명윤리에 대한 비판적 관심을 분명히 드러낸다. 여기서 DNA 검사는 윤리, 정치, 이주, 생명정치, 정체성에 관한 보다 폭넓은 논의를 촉발하는 계기가 되며, 동시에 포스트게놈 조건과 관계 맺는 하나의 방식으로 제시된다.

미국의 가수이자 래퍼 리조(Lizzo)의 〈트루스 헐츠〉(Truth Hurts, 2018)에는 "I just took a DNA test, turns out I'm 100% that bitch"라는 핵심 가사가 등장한다. 이어지는 구절에서 리조는 'human'과 'goddess in me'를 구분하며, 유전적 정체성을 페미니즘적 권한 부여의 새로운 언어와 결합한다. 리조는 "100% that bitch"라는 문구를 의류와 홍보용으로 상표 등록했는데, 이는 여성의 자기 확신과 관련된 그녀의 높은 공적 위상을 분명하게 보여준다. 트랙 공개 이후 홍보 웹사이트는 밈 형태로 제작된 'Lizzo DNA Test'를 통해 사용자들이 자신이 얼마나 'that bitch'인지 퍼센티지로 확인할 수 있도록 했으며, 그 목적은 특히 남성의 오만함을 거부하고 스스로를 '소유'하는 데 있었다. 사용자들은 이 결과를 소셜 미디어에 공유했고, 이 밈은 유전적 구성과 행동 사이의 관계에 대한 논의를 촉발했다. 트위터, 인스타그램, 스포티파이, 틱톡 등 여러 플랫폼에서 동시에 전개된 이 다층적 이벤트는 상호작용적 담론과 콘텐츠를 생성하며 동시대 미디어 순간들의 동시성과 복잡성을 드러낸다.

유머러스하게 전개된 이 소셜 미디어 논의는 권한 부여와 자기 확신이 마치 어떤 근본적·생리적 정체성의 일부인 것처럼 이야기되는 방식에 초점을 맞추고 있었다. 리조의 가사는 특히 아프리카계 미국인 커뮤니티에 널리 퍼져 있는 DNA 검사 현상에 대한 반응이지만, 그 결과를 과거에 대한 염려가 아니라 '지금 여기'의 문제로 장난스럽게 전복한다. 이는 또한 대부분의 DTC 유전자 검사 마케팅에서 두드러지는 본질주의적 관념에 대한 논평이기도 한데, 이 농담은 업체들이 제시하는 다소 근거 없는 비율 수치와 DNA가 행동을 설명할 수 있다는 더 넓은 통념을 약화시킨다. 자기완결적 주체성에 관한 관념이 '소유'라는 재산 개념과 겹치는 지점은 유전자 특허권과 유전물질의 상품화에 대한 우려에 대응하는 것이기도 하다(X장 참조). 이 순간은 DNA가 행동을 결정한다는 진부한 공적 상식이 얼마나 널리 퍼져 있는지를 분명하게 보여준다. 더 나아가 정체성을 이해하는 하나의 방식으로서 DNA 검사의 위상이 점차 높아지고 있음을 드러낸다. 리조의 "turns out"이라는 표현은 이러한 검사들이 공적으로 내포하는 '계시'의 언어를 암시한다. 'Lizzo DNA Test' 는 정체성을 규정해온 대기업들의 언어를 능청스럽게 뒤집으면서도, 생물학적 내부를 들여다보는 일이 정체성을 설명하고 표현하는 하나의 방식이 될 수 있음을 시사한다.

비슷하게 푸에르토리코 출신 래퍼 레지덴테(Residente)는 유전학을 자기 안의 새로운 가능성을 여는 섬세하고도 취약한 문으로 이해한다. 그는 2015년 DNA 검사를 받았고, 이를 계기로 자신 안에 존재하는 다양성과 그동안 보이지 않았던 측면들을 돌아보게 되었다. 이 경험을 바탕으로 그는 그 안에서 발견한 다채로움과 다원성을 성찰하는 앨범과 다큐멘터리를 완성했다. 그는 다음과 같이 랩한다. "약간의 피, 타액 한 샘플/ 실험실에 보내 돌려받으면 그들이 분류를 해제하려 애쓰는 모습을 보게 되지/ 한 섬유에서 나온 디옥시리보핵산 가스."[52] 레지덴테는 소비자 기술과 생물학이 지니는 계보학적 의미에 대한 동시대적 이해를 바탕으로 자신의 유전적 구성을 사유한다. "과학자들은 한 가닥을 분리해낼 수 있어/ 네가 알고 싶어 하는 내력들을 퍼센티지로 말해주지"(17 – 18행). 사촌인 린마누엘 미란다(Lin-Manuel Miranda)와 함께 랩을 펼치는 레지덴테는 스페인어와 영어를 넘나들며, 새로운 유전 기술이 개인으로 하여금 자신을 세계의 축소판으로 상상하게 만드는 방식을 성찰한다. 미란다는 미국의 국가 서사가 지닌 부족한 다양성과, 이를 다른 방식으로 다시 이야기할 수 있는 가능성을 탐구한 뮤지컬 〈해밀턴〉(Hamilton, 2015)의 작가로 세계적으로 알려져 있다.[53] 이 트랙에 그가 참여함으로써 가족과 친족 공동체의 층위가 더해지는 한편, 국가적 과거를 재현

그림 5.1 레지덴테의 파나마 공연(2019).

하는 방식과 그 서사에 소수 공동체가 어떻게 개입하는지를 둘러싼 날카로운 정치성이 음악 안으로 유입된다(그림 5.1).

이 트랙의 제목인 〈ADN/DNA〉는 유전적 코딩이 영어와 스페인어 사이에 나뉘어 존재하며, 다언어적이고, 이름 자체가 이중 구조를 이루어 서로 닿지 않으면서도 생명을 구성하는 기본 단위를 제공하는 것처럼 제시한다. 레지덴테는 이러한 수학적 '백분율' 속에 "네가 이해하고자 갈망하는 내력(descendancies)"이 담겨 있다고 말하며, 유전자 검사가 참여자에게 미칠 수 있는 정서적 충격을 부각한다. 이 트랙은 민족성과 공동체, 가족과 친족을 탐색하는 동시에, "네가 계획한 것과는 다른 결과가 나올 수 있다"는 점 또한 인식한다. 더 나아가 유전적 통찰이 가능하게 한 혁신의 한 모델을 제시하는데, 그는 "그래도 넌 음악을 만들지/ 뉴스 속 이미지 너머의 리듬과 화음의 접합에서 새로운 것을 만들지"라고 랩한 뒤, "그걸 만들어낼 수 있다면, 네 꿈은 또렷해지고, 너는 그대로 뱉어"(13–15행)라고 결론짓는다.

여기서 레지덴테는 'produce'와 'spit'을 동시에 사용해 말장난을 만든다. 'spit'은 랩을 한다는 뜻의 속어(spitting verse)인 동시에, 그의 몸에서 채취되어 샘플을 만드는 데 사용된 세포의 원천이기도 하다. 그의 'spit' 안에는 정체성과 문화의 수많은 요소가 들어 있으며, 새로운 기술은 "음악을 만들고/ 새로운 것을 만들" 수 있다는 하나의 계시를 가능하게 한다. 이는 시인과 래퍼들이 자신의 예술적 형식을 성찰하면서 그것을 유전학적 이해의 작업과 나란히 놓는 또 하나의 사례. 앞서 논의한 운율의 경우와 마찬가지로, 레지덴테가 'spit'을 사용하는 방식은 창작 활동 속에 DNA가 겹겹이 스며들어 있다고 상상하게 하며, 새로운 가능성과 새로운 형태를 가리킨다. 이 예술가들은 유전학적 데이터를 통해 자신의 과거와 마주하면서도, 그러한 만남을 창작 과정의 일부로 삼아 혁신적 작품을 이끌어낸다. 그들은 데이터에 종속되기를 거부하고, 유전적 정보가 열어주는 가능성을 오히려 자신들에게 유리하게 활용한다. 그는 이렇게 랩한다. "얼음과 흙과 모래의 땅으로 널 보내지/ 네 손금 속에 세계 지도가 그려져 있지"(19–20행).

이러한 생산적 개입은 켄드릭 라마(Kendrick Lamar)의 트랙 〈DNA〉에서 더욱 분명하게 드러난다. 이 곡에서 라마는 포스트게놈적 시각이 열어준 가능성을 적극적으로 활용해 구조적 인종주의를 정면으로 비판한다.[54] 라마는 DNA라는 은유를 통해 특정한 무엇을 말하면서도, 그 의미가 유연하게 확장될 수 있는 감각을 표현한다. 그는 자신의 유전적 코드가 정체성과 관련된 선천적 요소를 담고 있다고 믿는 공적 관념에 목소리를 실어주는 동시에, 자신은 다양한 요소들을 품을 수 있는 존재임을 강조한다. 그의 DNA에는 감정과 능력뿐 아니라 역사와 문화 또한 포함되어 있다. 라마는 일종의 유전학적 실재론 – '이것이 곧 나다' – 을 인정하면서도, 자신의 배경이 수많은 영향과 사건이 복잡하게 얽힌 결과이며, 그중 많은 부분이 인종차별주의 국가가 자신과 공동체에 강요해온 것임을 알기에 그러한 실재론을 부정하고자 한다. 라마에게 DNA는 자신의 육체적 정체성을 이루는 토대이자 그의 가사를 구성하는 기반이다. 그는 이렇게 랩한다. "I got, I got, I got, I got/ Loyalty, got royalty inside my DNA."[55]

이 트랙은 그의 삶에 자리한 모순들을 선명하게 부각한다. "Co-caine quarter piece, got war and peace inside my DNA / I got power, poison, pain and joy inside my DNA"(코카인 4분의 1 조각, 내 DNA 안에는 전쟁과 평화가 있고/ 내 DNA 안에는 힘, 독, 고통, 기쁨이 있네, 3 - 4행). 여기서 'DNA'라는 약어는 일종의 구두점처럼 작동하며 트랙의 구조를 형성한다. 그것은 가사와 라마를 앞으로 밀어붙이는 동력이 되는 동시에 그를 과거로 되돌려놓는다. 라임 단어로 반복되는 'DNA'는 구절 자체가 앞선 행들을 끊임없이 되울리는 효과를 낳는다. DNA는 지금이면서 동시에 그때의 울림을 품는다. 그것은 다중적이고, 다양하며, 복잡하고, 시간적으로 어긋나 있고, 정확하면서도, 확장된다. 라마는 이렇게 랩한다. "I got hustle though, ambition, flow, inside my DNA"(내 DNA 안에는 생존하는 기질도, 야망도, 말의 흐름도 있어, 5행, 그림 5.2).

라마는 이 구절에서 월트 휘트먼(Walt Whitman)의 유명한 시구 "I am large, I contain multitudes"(나는 거대하고, 다수를 품고 있다)를 새롭게 변주하며, 자기 안에서 벌어지는 갈등과 자신이 통제할 수 없는 요소들을 드러낸다. 그는 이렇게 랩한다. "I got dark, I got evil, that rot inside my DNA"(내 안엔 어둠도 있고, 악도 있고, 썩어가는 것까지 내 DNA 속에 있지, 13행).[56] 미국 시에서 가장 잘 알려진 이 문장을 다시 쓰는 행위는, 유전학을 매개로 국가 정체성을 둘러싼 다툼과 재구성이 가능해졌음을 보여준다. 이 장에서 다루는 다른 작가들처럼 라마 역시 자신의 시적 유산과 적극적으로 관계 맺으며 이를 교란한다. 그는 연속성과 단절이 동시에 허용되는 하나의 장면을 만들어낸다. 라마의 아프리카계 미국인 경험은 휘트

그림 5.2 켄드릭 라마(2013).

먼을 유명하게 만든 남북전쟁이라는 역사적 맥락에 뿌리를 두고 있다. 그는 자신의 내면에 어떻게든 암호화되어 있으면서도 동시에 자신의 성격과 경력의 여러 측면, 즉 생존하는 기질(hustle), 야망(ambition), 말의 흐름(flow)을 가능하게 하는 일종의 타고난 경험을 제시한다. 그는 이렇게 말한다. "I was born like this… born inside the beast"(나는 이렇게 태어났어… 야수 속에서 태어났지, 6, 34행). 그의 DNA는 그를 만들고 형성하며 벗어날 수 없는 것이지만, 동시에 그가 주장하고 소유하며 거주하는 것이기도 하다. 여기서 '야수'(beast)는 인간성, 미국 사회, 인종을 동시에 가리킨다.[57]

라마의 가족사와 그가 속한 공동체의 역사는 서로 얽혀 있다. 그는 이렇게 말한다. "This is Paula's oldest son/ I know murder, conviction"(나는 폴라의 장남이고, 나는 살인과 유죄 판결을 알고 있지, 28 – 29행). 그의 삶의 맥락은 이렇게 이어진다. "Burners, boosters, burglars, ballers, dead, redemption/ Scholars, fathers dead with kids"(총을 쏘는 자들, 훔치는 자들, 도둑들, 코트 위의 선수들, 죽은 자들, 구원/ 학자들, 아이들을 남기고 죽은 아버지들, 30 – 31행). 이 부분은 이렇게, 명확한 위협의 어조로 끝난다. "And I wish I was fed forgiveness"(그리고 난 용서를 먹여주길 바란다고, 32행). '나와 내 사람들에게 가해진 일이 우리 분자 구조 속으로 스며들었고, 우리는 이에 대해 복수할 것이다'라는 감각은, 커다란 트라우마가 유전적 변화로 이어질 수 있다는 후성유전학에서 널리 회자되는 상상력 위에 놓여 있다.[58] 라마는 아프리카계 미국인 공동체가 DNA 및 유전학과 맺어온 복잡한 관계를 반영한다.[59] 따라서 라마에게 DNA는 자랑스러움의 근원이자 동시에 두려움의 대상이다. 이 트랙이 몰아붙이는 속도와는 무관하게 DNA는 그를 뒤로 잡아끌 수도 있고, 걸려 넘어지게 할 수도 있으며, 무시하거나 피하고 싶은 내면의 어떤 것들을 열어젖힐 수도 있다. 그리고 그 '어떤 것'은 때로 그가 기꺼이 인정하고 싶은 것보다 더 그의 본모습에 가까운 것일 수 있다.

폭넓게 소비되고 널리 시청되는 라마와 레지덴테의 트랙들은 대중문화 속에서 유전학이 어떻게 상상되고 재구성되는지를 보여주는 복합적인 흐름의 일부다. 이 곡들은 큰 영향력을 지니며, 유전학이 어떻게 '그때'와 '지금', 공동체의 과거와 현재의 개인 사이에 다리를 놓는지를 섬세하게 이해하고 반영한다. 두 트랙 모두 정체성과 민족성, 인종, 능력, 유산에 관한 문제를 다룬다. 또한 이 장에서 살펴본 다른 작가들과 마찬가지로, 포스트게놈 시대가 제공하는 기회와 위협을 동시에 바라본다. 두 사람 모두 그 가능성을 미학적으로 탐색하는 한편 그에 수반되는 혼란스러움 역시 기꺼이 포괄한다. 이 시인들과 러퍼들은 아토 퀘이슨(Ato Quayson)이 말한 "자신의 편향과 함의를 자각하는 역사"의 범주 안에서 작업한다. 퀘이슨은 이렇게 말한다.

나는 서사 형식의 구조 안에서 역사 자체가 지닌 억압적 전략과 실천, 그리고 인간 연대의 다른 모든 가능성을 현대 국가의 프로젝트 속으로 동화시키는 시민권 서사와 결탁하는 역할을 의도적으로 드러내는, 그런 역사를 요구한다.[60]

이 예술가들은 담론으로서의 '역사'와 그 함의를 질문하며, DNA를 실재의 범주와 역사적 '서사 형식' 자체를 문제 삼는 하나의 도구로 사용한다. 특히 이들의 텍스트는 과거와 관계 맺고, 유전학을 통해 탐색 가능해진 새로운 '역사적 관계'를 모색함으로써 과학적 진보주의에 대한 비판을 제기한다. 새로운 형태의 유전학적 실재론이 제시하는 것처럼 보이는 가능성을 숙고하면서, 이 시들과 트랙들은 역사 속 인간을 다시 사유한다. 한편 포스트게놈 시대는 시간 속 인간과 과거의 관계를 새로운 방식으로 조망하게 하는 연결성을 제공하는 것처럼 보이며, 이는 기존의 실재론, 신체적 완전성, 역사, 인종에 대한 오래된 담론을 다시 질문하게 만든다. 그러나 동시에 여러 작가들은 포스트게놈 담론이 의미를 통제하고 강요하며 폐쇄하는 방식으로 작동할 수 있음에도 주목한다. 이에 맞서 이들은 파편화와 낯섦, 해체와 은유를 기꺼이 기리는 동시에, 유전학 데이터든 수학이든 암시나 모티프든 간에 언어 자체가 미끄럽고 낯설며 찬양과 불신의 대상이 되는 무엇임을 강조한다. 이들은 이러한 작업을 수행하기 위해 과거로 손을 뻗는다. 포스트게놈이 프리게놈을 되돌아보며 두 시대의 연속성을 질문하듯, 이 작가들 역시 현재의 현대성을 강조함으로써 과거와의 관계를 새롭게 정의한다. 그들은 DNA가 유동적이면서도 물질적이고, 관계적이면서도 어떤 면에서는 중요하지 않은 무언가임을 이해하며, '그때'와 '지금'의 상호관계를 사유한다. DNA는 현재의 인간을 이해하는 새로운 방식이며, 그에 따라 우리의 과거에 대한 이해 역시 변화한다. 각 작가는 옛 형식을 호출하거나 옛 시인을 다시 소환하는 방식으로 이러한 변화를 드러낸다. 현대의 글쓰기는 인간을 다시 바라보고, 종(種)에 대한 담론의 양식을 재검토할 것을 요구한다. 이 사례들은 포스트게놈 시대가 예술가들을 만들어내는 동시에 예술가들 또한 포스트게놈을 다시 만들어낸다는 점을 보여주며, 그 협상과 혁신의 공간 속에서 우리가 다양한 형태의 헤게모니에 저항할 수 있는 길을 제시한다. 이 예술가들은 레지덴테가 말하듯 "삶이 아직 너를 놓아주지 않았다는 사실을 기억하고, 싸우고, 버텨내라"는 요청과 함께 새로운 것과 오래된 것을 결합해 세계를 다시 만들고, 스스로를 자각하며, 다른 미래를 향한 정치적 미학을 요구한다.

과거에 접근하고 미래를 바꾸다

유전공학은 오랫동안 과학과 판타지 서사의 핵심 요소로 작동했다. 〈가타카〉(앤드루 니콜, 1997)에서부터 〈캡틴 아메리카: 퍼스트 어벤져〉(조 존스턴, 2011)에 이르기까지 그러하다.[61] 실제로 최근 큰 성공을 거둔 만화 원작 영화들 상당수는 어떤 방식으로든 유전 암호가 변화한 인물을 중심에 둔다. 헐크, 스파이더맨, 캡틴 마블, 미즈 마블, 루크 케이지 같은 캐릭터들이 그 예다. 이는 인간 강화 기술에 대한 현대적 불안과 유전자 변이 가능성에 대한 상상력을 반영한다(아래에서 이어질 엑스맨 논의 참조).[62] 이 마지막 절에서는 유전학적 정체성이 과거에 도전하는 하나의 방식이자 대안적 과거와 미래를 상상하게 하는 수단으로 작동하는 두 가지 중요한 사례를 살펴본다.

유전학적 연결: 〈어쌔신 크리드〉

〈어쌔신 크리드〉(Ubisoft, 2007-)는 출시 이후 누적 판매량 1억 4천만 장을 넘긴, 역사상 가장 인기 있는 게임 가운데 하나다.[63] 2016년에는 영화로도 제작되어 서사로서의 폭과 매력을 다시 한번 입증했다. 이 게임은 공적인 게임 포맷 안에 교육적 재현을 도입했다는 점에서 역사학자들의 큰 관심을 받아왔다.[64] 플레이어는 게임 속에서 아바타 캐릭터를 조종해 특정한 역사적 공간을 탐험한다. 배경은 1789년의 파리, 1868년의 런던, 15세기 후반의 로마, 펠로폰네소스전쟁 시기의 그리스 등으로 다양하다. 장소는 서사와 게임플레이 모두에서 핵심적인 의미를 지닌다. 이 게임은 비교적 정확한 지도와 건물, 캐릭터 재현을 통해 역사적 환경을 충실히 구성하며, 헤로도토스, 레오나르도 다빈치, 카를 마르크스, 빅토리아 여왕 같은 인물들도 등장한다. 플레이어는 이러한 환경에 몰입해 탐험하면서 과거와 새롭게 관계 맺고, 역사적 경험을 이전과는 다른 방식으로 이해하게 된다. 〈어쌔신 크리드〉는 전통적으로 전투 중심의 게임이지만, 최근 시리즈에서는 과학·문화 미션, 확장된 백과사전 기능, 더욱 강화된 역사적 정확성과 중요성을 통해 교육적 경험을 강조한다. 학자들은 이 텍스트의 복잡성이 "문화적 기억의 과정"(Hammar, 377쪽)을 평가할 기회를 제공한다고 높이 평가해왔으며, 동시에 이 시리즈가 시대착오적 요소를 지속적으로 창의적으로 활용해왔다는 점도 인정한다.[65] 〈어쌔신 크리드〉는 공적 역사학에서 중요한 자원으로 기능하며, 플레이어가 과거를 다양한 신체적 방식으로 이해하도록 돕는다.[66] 또한 재현 실천과 몰입형 참여 모델을 발전시키며, 과거의 경험 속에 '놀이'를

더함으로써 플레이어가 텍스트를 거치지 않고도 비교적 자유롭게 탐험하고 이해할 수 있게 해준다.[67]

그러나 이 텍스트를 해석하는 기존 접근들에서는 상대적으로 덜 다뤄진 핵심 요소가 하나 있다. 바로 이 작품이 과거와 접속하는 주된 수단을 유전학으로 설정한다는 점이다. 이 텍스트는 DNA와, DNA가 우리를 역사와 연결하는 능력을 개념화하는 복잡한 방식을 제시하며, 지난 20여 년 동안 이러한 유전학적 연속체가 어떻게 상상되어왔는지를 보여주는 중요한 사례를 이룬다. 이 게임은 유전학을 과거에 직접 접근하는 통로로 제시하며, 그에 따라 유전 암호가 어떻게 작동하고, 어떻게 개인과 집단의 역사에 참여할 수 있게 하는지를 사유하게 만드는 중요한 텍스트다. 시리즈 초기 다섯 작품은 역사 속 여러 '암살자'의 후손으로 설정된 데스몬드 마일스를 중심으로 전개된다. 마일스는 애브스터고(Abstergo)라는 회사에 납치되어 애니머스(Animus)라는 '공상과학적 유전자 타임머신'에 강제로 탑승하게 된다.[68] 애니머스의 기술은 마일스로 하여금 선조들 삶의 일부를 실제로 경험하게 한다. 그들의 기억은 그의 DNA 속에 저장되어 있으며, 기계는 이 유전물질을 통해 기억에 접근해 플레이어가 아바타를 통해 몰입할 수 있는 시뮬레이션을 생성한다. 그 결과 '그때'와 '지금'을 연결하는 결정적 고리는 유전학이 된다. DNA는 과거의 기억과 경험으로 향하는 일종의 시간 이동을 가능하게 하며, 무엇보다 중요한 점은 플레이어가 바로 이 상상적 이동에 직접 참여한다는 것이다.

마일스의 조상들은 앵글로-카니엔케하(Anglo-Kanien'kehá), 시리아계, 이탈리아계, 웨일스계 등 다양한 배경을 지닌다. 그의 인종적·유전적 배경에 겹겹이 포개진 이러한 혼종성은, 게임이 과거와 접속하는 과정에서 일종의 퍼포먼스적 다양성을 중시한다는 점을 보여줄 뿐 아니라, 유전적 계보가 지닌 복잡성에 대한 이해 역시 드러낸다. 포스트게놈적 상상력이 지향하는 이러한 복잡성은 이 작품에서 경제적 맥락 속에서 활용된다. 2007년 첫 번째 타이틀에서는 9·11 테러가 발생한 지 얼마 지나지 않은 시점에 시리아 출신의 주인공이 등장했다. 또 〈어쌔신 크리드 IV: 블랙 플래그〉에서는 플레이어가 1715년 아이티에서 노예 봉기를 지원하는 아프리카계 암살자 아데왈레(Adéwalé)를 조종하는 긴 구간이 제시된다. 더 나아가 시리즈의 세계관 전체는 암살단과 기사단(템플 기사단) 사이의 오래된 전투를 중심으로 구성되어 있으며, 이는 수세기 동안 그림자 속에서 사회를 조종해온 템플 기사단의 음모론적 역사관을 암시한다. 이러한 수정주의적 맥락에서 텍스트가 아니라 신체적 기억을 통해 과거와 연결된다는 설정은 역사를 기억하고 접근해온 표준화된 방식에 대한 하나의 도전으로 작동한다.[69] 여러 시리즈에서는 역사적 시뮬레이션과 현대 세계 사이에 '인터존' 혹은 로비가 설정되며, 이 공간에는 분자 모델이나 이중나선 구조가 떠다니는 연출을 통해 유전적 연결이 강조된다. 또한 시뮬레이션은 종종 실패하거나 글리치가 발생하고, 이에 대응해야 하는 현대 세계의 사건들이 동시에 전개된다. 형식적으로 이 게임은 끊임없이 플레이어에게 이것이 유전적 연결을 기반으로 과거에 접속하는 시뮬레이션임을 상기시킨다. 이때 기억은 유전학을 통해 접근 가능한 것으로 제시되며, 우리 몸 안에 존재하지만 평소에는 인식되지 않는 어떤 것으로 묘사된다. 적절한 기술은 우리를 여러 과거와 연결하고, DNA의 연결 고리를 통해 그 과거를 다시 '살아내게' 한다. 게임의 구조상 플레이어는 기억을 '동기화'해야 하며, 즉 미션을 수행하고 완료해야 한다. 이 동기화율은 DNA 가닥의 일부로 백분율로 표시된다. 플레이어가 사망하면 '동기화 해제' 상태가 되어 처음부터 다시 시작해야 한다. 이러한 재현 전략 속에서 DNA는 문자 그대로 역사적 정보와 지식을 저장하는 매체로 개념화된다.

〈어쌔신 크리드〉에서는 유전학, 역사적 경험, 플레이, 그리고 과거에 대한 신체적 이해가 서로 직접적으로 연결된다. DNA는 이전 세대의 기억 속으로 들어가 그것을 재생하는 수단이며, 과거와 맺어진 유전적 연결은 재연과 몰입적 역사 경험을 가능하게 한다. 이때 핵심 모티프는 DNA가 '그때'와 '지금'을 곧장 잇는 하나의 연결 가닥이라는 점이다. 이는 우리의 세포 속에 과거와 이어지는 이러한 연결이 잠재해 있음을 의미한다. 역사는 말 그대로 우리 안에 살아 있으며, 우리는 그 모든 부분의 총합이자 동시에 고유한 존재다. 이런 관점에서 보면 우리의 DNA는 조상들이 겪은 모든 경험으로 구성된다. 그리고 어떤 방식으로든 이런 사건들은 다시 살아날 수 있으며, 감각적이고 신체적인 전면적 경험으로 재현된다.[70] 우리의 DNA 안에는 과거에 접근하고, 역사에 신체적으로 관여하며, 사건을 재연하는 데 필요한 정보가 담겨 있다.[71] 유전 암호를 통해 과거의 순간을 물리적으로 다시 '거주'하는 행위는 재연을 가능하게 한다(물론 게임의 용어로는 이것이 단지 '사건의 목격'에 불과하지만). 게임은 당시와 현재 사이의 연속체를 제시하며, 그 연속성은 우리의 DNA 가닥 안에 물리적 연결 고리로 구현된다. 게임 자체는 유전 암호를 매개로 당시와 현재를 오가는 이 이동을 시각화한 것이다. 〈어쌔신 크리드〉는 우리가 유전 정보를 이용해 시간 여행을 할 수 있으며, 우리의 깊은 내면에 역사적 진실이 존재한다고 가정한다. 또한 메타 아바타적 게임플레이, 즉 플레이어가 데스몬드가 되어 시뮬레이션 안으로 들어가 다시 조상이 되어 '플레이'하는 구조는 이러한 유전적 연결을, 게임을 통해 과거에 관여하는 우리의 방식에 비유한다. 플레이어는 데스몬드의 DNA를 '서핑'하듯 타고 과거에 도달하며, 전통적 이해 방식에 도전하는 방식으로 그 과거를 탐색한다. 중요한 점은 과거와의 인터페이스가 지시적이거나 텍스트적인 것이 아니라 즐기고 놀 수 있는 '놀이적'(ludic) 방식이라는 것이다. 여기서 교육은 자기 주도적이며 예측 불가능한 방식으로 이루어진다. 플레이어는 '학습'한다기보다 역사의 현장에서 싸우고, 전투와 폭력이 발전을 이루는 수단처럼 제시되는 서사를 직접 경험한다. 따라서 이 게임은 유전학을 과거와의 연결을 가능하게 하고 역사를 재연할 수 있게 하는 핵심 요소로 그린다. 이때 DNA는 과거에 대한 꿈이나 열망, 상상적 연결이 아니라, 미래에서 온 유령이 과거를 따라다니는 듯한 '시간을 거스르는 귀환'(proleptic haunting)을 가능하게 하는 장치로 작동한다.

유전적 혼란: 〈엑스맨〉

성공적이고 영향력 있는 〈엑스맨〉 영화 프랜차이즈(현재까지 13편)는 2000년에 시작되어, 지난 20여 년간 이어진 만화 원작 영화 붐을 촉발했다.[72] 이 영화는 타자성, 퀴어성, 차이의 개념을 다뤄온 영향력 있는 코믹북 시리즈를 기반으로 한다.[73] 1963년에 시작된 오랜 만화 시리즈의 전제를 확장한 이 영화들은 DNA가 돌연변이를 통해 진화할 수 있다는 생각에 기반을 두고, 지구상에 '새롭고 다른' 인간 종이 존재할 가능성이 지니는 함의를 탐구한다. 이 시리즈는 또한 포스트게놈 시대가 수반하는 불안, 즉 우리에 관한 데이터가 어떻게 해석되는지, 유전자 속 '이야기'가 우리가 인식하지 못하는 사이에 우리를 어떻게 변화시킬 수 있는지에 대한 우려를 함께 드러낸다.[74] 〈엑스맨〉 시리즈는 돌연변이, 유전, 민족성 같은 핵심 개념을 불완전하게 습득한 공적 감각과 더불어 자신의 유전적 구성에 대한 뚜렷한 불안감을 형상화한다. 지난 20여 년 동안 이 영화들은 유전학에 대한 대중의 이해와 두려움이 어떻게 변화했는지를 꾸준히 반영해왔다.[75] 이 시리즈는 2000년 이후, 특히 HGP 이후의 서구 사회가 새로운 게놈 지식이 가져올 영향을 어떻게 소화해왔는지를 잘 보여주는 자료다. 여기에는 인종·성·장애의 기존 구조에 대한 도전, 유전공학의 확대, 유전적 '치료', 논쟁적인 생명윤리, 복잡한 유전적 유전 문제 등이 포함된다.

현대의 주류 슈퍼히어로 영화가 과거와 맺는 관계는 고르지 않다. 1940년대를 배경으로 한 〈캡틴 아메리카: 퍼스트 어벤져〉(조 존스턴, 2011)와 1980년대를 배경으로 한 〈캡틴 마블〉(안나 보덴·라이언 플렉, 2019)은 마블 영화 가운데서도 드물게 특정한 역사적 시기를 전면에 놓은 작품이다. DC 코믹스의 두 편의 〈원더우먼〉(패티 젠킨스, 2017·2020) 역시 비교적 익숙한 과거인 1940년대와 1980년대를 배경으로 한다. 그러나 이런 작품들조차 특정한 역사적 시기에 '강화된 초인적 존재'를 등장시키는 데

따르는 윤리적 문제를 본격적으로 다루지는 않는다. 다만 〈캡틴 아메리카〉 시리즈는 시간 밖으로 밀려난 영웅이라는 형상을 성찰할 여지를 부분적으로 남긴다. 슈퍼히어로 영화 장르가 코스튬 드라마 형식과 어떻게 결합할 수 있는지에 대한 논의는 거의 이루어지지 않았고, 과거와 맺는 미학적 관계 역시 대체로 얕다. 그럼에도 불구하고 최근의 슈퍼히어로 영화와 TV 시리즈는 초역사적 파스티시(〈완다비전〉, 2021), 식민주의 유산(〈블랙 팬서〉, 2020), 시간 여행(〈로키〉, 2021), 비인간 정체성의 윤리(〈원더우먼〉, 1984·2020), 동독에 대한 향수인 오스탈기어(〈블랙 위도우〉, 2021), 시간적 애도의 가능성(〈어벤져스: 엔드게임〉, 2019) 같은 문제들로 시선을 돌린다. 이 작품들, 그리고 이에 대응하는 TV 시리즈들이 집착에 가깝게 탐구하는 대상은 과거의 사실성이 아니라 시간성이라는 점이 두드러진다.

반면 엑스맨 영화는 역사적 재현과 훨씬 더 적극적으로 관계를 맺어왔다. 1962년을 배경으로 한 〈엑스맨: 퍼스트 클래스〉(매튜 본, 2011)를 시작으로 세심하게 구축된 하위 시리즈는 이러한 특징을 특히 잘 보여준다. 오리지널 〈엑스맨〉 3부작(2000 – 2006)은 철저히 현대를 배경으로 하지만, 첫 영화의 오프닝에서 어린 매그니토가 아우슈비츠로 끌려가는 장면이 제시되듯, 과거에 대한 성찰의 순간을 포함한다. 이 강렬한 장면은 시리즈 전체의 출발점이 되며, 역사적 트라우마가 결국 현재의 파괴로 이어졌음을 암시한다.[76] 하위 시리즈는 이 원초적 트라우마를 본격적으로 파고든다. 매그니토가 체포된 뒤 나치 실험의 대상이 되는 과정과, 그 이후 복수에 이르기까지의 경로를 영화는 면밀히 따라간다. 이러한 이유로 엑스맨 영화는 줄곧 "초인·초인간·비인간이 된다는 것이 무엇인지”, 그리고 그것이 특정한 역사적 순간 속에서 어떤 의미를 지니는지를 개념화하는 데 관심을 기울여왔다. 특히 이 영화들은 포스트게놈 시대의 인간성에 대한 불안을 역사적 배경 속에 배치함으로써, 유전적 변이로 인해 '포스트휴먼'이 된 인물을 게놈 이전의 시대로 되돌려놓는 방식으로 서사를 전개한다. 다시 말해, 과거라는 무대 위에서 유전적 상상의 긴장을 실험하는 셈이다.

이러한 연대기적 유동성은 영화가 '인간다움'의 다양한 형태를 탐색하는 과정에서 반복적으로 힘을 발휘하게 만드는 핵심 요소다. 또한 이 유동성은 텍스트가 유전적 요인이 스며든 정체성에 관한 규범적 가정들을 역사적 위치의 이동을 통해 질문할 수 있도록 한다. 이 하위 시리즈 가운데 가장 최근작인 〈데이즈 오브 퓨처 패스트〉(2014)는 유전적 불안에 대한 인식을 역사적 허구성에 대한 성찰과 결합하며, DNA의 유동성과 시간성의 가변성이 서로 맞물려 있음을 드러낸다. 이는 '서문'에서 논의한 '이중나선 역사의 흐름'을 시각적으로 구현하는 셈이다. 엑스맨 영화는 시리즈의 첫 작품이 인간게놈 염기서열 분석이 진행되던 2000년에 공개된 이래 줄곧 유전학에 주목해왔지만, 〈데이즈 오브 퓨처 패스트〉는 이러한 관심을 본격적으로 역사적 내러티브 안에 접합한다. 이 영화가 속한 하위 시리즈는 과거를 주요 배경으로 삼기 때문에, 유전학과 과거 재현이 어떻게 서로 포개지는지가 핵심 쟁점이 된다. 〈데이즈 오브 퓨처 패스트〉의 과학적 전제는 정부가 돌연변이의 DNA를 그들 자신을 억압하는 데 활용한다는 것이다. 냉소적인 매그니토조차 “레이븐의 DNA를 그런 식으로 이용할 줄은 상상도 못했다”고 말할 정도다.

역사적 전제는 돌연변이 울버린이 이를 저지하고 미래를 구하기 위해 1960년대로 시간 이동을 한다는 설정이다. 영화는 유전학을 둘러싼 불안을 역사적 서사 속에 녹여낸다. 더 나아가 이 작품은 선형성이나 시간적 질서를 교란하거나 우회하고 재구성할 수 있음을 보여준다. 시간과 경험을 뒤섞는 이러한 영화적 실험은, 우리의 인간 이해 자체가 이미 게놈 과학에 의해 교란되었기 때문에 가능하다는 점을 암시한다. 몸과 종의 규범성, 그리고 시간적 질서로 대표되는 안정성과 합리성은 더 이상 온전히 유지될 수 없다.

이 영화는 유전적 돌연변이에 대한 불안을 시간과 역사 자체의 가변성과 겹쳐 놓는다. 케네디 암살과 같은 실제 역사 사건조차 '새로운' 호모 수페리어와 연관되면서 기존의 의미를 잃고 낯선 울림을 얻게 된다. 돌연변이들은 종을 이해하는 또 다른 방식을 대리하며, 유전적 진화를 통해 변화하고 이동하는 인간의 형상을 사유하게 만든다. 이러한 변이는 시간의 성질에도 영향을 미친다. 이 하위 시리즈의 영화들은 이미 기존 〈엑스맨〉 시리즈의 '정전적' 시간선과는 다른 대안적 시간선을 구축해왔다. 여기에 더해 〈데이즈 오브 퓨처 패스트〉(DOFP)는 또 하나의 시간선을 추가한다. 울버린이 1960년대로 보내져 과거의 사건을 바꾸고, 돌연변이를 제거하기 위한 센티널의 개발을 저지하도록 설정되면서 역사는 다시 분기되고 재해석된다. 메타휴먼 혹은 돌연변이로의 유전적 이동은 시간의 정합성을 깨뜨린다. 인간들은 이 사실을 인식하고, 돌연변이가 지닌 급진적 가능성과 그것이 인간성과 이성의 온전함에 가하는 위협을 제거하기 위해 그들의 DNA를 무기화한다. 영화 후반부에 등장하는 전쟁 기계 센티널은 "0.5마일 밖에서도 표적을 감지하고, 식별하기 전까지는 발포하지 않는 유전적 유도 체계인 뮤턴트 X-유전자"를 추적 대상으로 삼는다. 매그니토에게 이는 호모 사피엔스의 뿌리 깊은 악이 새로운 유전 지식과 결합해 한층 증폭된 모습이다. 이 영화에서 유전 지식은 인간의 파괴성을 부추길 뿐이며, 인간은 규범적 질서를 회복하고 '시간을 치유한다'는 명목 아래 집단학살을 정당화한다. 결국 이 작품은 도전에 직면한 인간성을 어둡고 폭력적인 것으로 제시한다. 유전적 정체성의 재구성을 해방적이고 매혹적인 가능성으로 그리기보다는, DNA에 대해 더 많이 알수록 그 결과는 오히려 더욱 파괴적일 수 있음을 시사한다.

6장

자아
self

이 마지막 장은 과거를 이해하기 위해 DNA를 사용하는 과정에서 이른바 '아마추어' 역사 연구자들에게 일어난 커다란 변화를 보여준다. 특히 가족사를 탐구하기 위해 DNA를 활용하는 방식인 유전계보학 현상에 주목한다. 유전계보학은 오늘날 DNA를 이해하는 대표적 방식 가운데 하나로, 이를 통해 어떤 역사적 정보가 확보될 수 있는지, 또 어떤 질문들이 제기될 수 있는지가 분명해진다. 이 장은 가족사 연구자들이 과거를 조사하고 서술하는 수단으로 유전학 데이터를 어떻게 활용하는지를 면밀히 살핀다. 유전 정보는 연구자에게 새로운 통찰을 제공하며, 과거를 사고하고 접근하는 방식을 재구성하게 한다. 이 과정에서 유전학 데이터는 현대의 자아와 과거 사이의 관계를 변화시키는 듯 보이고, 눈에 보이지 않는 신체적 연결을 강조하기도 한다. 한편 상업적 DNA 분석은 프라이버시, 데이터 소유권, 유전 정보의 상품화라는 문제를 제기하며,

이러한 요소들은 모두 과거를 탐구하고 해석하는 방식과 기회에 영향을 미친다. 최근 등장한 유전계보 다큐멘터리를 분석함으로써, 이러한 새로운 과거 접근 방식이 공적 역사 상상력에 어떻게 기여하는지도 확인할 수 있다. 이 장의 마지막 부분에서는 헨리 루이스 게이츠 주니어가 유전 정보를 회복적 방식으로 활용하는 수정주의적 역사 실천을 다룬다. 이 최종 논의는 유전 연구에서 도출된 역사 정보가 자아와 국가, 그리고 공동체적 경험에 대한 규범적 관념을 근본적으로 뒤흔들 수 있는 가능성을 제시한다.

DNA 검사와 가족사

가족사 연구자들은 주류 역사학에서 오랫동안 소외되어온 거대한 연구 집단이다.[1] 이들의 작업은 흔히 '아마추어'로 규정되어 정당한 역사 연구 방식으로 인정받지 못했다. 그러나 가족사 연구자들은 집단으로서 신중하고, 자원이 풍부하며, 점점 더 전문적인 훈련을 받고 있다.[2] 지난 10여 년 동안 가족사는 중요한 역사 연구 접근법으로 점차 인정받아왔으며, 전 세계의 가족사 연구자 공동체는 역사적 과정이 어떻게 작동하는지를 이해하는 데 핵심적인 세대 간 지식의 저장소로 평가된다.[3] 이는 '아마추어' 역사 생산의 중요성이 점차 널리 인정받기 시작한 흐름의 일부다.[4] 가족사 연구자들은 국가 및 지역 단위의 협회, 방대한 전자 자료, 폭넓은 소셜미디어 활동을 포함한 확장된 지원 체계를 갖춘 자생적 역사 실천 공동체의 대표적 사례다.[5] 이들은 연구 방식에서도 매우 혁신적이며, 인터넷 자료와 소셜미디어, 다양한 연구 도구를 가장 먼저 수용해 온 집단이다. 또한 가족사 연구자들은 자신이 수집한 정보를 스스로 정리하고 관리하며, 때로는 상용 소프트웨어를 활용해 이를 체계화하기도 한다.[6]

계보학은 이미 비교적 큰 영역이었지만, 〈당신은 자신을 누구라고 생각하십니까?〉와 같은 TV 프로그램이 세계적으로 성공하고 온라인 데이터베이스가 확장되면서 2000년대 초반에 큰 호황을 맞았다.[7] 가족사 연구에 대한 수요가 폭발적으로 증가하면서 이를 겨냥한 대학 수준의 강좌가 늘어났고, 대학과 계보학 단체가 운영하는 무료 공개 온라인 강좌(MOOC)도 다수 개설되었다. 가족사 연구자들은 또한 앤세스트리, 마이헤리티지(MyHeritage), 파인드마이패스트(Findmypast), 패밀리서치(FamilySearch)와 같은 주요 온라인 기업과 웹사이트의 지원을 받는데, 이들 플랫폼은 광범위한 글로벌 데이터베이스에 대한 접근을 제공한다. 이용자는 제공된 소프트웨어를 활용해 가계도를 작성하고, 이를 세계 각지의 연구자들과 공유할 수 있다. 또 이러한 서비스들은 인구조사 자료, 아카이브, 도서관 기록에 대한 접근을 가능하게 하며, 가족사 연구자들은 다른 이용자들과의 교류와 자체 조사를 결합해 가계도를 지속적으로 확장해 나간다. 실제로 앤세스트리는 현재 세계 최대 규모의 역사 데이터 제공처 가운데 하나로, 이 플랫폼을 통해 수십억 건에 이르는 역사 문서를 전 세계 수백만 명의 이용자가 활용할 수 있다.[8]

가족사 연구자들은 2000년 무렵부터 Y염색체와 미토콘드리아

(mtDNA) 검사를 제공하는 여러 기업을 통해 DNA 기반 서비스를 접하기 시작했다.[9] 이들 검사는 비교적 전문적인 분석 서비스로, 남성과 여성의 직계 혈통을 따라 새로운 친족 관계를 확인하고 연구의 접점을 확장할 수 있게 했다.[10] 아버지에서 아들로 전달되는 Y염색체는 성씨 분석과 결합해 활용되었으며,[11] 이는 가족사 연구자들이 지역별로 이름의 분포를 추적해온 오랜 성씨 연구 전통과 맞물리며 더욱 중요한 의미를 갖게 되었다. Y염색체 정보는 동일한 성씨를 공유하는 남성 집단 사이에 추가적 연관성이 존재할 가능성을 보여주었고, 개인은 이를 통해 자신이 그 집단과 어떤 방식으로 연결되는지를 확인하거나 새로운 계통적 연결을 발견할 수 있었다.[12] BBC 라디오 시리즈 〈성씨, 유전자, 계보학〉 (Surnames, Genes, and Genealogy, 2001)은 이러한 연구를 대중에게 소개했다. 성씨와 DNA를 결합해 분석하는 방식은 "과거 집단의 유전적 구성을 규명하고", "역사적 인구 이동이 미친 영향을 평가할 수 있는 수단"을 제공했으며,[13] 상업적으로는 기업들이 공통 조상을 제시하고, 가족사 연구자들이 이를 근거로 자신의 연구를 검증할 수 있도록 하는 기반이 되었다.

두 번째 유형의 DNA 계보학 연구는 미토콘드리아 DNA를 활용해 직계 모계 계통의 연결을 찾는 데 초점을 맞추었다. 미토콘드리아 DNA는 매우 느린 속도로만 변하기 때문에, 광범위한 집단을 아우르는 직계 관계를 추정할 수 있다. 이 방식은 2000년 브라이언 사이크스(Bryan Sykes)가 설립한 옥스포드앤세스터스(Oxford Ancestors)의 핵심 기반이 되었으며, 이 프로젝트는 1만 1천 년에서 4만 5천 년 전 사이에 존재했던 '이브의 일곱 딸들'이라는 가설을 제시하며, 인류 전체가 결국 그 계보로 연결된다고 주장했다.[14] 이러한 '심층 계보' 방식은 큰 인기를 끌었고, 장구한 시간 규모 속에서 DNA 정체성을 사고하는 감각을 형성하는 데 중요한 역할을 했다. 이는 '종(種)의 역사'를 인정하는 더 넓은 문화적 흐름과 맞닿아 있었으며, 유전적 정체성을 수천 년에 걸쳐 공유되는 무엇으로 이해하도록 만드는 데 중요한 의미를 지녔다.[15] 옥스포드앤세스터스가 제시한 상업적 분석 결과는 DNA 유산을 먼 과거와 연결된 것으로 위치시키며, 사용자가 자신을 더 큰 '인류'의 일부로 인식하도록 만들었다.

미토콘드리아 DNA와 Y염색체 DNA 검사는 상업 기업들이 고객에게 과거와의 연결을 제시하는 수단으로 점차 널리 활용되었다. 미국 최초의 유전자 계보 회사인 패밀리트리DNA(FamilyTreeDNA, FTDNA)는 2000년에 설립되었으며, 두 가지 방식의 검사를 함께 제공했다. 이 회사는 샐리 헤밍스의 DNA 연구(1장 참조)를 접한 뒤, 유전자 계보 검사 회사를 설립하는 일이 현실적으로 가능할지 탐색하고자 했던 베넷 그린스펀에 의해 2000년에 창립되었다.[16] FTDNA는 빠르게 성장해 2006년에는 연매출액이 1200만 달러에 이르렀고,[17] 지금도 고객이 "자신의 개인사를 탐색하고 조상의 흔적을 따라갈 수 있도록" Y염색체 DNA와 mtDNA 검사를 제공하고 있다.[18] 초기 유전 계보 회사들은 특히 유대인 공동체와 아프리카계 미국인 공동체를 주요 대상으로 삼았다.[19] 2007년 FTDNA는 헨리 루이스 게이츠 주니어와 협업해 아프리카계 미국인을 직접 겨냥한 데이터베이스 AfricaDNA.com을 출범시켰고,[20] 릭 키틀스(Rick Kettles)는 2003년에 아프리카 혈통을 추적하는 데 특화된 아프리칸앤세스트리(African Ancestry)를 설립했다. 알론드라 넬슨은 이러한 검사 결과가 개인과 공동체의 전기를 구성하는 데 활용될 수 있다면 '뿌리를 찾는 이들'(root-seekers)에게 중요한 의미를 지닌다고 말하지만,[21] 동시에 그는 혈통 검사가 민족성과 정체성을 경직된 틀로 고정할 위험 역시 경고한다. 온라인 DNA 기업의 확산과 함께, DNA가 민족성을 부여한다거나 인종이 고정된 유전적 특성이라는 가정이 점점 더 당연한 것으로 받아들여지고 있다는 것이다(3장 및 이후 참조).

2006년에서 2009년 사이, 조상과 가족사에 관한 DNA 기반 정보를 제공하는 서비스는 종류와 규모, 공적 가시성 모두에서 빠르게 확대되었다. 이 과정에서 상염색체 DNA가 부계와 모계를 모두 아우르는 조상 정보를 제공함으로써, 개인의 유전적 구성을 훨씬 더 복합적으로 파악할 수 있게 한다는 점이 분명해졌다. 이러한 데이터는 서로 다른 집단 간에 공유되는 DNA의 비율을 추정할 수 있게 해주며, 인구 집단 정보와 결합될 경우 유전 정보를 해석하고 특히 개인의 인종적 배경을 제시하는 데 활용될 수 있다. 상염색체 DNA는 활용 범위가 훨씬 넓기 때문에 유전 계보 분석의 업계 표준 방식으로 자리 잡았고, FTDNA는 2010년부터 상염색체 검사를 제공하기 시작했다. 2010년 이후 저비용의 대규모 DTC 유전자 검사 시장이 본격적으로 등장하면서, 앤세스트리DNA, 23앤드미(23andMe), 마이헤리티지DNA, 파인드마이패스트DNA 등 더 많은 기업들이 가족사 연구자를 대상으로 한 제품을 출시했다. 유전 기술의 개방과 검사 비용의 하락은 가족사 DNA 시장을 폭넓고 거대한 규모로 성장시키는 데 결정적인 역할을 했다.[22]

계보 생명공학 기업의 부상

가족사 DNA 검사의 발전은 이른바 '여가용' DNA 검사 확산과 긴밀하게 맞물려 진행되었다는 점에서 이해할 필요가 있다. 여가 기반 유전자 검사 시장의 가능성을 가장 먼저 포착한 주요 기업 가운데 하나가 23앤드미다.[23] 이 회사는 2006년 구글과 긴밀히 연결된 그룹에 의해 설립되었으며, 고객에게 유전 정보와 그에 대한 해석을 제공하는 것을 목표로 했다.[24] 23앤드미는 비교적 빠르게 성장하며 "과거(조상), 현재(인간 특성), 미래(건강 취약성)에 관한 유전적 수수께끼를 해석해 준다"는 기업들 가운데 선두에 섰다.[25] 호가스(Hogarth), 재빗(Javitt), 멜저(Melzer)는 2008년 DTC 유전자 검사 기업에 대해 논하면서, "시장이 본래 유동적임에도 불구하고 DTC 유전자 검사의 상업적 매력과 시장 진입에 대한 규제 부재가 새로운 기업들의 지속적인 유입을 이끌었으며, 전 세계적으로 20개가 넘는 DTC 유전자 검사 기업이 존재한다"고 지적했다.[26] 이러한 확장의 핵심에는 강력한 온라인 정체성과, 이를 통해 고객을 특정한 방식으로 참여시키는 능력이 있었으며, DTC 유전자 검사 서비스는 유전 연구와 소비의 중심축을 이동시켰다.

> 호기심 많은 소비자는 곧 고객이자 연구 대상이 된다. 소비자의 샘플과 데이터를 활용해 연구를 수행하는 기업들은, 본질적으로 학술 기관이나 바이오뱅크가 구축하는 데이터베이스와 동일한 방식으로 채굴되고 연구될 수 있는 정보 저장소를 만들어내고 있다.[27]

23앤드미는 사람들이 자신의 유전자 구성에 대해 알고자 하는 거대한 시장이 존재하며, 그 대가로 사용자들이 데이터를 제공하고 회사가 이를 분석·활용하게 될 것이라는 점을 분명히 인식하고 있었다. 그러나 이러한 기업들은 이용자에게 제공되는 상담과 지원이 충분하지 않다는 비판을 지속적으로 받아왔다.[28] 실제로 앤세스트리(아래 참조)는 초기에는 '앤세스트리헬스'(Ancestry Health)를 출시했지만, 이후 건강 자문 제공을 중단했으며, 그 결과 개별 사용자에 대한 후속 지원 의무 없이 운영할 수 있게 되었다. 제품의 적용 범위는 축소되었지만, 기업 운영은 오히려 훨씬 더 원활해졌다.

가족사 유전자 검사는 수십 년 동안 해결되지 않았던 난제를 '벽돌 벽을 허무는' 방식으로 돌파할 수 있는 도구로 소개된다. 각 회사의 데이터베이스는 이용자들 사이의 정보를 대조해 연결 가능성을 제시하고, 이를 바탕으로 고객들을 서로 이어준다.[29] 전 세계의 가족사 연구자들은 유전 정보를 활용해 자신의 배경을 더 깊이 이해하고, 혈연관계 가능성이 있는 사람들과 접점을 찾는다. 이러한 정보는 때로 자신의 과거를 바라보는 방식을 근본적으로 바꾸기도 하며, 예기치 못한 발견이 점점 더 흔해지고 있다는 점 역시 잘 인식되고 있다.[30] 가족사와 조상 탐색을 위한 DTC 유전자 검사는 대체로 이용자의 민족적 구성과 지리적 기원을 추정해 제시한다. 일부 이용자에게 이는 큰 흥미를 주지 않을 수도 있다.[31] 그러나 이러한 조상 DNA 검사는 점점 더 '라이프스타일 유전학'으로 홍보되고 있으며, 이용자가 특정 공동체나 유산에 속해 있다는 감각, 혹은 '나는 누구인가'라는 서사를 직접 체감하도록 설계되고 있다.

주요 업체들의 마케팅은 새로움과 발견, 그리고 개인이 놓인 역사적 자리매김을 강조한다. 수백만 명에 이르는 취미 혹은 호기심 기반의 이용자들은 자신의 민족성 및 공동체적 연계를 확인하기 위해 비용을 지불했고, 이렇게 생성된 데이터는 각 회사에 의해 분석·해석되어 웹사이트를 통해 제공된다. 이 웹사이트들은 DNA 정보를 시간표, 원형 차트, 지도, 그래프, 민족성 추정치 등의 형태로 시각화해 패키징하며, 모두 이용자의 유전 암호 해독을 기반으로 구성된다.

이들 기업은 사용자에게 자신의 원래 DNA 데이터 전체를 내려받을 수 있는 권한을 제공한다. 이 정보를 읽고 활용하기 위해 가족사 연구자들은 데이터베이스와 스프레드시트를 구축하거나 맞춤형 소프트웨어를 제작하고, DNA페인터(Painter)나 게드매치의 기능 모음처럼 온라인에서 집단 지성 기반 혹은 커뮤니티 중심으로 운영되는 정교한 프로그램들을 활용하기도 한다. 이런 도구들은 유전학 데이터를 분석하고 탐색할 수 있도록 설계되었으며, 예컨대 게드매치의 '라자루스'(Lazarus)는 사망한 친족의 유전 구성을 추정할 수 있게 하고, '프로메테아제'(Promethease)는 가족사 연구자가 자신의 유전 정보를 건강 관련 관점에서 검토할 수 있도록 해준다. 주요 기업들 또한 사용자가 자사 플랫폼 안에서 데이터를 조작하고 활용할 수 있도록 유사한 도구들을 제공한다. 가족사 연구자들은 자신의 데이터를 스스로 정리할 뿐 아니라 타인의 정보까지 함께 관리하기도 하며, 여러 참여자가 공유한 유전 정보에 접근해 DNA가 일치하는 사람들과 연결될 수 있다.

2012년 앤세스트리는 자사의 가족사 서비스에 DNA 검사를 포함하기 시작했으며(초기에는 미국을 중심으로 운영되다가 2015년 이후 전 세계로 확대되었다), 이 서비스는 세 가지 핵심 기능을 제공했다. 첫째, 대개 민족성 추정치로 해석되는 생물지리학적 보고서를 제공하고, 둘째, 일부 원시 유전학 데이터에 접근할 수 있게 하며, 셋째, 동일한 검사를 받은 전 세계의 가족사 연구자들과 연결될 수 있는 네트워크를 제공하는 것이다. 앤세스트리는 수백만 명의 이용자를 과거와 연결시키며, 오늘날 역사가 소비되고 이해되는 방식에 막대한 영향을 미치는 기업으로 자리 잡았다. 회사는 이러한 목표를 다음과 같이 밝힌 바 있다. "앤세스트리닷컴은 사람들이 가족사를 발견하고, 보존하고, 공유할 수 있도록 설계된 온라인 가족사 브랜드 제품군을 운영하고 있다."[32] DNA 서비스를 도입하면서 앤세스트리는 완전히 새로운 시장을 열어젖혔다. 2012년에 출시된 앤세스트리DNA는 불과 5년 만에 전 세계 최대 DTC 유전자 검사 플랫폼으로 부상했으며, 그 지위를 지금까지 유지하고 있다.[33] 지난 10여년 동안 DTC 유전자 검사 시장은 폭발적으로 성장해 현재는 약 250개 기업이 직접 DTC 유전자 검사를 제공하고 있으며,[34] 초기와 달리 이제는 건강 중심이 아니라 라이프스타일과 정체성 구축을 전면에 내세운 서비스로 재편되었다. 전 세계의 이용자들은 DNA를 통해 자신을 이해하는 새로운 방식을 제안받고 있는 셈이다.[35]

가족사 DNA 검사는 이제 거대 산업으로 성장했다. 앤세스트리는 2009년 기업공개(IPO)를 통해 1억 달러를 조달했고, 2012년에는 사모펀드가 회사를 16억 달러에 인수했으며, 8년 뒤에는 블랙스톤 그룹이 지분의 과반을 47억 달러에 매입했다.[36] 1980년대에 작은 계보 뉴스레터로 출발한 회사가 데이터베이스 중심의 가족사 플랫폼으로 성장해 이러한 수준의 평가를 받게 되었다는 사실은 놀랄 만큼 극적이다.[37] 이처럼 폭발적인 기업가치의 근거는 앤세스트리가 보유한 유전학 데이터베이스의 규모에 있다. 이 글이 작성되는 시점을 기준으로 앤세스트리DNA는 2천만 명이 넘는 고객 데이터를 보유하고 있으며, 이는 가족사 구독자 수인 300만 명을 훨씬 웃돈다. 사용자 수 역시 폭발적으로 증가해 2016년에는 200만 명, 2017년 2월에는 300만 명, 같은 해 8월에는 500만 명, 11월에는 600만 명에 이르렀다.[38] 이 수치는 영리한 마케팅과 광고 전략의 결과로 해마다 급성장했다. 한편 주요 경쟁사인 23앤드미는 약 1,200만 명의 고객 데이터를 보유하고 있다. 앤세스트리가 세계 최대의 상업용 DNA 데이터베이스를 갖고 있지만, 두 회사의 데이터를 합치기만 해도 약 3,200만 건에 이른다.[39] 두 서비스를 모두 이용하는 사용자가 일부 존재한다는 점을 감안하더라도, 10년도 채 되지 않는 기간에 축적된 유전 지식의 규모가 얼마나 방대한지를 보여주는 수치다. 마이헤리티지, 앤세스트리, 패밀리트리DNA와 같은 가족사 플랫폼들은 이러한 대규모 유전학 데이터를 바탕으로 수익화 전략과 분석 방식을 모색하며, 점차 생명공학 기업으로 전환되고 있다.[40] 이들은 유전 정보가 전 세계에서 소비되고 해석되는 방식에 막대한 영향을 미치며, 동시에 교육과 인식 제고에 기여할 책임 또한 지니고 있다.[41] 특히 이 기업들은 엘하즈(El-Haj)가 말한 '유전적·역사적 상상력'에 예상치 못한 변화를 가하고 있으며, 수백만 명의 사용자들이 DNA를 통해 과거와, 그리고 자신이 그 과거와 맺는 관계를 이해하는 방식을 새롭게 형성하고 있다.[42] 유전학 데이터는 개인을 여러 공동체와 연결하는 동시에, 견고하고 수치화 가능한 민족 정체성의 근거로 읽히고 있다는 점이 특징이다.

앤세스트리의 부사장이자 최고마케팅책임자인 비닛 메흐라(Vineet Mehra)는 계보 연구와 유전학의 결합이 야심에 차 있고 실제로 변혁적이라고 말한다. 그는 다음과 같이 설명한다.

> 계보 연구, 그리고 더 최근에는 게놈 연구를 누구나 쉽게 접근하고 활용할 수 있도록 함으로써, 사람들이 과거를 열어 미래에 영감을 얻도록 돕고자 합니다. 자신의 정체성을 더 깊이 이해하는 순간, 세상을 바라보는 방식과 자기 미래를 바라보는 관점 역시 달라지기 때문입니다.[43]

이처럼 유전 정보가 기존의 계보 연구를 확장하고, 과거와 미래에 대한 감각을 재구성할 수 있다는 믿음은 회사의 핵심적인 수사 기조를 이룬다. 더 많고 더 정교한 정보, 특히 유전학 데이터의 개입을 통해 개인의 정체성이 재조정되고 과거가 더욱 명확해지며, 그 결과가 현재의 변화로 이어진다는 논리다. 앤세스트리의 홍보 문구는 이를 다음과 같이 표현한다. "당신의 DNA에 담긴 가족 이야기를 열어보세요." 그리고 이어서 말한다.

> DNA는 기록만으로는 닿을 수 없었던 당신의 뿌리와 새로운 조상, 그리고 지금까지 알지 못했던 민족적 구성까지 밝혀낼 수 있습니다.

앤세스트리DNA와 함께 '당신만의 나'를 이루는 요소들을 새롭게 바라보세요.[44]

앤세스트리의 마케팅은 '기원'이라는 개념을 전면에 내세우며 서사와 이야기의 힘을 강조한다. "당신의 배경은 DNA 속에 있다. 앤세스트리DNA는 당신의 유산을 밝혀내고 과거와 현재의 가족을 연결해준다."[45] 마찬가지로 마이헤리티지는 "간단한 DNA 검사가 당신의 독특한 민족적 배경을 밝혀주고 새로운 친척을 찾아준다"[46]고 홍보하며, 패밀리트리DNA는 "개인사를 탐색하고 조상의 흔적을 따라가라"고 권한다. 이러한 문구들은 유전 기반 계보학이 어떤 방식으로 판매되고 있는지를 선명하게 보여준다. DNA는 새로운 조상을 '발견'하게 하고, 사용자의 개인사를 다시 쓰도록 하며, 무엇보다 '유일한 나'를 증명하는 장치로 제시된다. 기록만으로는 도달할 수 없었던 과거를 DNA가 드러내줄 수 있다는 것이다. 여기서 핵심어는 '드러내기'(reveal), 즉 예기치 않은 발견과 기존 인식을 전환할 수 있는 개입의 가능성이다. 앤세스트리는 DNA를 통해 과거를 이해하는 방식을 재편하고, 이를 토대로 새로운 자아감과 기원 서사를 구축하도록 돕는 것을 분명한 목표로 삼는다.

앤세스트리DNA와 23앤드미는 자신들이 축적한 방대한 데이터베이스의 잠재력을 현실화하기 위해 과학 논문을 발표하기 시작했다. 앤세스트리DNA는 가족사 이용자들이 구축한 가계도 정보와 DNA 검사 이용자들의 유전학 데이터를 결합해 분석하고 있으며, 이들은 "미국 내에서만 유전자형 샘플과 연결된 32만 2683개의 계보와 총 2천만 건이 넘는 계보 주석을 통해 특정 집단의 세밀한 역사적 초상을 추론할 수 있다"고 밝힌 바 있다.[47] 즉 텍스트로 기록된 가계도 아카이브와 유전정보 아카이브를 서로 연결해 '읽어내는' 방식으로, 새로운 해석과 추론을 수행하고 있는 것이다. 다만 이러한 자료의 성격상 연구 결과는 재현될 수 없다. 이들은 "고객과의 약속을 고려할 때 계보 및 유전학 데이터를 학계에 폭넓게 공개할 수 없다"(9쪽)고 명시한다. 이는 가족사 기업이 단순한 저장소를 넘어, 자신들이 관리하는 아카이브를 직접 해석하고 활용하기 시작했다는 점에서 흥미로운 변화다. 실제로 인구유전학자에서 의학 연구자에 이르기까지 다양한 과학 분야가 이러한 계보 DNA 아카이브에 높은 관심을 보이고 있다. 조상·가계 정보뿐 아니라 건강 관련 유전 보고서까지 제공하는 23앤드미는 최근 제약회사 글락소스미스클라인과의 협력을 발표하며 영역을 확장하고 있다. 개인의 신체 정보가 현대 의학 연구의 자원이 되면서, 가족사 연구는 점차 의학 연구와도 얽혀들어가고 있는 셈이다. 따라서 DNA 아카이브가 상업적 용도로 어떻게 활용되고 있는지, 그리고 과거에 기반한 데이터가 현재의 연구·정책·실천에 어떤 영향을 미칠 수 있는지를 면밀히 이해하는 것이 중요하다.

가족사 연구를 위해 상업적으로 생산되는 유전 정보는 기업들에 의해 대규모 데이터 아카이브로 축적되고 있다. 이러한 데이터 축적은 대부분 사기업 형태로 운영되는 조직에 막대한 정보 자산과 수익을 가져다주며, 이들 기업은 종종 헤지펀드나 생명공학 벤처 자본의 투자를 받는다. 앞서 살펴보았듯 앤세스트리DNA의 데이터베이스에는 현재 2천만 건이 넘는 고객의 유전 정보가 저장되어 있으며, 다른 기업들의 규모는 이보다 훨씬 작다. 일부 가족사 연구자들은 여러 회사의 검사를 중복해 이용하기도 하지만, 그럼에도 혈통 기록과 결합된 유전학 데이터의 총량은 이미 방대하며 계속해서 증가하고 있다. 그렇다면 이러한 정보의 집합에 대한 소유권과, 데이터 의료 시대에 상업적 바이오뱅킹과 데이터뱅킹을 통해 이를 수익화하는 일은 매우 수익성 높은 사업이다.[48] 이 시장은 빠르게 성장하고 있으며, 예상치 못한 영역으로까지 확장되고 있다. 일단 데이터가 거래되고 나면, 연구자나 의료기관이 이러한 유전·조상 데이터를 정리하고 분석하며 탐색하는 행위는 하나의 역사 연구 실천 방식으로 이해될 수도 있을 것이다.

여기에는 막대한 가능성이 열려 있지만, 동시에 이렇게 확장된 정보가 앞으로 가족사 연구의 작동 방식을 어떻게 변화시킬 것인지는 여전히 불확실하다.[49] 최근 몇 년 사이 주요 가족사 기업들이 보유한 데이터베이스가 폭발적으로 증가하면서 중요한 윤리적 질문들이 제기되었다. 지금 이 DNA 데이터는 어떻게 다뤄져야 하며, 앞으로 어떤 방식으로 보관·정리·보존·관리되어야 하는가. 이 정보는 어디에 저장되며, 누가 그 관리 책임을 지게 되는가. 과거의 데이터는 누구의 소유이고, 그 접근 권한은 누구에게 있는가. DNA 분석을 수행했던 가족사 연구자들이 사망하거나, 반대로 사망자의 데이터를 관리하는 새로운 세대가 등장하면서 장기 보관과 접근의 문제는 이미 현실적인 쟁점이 되었다. 이 정보는 어디에 안전하게 보존되어야 하며, 누가 접근할 수 있어야 하는가. 이 데이터는 '공공 기록'이 아니며, 어떤 공적 아카이브에도 저장되지 않는다. 사실 대규모 DNA 데이터베이스의 구축은 과거 자료의 상품화로 볼 수 있다. 생물학적 정보를 수익화함으로써 일종의 '죽은 자의 데이터가 다시 일하게 되는' 현상이 만들어지고 있기 때문이다. 또한 DTC 유전자 검사 시장의 확대는 주요 기업들로 하여금 유전자 분석이라는 상품을 국가가 생산해온 정보, 즉 인구조사 자료나 출생·혼인·사망(BMD) 기록, 교육 자료 등에 필적하는 위상과 중요성을 지닌 것으로 홍보할 수 있게 만들었다. 이 기업들은 구독 서비스라는 구조를 통해 과거에 대한 접근 자체를 상품화하며, DNA 아카이브의 구축은 개인 유전 정보에 직접적인 가치를 부여한다. 그 결과 고객은 단순한 소비자가 아니라 프로슈머가 되어 자신의 데이터를 자발적으로 제공하고, 그 정보는 기업이 새로운 콘텐츠와 가치를 생산하는 기반으로 활용된다.

또 하나 짚어야 할 점은, 대형 기업이 판매한 수백만 개의 DNA 키트 가운데 상당수가 실제 가족사 연구자가 아닌 일반 소비자, 즉 생일이나 크리스마스 선물처럼 가볍게 구매하는 일회성 취미형 소비층에 의해 사용된다는 사실이다. 많은 키트는 등록된 뒤 결과를 한 번 확인하는 데서 그치고, 곧바로 잊힌다. 가족사 연구자들은 DNA 키트 광고가 '즉각적인 답을 알려준다'는 인상을 주는 반면, 사용자 다수가 그 의미를 깊이 탐구하지 않은 채 이탈하는 현실을 아쉬워한다. 그 결과 활성화되지 못한 막대한 양의 유휴 데이터(inert data)가 축적되고 있다. 마케팅은 엄청난 매출과 수치를 만들어냈지만, 생성된 정보의 대부분은 실제 이용자에게 충분히 활용되지 않는다. 반대로 데이터베이스는 규모가 커질수록 분석 결과가 정교해지기 때문에, 기업 입장에서는 확장이 필수적이다. 즉 많은 사용자가 의식적으로 연구에 참여하지 않더라도 이미 기업의 분석 시스템을 작동시키는 데이터 생산자가 되고 있는 셈이다. 기업이 정밀한 결과와 서비스를 제공하려면 더 방대한 데이터베이스가 필요하고, 이 과정에서 각 사용자의 유전 정보는 피드백 루프 속에서 기업의 성장과 수익을 견인하는 구조를 형성한다. 다시 말해 서비스에 적극적으로 참여하지 않는 사용자조차도 여전히 기업에 의해 '사용'되고 있으며, 그들의 데이터는 지속적으로 새로운 결과를 생산하는 데 기여하고 있다.[50]

가족사를 위한 DNA의 '아마추어' 사용

2021년 1월, 필라델피아에 거주하는 자칭 '계토 덕후' 미저스퀴저 (meezersqueezer)는 소셜 미디어 플랫폼 틱톡에 짧은 영상을 게시했다. 영상은 이렇게 시작되었다. "앤세스트리 DNA 검사를 받고 가족의 비밀을 알게 된 사람이 또 있나요? 저는 그랬고, 전혀 예상하지 못했어요."[51] 그들은 자신의 가족이 "항상 100% 아일랜드계"라고 믿어왔지만, DNA 테스트 이후 파롱고(Fa'alongo)라는 폴리네시아 사용자로부터 연락을 받았다. 회사의 데이터베이스에 따르면 파롱고는 그들과 '높은 DNA 일치율'을 보였다. 가계도를 공유한 결과, 미저스퀴저는 자신과 그 사용자가 혈연관계에 있으며, 자신의 할아버지가 파롱고의 할아버지와 이복형제일 가능성이 크다는 사실을 확인했다.

미저스퀴저의 할아버지는 평생 가족사와 관련된 질문에 답하기를 거부하며 "과거는 과거일 뿐… 그래서 나는 더 캐묻지 않았다"(The past is the past… so I never pressed him)라고 말해왔다. 그들은 이어 또 다른 사실도 밝혀낸다.

나는 오래지 않아 친가 쪽 3대 증조부가 조지아의 남부동맹 소속 노예 소유주였다는 사실을 알아냈다. 그들은 이 발견으로부터 다음과 같은 결론을 내린다. 오늘날 필라델피아에 살고 있으면 노예제와 심리적으로 거리를 두기가 정말 쉽다. 그러나 이것은 아버지 쪽 가족사에서 매우 큰 부분이며… 아무도 이야기하고 싶어 하지 않는 불편한 진실이다. 그렇지만 우리는 그것을 배우고, 인정해야만 한다.

마지막 게시물에서 그들은 이렇게 말한다. "그래서 나는 가족을 많이 화나게 했지만… 파롱고를 도울 수 있었고, 내 가계도를 바로잡을 수 있었다."

미저스퀴저가 올린 원본 게시물에는 수백 개의 댓글이 달렸고, '좋아요'는 4만 3천 회 이상을 기록했다. 이후 같은 내용을 이어간 후속 영상들 역시 비슷한 인기를 끌었다. 댓글뿐 아니라 틱톡 사용자들은 미저스퀴저의 영상 일부를 가져와 자신의 이야기를 시작하는 도입부로 사용하는, 이른바 '스티치' 방식으로 콘텐츠를 연결했다. 이 영상은 대화를 여는 출발점이자 폭로의 서두가 되었고, 그 결과 수백 건의 반응과 스티치가 이어지며 전 세계 사용자들 사이로 토론과 논쟁이 확산되었다. 이 게시물에 응답해 스티치를 올린 사용자 프렛레스펠라인(fretlessfeline)

과 캣 맥도날드(Cat McDonald)는 당시 팔로워 108명에게 자신의 DNA 검사 경험을 들려주었다.[52] 그녀의 아버지는 크리스마스에 '가족 모두'에게 DNA 검사를 받게 했는데, 실제로는 그녀가 아일랜드 혈통인지 확인하려는 의도가 컸다. 검사 결과 그녀는 아일랜드인이 아니었고, DNA는 그녀의 친부가 다른 사람이라는 사실까지 드러냈다. 데이터베이스에서 한 사용자와 친자 일치가 확인된 것이다.[53] DNA가 일치한 사람은 가족과 오래 알고 지낸 인물이었고, 억만장자 CEO였다. 그녀는 그에게 연락을 시도했지만 그는 끝내 아무런 답을 하지 않았다. 맥도날드의 이야기는 폭발적으로 확산되어 약 100만 명이 시청했고, 윤리와 가족, 친자 관계를 둘러싼 더 큰 논쟁을 촉발했다. 현재 그녀의 팔로워는 17만 7천 명에 이르며, 게시물의 '좋아요' 수는 280만 회에 달한다. DNA 검사 경험을 다룬 두 개의 영상에는 2만 7천 개가 넘는 댓글이 달렸고, 이 이야기는 이후 주류 언론으로도 확산되어 〈데일리 미러〉, 〈더 선〉, 〈데일리 메일〉의 기사들에는 수천 개의 댓글이 이어졌다.

　이 두 사례는 '여가형(레저) DNA 검사'라는 현상을 더 면밀하게 들여다볼 수 있는 지점을 제공한다. 이들은 소셜 미디어가 어떻게 순식간에 논의를 촉발하고 전 세계의 반응을 집결시키는지를 보여준다. 또한 역사와 계보에 관한 이야기와 지식을 공유하는 공간으로서 소셜 미디어의 활용이 점점 확대되고 있다는 사실도 드러낸다.

　가족사를 탐색하기 위한 앤세스트리와 같은 DNA 검사 시장은 규모가 크고 구조 또한 복잡하며, 기존의 주류 계보 연구를 넘어 훨씬 더 광범위한 이용자층에게 유전 기반 가족사 지식을 확산시켜왔다. 특히 틱톡은 젊은 사용자가 많은, 매우 역동적이고 속도감 있는 플랫폼으로 인식된다. 미저스퀴저의 원본 게시물 이후 공유된 수많은 이야기 가운데 왜 하필 캣 맥도날드의 사례가 압도적 관심을 끌었는지는 분명하지 않다. 사회적 배경의 극적인 대비가 영향을 미쳤을 수도 있고, 와인을 마시며 다소 음모론적인 어조로 이야기를 풀어낸 맥도날드의 프레젠테이션 방식이 시청자의 몰입과 정서적 연결감을 만들어냈을 가능성도 있다. 주류 언론 기사에 달린 댓글의 상당수는 맥도날드의 이야기가 사실인지에 대한 의구심을 드러냈는데, 이는 온라인 문화 전반에 자리한 냉소적 성향을 반영하는 동시에 DNA 폭로 서사가 이미 하나의 '연출된 장르'로 자리 잡았을지도 모른다는 가능성을 시사한다. 틱톡은 다른 영상·이미지 기반 플랫폼과 마찬가지로 본질적으로 퍼포먼스를 유도하는 구조를 지니고 있기 때문이다.[54] 또한 틱톡 영상에서 흔히 나타나는 '따라찍기'와 '이어 말하기' 방식의 상호작용은, 인터넷 밈이 단순한 유행을 넘어 플랫폼이 작동하는 방식 그 자체가 되어버린다는 점에서 의미를 지닌다. 연구자 줄리(Zulli)와 줄리(Zulli)는 이를 "모방을 기반으로 형성되는 공적 장(場)"이라고 설명하며, 틱톡의 구조가 참여와 반복, 응답을 통해 새로운 사회적 연결을 만들어낸다고 본다.[55] 따라서 소셜 미디어가 스토리텔링 방식을 어떻게 변화시키고, 이러한 형식이 유전계보학의 급속한 성장과 전 세계의 역사 인식에 어떤 영향을 미치는지를 이해할 때, 이 지점을 간과해서는 안 된다.

유전계보학은 유전학이 역사에 접근하는 새로운 방식을 열어준다는 점에서 중요하다. 가족사 탐구에서 DNA 검사는 알지 못했던 조상과의 연결을 열어주며, 지식의 범위를 확장하는 동시에 기존 가족사가 지녔던 단선적 구조를 복잡하게 만든다. 유전학 데이터는 조상과의 정서적 관계를 새롭게 형성할 수 있게 하고, 기업이 보유한 데이터베이스를 매개로 사용자와 살아 있는 사람들 사이에 직접적인 연결을 만들어낸다. 이러한 공유된 연결은 유전적 과거를 보다 섬세하게 이해할 수 있도록 돕는다. 그리고 현재의 유전적 자기 이해와 과거의 역사 탐구가 결합되는 지점이 바로 유전계보학의 핵심이다. 그러나 이러한 과정은 동시에 가족 관계가 균열될 가능성을 수반하며, 사람이 자신의 과거를 이해하기 위해 유전학을 사용할 때 뒤따르는 윤리적 문제를 숙고하게 만든다. 유전 정보는 현재와 과거를 연결해 이해하는 새로운 시각을 제공할 수 있지만, 그만큼 깊은 윤리적 질문을 제기하고 경우에 따라서는 과거의 안정적인 서사를 완전히 붕괴시킬 수도 있다. 캣 맥도날드는 자신의 경험을 통해 '비친부 사건'(Non-Paternal Events, NPE)에 대한 인식을 확산시키고자 했으며, 팔로워들에게 DNA를 이용해 생물학적 부모를 찾는 사람들을 지원하는 단체 'DN앤젤스'(DNAngels)에 기부해줄 것을 요청했다.[56] 이 사례에서 드러나는 유전학의 전환적 힘, 즉 '드러내는 힘'은 기존의 가족사를 뒤흔들고, 오랫동안 감춰온 비밀을 세대 단위로 무너뜨릴 수 있다.

2016년 마리안네 좀머(Marianne Sommer)는 DTC 유전자 검사 이용자들이 학계의 비판과는 다른 방향으로 움직이고 있다고 지적했다.

인문·사회과학 연구자들이 유전적 식별이 초래할 잠재적 파괴성과 본질화의 경향을 비판적으로 논의하는 동안, 점점 더 많은 일반 대중은 유전 조상 탐색 시장과 가상 커뮤니티에 참여하고, 마침내 '자신의 유전자 속 역사'를 토대로 실제적인 관계를 형성하고 있다.[57]

앞서 살펴본 틱톡 사례는 이 주장이 일정 부분 사실임을 보여준다. '대중'은 유전 정보에 기반한 거대한 시장을 형성하고 있으며, 이를 통해 서로와, 그리고 과거와 연결되는 새로운 방식들을 만들어내고 있기 때문이다.[58] 동시에 위의 사례들은 윤리와 정체성에 대한 비판적 자각 역시 존재함을 보여주며, 유전 정보가 과거와 현재의 관계를 구성하는 사고방식을 새롭게 형성하고 있음을 시사한다.

DNA 데이터는 가족사 연구자에게 정보를 검증하고, 연구의 흐름이 막히는 '벽'(brick walls)을 넘어가며, 추적 가능한 새로운 연결을 확장할 수단을 제공한다.[59] 검증은 기존 기록과 일치하는 정보를 확신하게 하여 연구에 안정성과 신뢰도를 더한다. 또한 연구가 막히는 '벽'은 새로운 정보나 탐색 경로가 열릴 때 허물어질 수 있다. 이는 과거라는 문제에 접근하는 새로운 방식과 해결 경로를 만들어낸다. 마지막으로 유전계보학은 DNA를 통해 생성된 연결을 토대로 추가적 조사를 가능하게 한다. 연구자는 자신과 DNA가 '일치한' 사람들의 온라인 데이터를 불러와 자신의 연구에 편입시킨다.

DNA 분석은 가족사 연구자에게 방대한 양의 추가 데이터 역시 제공한다.[60] 이러한 데이터는 기존 지식이나 자료와 결합될 때 특히 유용한 도구가 된다. 가족사 연구자들은 DNA가 절대적이거나 최종적 해답

자아 self

이 아님을 잘 알고 있으며, 실제 연구 관행에서도 DNA 계보학을 기존의 표준 연구를 대체하는 것이 아니라 이를 보완하는 수단으로 받아들인다. 이런 태도는 그들이 '포스트게놈적 실천'을 매우 실용적인 방식으로 수행하고 있음을 보여준다. 동시에 그들은 유전 정보가 기존의 규범적·전통적 데이터와는 다른 층위에서 추가되는 것임을 인식하고 있으며, 주류 역사 연구 방식으로는 얻기 어려운 유형의 자료로 이해하고 있다.[61] 많은 상업적 DNA 검사가 생물지리학적 혈통을 제시하는 데 초점을 두고 있다는 점을 고려하면, 유전계보학은 인종과 관련된 자아 모델을 한층 더 복잡하게 만들었다고 볼 수 있다. 현대인들이 서로 다른 민족 정체성을 주장하는 현상은 오래된 사례지만(3장 참조),[62] DNA 검사는 이를 한층 더 가속화했다.[63] 반면 유전 혈통 검사가 정체성에 거의 영향을 미치지 않는다는 연구 결과도 존재한다.[64]

유전학 데이터는 어떤 형태의 역사적 증거인가. 수백만 명의 아마추어 가족사 연구자들은 과거를 이해하는 새로운 통로로 DNA를 인식한다. DNA는 '읽히고' 해석되어야 하는 대상이며, 이를 시각화하고 제시하기 위한 도구들 역시 가족사 커뮤니티 내부에서 지속적으로 만들어지고 있다. 그 결과 DNA는 기록 보관소의 문서 조사나 지역사 자료 연구와 나란히 활용되는 새로운 역사 정보의 한 형태로 자리 잡고 있다. 실제로 DNA는 하나의 '증거'로서의 위상을 획득했고, 역사적 이해와 감수성 형성에 기여하고 있다. 그러나 DNA 정보는 기존의 기록 보관소나 지역 역사 도서관에서 얻어지던 자료와는 성격이 다르다. 전통적인 가족사 자료는 특정 목적을 위해 공공기관이 수집한 기록에 기반했으며,

그 범위 역시 비교적 명확했다. 즉 가족사는 출생·결혼·사망·직업과 같은 인구조사 자료나 교회 기록(서구권 기준)에 의존해 구성되어왔다. 반면 DNA 데이터는 성격이 다른 종류의 증거다. 이는 주로 대규모 민간 기업에 의해 수집·보관되며, 개인이 이를 내려받아 직접 분석하는 경우도 많다. 따라서 이 분야의 연구가 앞으로 더 발전하기 위해서는, 데이터가 어떤 목적에 따라 수집되었는지, 그리고 특히 상업적 목적과 비즈니스 모델이 어떻게 작동하는지를 명확히 이해하는 것이 필수다.[65] 지금은 방대한 양의 새로운 유전 기반 역사 자료가 존재하지만, 그것이 곧바로 쉽게 접근하거나 해독할 수 있는 형태로 주어지는 것은 아니다. 앞으로의 역사가들은 이러한 자료를 다루기 위해 새로운 도구와 연구 방법을 마련해야 할 것이다.

이런 맥락에서 DNA 데이터는 가족사 연구자가 과거에 접근하는 방식을 근본적으로 변화시킨다. 연구 결과에 확실성을 더하는 데서 나아가, 기존에는 도달할 수 없었던 연구 지평을 새롭게 열어준다. DNA를 통해 연구자는 이전에는 접근할 수 없었던 전체 데이터세트를 구성하고, 새로운 탐색 방향을 모색할 수 있다. 개인은 자신의 DNA 데이터를 내려받아 직접 분석할 수도 있고, 상업 기업이 제공하는 분석 도구를 활용할 수도 있다. 더 나아가 유전 정보를 조작·시각화·분석하기 위한 오픈소스 소프트웨어나 사용자 제작 도구 역시 점점 늘어나고 있다. 이처럼 이용자가 직접 도구를 만들고 공유하는 방식은 가족사 커뮤니티가 유전계보학 데이터 해석 기술을 선도적으로 발전시키고 있음을 보여준다. 다만 DNA를 활용하는 가족사 연구자들을 위한 체계적인 교육 기반

은 아직 충분히 마련되어 있지 않아, 많은 경우 독학으로 기술을 습득한
다. 그 결과 지식 수준과 적용 방식에 상당한 편차가 발생한다. 그럼에도
불구하고 연구자들은 학회와 온라인 커뮤니티 등을 통해 빠르게 정보를
공유하며, 이러한 협력은 아래에서 살펴볼 크라우드소싱 기반 데이터베
이스와 도구 개발로 이어지고 있다. 가족사 연구자들은 자신의 연구 방
식과 방법론을 스스로 인식하며 접근하는 경향을 보인다는 점에서도 주
목할 만하다.[66] 그만큼 DNA 정보에 접근하기 위한 기법 역시 꾸준히 발
전했고, 실제로 일부 연구자는 이제 DNA 분석에 고도의 숙련을 갖추어
미제 사건 수사를 수행하는 기업의 의뢰를 받기도 한다(4장 참조).

DNA를 통해 생성된 새로운 정보는 과거와 맺는 정서적 관계를 강
화할 수 있다. 과거에 접근하는 방식에서 이러한 감정적 요소는 핵심이
다. 유전계보학은 개인이 자신의 몸을 매개로 과거와 이어져 있다는 믿
음을 토대로 작동한다. 유전학은 사용자가 시간 너머로 손을 뻗어 과거
와 새로운 연결을 형성할 수 있다는 감각을 만들어낸다. 이러한 연결은
자아를 구성하는 데 본질적인 요소가 되며, 과학적 데이터의 개입을 통
해 현재의 정체성은 다시 구성되기도 한다. 가족사에는 종종 애틋함, 상
실감, 우울과 같은 감정이 따라붙는데, 이제 DNA 증거 또한 그 감정의
일부가 되었다. 다시 말해 DNA는 가족사 연구의 방법만이 아니라 '가
족'과 '자아'라는 개념 자체의 재구성까지 이끌어낸다.

DNA 데이터는 새로운 연결을 가능하게 하며 가족사 연구의 영역
을 확장한다. 연구 범위는 지리적으로도 시간적으로도 넓어질 수 있고,
특히 기록이 부족한 경우가 많았던 여성 혈통을 추적할 수 있다는 점에

서 중요한 전환점을 제공한다.[67] 또 DNA는 기록에서 누락되었거나 남아 있지 않거나 혹은 의도적으로 숨겨졌던 사실을 드러내며, 마치 반박 불가능한 '증거'처럼 작동한다. 이는 역사 탐구에 새로운 확신, 다시 말해 종결감에 가까운 확실성을 부여한다. DNA 연구는 지금까지는 불가능했던 방식으로 과거를 '해결할 수 있을 것'이라는 약속을 제시한다. 특정 집단, 예컨대 아프리카계 미국인이나 유대인 공동체의 경우 DNA는 역사적 억압과 단절을 다시 추적하고, 잃어버린 가족과 재연결될 수 있는 통로로 기능한다. 유전계보학은 이처럼 견고하고 확실한 것으로 보이는데, 바로 이 점이 주요한 마케팅 포인트이기도 하다.

유전계보학은 가족사를 구성하는 서사 방식 자체를 변화시키며, 그 결과 가족사 연구의 중심에 놓여 있는 '자아 이해'의 방식까지도 바꾸어놓는다.[68] DNA는 가족이 무엇인지, 어떻게 형성되는지, 또 어떤 형태로 구성될 수 있는지를 재정의할 수 있다. 그러나 동시에 DNA는 오랫동안 숨겨져 있던 비밀이나 불편한 사실을 드러내기도 하며, 그로 인해 이 연구를 수행하는 사람들에게 새로운 윤리적 고민을 야기한다. 유전계보학 데이터베이스가 폭발적으로 확장되면서 비친부 사건(NPE)을 발견하는 사례는 특히 크게 증가했다.[69] 많은 이용자가 그동안 알지 못했던 형제자매나 가족의 존재를 알게 되고, 더 나아가 가족 구성원에 대한 기존 인식을 근본적으로 뒤흔드는 행동의 기록을 마주하기도 한다. 유전계보학은 실종된 친족을 찾아내는 데 매우 높은 효율을 보이며, 그 과정에서 오랫동안 묻혀 있던 수치심과 죄책감의 층위가 드러나는 경우도 적지 않다. 그 결과 특히 미국·캐나다·호주처럼 식민 정착의 역사를 지닌 백인 공동체에서는 일정한 형태의 역사적 정산이 이루어지고 있다. DNA 정보는 가족 구조에 예기치 않은, 때로는 원하지 않는 변화를 초래하기도 하며, 어떤 경우에는 사용자가 기존에 가족이라고 믿어왔던 관계가 사실과 다르다는 점을 갑작스럽게 확인하게 만들기도 한다.[70] 이는 가족이라는 개념 자체를 흔들고, 더 나아가 공동체 구조에 대한 이해까지 변화시킨다. DNA를 통해 과거에 접근하는 과정은 사용자가 예상하지 못한 방식으로 현재의 삶과 정체성을 재구성하게 만들 수 있다. DNA는 불편한 진실을 비추는 빛이 되며, 그 발견은 종종 현재의 삶에 실질적인 파장을 일으킨다. 많은 사람들이 자신과 가족에 관해 조용히 숨겨졌거나 잊혀졌던 사실을 DNA를 통해 처음 알게 되기 때문이다. 따라서 DNA의 개입은 언제나 환영받는 것만은 아니다.

가족사 연구자들 사이에서는 데이터의 소유권과 개인의 유전 정보 프라이버시에 대한 우려가 점점 커지고 있다. '바이오프라이버시'는 이제 가족사 연구의 핵심 쟁점으로 부상했다. 유전학 데이터는 개인 한 사람만을 가리키지 않는다. 부모와 자녀, 형제자매는 물론 사촌과 이종사촌 등 보다 먼 친척들까지 함께 포괄한다. 그 결과 이 연구 방식에는 개인정보 보호, 동의, 윤리적 책임과 같은 문제들이 필연적으로 뒤따르지만, 이러한 요소들은 대규모 데이터베이스 확장을 추구하는 상업적 운영 논리의 전면에 놓여 있지 않은 경우가 많다. DNA 정보는 사용자가 사망한 이후에도 계속 '존재'한다. 이미 세상을 떠난 이들의 프로필이 유지되는 경우도 흔하며, 이는 최초의 참여자가 사망한 뒤에도 다른 연구자가 해당 유전 정보를 활용할 수 있음을 의미한다. 이러한 지속성은 유전학 데이터에 일종의 '유령성'(spectrality)을 부여한다. 아카이브 속 오래된 기록과 '멜랑콜리한 유령들'이 유전 정보라는 새로운 매개를 통해 다시 호출되고 재해석될 수 있다는 점에서 이 현상은 반복된다. 새롭게 생성된 데이터는 오래전에 죽은 사람을 다시 움직이게 하고, 그들에게 새로운 의미를 부여한다. 유전 정보를 통해 죽은 이들과 접속하는 행위는 더 이상 드문 일이 아니다. 커뮤니티 기반 DNA 플랫폼 게드매치에는 '라자루스'라는 기능이 있는데, 이를 활용하면 사망한 친족의 DNA 구성을 일정 부분 '재구성'해볼 수 있다. 이는 복잡한 계산을 통해 고인의 유전적 형질을 추정하는 방식이다.

유전계보학은 기존에 규범으로 여겨졌던 가족 구조를 흔들고 재구성할 잠재력을 지녔다. 이러한 접근은 과거를 이해하는 방식, 현재를 해석하는 방식, 그리고 더 넓은 공동체와 관계 맺는 방식을 새롭게 열어 보인다. DTC 유전자 검사가 거대한 시장으로 성장했다는 사실은, 이러한 지식에 대한 욕구가 얼마나 큰지를 분명하게 드러낸다. 그러나 이처럼 폭발적으로 확장되는 정보가 어떤 결과를 낳게 될지는 아직 완전히 파악되지 않았다. 우리는 매일 새로운 아카이브가 생성되고, 인간을 이해하는 방식이 확장되며, 이전에는 상상할 수 없었던 연결들이 형성되는 장면을 목도하고 있다. 과거에서 도출된 DNA 기반 정보는 현재의 자아 개념을 변화시키는 동시에 기존의 역사 지식 체계를 약화시키고, 나아가 특정한 형태의 증거를 중심으로 구성되어온 역사 서술 방식 자체를 근본적으로 뒤흔든다.

유전계보학 다큐멘터리

DNA가 개인의 과거 이해에 어떤 변화를 가져왔는지는 대중문화 속 사례에서 뚜렷하게 드러난다. 특히 DNA를 활용한 역사 다큐멘터리는 지난 10여 년간 가족과 자아라는 개념이 어떻게 재구성되어왔는지를 선명하게 보여준다. DNA는 개인이나 공동체가 과거를 이해하는 새로운 방식을 열어주며, 이런 프로그램들은 그 지식이 대중에게 어떤 경로로 확산되고 일상화되고 있는지를 보여주는 중요한 증거이기도 하다.

텔레비전에서는 계보학을 다루는 프로그램이 꾸준히 제작되고 있다. 그리고 이들 대부분은 크게 성공한 시리즈 〈당신은 자신을 누구라고 생각하십니까?〉(WDYTYA?, BBC, 2004-), 〈롱 로스트 패밀리〉(Long Lost Family, ITV, 2011-), 헨리 루이스 게이츠 주니어가 진행하는 미국 시리즈(아래에서 상세 논의)[71]로부터 발전한 형식을 따른다. 〈WDYTYA?〉는 현재까지 17시즌에 걸쳐 제작·방영되었으며, 미국판을 포함해 총 19개국에서 현지 버전이 제작될 만큼 국제적으로 확장되었다. 〈롱 로스트 패밀리〉 역시 국제적으로 큰 성공을 거두었고, 미국판에서는 안세스트리DNA를 전면에 내세우며 프로그램을 홍보하고 있다.[72] 이 시리즈는 이후 여러 파생 다큐멘터리를 낳았으며, 그 사례로 〈모든 가족에게는 비밀이 있다〉(Every Family Has a Secret, 호주 SBS, 2019), 〈워크하우스의 비밀〉(Secrets of the Workhouse, 영국 ITV, 2013, 워크하우스는 19세기 영국의 빈민 노동 수용시설—옮긴이) 등이 있다.

〈WDYTYA?〉는 유명인을 중심으로 구성된 프로그램으로, 회차마다 한 명의 유명인이 자신의 가족사를 직접 탐색한다. 이 시리즈는 개인이 자신의 뿌리를 찾아 국내외 여러 지역을 이동하는 형식을 취하며, 서사는 '계시'(revelation)와 '이동성'(mobility)을 중심축으로 전개된다.[73] 프로그램에서 유전계보학이 활용되는 경우는 드물고, 출연자는 전문가를 만나 기록을 열람하고 데이터베이스를 추적하며 현장을 방문하는 방식으로 가족사 속 미지의 부분을 찾아간다. 그러나 이러한 다큐멘터리는 드러난 사실들을 하나의 일관된 질서로 묶어내기 쉽지 않다. 왜냐하면 "계보 문서는 종종 대답보다 더 많은 질문을 제기하며, 불일치와 놀라움, 스캔들이 가족사 연구의 핵심이기 때문"이다.[74] 기차나 자동차로 이동하는 장면이 반복적으로 등장하는 것은 탐색이라는 서사 구조를 시각적으로 구현하기 위한 장치다.

한편 〈롱 로스트 패밀리〉는 일반인이 잃어버린 친족을 다시 찾는 과정을 다루며, 이 역시 이동과 재회를 중심으로 서사가 전개된다. 이 프로그램은 2017년부터 DNA를 활용하기 시작해 현재는 그 핵심 요소가 되었고, 역사적 사실을 검증하는 데 초점을 두기보다는 유전자 분석을 통해 이루어지는 재회 과정 자체에 집중한다. "아무도 추적하지 못한 사람을 찾아내고, 믿기 어려운 가족의 비밀을 밝힌다"[75]라는 문구는 이 프로그램의 방향을 잘 드러낸다. 이러한 프로그램은 유전 정보를 활용해 일반인의 가족사를 추적하는 TV 형식의 선구적 사례로 평가된다. 2021년에 방영된 두 편의 신규 프로그램은 계보 다큐멘터리에서 유전학의 비중이 한층 커졌음을 분명히 보여주며, DNA에 기반한 해석이 가족사를 제시하는 핵심 방식으로 자리 잡았음을 드러낸다. 여기서 DNA가 수행하는 가장 중요한 기능은 '폭로'로, 유전 정보는 서사를 움직이는 결정적 동력이 된다. 클레어 린치(Claire Lynch)는 〈WDYTYA?〉와 〈롱 로스트 패밀리〉를 '바이오그래비전'(biogravision)이라 명명하는데, 이는 사회사 다큐멘터리, 개인 서사, 유명인에 대한 폭로, 리얼리티 TV 형식이 결합된 유형을 가리킨다.[76]

DNA 가족사가 과거를 탐구하는 핵심 방식으로 자리 잡았다는 점은, 2021년 영국에서 프라임 시간대에 방영을 시작한 두 편의 유전계보학 다큐멘터리 〈DNA 여정〉(DNA Journey)과 〈DNA 가족 비밀〉(DNA Family Secrets)을 통해 분명하게 확인할 수 있다. 이 프로그램들은 '가족사'가 점차 기록 중심의 탐색을 넘어, DNA가 제공하는 계시적 발견을 중심축으로 전개되고 있음을 보여준다. 또한 신체성과 감정, 과거와 현재를 잇는 정서적 연결에 주목함으로써 계보 다큐멘터리, 나아가 역사 다큐멘터리 형식 자체가 어떻게 변화하고 있는지를 드러낸다. 이 두 시리즈는 계보 기업의 영향력이 확대되고 있으며, 그 영향이 콘텐츠의 서사 구조와 제작 방식에까지 깊이 스며들고 있음을 보여주는 사례다.[77]

〈DNA 여정〉의 파일럿은 정식 시리즈로 확장되기 전인 2019년에 먼저 방영되었는데, 진행자 앤트(Ant)와 덱(Dec)이 매우 먼 친족일 가능성을 확인하는 과정을 중심으로 구성되었다. 이후 2021년 ITV는 이 파일럿을 토대로, 계보 다큐멘터리 장르의 새로운 방향을 제시하는 정규 시리즈 〈DNA 여정〉을 선보였다. 평론가들은 이 프로그램을 두고 "식상해진 기존 포맷을 뒤흔들려는 시도"이자, "ITV가 〈WDYTYA?〉 이후의 자리를 노리고 던진 일종의 승부수"라고 평가했으며,[78] 동시에 기존 〈WDYTYA?〉가 지닌 엄숙함과 비애의 정조와 달리 훨씬 더 가볍고 경쾌한 톤과 연출을 취했다는 점도 긍정적으로 평가했다.[79] 프로그램의 전반적 분위기는 경쾌하고 감각적이다. 밴드 '킹스 오브 레온'(Kings of Leon)의 ⟨패밀리 트리⟩(Family Tree)를 비롯한 팝 사운드트랙이 이를 뒷받침하며, 드론으로 촬영한 도시와 풍경, 분할 화면, 빠른 편집과 정지 컷, 출연자들이 서로 웃음을 터뜨리는 장면들로 구성된 오프닝은 스티븐 소더버그(Steven Soderbergh)의 영화 ⟨오션스 일레븐⟩(2001)을 연상시킨다. 이러한 연출은 이 프로그램을 "새롭고 역동적인 현대적 탐사 다큐멘터리"로 인식하게 만든다. 이 시리즈는 유명인을 두 명씩 짝지어 농담과 경쟁, 우정과 성찰이 동시에 드러나도록 구성하며, 파일럿 에피소드와 마찬가지로 출연자들 사이의 관계성과 동행의 경험을 핵심 요소로 삼는다. 출연자들은 말 그대로 함께 '여정'을 떠나며, "가족은 우리에게 정말 중요한 요소이며, 바로 그래서 우리는 이 여정을 선택했다"고 말한다.[80]

⟨DNA 여정⟩은 ⟨WDYTYA?⟩와 비교할 때 영국적 국민정체성을 더욱 강하게 전면에 내세우며, 출연 구성과 서사 역시 주로 백인·남성·이성애 규범을 중심으로 짜여 있다(백인 출연자 8명 가운데 여성은 1명, 성소수자 남성은 1명이며, 프로그램에서 추적되는 조상들 또한 다수가 남성이다). 이 프로그램은 가족과 자아 정체성의 관계에 초점을 맞추고, 각 회차는 다른 계보 다큐멘터리들과 마찬가지로 영국이라는 공간에서 출발한다. 초록 들판과 해안 풍경을 보여주는 도입 장면이 반복되며, 계보 다큐멘터리에서 핵심 장치로 기능해온 '이동성'은 자동차와 택시의 이동 장면을 통해 시각화된다. 특히 ⟨DNA 여정⟩은 고속도로 주행과 차량 내부 촬영을 반복적으로 배치해 실제로 '여정'이 진행되고 있다는 인상을 강조하고, 이동이라는

장치를 통해 개인의 일상에서 혈통과 연결성으로 확장되는 서사 구조를 분명히 드러낸다. 일반적인 계보 다큐멘터리에서는 이러한 이동 과정에서 초기의 '영국성' 중심 시각이 완화되거나 전복되며, 근대 국가의 기원이 단일하지 않다는 점이 드러나는 경우가 많다. 그러나 〈DNA 여정〉에서의 이동은 대체로 영국, 그중에서도 잉글랜드 내부에 머문다. 이는 자신의 정체성을 확인받고자 하는 욕망과 동시에 그 정체성이 흔들릴 수 있다는 불안이 출연자들에게 교차하고 있음을 보여준다. 첫 회 말미에 공개된 프레디 플린토프(Fredy Flintoff)의 DNA 분석 결과와 혈통 지도에는 "아무리 애써도 더 '프레스턴 사람'일 수는 없다"라는 설명이 덧붙여지고, 플린토프는 "내가 사랑하고 편안함을 느끼는 바로 그곳과 이어져 있다는 사실을 알게 되어 정말 기쁘다"고 말한다. 그에게 DNA 계보학은 소속감과 정체성을 확증하는 수단으로 작동하지만, 동시에 언제든 다른 가능성을 드러낼 수 있다는 점에서, 이 프로그램 속 DNA가 지닌 계시적이면서도 수정주의적인 잠재력을 분명히 보여준다.

〈DNA 여정〉에서 제시되는 (국가적) 이동성은 유전학을 매개로 과거와 관계 맺는 방식과 긴밀하게 연결되어 있으며, 이 프로그램은 무지에서 지식으로 이동하는 과정을 서사의 중심축으로 삼는다. 이는 계보 다큐멘터리에서 반복적으로 작동해온 핵심 장치, 즉 '자기 인식'의 서사 구조이기도 하다. 플린토프는 "사람들이 TV에서 보는 모습이… 곧 나를 의미하는 건 아니다"라는 말로 이야기를 시작하고, 그의 친구 제이미 레드냅은 "DNA에서 밝혀지는 무언가는 우리를 형성하거나 우리가 지닌 특성의 근거가 될 수 있다"고 말한다. 플린토프는 스스로를 영국인, 프레스턴 사람, 북부 출신으로 인식해왔다고 밝히면서도, "나쁜 사람들의 먼 후손일지도 모른다는 사실은 알고 싶지 않다"는 불안을 드러낸다. 동시에 그는 "그래도 그것이 몇 가지를 설명해줄지도 모른다"고 덧붙인다. 이러한 망설임은 플린토프가 자신의 정체성을 지속적이고 역사화된 '영국다움' 속에서 확인하려는 탐색과 맞닿아 있으며, DNA를 통해 지금의 자신이 어떤 배경과 조건 속에서 형성되었는지를 설명해줄 해답을 찾고 있음을 보여준다.

이 프로그램에서 DNA의 개입은 전반적으로 매우 제한적이고 절제된 방식으로 이루어진다. 참가자들은 휴대전화 알림을 통해 정보를 전달받고, 앤세스트리의 전문가 브래드 아전트(Brad Argent)가 길거리에서 제공하는 간단한 설명을 듣는 정도에 그친다. 혈연관계에 대해서도 최소한의 연결 가능성만 제시될 뿐 실제 서사의 중심은 DNA 분석보다 문서화된 가계도와 기록 추적에 훨씬 더 무게가 실린다. 그러나 이러한 단순함은 우연이 아니라 의도된 선택이다. 아전트는 "우리의 역사는 그 어느 때보다도 쉽게 접근할 수 있다. #DNAJourney를 위한 연구의 대부분은 노트북과 휴대전화만으로 이루어졌다. 위대한 이야기를 발견하는 데 특별한 접근 권한은 필요하지 않다"고 설명한다.[82] '특권적 접근'에 대한 이러한 거부는 계보 다큐멘터리가 나아갈 하나의 방향을 제시하며, 연구 과정을 과도하게 극적으로 연출하기보다는 그 경험과 정서적 여정 자체에 초점을 맞추려는 움직임을 보여준다.

〈DNA 가족 비밀〉은 BBC를 위해 제작된 프로그램으로, 제목이 암시하듯 이동성의 서사보다는 숨겨져 있던 사실을 드러내는 데 훨씬 더 집중한다. 사회적 이슈를 다뤄온 다수의 다큐멘터리를 진행해온 저널리스트 스테이시 둘리(Stacey Dooley)가 진행을 맡았으며, 프로그램은 스스로의 목표를 "DNA 검사의 힘을 통해 삶을 바꿀 수 있는 비밀을 밝혀내는 것"으로 제시한다.[83] 매 회차는 둘리의 내레이션으로 문을 연다. "우리 중 많은 사람은 우리가 누구인지… 그리고 우리의 미래가 무엇인지에 대해 의문을 품는다.… 이제 DNA 기술의 놀라운 발전으로 이런 질문들이 처음으로 답을 가질 수 있게 되었다." 이처럼 프로그램의 초점은 아직 드러나지 않은 것, 그리고 새로운 기술적 개입을 통해 밝혀질 수 있는 것에 놓여 있다. 결국 이 프로그램은 "DNA 검사의 힘을 통해 사람들의 삶을 바꾸는 비밀을 풀어내도록 돕는다"는 메시지로 수렴된다.[84] 여기서 DNA는 참신함과 진보를 상징하는 기술로 제시되며, 가족이 오랫동안 숨겨온 진실과 직접적으로 연결되는 매개로 작동한다. DNA는 참여자에게 이전에는 접근할 수 없었던 과거로 나아가는 수단이자, 그 과거를 재배열해 현재의 삶을 새롭게 구성할 수 있게 하는 힘을 제공한다. 둘리는 "우리의 DNA는 거짓말을 하지 않는다"고 말하며 과학의 정확성과 계시적 역량에 신뢰를 부여한 뒤, "그러나 우리는 그 진실을 받아들일 준비가 되어 있는가"라는 질문을 던진다.

〈DNA 가족 비밀〉은 DNA를 전면에 내세운 다큐멘터리지만 〈DNA 여정〉과 마찬가지로 화면 속에서 구체적인 과학적 설명이나 실험 과정은 거의 드러나지 않는다. 이러한 실험실 혹은 도서관 중심 연구의 부재는 계보 다큐멘터리가 새로운 방향으로 이동하고 있음을 보여주며, DNA 연구가 가족사 이해와 유전학적 역사 상상력에 기여하는 방식에도 영향을 미친다. 유전 정보는 점점 더 강력한 의미를 획득하지만, 동시에 과학적 노동의 과정과는 분리된 채 소비된다. 이런 맥락에서 이 다큐멘터리가 반복적으로 호출하는 핵심어는 '연결'과 '계시'다. 두 프로그램 모두에서 DNA는 제작의 전제이자 일정한 신뢰성을 보증하는 기반으로 기능하지만, 초점은 증거가 어떻게 생성되고 검증되는가에 있지 않다. 대신 그 유전 정보가 개인, 즉 유명인이나 일반 참여자에게 어떤 정서적·서사적 효과를 낳는가에 맞춰져 있다. 리처드 3세 연구로 잘 알려진 전문가 투리 킹은 매 회차 등장하지만, 대부분은 편안한 방이나 안락의자에 앉아 설명하는 방식이며 연구실 장면은 잠깐 스쳐 지나갈 뿐이다. 킹이 가계도를 그려 보이는 장면이 프로그램에서 확인되는 과학적 요소의 거의 전부다. 이는 '흰 가운과 실험실'이라는 전통적인 과학 이미지 대신 유전학적 작업을 일상의 장면 속에 위치시키려는 의도적인 연출 전략이라 할 수 있다.[85] 킹은 거리감 있는 과학자가 아니라 누구나 쉽게 접근할 수 있는 인물로 제시되며, 과학적 설명 역시 빠르게 요약된 채 "DNA는 진실을 밝혀낼 수 있습니다. 준비되셨나요?"와 같은 계시적 어조로 전달된다. 실제로 어떤 유전 분석이 수행되는지는 거의 설명되지 않아 분석 과정은 의도적으로 가려지고, 면봉 채취 또한 위협적이기보다는 일상적 장면으로 묘사된다. 참가자 빌(Bill)이 채취한 타액을 바라보며 "이건 내 일부야"라고 말하는 순간이나, 마거릿(Margaret)이 킹 앞에서 조심스럽게 튜브에 침을 뱉는 장면 역시 이러한 연출의 연장선에 놓여 있다. '전문가'와 일반 참여자의 구분은 분명하지만, 그 경계는 프로그램의 형식 안에서만 작동한다. 참여자들은 킹에게 자신의 'DNA에 관한 질문'을 던지고, 킹은 분석이 어떻게 이루어질지를 간단히 설명하는 역할을 맡는다. 센티모건(centimorgan, cM)을 설명할 때도 "유전적 측정을 위한 단위로, 사람들이 DNA 구간을 얼마나 공유하는지를 나타낸다"는 수준으로 짧게 정리된다. 구체적인 데이터나 기술적 세부 사항은 거의 등장하지 않으며, DNA가 프로그램의 핵심 소재임에도 실제 유전 분석은 배경으로 물러나 있다. 이는 DNA를 위협적이지 않은 일상의 일부로 만들고 접근성을 높인다는 점에서는 효과적이지만, 동시에 분석 과정이 가려지면서 과학적 노동 자체가 자연스럽게 보이지 않게 되는 효과를 낳는다.

스테이시 둘리의 참여는 프로그램의 초점을 감정적 여정과 개인적 경험에 또렷하게 고정시킨다. 삶의 중대한 진실을 마주한 이들과 대화할 때 둘리가 보여주는 공감의 태도는 이 프로그램을 성립시키는 핵심 요소로 작동하며, 그 결과 쇼는 무엇보다 '계시'와 '감정'에 집중하게 된다. 〈DNA 가족 비밀〉에서는 이동의 모티프가 형식적 장치로 작동하는데, 각 부분은 〈DNA 여정〉과 같이 고속도로와 철도를 드론으로 촬영한 장면으로 시작한다. 거리와 집, 학교를 비추는 화면 위로 둘리의 내레이션이 얹힌 뒤, 곧바로 풀어갈 개별 사연으로 빠르게 줌인하는 구성은 넓은 시야에서 좁은 시야로 이동하는 효과를 만들어내며, 더 큰 역사적 맥락에서 개인의 이야기를 하나씩 끌어내는 인상을 자연스럽게 형성한다. 이 프로그램이 스스로를 제시하는 방식의 중심에는 '지식'이라는 개념이 놓여 있다. DNA가 참여자들로 하여금 '가족의 비밀을 풀어내도록' 만든다는 전제 때문이다. 참여 이유를 묻는 질문에 이들은 "내가 어디에서 왔는지 알고 싶다", "너무 늦기 전에 알고 싶다", "내가 어디 출신인지, 아버지가 누구인지 알고 싶다"와 같은 말로 이해에 대한 열망을 드러낸다. 지식 중심의 이러한 접근은 각 참가자에게 자신의 DNA를 통해 '무엇을 알고 싶은가'를 묻는 프로그램의 구조 전반에 스며 있다. 그 결과 이 쇼는 DNA를 설명적이면서도 계시적인 것으로, 지식의 공백을 메우고 비밀을 드러내는 장치로 극화한다. 참가자 빌이 "상당한 계시네요"라고 말하는 순간은 이를 상징적으로 보여주며, DNA가 부여한 지식이 곧 진실성과 인증의 언어로 전환된다는 전제를 분명히 드러낸다.

빌은 처음 만난 사촌들을 바라보며 "너무 오랜 시간이 흘렀다"고 말해 프로그램 전반에 미묘한 우울감을 더한다. 또 다른 주인공 리처드는 자신을 길러준 남성을 떠올리며 "내 삶은 전부 연극 같았어. 그에 대한 따뜻한 기억도 많은데, 그는 정말 몰랐던 걸까, 아니면 알고 있었던 걸까"라고 혼잣말처럼 묻는다. 그러나 이 시리즈는 대체로 이러한 상실감이나 공허함에 오래 머무르기보다는 가족이 다시 이어지는 긍정적 순간에 더 많은 비중을 둔다. 역사적 발견, 고양된 유전적 자각, 그리고 감정적 온전함 사이의 연결이 반복적으로 강조된다. 유전계보 연구는 '알게 해주는' 도구로 제시되고, 그 앎은 현재의 자아 이해와 결합되며, 그과정에서 과거는 재구성되고 현재는 설명된다. 이 프로그램에서 역사학자는 주변으로 밀려나거나 거의 등장하지 않지만, 다큐멘터리는 우리가과거를 탐구하고 이해하는 방식 자체가 어떻게 재편되고 있는지를 분명하게 드러낸다. 다큐멘터리라는 매체를 통해 구성·유통되는 역사 인식이 새로운 유형의 증거에 의해 다시 짜이고 있다는 점이 여기서 선명하게 부각된다.

이 시리즈에 대한 리뷰들은 레이첼 시지(Rachael Sigee)의 표현처럼 감정적 반응에 주목했다. "친척들이 처음 만나는 장면을 보고도 감동하지 않으려면 정말 냉소적이어야 한다."[86] 이 시리즈를 둘러싼 평가는 대체로 정서적 울림에 초점을 맞췄다. 〈더 미러〉(*The Mirror*)의 사라 월리스(Sara Wallis)는 이 쇼가 유전학을 다루는 방식이 어떻게 달라졌는지 짚으며 이렇게 쓴다.

> 제러미 카일(Jeremy Kyle) 쇼에서 다투는 부부 앞에 DNA 검사 결과가 공개되던 시절을 떠올려보라. 당시에는 흰 가운을 입은 의료진이나 '신성불가침'처럼 여겨지던 카일의 연구팀만이 그 결과를 다룰 수 있었다. 그러나 지금은 상황이 완전히 달라졌다.… 오늘날의 방식에 걸맞게, 스테이시와 제작진은 몇 번의 클릭만으로 2500만 명이 넘는 가정용 DNA 검사 이용자들이 남긴 방대한 데이터베이스에 즉시 접근한다.[87]

TV 속 DNA 활용 방식의 변화는 월리스가 '요즘 방식'이라 부른 흐름을 잘 보여준다. 둘리와 제작진이 몇 번의 클릭만으로 DNA 아카이브에 접근하는 이른바 '진정한 밀레니얼 방식'은 과거에 비해 접근성이 얼마나 높아졌는지를 드러내며, 한때 어렵고 전문적으로 여겨졌던 유전 연구가 일상적이고 손쉬운 작업으로 이동했음을 보여준다. 월리스가 던지는 아이러니는 낮 시간대 친자확인 쇼에서 DNA가 소비되던 과거를 환기시키면서 이제 DNA가 가족을 회복시키는 도구로 전환되고 있음을 짚어낸다. 두 프로그램 모두 폭로에 의존하고 유전학을 확증과 보증의 수단으로 활용하지만, 〈DNA 가족 비밀〉은 특히 상업 데이터베이스에 정보를 업로드한 수많은 익명의 기여자들 위에서 작동한다는 점을 분명히 상기시킨다. 시리즈 전반에 걸쳐 "전 세계 2500만 명이 DNA 정보를 등록했다"는 말이 반복되는 것도 이 때문이다. 밀레니얼 세대가 자신의 유전적 구성을 간단히 파악할 수 있게 된 배경에는 지난 10년간 축적된 방대한 아카이브가 자리한다. 월리스가 말한 '부드러운 접근성'은 이 프로그램이 유전학을 제시하는 방식의 핵심이기도 하다. DNA는 쉽게 탐색되며, 결과는 명료하게 제시되고 곧바로 이해된다. 끝으로 월리스의 평가는 시지와 마찬가지로 감정적 반응을 기준으로 한다. 그녀는 이 "감정적이고 매혹적인" 쇼를 보며 세 번이나 눈물을 흘렸다고 적었다.

내면성과 자아를 이해하려는 데 초점을 맞추는 경향은 유명 인사가 등장하는 계보학 프로그램에서 반복적으로 나타나는 특징이다.[88] 이러한 자기 이해의 강조는 리얼리티 프로그램의 영향을 받은 동시대 다큐멘터리가 개인이 어떻게 '되어가는지', 즉 개별 주체의 형성 과정을 핵심 서사로 삼는 경향을 반영한다.[89] 이는 지난 10여 년간 다큐멘터리 형식이 어떻게 변화해왔는지를 보여주는 한 사례다. 이러한 가족사 해석은 시간의 흐름이 현재라는 지점에 도달하기 위해 진행되어왔다는 목적론적·연대기적 전제를 깔고 있다. 참가자 개인은 유전적 과거가 자신도 모르는 사이 현재의 정체성에 깊이 작용했다고 인식하며, 바로 그 관계를 설명하기 위해 유전계보학을 호출한다. 여기서 '여정'은 외부를 향한

자아 self

이동이 아니라 내면을 향한 탐색으로 전환되며, 그동안 인식되지 않거나 승인되지 않았던 내적 요소를 드러내는 과정이 된다. 이러한 프로그램들에서 역사가들은 주변으로 밀려나거나 아예 등장하지 않지만, 유전학의 개입을 통해 과거를 탐구하고 이해하는 방식이 어떻게 달라질 수 있는지에 대해서는 분명한 주장을 제시한다. 장소, 유물, 문서와 같은 전통적 연구 방법과 역사 현장에 더해 유전 정보는 과거를 바라보는 또 다른 초점을 제공하고, 다큐멘터리라는 매체를 통해 형성되어온 역사 인식은 이 새로운 증거 사용을 통해 재구성된다.

역사 서술을 주도하는 유전학
: 아프리카계 미국인 계보학

헨리 루이스 게이츠 주니어가 공적 성공을 거둔 다큐멘터리 〈아프리카계 미국인의 삶〉(African American Lives, PBS, 2006 – , 2시즌), 〈미국의 얼굴〉(Faces of America, PBS, 2010), 〈뿌리 찾기〉(Finding Your Roots, PBS, 2012 – , 7시즌)는 미국 사회에서 계보 연구를 바라보는 관점을 근본적으로 전환시켰으며, 아프리카계 미국인의 정체성을 사유하는 새로운 틀을 제시했다. 게이츠 주니어는 이 시리즈들과 함께 출간한 저서들에서 가족사와 유전계보학을 결합해 수정주의적 역사 서술을 전개한다. 특히 〈아프리카계 미국인의 삶〉의 첫 회에서는 1976 – 1977년에 방영·출간되어 큰 영향을 끼친 알렉스 헤일리(Alex Haley)의 〈뿌리〉(Roots)를 짧게 언급하며, 이 작업이 놓여 있는 역사적 계보를 분명히 한다.[90] 첫 장면에서 게이츠 주니어는 〈뿌리〉의 음악을 맡았던 퀸시 존스(Quincy Jones)와 대화를 나누며, 알렉스 헤일리가 감비아까지 거슬러 올라가 자신의 계보를 추적했던 이야기를 상기시킨다. 흑인 학자 척 스톤(Chuck Stone)은 1977년 학술지 〈더 블랙 스콜라〉(The Black Scholar)에서 이 작품을 논하며, 이 시리즈가 "자신이 누구인지 알지 못했던 많은 흑인들에게 그들의 '과거성'에 대한 고양된 감각을 부여했다"[91]고 평가했다. 게이츠 주니어가 이를 "아프리카로 향한 첫 여정"이라 부르는 대목은, 〈뿌리〉가 남긴 유산과 〈아프리카계 미국인의 삶〉이 아프리카계 미국인 공동체에 가져올 변화를 하나의 연속선 위에 놓으려는 제스처다. 그러나 그는 곧바로 이 시리즈가 〈뿌리〉를 넘어설 수 있다고 선언한다. 그 근거로 제시되는 것은 유전 정보를 포함한 '현대적' 조사 기술이 개인과 공동체 모두에게 변혁적 효과를 발휘할 수 있다는 인식이며, 바로 이 믿음이 그의 작업이 촉발한 인식론적·역사학적 전환의 핵심을 이룬다.

〈아프리카계 미국인의 삶〉은 DNA 계보학을 매개로 참가자들이 오랫동안 접근할 수 없었던 역사에 닿도록 한다. 게이츠 주니어는 "문서 추적이 결국 노예제라는 끔찍한 어둠 속에서 막힐 수밖에 없을 때, 우리는 DNA를 통해 아프리카의 뿌리를 거슬러 올라갔다"(11쪽)고 말한다. 그의 작업에서 계보학은 회복적 실천이자 정치적으로 수정주의적인 역사 쓰기다(자세한 논의는 X장 참조). 온가가(Ongaga)는 이를 두고 "가계도는 역사가들이 미국 경험의 복잡성에 대해 일반화할 수 있는 원래의 데이터에 구체성을 부여한다"고 설명한다. 계보학은 공동체와 역사적 경험을 이해하는 핵심 도구일 뿐 아니라, 국가 서사를 재구성하고 때로는 전복할 잠재력을 지닌다. 〈아프리카계 미국인의 삶〉은 게이츠 주니어가 엘리스섬에 서 있는 장면, 곁에 자유의여신상이 함께 포착된 화면으로 시작한다. 엘리스섬은 오랫동안 미국 이민자 정체성과 국가적 기원의 상징으로 기능해왔지만, 게이츠 주니어는 곧 이 상징의 중심성을 문제 삼으며 다른 역사적 경로를 제시한다.

> 수백만 명의 이민자에게 이곳은 신세계로 들어오는 관문이었다. 오늘날 그들의 후손은 과거와의 연결을 찾기 위해 이 자리를 다시 찾고, 이곳에 보존된 기록을 따라 조상의 여정을 기념하고 추적할 수 있다. 내 친구들 가운데에도 엘리스섬을 통해 자신의 가계를 되짚을 수 있는 이들이 있다. 그러나 아프리카 노예무역의 후손인 우리에게는 그런 '엘리스섬'이 존재하지 않는다. 우리의 조상은 선택의 여지 없이, 자신의 의사와 무관하게 이 땅으로 끌려왔기 때문이다.[93]

엘리스섬에서의 오프닝은 이 시리즈가 미국 역사와 정체성을 또 다른 각도에서 사유하도록 작동한다. 기록과 보존을 통해 특정한 '국가적 서사'를 구축해온 아카이브 국가가, 노예와 그 후손에게만은 그러한 권리를 허락하지 않았다는 비판 또한 이 장면에 담묵적으로 깔려 있다. 기록의 부재는 이들을 역사 밖으로 밀어냈고, DNA는 그러한 배제를 넘어 "한때는 상상할 수 없었던 흑인 과거로의 여정"[94]을 가능하게 했다. 여기서 '상상할 수 없었던'이라는 표현은 중요하다. 그것은 한편으로 이 시리즈가 전제하는 폭로의 논리, 곧 새로운 연구와 새로운 이해의 개방을 가리키는 동시에, 다른 한편으로 아프리카계 미국인에게 역사란 오랫동안 상상하거나 요구할 수 있는 권리의 대상조차 아니었음이 드러난다. 게이츠 주니어는 이어서 이를 분명히 한다.

> 우리는 오랫동안 아프리카의 유산과 혈통에 대해 알 길이 없었다. 그러나 만약 우리의 뿌리를 거슬러 올라갈 수 있다면 어떨까. 그 과정에서 어떤 이야기들을 발견하고, 어떤 조상들과 마주하게 될까. 시간을 거슬러 대서양을 건너, 조상이 떠나온 땅까지 다다를 수 있다면 말이다. 이제 계보학과 유전학의 놀라운 발전 덕분에, 그러한 탐색을 실제로 시작할 수 있게 되었다.[95]

오랫동안 아프리카계 미국인에게 차단되었던 '과거와의 연결'은 이제 DNA라는 급진적 매개를 통해 가능해진다. 유전학은 수세기 동안 인종차별적 아카이브가 강요해온 지우기와 망각의 구조를 우회하는 새로운 증거를 제공한다. 〈아프리카계 미국인의 삶〉은 "역사 속에서 자신의 자리를 찾아가기 시작한 아홉 명의 놀라운 아프리카계 미국인"[96]을 따라가며, 유명 인물 중심의 구성을 통해 그들이 현대 미국을 대표한다는 인식, 나아가 그들의 역사가 국가 서사의 중심으로 재배치되어야 한다는 주장을 전제한다. 시리즈는 이들의 경험을 "하나의 장대한 여정"으로 묶어 제시하며, 아홉 개의 서로 다른 경로가 현재로 수렴하는 단일한 목적론적 궤도를 그린다. 오프닝 크레딧에서는 참가자들의 이름이 연속적으로 배열되며 상호 연결성을 암시하는데, 이는 인종을 매개로 한 연대감과 더불어, 그들과 더 넓은 공동체가 역사적으로 하나의 민족으로 간주되며 주변화되어왔다는 감각을 함께 드러낸다.

각 시리즈는 DNA 분석을 전통적인 기록 조사 방식과 결합해 활용한다. 프로그램의 내레이션은 이를 이렇게 설명한다. "우리는 이들의 뿌리를 찾기 위해 가능한 모든 도구를 동원했다. 계보학자들은 조상들이 남긴 문서의 흔적을 따라 과거를 재구성했고, DNA 전문가들은 최신 유전 분석 기술을 통해 수백 년 동안 감춰져 있던 비밀을 밝혀냈다."[97] 과학은 늘 새롭고 변화를 이끄는 혁신의 힘으로 제시된다. "DNA 분석의 혁명적 발전 덕분에 모든 출연자는 처음으로 자신의 아프리카 유산과 마주할 수 있게 될 것이다"[98]라는 설명이 이를 잘 보여준다. 각 회차는 대체로 차분한 화면 구성으로 진행되며, 게이츠 주니어와 출연자가 마주 앉아 이른바 자신의 '삶의 책'을 함께 들여다보는 인터뷰 장면이 서사의 중심을 이룬다. 그 사이사이에 역사 자료 화면, 전문가의 짧은 설명, 일부 현장 촬영이 삽입되지만, 초점은 일관되게 참여자가 기억을 받아들이고 반응하며 스스로를 다시 이해해가는 과정에 맞춰진다. 이때 DNA는 "그동안 보이지 않던 연결을 드러내고", "조상들이 한때 고향이라 불렸던 뜻밖의 장소"[99]를 밝혀내는 매개로 기능한다. 〈아프리카계 미국인의 삶〉은 이러한 유전검사를 통해 이전에는 상상조차 하기 어려웠던 민족적 구성, 특히 출연자 안에 존재하는 유럽 혈통의 비율과 공유 조상을 가시화한다. 게이츠 주니어가 배우 돈 치들(Don Cheadle)에게 "그만큼 많은 유럽 혈통을 지니고 있다는 사실이 놀랍지 않았나요?"라고 묻는 장면은, 이 시리즈가 DNA를 통해 자아 인식의 경계를 흔드는 방식을 상징적으로 보여준다.[100] 한편 DNA 계보학을 인종과 곧바로 동일시하려는 경향에는 분명 주의가 필요하다. 그럼에도 게이츠 주니어는 개인의 역사성을 단순화하기보다는 오히려 더 복합적으로 만들고 역사적 뉘앙스를 확장하는 도구로 DNA를 활용한다. 이 프로그램은 유전적 증거가 개인의 과거와 국가 서사, 그리고 현재의 정체성을 이해하는 틀 자체를 근본적으로 흔들 수 있음을 보여주며, 동시에 기억의 질서를 재편하고 새로운 이야기를 가능하게 하는 대안적 증거로 기능함을 드러낸다. 여기서 DNA는 새로우면서도 오래된 증거다. 오랫동안 보이지 않았을 뿐 이미 존재해왔던 것을 드러내는 수단이기 때문이다. 그런 점에서 DNA는 위로의 감각과 급진적 전복의 감각을 동시에 품는다. 그것은 공적 기억 속에 뿌리내린 인종주의적 구조를 가시화하는 동시에, 마치 또 다른 국가적 상상과 공동체가 다시 구성될 수 있음을 암시한다.

헨리 루이스 게이츠 주니어가 제시해온, 아프리카계 미국인의 유전계보학이 역사학과 역사 다큐멘터리 실천을 변화시킨다는 주장은 주요 시리즈 〈노예가 되다〉(Enslaved, BBC/CBC, 2020 -)에서 구체적으로 구현된다. 이 프로그램은 앞선 작업들과 마찬가지로 계보학적 접근을 취하면서 현대의 유명 인물을 더 넓은 역사적 맥락 속에 위치시키고, 특히 유전적 연결을 매개로 아프리카 디아스포라 경험을 새롭게 해석할 가능성을 연다. DNA와 계보 연구를 도구로 삼아 기존의 역사 지식을 재배열한다는 점에서 이 시리즈는 분명한 수정주의적 성격을 지닌다. 프로그램에서 배우 새뮤얼 잭슨(Samuel L. Jackson)은 노예무역의 흔적을 따라가며 "잊힌 역사를 다시 조명하고 싶다"고 말한다. "아직도 수백만 명의 후손은 조상이 실제로 어디에서 왔는지 모른다"는 그의 발언은 이 작업의 문제의식을 압축한다. 화면에서 DNA가 차지하는 비중은 크지 않지만, 그 기능은 결정적이다. DNA는 과거와 현재를 잇는 통로로 작동하며, 잭슨이 이 역사적 여정에 자신을 위치 지을 수 있도록 한다. 첫 장면에서 그는 사촌을 만나 가족사를 이야기하며 "우리는 대부분의 아프리카계 미국인에게는 흔치 않은 일을 하고 있다. 혈통을 과거로 거슬러 올라가고 있다"고 말한다. 구술 전승에 의존해온 가계도는 노예제라는 폭력의 경계 앞에서 멈추지만, 그다음 단계에 놓이는 것이 바로 DNA 검사다. 첫 에피소드는 잭슨이 가봉으로 향해 주요 유적지를 방문하고 대서양 횡단 노예무역의 흔적을 추적하는 여정을 중심으로 전개된다. 가봉을 출발점으로 설정함으로써 다큐멘터리는 형식적으로도 '기원'을 먼저 세우고, 현대의 해설자인 잭슨을 역사적 순간과 직접 연결한다. 이러한 연결은 유전적 연계 없이는 성립할 수 없으며, DNA는 그 관계를 실재적이고 시각적이며 가시적인 것으로 만든다. 잭슨과 가봉 사이의 연결은 이전부터 존재했지만 단지 알려지지 않았을 뿐이었고, DNA 없이는 명확히 드러나거나 실체를 획득할 수 없었다. 이 사례는 게이츠 주니어가 주장해온 수정주의적 역사 서술을 실제로 수행하는 장면이라 할 수 있다. DNA의 개입 이전에 잭슨의 가족사 인식은 제한적이었지만, 유전학을 통해 그는 새로운 나라, 새로운 공동체, 새로운 자기 이해와 접속하게 된다. 동시에 유전학은 이 다큐멘터리를 가능하게 하는 서사적 동력이자 제작의 핵심 장치로 기능한다. 이처럼 DNA 정보는 개인과 공동체 모두에게 과거를 이해하고, 서술하며, 직접 체험하는 새로운 경로를 열어준다.

에필로그: 미래?

1초마다 약 6천 개의 트윗이 전송된다. 이 문장을 끝까지 읽는 데 걸린 시간 동안에도 약 4만 2천 개의 트윗이 새로 올라왔을 것이다. 트윗 한 개의 평균 길이를 68자로 잡으면, 이는 약 285만 6천 자에 해당하는 분량이다. 트윗은 하루에 약 5억 건, 연간으로는 약 2천억 건이 생산된다.

인터넷의 규모를 매일 집계하는 월드와이드웹사이즈(Worldwide-websize)에 따르면, 이 글이 작성된 시점을 기준으로 웹은 약 45억 9천만 개의 페이지와 10억 개의 웹사이트로 구성되어 있었다. 이 수치는 다크 웹이나 비공개 데이터베이스를 제외한, 즉 검색 엔진에 의해 인덱싱된 웹만을 포함한 것이다. 웹의 규모는 두 가지 방식으로 측정된다. 하나는 '콘텐츠'의 양으로, 2014년 기준 저장 용량 추정치는 약 1024바이트, 100만 엑사바이트에 달한다.[1] 다른 하나는 '트래픽'으로, 이는 제타바이트 단위로 계산된다. 2021년 전 세계 인터넷 트래픽은 1제타바이트를 넘어섰는데, 이는 DVD 약 2500억 장에 해당하는 방대한 양이다.[2] 다르게 말하면, 영국은 2013년에만 18만 4천 권의 책을 출간했는데, 이는 인구 규모를 기준으로 할 때 세계에서 가장 많은 출판량이다.[3] 여기에 DNA 염기서열 분석과 온라인 가계도, 유전자 서열 정보, 금융 데이터,

각종 온라인 기록 등 인간을 측정하고 기록하는 방식의 확장, 더 나아가 전 세계에서 생산·소비되는 과학 데이터의 폭발적 증가까지 겹치면, 우리가 다루는 정보의 양은 사실상 감당하기 어려운 수준에 이른다. 최근 몇 년 사이 사진과 문서를 보관하기 위해 개인이 필요로 하는 저장 용량이 급격히 늘어났다는 점만 보아도 이 변화를 실감할 수 있다.

인류는 지금 이 순간에도 전례 없는 속도로 정보를 만들어내고 있다. 이렇게 축적된 방대한 데이터는 단순한 저장을 넘어 이를 '읽고' 해석하려는 시도를 낳았고, 그 결과 사회적 상호작용과 행동을 예측하려는 새로운 모델들이 등장하게 되었다.[4] 기업과 정부가 앞다투어 이 영역에 뛰어드는 이유도 여기에 있다. 인간은 정보가 어떻게 해석되고 조작되는가에 따라 이해 가능하고, 관리 가능하며, 나아가 통제 가능한 존재로 보이기 시작했기 때문이다. 이처럼 폭증하는 정보는 결국 하나의 핵심 질문을 불러온다. 이 모든 것을 어떻게 저장할 것인가. 현재 우리의 보관 방식은 여전히 도서관과 기록보관소, 책장 같은 물리적 형태에 크게 의존하고 있다. 인터넷 역시 전 세계에 흩어진 하드디스크 서버에 데이터를 '저장'하는 구조이며, 이를 냉각하고 유지하기 위해 막대한 전력이 소모된다. 온라인 인프라는 비용이 크고 취약하며, 장기적으로 지속 가능하다고 단언하기도 어렵다.

정보 저장의 미래는 사회가 무엇을 기억하고 어떻게 기억하는가에 관심을 두는 이들에게 핵심 과제다. 이를 잘 보여주는 사례가 가족사 연구다. 인구조사 기록이나 세금 자료 같은 공적 아카이브는 이미 온라인으로 제공되고 있으며(6장 참조), 전 세계 수백만 명의 이용자가 앤세스트리나 파인드마이패스트 같은 구독형 플랫폼을 통해 이러한 기록에 접근해 디지털 도구로 가계도를 구축한다. 그러나 정보가 이처럼 급속히 팽창하면서 여러 윤리적 문제가 뒤따른다. 공공 기록이 민간 기업의 수익 모델로 편입되는 접근성 문제, 그리고 데이터가 어떤 방식으로 저장·관리·활용되는가에 대한 질문이 그것이다. 우리는 앞으로 도서관과 아카이브가 어떤 형태로 운영될지, 어떻게 구성되고 작동할지, 무엇을 저장할 것인지—그리고 왜 저장할 것인지—에 대해 모두 이해관계를 가진다. '지금까지 생성된 모든 트윗을 과연 보존해야 하는가'라는 질문만 보아도 이 문제가 얼마나 복잡한지 알 수 있다. 무엇을 저장하고 무엇을 기억으로 남길지 결정하는 매 순간 논쟁은 불가피하다. 결국 정보에 접근하고 해독하는 능력, 다시 말해 '읽기'의 기술은 미래에도 유효해야 한다. 그렇지 않다면 우리는 방대한 데이터만을 남긴 채 실제로는 사용할 수 없는 —존재하지만 작동하지 않는— 기억의 더미와 마주하게 될지도 모른다.

현재 이 문제를 둘러싼 논의는 매우 폭넓게 이루어지고 있다. 무엇을 저장할 것인가(각종 바이오뱅크를 포함해), 어떤 방식으로 저장할 것인가, 그리고 어디에 저장할 것인가—북극이나 우주 공간, 해저 같은 장소까지 포함해—가 핵심 쟁점으로 떠오르고 있다.[5] 이러한 논의는 주로 과학 기술 분야를 중심으로 진행되고 있고, 일부 기술 기업이 제한적으로 참여하는 수준에 머물러 있다. 반면 기억과 기념, 아카이브의 문제를 오랫동안 다뤄온 역사학자·기록관리자·사서들은 여전히 논의의 주변부에 놓여 있다. 여러 기관과 조직은 인류의 정보를 물리적으로 보존하기 위한 새로운 방식을 실험하고 있다. 현미경으로 판독할 수 있는 니켈 디스크, 실리카 유리에 레이저로 바코드를 새기는 기술 같은 제안들이 등장했고, 더 나아가 극도로 실험적인 나노기술은 정보를 거의 분자 수준에 기록하려 한다. 다만 이 단계에서 '기록하다'(write)라는 표현 자체가 이미 시대에 뒤처진 개념일지도 모른다.[6] 나노 기반 저장 기술은 고성능 현미경 장비가 있어야만 '읽기'가 가능하며, 경우에 따라서는 화학적 변화 그 자체나 희토류를 도핑한 나노결정이 적외선을 가시광으로 변환하는 과정처럼, 극도로 복잡한 반응의 결과로만 인식된다. 이보다 더 급진적인 구상들도 제안되고 있다. 달에 플래시 데이터 금고를 설치하자는 계획, 화성으로 디지털 콘텐츠를 전송하려는 민간 프로젝트, 지구 궤도를 도는 위성에 정보를 저장하겠다는 발상까지 등장했다. 이 가운데 일부는 실험 단계에 머물러 있고, 또 다른 일부는 아직 공상에 가까운 수준이다.

연구자들은 DNA를 새로운 정보 저장 매체로 활용할 가능성을 실험하기 시작했으며, 이러한 접근을 '핵산 메모리'(Nucleic Acid Memory, NAM)라고 부른다.[7] 과정은 여전히 복잡하지만, "정부 기록이나 역사 기록처럼 빈번한 조회가 필요 없는 장기 보존 아카이브의 경우 DNA 기반 저장은 이미 경제적 실현 가능성에 근접했다"(78쪽)는 평가가 나온다. 이는 앞으로 생성될, 그리고 "현재의 데이터 흐름을 훨씬 넘어설" 막대한 정보량을 수용하기 위한 하나의 대응 전략으로 이해할 수 있다.[8] NAM은 데이터를 DNA의 네 염기, 즉 G·A·T·C로 이루어진 문자 체계로 변환하는 방식으로 작동한다. 이렇게 변환된 정보는 DNA 가닥의 형태로 저장되며, 이후 염기서열 분석을 통해 다시 원래의 데이터로 복원될 수 있다. 실제로 연구자들은 최근 마일스 데이비스(Miles Davis)의 음악을 아카이브 수준의 품질로 저장하는 데 성공했으며, 영화 영상의 일부를 박테리아 DNA 안에 암호화하는 실험도 수행했다.[9] DNA는 높은 내구성을 지닌 매체이며, 합성과 판독 기술 역시 지속적으로 개선되고 있다. 적절한 조건만 갖춰진다면 DNA는 수천 년 동안 안정적으로 보존될 수 있고, 이 방식이 확장될 경우 데이터는 유전물질 형태로 수백만 년에 걸쳐 존속할 가능성도 있다. 이미 실험적 시인 크리스티안 뵈크는 DNA가 '시를 쓰도록' 훈련하는 작업을 진행하고 있으며, 밴드 'OK Go'는 DNA에 암호화된 앨범을 발매하는 실험을 시도하고 있다.[10] 생물학적 물질을 미학적이거나 아카이브적 목적을 위해 설계한다는 것은 무엇을 뜻하는가. 우리는 어디까지 저장할 수 있으며, 또 무엇을 저장해야 하는가.

이러한 저장 구상에는 윤리적·지적·실무적 차원의 우려가 분명히 뒤따르며, 이는 다시 이 책이 처음부터 던져온 질문으로 되돌아가게 한다. 유전학은 우리의 기억 방식을 어떻게 바꾸고 있으며, 우리는 과거와의 관계를 어떤 방식으로 상상하게 되었는가. 여기서 언급된 기술들 대부분은 아직 초기 단계에 머물러 있지만, 나노기술과 염기서열 분석의 발전 속도를 고려하면 실험적 성과가 실제 기술로 전환되기까지 그리 오랜 시간이 걸리지는 않을 것이다. 진짜 문제는 그 이후에 발생한다. 무엇을 수집할 것인가, 누가 이를 소유하고 누가 접근할 수 있는가, 그리고 이러한 과정이 얼마나 일상적인 것이 될 것인가. 인쇄물과 일정 부분의 디지털 기록은 지금까지 비교적 민주적인 정보 저장·전달 수단으로 기능해왔다. 그러나 앞으로의 저장 기술 역시 그러한 접근성을 유지할 수 있을지는 불확실하다. 향후 수십 년 혹은 수백 년 동안 인류의 정보와 기억을 누가 통제하게 될 것인가는 아직 답이 열려 있는 문제다.

　DNA는 아직 역사를 끝내지 않았다. 우리는 점점 더 유전적 관점에서 인간을 이해하게 될 것이며, 그것이 신체든 기록이든 그에 따라 과거를 해석하는 방식 또한 달라질 것이다. 역사는 여전히 진행 중이며, DNA는 그 서사를 다시 구성하고 있다.

감사의 말

다음 분들은 나의 무지를 바로잡아주거나, 여러 가지 사려 깊은 방법으로 내 작업을 지원하거나, 새로운 아이디어에 눈을 뜨게 하는 등 다양한 방식으로 나에게 도움을 주었다. 지난 몇 년 동안 다음과 같은 분들의 관대함에 감사드린다. 매튜 콥, 댄 데이비스, 필 이스트, 피터 웨이드, 재키 스테이시, 리치 월록, 가군 차이나, 앨리슨 라이트, 벤 하커, 스콧 미드슨, 클레어 바커, 자파르 쿠니알, 로라 킹, 나즈 칸, 크리스 월리스, 폴 크네벨, 데이브 고비어, 데이비드 랭그리시, 니콜라 필립스, 캐롤리나 존슨 말름, 사라 드레비산, 이와 유르치크-로마노프스카, 브라이언 갤리거, 스테판 클랑켄하겐, 안드레아스 피커스, 키스 리벤스, 레이철 포프, 헤일리 던, 로버트 위처, 버버 비버니지, 크리스 로렌츠, 한스 루인, 존 마스덴, 맨체스터 및 랭커셔 가족사 협회, 존 디모이아, 레슬리 터너, 에린 바탓, 사라 아벨, 하네스 슈뢰더, 네이션 테보켈, 마크 스컬리, 앙리엣 루드-쿤리프, 마르셀로 아브레우, 안드레 프레이소, 인디라 초두리, 로버트 위처, 조시 길, 말콤 올브룩, 루스 코놀리, 케리 파머, 네이선 스커더, 폴 피커링, 헬렌 커리, 마틴 월리스, 데이비드 커비, 카스텐 티머만, 미치히로 오카모토, 스콧 맥크래켄, W. 패트릭 맥크레이, 조너선 페그, 세르

주 누아레, 민은경, 소피 드 카르네, 키어 와딩턴, 조셉 야라체타, 크리스탈 초시, 투리 킹, 캐서린 내쉬, 애덤 러더포드, 뮤리엘 베일리, 조너선 페그, 사라 윌리엄스, 브라이오니 파트리지, 크리스펜 하이드, 아비가일 샤퍼, 대릴 르루, 데이비드 딘, 조지아나 웰즈, 리스 윌리엄스, 안젤라 데이비스, 제임스 섬너, 엠마 브리튼, 조지 버겔, 이언 스코트, 디-앤 존슨, 니콜라스 와이스, 스테판 니젤, 마야 샤르마 및 존 딕슨.

출판 전에 책의 여러 부분을 아낌없이 읽어주신 분들께 감사드린다. 토마스 부스, 이언 매티슨, 크리스토퍼 바디, 칼레 피라이넨, 마니 휴즈-워링턴, 제이 클레이턴, 라라 초크시, 엘로이즈 모스, 데비 케넷, 캐시데이, 토마스 코빈.

매트 스텔러드는 때때로 제 RA였으며, 다양한 프로젝트에서 나의 거친 아이디어를 길들이고 일을 실현하는 방법을 알아내는 등 훌륭한 일을 많이 해주었다. 정말 고마워요, 매트! 프로젝트를 지원하고 출판이 순조롭게 이루어질 수 있도록 도와준 루틀리지 출판사의 이브 세치, 조에 톰슨, 루이스 잉햄에게도 감사드린다.

호주에서는 많은 사람들이 나를 환영해주었고 아낌없이 도움을 주었다. 특히 즐거운 시간과 어려운 질문을 해준 타냐 에반스와 애슐리 반 웰에게 감사드린다. 빅토리아 계보학 협회의 페니 울프, 캔버라 HAG-SOC의 클레어 맥기니스, 호주 계보학자 협회의 다니엘 로트렉, 그리고 대화와 워크숍에 참여해준 많은 단체 회원들에게도 감사의 인사를 전한다. 나는 라트로브대학교에서 켈리 가디너, 캐서린 패드모어와 함께 유익한 시간을 보냈다. 안나 클라크, 쯔-밍 더, 마르니 휴즈-워링턴, 스티븐 포스터, 캐더린 프리만, 캐이시 데이, 폴 키엠은 (올바른 방식으로) 환영과 도전을 주었다. 네덜란드에서 시간을 보냈는데, 존 보에렌, 네덜란드 계보학회, 케이티 바비에르-그린란드의 환대에 감사했다. 도쿄에서는 스즈키 리에코, 알렉스 왓슨, 요카모토 테츠의 과분한 환대를 받았다.

국제공공역사연맹, 국제역사이론네트워크, 화학유산재단, 엔세스트리닷컴, 맨체스터 과학+산업 박물관, 아르본센터롣 뱅크, 맨체스터중앙도서관, 맨체스터박물관, 웰컴트러스트, 영국문학과과학협회, 아메드 이크발울라인종관계센터에 감사드린다.

이 책의 기초 작업의 상당 부분은 영국왕립인종문화연구소의 리더십 펠로우십 덕분에 가능했다. 호주국립대학교 인문학연구센터의 연구원으로 일하면서 그곳의 윌 크리스티와 페니 브루어 게 매우 감사한 시간을 보냈다. 맨체스터대학교의 맨체스터-멜버른 기금 덕분에 멜버른에서 시간을 보냈다. 도쿄에서는 아자미 마키코 덕분에 와세다대학교 고등연구소의 방문 연구원으로 시간을 보냈다.

벨파스트, 멜버른, 시드니, 캔버라, 스토크, 도쿄, 크라쿠프, 우로프레토, 리즈, 런던, 베를린, 잘츠부르크, 말뫼, 옥스퍼드, 브리스톨, 뉴캐슬, 브로츠와프, 암스테르담, 솔리헐, 벵갈루루, 파리, 서울, 맨체스터에서 이 주제에 대해 이야기했는데, 질문을 하고 나의 생각에 도전을 준 모든 분께 감사드린다.

그리고 샤론, 당신은 내 인생 최고의 존재다.

|주|

서문

1   Sarit Anava et al, 'Illuminating Genetic Mysteries of the Dead Sea Scrolls', *Cell* 181 (2020), 1-14.

2   Quoted in Josie Glausiusz, 'Ancient DNA Yields New Clues to Dead Sea Scrolls', *Scientific American* 2 June 2020, https://www.scientificamerican.com/article/ancientdna-yields-new-clues-to-dead-sea-scrolls/ [accessed 19 June 2020].

3   Donna Harraway, *Modest Witness* (London and New York: 1997), Paul Rabinow, *French DNA* (Chicago, IL: University of Chicago Press, 2002), Jenny Reardon, *Race to the Finish: Identity and Governance in an age of genomics* (Oxford: Oxford University Press, 2005), Kim TallBear, *Native American DNA* (Minneapolis, MN: University of Minnesota Press, 2013), Josie Gill, *Biofictions* (London: Bloomsbury, 2020), Catherine Nash, *Genetic Geographies* (Minneapolis, MN: University of Minnesota Press, 2015), Judith Roof, *The Poetics of DNA* (Minneapolis, MN: University of Minesota Press, 2007), Clare Hanson, *Genetics and the Literary Imagination* (Oxford: Oxford University Press, 2020), Barry Barnes and John Dupre, *Genomes and what to make of them* (Chicago, IL: University of Chicago Press, 2008).

4   Jackie Stacey, *The Cinematic Life of the Gene* (Durham, NC: Duke University Press, 2010) p. xii; Alondra Nelson, The Social Life of DNA (Boston, MA: Beacon Press, 2017).

5   Nadia Abu El-Haj, *The Genealogical Science* (Chicago UP, 2012), p. 22.

6   The historical movement across the twentieth century to this point is traced by Sommer in *History Within*.

7   Two books that do undertake this although in different ways to the present book are Christine Kenneally, *The Invisible History of the Human Race* (New York: Viking Penguin, 2014) and Marianne Sommer, *History Within* (Chicago, IL: University of Chicago Press, 2016).

8   See 'Introduction: Genetic Claims and the Unsettled Past' in *Genetics and the Unsettled Past* ed. Keith Wailoo, Alondra Nelson, and Catherine Lee (New Brunswick, NJ: Rutgers University Press, 2012), pp. 1-13 and Pramod K. Nayar 'Autobiogenography: Genomes and Life Writing', *a/b: Auto/Biography Studies* 31:3 (2016), 509-25.

9   *A Brief History of Everyone Who Ever Lived* (London: 2017), p. 4.

10   'Preface' in Chris Pomery, *DNA and Family History* (PRO Publications: 2004), p. iv.

11   Wolfgang Haak et al, 'Massive migration from the steppe was a source for Indo-European languages in Europe', *Nature* 522 (2015), 207-211 (207).

12   This is clearly not the only type of new data that is changing the way that 'history' works. Other new information that challenges historical normativity might relate to climate crisis, 'big' history, synthetic information, Indigenous historiography, biohistory, the Anthropocene, see for instance Marnie Hughes-Warrington and Anna Martin, *Big and little histories* (London and New York: Routledge, 2021).

13 See Daniel Woolf, 'Getting back to normal: On normativity in history and historiography', *History and Theory* 60:3 (2021), 469–512.

14 See Siddharta Mukherjee, *The Gene: An Intimate History* (London: Vintage 2017), Sommers, passim, and Nikolai Krementsov, *International Science between the World Wars: The Case of Genetics* (London and New York: Routledge, 2004).

15 'Molecular Structure of Nucleic Acids: A Structure for Deoxyribose Nucleic Acid', *Nature* 171 (1953), 737–8.

16 Outlined in Georgina Ferry, 'The Structure of DNA', *Nature* 575 (2019), 35–6.

17 Mukherjee, *The Gene*, p. 13.

18 'DNA Sequencing with chain-terminating inhibitors', *PNAS* 74:12 (1977), 5463–7.

19 Frederick Sanger and A.R. Coulson, 'A rapid method for determining sequences in DNA by primed synthesis with DNA polymerase', *Journal of Molecular Biology* 94:3 (1975), 441–8; David A. Jackson, Robert H. Symons, and Paul Berg, 'Biochemical Method for Inserting New Genetic information into DNA of Simian Virus 40', *PNAS* 69:10 (1972), 2904–09; 'The Nobel Prize in Chemistry 1980', https://www.nobelprize.org/prizes/chemistry/1980/summary/ [accessed 9 July 2021].

20 Sahotra Sarkar, *Genetics and Reductionism* (Cambridge: Cambridge University Press, 1998) and Stacey, *The Cinematic Life of the Gene*.

21 *Narrative in the Age of the Genome*, p. 21.

22 Robert L. Sinsheimer, 'The Santa Cruz Workshop -May 1985', *Genomics* 5:4 (1989), 954–6.

23 Robert Cooke-Deegan, *The Gene Wars: Sciences, Politics, and the Human Genome Project* (London and New York: Norton, 1995).

24 Francis S. Collins et al, 'New Goals for the U.S. Human Genome Project, 1998-2003', *Science* 282: 5389 (1998), 682–9.

25 'All Goals Achieved', NHGRI press release, 14 April 2003, archived at https://www.genome.gov/11006929/2003-release-international-consortium-completes-hgp [accessed 15 June 2021].

26 NHGRI Press Release, 14 April 2003, held at https://www.genome.gov/11006929/2003-release-international-consortium-completes-hgp [accessed 19 August 2020].

27 'Joint Proclamation', April 2003, archived at https://www.genome.gov/sites/default/files/media/files/2021-02/2003_Joint_Proclamation.pdf [accessed 15 June 2021].

28 Sara Reardon, 'A complete human genome sequence is close', Nature 594 (2021), 158–9.

29 Aída Falcon de Vargas, 'The Human Genome Project and its importance in clinical medicine', *International Congress Series: Current Trends in Clinical Medicine* 1237 (2002), 3–13.

30 Richard A. Gibbs, 'The Human Genome Project changed everything', *Nature Reviews*

Genetics 2020, https://doi.org/10.1038/s41576-020-0275-3.

31   Wilhelm J. Ansorge, 'Next-generation DNA sequencing techniques', *New Biotechnology* 25:4 (2009), 195-203 and Elaine R. Mardis, 'The impact of next-generation sequencing technology on genetics', *Trends in Genetics* 24:3 (2008), 142-9.

32   'The Human Genome Project: Past, Present, and Future', *Science* 248: 4951 (1990), 44-9 (p. 49).

33   Jenny Andersson, *The Future of the World: Futurology, Futurists, and the Struggle for the Post-Cold War Imagination* (Oxford: Oxford University Press, 2018).

34   Human Genome Program, US Department of Energy, *Human Genome News* 7:3 (1995), p. 1.

35   Francis S. Collins, Michael Morgan, Aristides Patrinos, 'The Human Genome Project: Lessons from Large-Scale Biology', *Science* 300: 5617 (2003), 286-90.

36   *Genome* (London: Harper Perennial, 1999), p. 5.

37   See Ludmilla Jordanova, *Nature Displayed: Gender, Science and Medicine 1760-1820* (London: Longman, 1999) and Londa Schiebinger, *Nature's Body: Gender and the making of modern science* (Boston: Beacon Press, 1993).

38   This locational desire has long been associated with genetic science, see the essays collected in Jean-Paul Gaudiliere and Hans-Jorg Rheinberger, *From Molecular Genetics to Genomics: The mapping cultures of 20th-century genetics* (London and New York: Routledge, 2004).

39   Victor K. McElheny, *Drawing the Map of Life* (New York, N.Y.: Basic Books, 2010).

40   Donna Haraway, *Modest_Witness@Second_Millennium.FemaleMan©_Meets_OncoMouse™: Feminism and Technoscience* (London and New York: Routledge, 1997).

41   See the discussion of space and genetics in Gisli Palsson, *Anthropology and the New Genetics* (Cambridge: Cambridge University Press, 2007) and Catherine Nash, *Genetic Geographies*.

42   'President Clinton announces the completion of the first survey of the entire human genome', White House Press Release, 25 June 2000, in the Human Genome Project Information Archive 1990-2003, https://web.ornl.gov/sci/techresources/Human_Genome/project/clinton1.shtml [accessed 6 August 2020].

43   https://www.genome.gov/human-genome-project [accessed 19 August 2020].

44   See El-Haj, *Genealogical Science*, p. 13, and Reardon, *passim*.

45   Choksey, p. 13.

46   This is, of course, hardly new in rhetoric around scientific innovation, see for instance Steven Shapin, *The Scientific Revolution* (Chicago, IL: University of Chicago Press, 1994) and Charlotte Sleigh, *Literature and Science* (Basingstoke: Palgrave Macmillan, 2011).

47   Hallam Stevens and Sarah S. Richardson, 'Beyond the Genome' in *Postgenomics: Perspectives on Biology After the Genome*, eds. Sarah S. Richardson and Hallam Stevens (Durham and London: Duke University Press, 2015), pp. 1-8.

48   See Hans-Jorg Rheinberger and Staffan Muller-Wille, *The Gene: from Genetics to Postgenomics*, trans Adam Bostanci (Chicago, IL: University of Chicago Press, 2018) and

the more popular book by Joshua Z. Rappoport, *Mapping Humanity: how modern genetics is changing criminal justice, personalized medicine, and our identities* (Dallas, TX: BenBella, 2020).

49 Benjamin R. Bates, 'Public culture and public understanding of genetics: a focus group study', *Public Understanding of Science* 14:1 (2005), 47–65.

50 Jay Clayton, 'Genome Time', in *Time and the Literary* ed. Karen Newman, Jay Clayton, and Marianne Hirsch (New York: Routledge, 2002), pp. 31–59 (p. 31).

51 Nikolas Rose, *The Politics of Life Itself* (Princeton, N.J.: Princeton University Press, 2007), p. 13.

52 Paul Rabinow, *French DNA*, p. 9.

53 Paul Gilroy, *Against Race*, p. 37.

54 Kaushik Sunder Rajan, *Biocapital: The Constitution of Postgenomic Life* (Durham, N.C.: Duke University Press, 2000).

55 Jenny Reardon, *The Postgenomic Condition: Ethics, Justice and Knowledge After the Genome* (Chicago and London: University of Chicago Press, 2017), p. 17.

56 Jackie Stacey, *The Cinematic Life of the Gene* (Durham, N.C.: Duke University Press, 2010).

57 Lara Choksey, *Narrative in the Age of the Genome* (London Bloomsbury, 2021).

58 Martyn Pickersgill, Jorg Niewohner, Ruth Muller, Paul Martin, and Sarah Cunningham-Burley, 'Mapping the new molecular landscape: social dimensions of epigenetics', *New Genetics and Society* 32:4 (2013), 429–47 (429). On epigenetics see also Miranda R. Waggoner and Tobias Uller, 'Epigenetic determinism in science and society', *New Genetics and Society* 34:2 (2015), 177–195. The continuing discussion of genetics and society is shown by the number of new publications in this area, including Gill, *Biofictions*, Choksey, *Narrative in the Age of the Genome*, the Medical Humanities Special Edition 'Global Genetic Fictions' ed. Clare Barker, 47:2 (2021), and *Game of Bones: Critical Perspectives on Ancient DNA* ed. Anna Kallen, Charlotte Mulcare, and Daniel Strand (Cambridge: Cambridge University Press, forthcoming 2022).

59 *Poetry* June 2003, available at https://www.poetryfoundation.org/poetrymagazine/poems/41869/mapping-the-genome, ll. 1–3.

60 Samuel Y. Edgerton, *The Mirror, the Window, and the Telescope: How Renaissance Linear Perspective Changed our Vision of the Universe* (Ithaca, NY: Cornell University Press, 2009).

61 Michael L. Blakey, 'Bioarcheaology of the African Diaspora in the Americas: Its Origins and Scope', *Annual Review of Anthropology* 30 (2001), 387–422 and Margrit Shildrick, 'Genetics, Normativity, and Ethics: Some Bioethical Concerns', *Feminist Theory* 5:2 (2004), 149–65.

62 Sylvia Wynter and Katherine McKittrick, "Unparalleled Catastrophe for Our Species? Or, to Give Humanness a Different Future: Conversations" in *Sylvia Wynter: On Being Human As Praxis*, ed. Katherine McKittrick (Durham, NC: Duke University Press, 2014), 9–90 (p. 20).

63 Pramod K. Nayar 'Autobiogenography: Genomes and Life Writing', *a/b: Auto/*

Biography Studies 31:3 (2016), 509–25.

64   Niklas Rose, 'The Human Sciences in a Biological Age', *Theory, Culture & Society* 30: 1 (2012), 3–34 (p. 25).

65   David Reich in Sarah Zhang, 'Ancient DNA is Rewriting Human (and Neanderthal) History', *The Atlantic*, 14 March 2018, https://goo.gl/LEVsEv [accessed 27 March 2018].

66   *Spectres of Marx*, p. 6.

67   Andrew Hui, 'Horatio's Philosophy in *Hamlet*', *Renaissance Drama* 41: 1/2 (2013), 151–71.

68   The Icelandic population is small, homogenous, and relatively immobile, so it has been subject to a great deal of state and private genetic testing, see Gisli Palsson and Paul Rabinow, 'Iceland: the case of a national human genome project', *Anthropology Today* 15:5 (1999), 14–18.

69   Arnaldur Indriðason, *Jar City*, trans. Bernard Scudder (London: Vintage, 2010; first published in Iceland in 2000).

70   Verena J. Schuenemann et al, 'Targeted enrichment of ancient pathogens yielding the pPCP1 plasmid of *Yersinia pestis* from victims of the Black Death', *PNAS* 108: 38 (2011), E746–52; Susanna Sabin et al, 'Estimating molecular preservation of the intestinal microbiome via metagenomic analyses of latrine sediments from two medieval cities', *Philosophical Transactions of the Royal Society of London, Series B: Biological Sciences* 375: 1812 (2020), 1–15; 'Box Office Bears' AHRC-funded project described at https://beforeshakespeare.com/2020/08/03/box-office-bears-a-new-research-project-on-animalbaiting/ [accessed 2 July 2021];

71   Nicola Davis, 'Ancient DNA is offering clues to puzzle of Dead Sea Scrolls, say experts', *The Guardian* 2 June 2020, https://www.theguardian.com/science/2020/jun/02/ancientdna- helps-experts-tackle-puzzle-of-dead-sea-scrolls; Agencies, 'Indigenous Americans had contact with Polynesians 800 years ago', *The Guardian* 8 July 2020, https://www.theguardian.com/world/2020/jul/08/indigenous-americans-polynesians-dna-800-yearsago; Nicola Davis, 'Humans and Neanderthals 'co-existed in Europe for longer than is thought'', *The Guardian* 11 May 2020, https://www.theguardian.com/science/2020/ may/11/humans-and-neanderthals-co-existed-in-europe-far-longer-than-thought; Nicola Davis, 'Researchers find earliest confirmed case of smallpox', *The Guardian* 23 July 2020, https://www.theguardian.com/science/2020/jul/23/researchers-find-earliest-confirmedcase- smallpox-viking-era [all accessed 6 August 2020].

72   Carl Zimmer, 'Some Polynesians carry DNA of Ancient Native American', *New York Times* 8 July 2020, https://www.nytimes.com/2020/07/08/science/polynesian-ancestry. html?searchResultPosition=1; James Gorman, 'Dog Breeding in the Neolithic Age', *New York Times* 25 June 2020, https://www.nytimes.com/2020/06/25/science/arcticsled-dogs-genetics.html?searchResultPosition=3; James Gorman, 'DNA of 'Irish Pharaohs' Sheds Light on Ancient Tomb Builders', *New York Times* 17 June 2020, https://www.nytimes.com/2020/06/17/

science/irish-archaeology-incest-tomb.html?searchResultPosition=4 [all accessed 6 August 2020].

73   See Alondra Nelson, *The Social Life of DNA*.

74   *In Search of Our Roots: How 19 Extraordinary African Americans Reclaimed their Past* (New York: Random House, 2009), p. 11.

75   Ali Smith, *Winter* (London: Hamish Hamilton, 2017), p. 206.

76   Laurie Anne Whitt, 'Biocolonialism and the commodification of knowledge', *Science as Culture* 7 (1998), 33-67.

77   Krystal Tsosie, Rene L. Begay, Keolu Fox, Nanibaa' A. Garrison, 'Generations of genomes: advances in paleogenomics technology and engagement for Indigenous people of the Americas', *Current Opinion in Genetics and Development* 62 (2020), 91-6.

78   I owe this phrase to Gerben Bakker.

1장. 공공 PUBLIC

1   See Clare Hanson, *Genetics and the Literary Imagination* (Oxford: Oxford University Press, 2020).

2   A selection from the past 20 years: Nessa Carey, *The Epigenetics Revolution* (London: Icon Books, 2012), *Junk DNA* (London: Icon Books, 2015), and *Hacking the Code of Life* (London: Icon Books, 2019); Sidhartha Mukherjee, *The Gene: An Intimate History* (London: Vintage, 2017); Matt Ridley, *Genome: The Autobiography of a Species in 23 Chapters* (London: Fourth Estate, 1999); and *Nature Via Nurture: Genes, Experience, and What Makes Us Human* (London: Harper Perennial, 2004); George M. Church, *Regenesis* (London: Basic Books, 2012); Adam Rutherford, *A Brief History of Everyone Who Ever Lived* (London: Weiden and Nicolson, 2017); David Reich, *Who We Are and How We Got Here* (Oxford: Oxford University Press, 2018); Jennifer Doudna and Samuel Sternberg, *A Crack in Creation: The New Power to Control Evolution* (London: Vintage, 2018); Christine Kenneally, *The Invisible History of the Human Race: How DNA and History shape our identities and our futures* (London: Penguin, 2014).

3   See https://www.thefa.com/bootroom/resources/coaching/the-england-dna-whatdo-you-need-to-know [accessed 24 August 2020].

4   Miguel Delaney, 'Lionel Messi Transfer', *Independent* 25 August 2020, https://www.independent.co.uk/sport/football/transfers/lionel-messi-barcelona-contract-latest-next-clubnews-a9688591.html; PA, 'Racing Point launch appeal', *Guardian* 12 August 2020, https://www.theguardian.com/sport/2020/aug/12/racing-point-launch-appeal-against-mercedescar-copying-fine-formula-one-motor-racing; 'Sir Bill Beaumont', NCA Rugby, https://www.ncarugby.com/national-2-north/beaumont-community-game-is-the-dna-of-rugby/ [all accessed 26 August 2020].

5   'For Conservatives to have hope, Trump has to lose', *New York Times* 24 August 2020, shorturl.at/akZ46 [accessed 24 August 2020].

6   Ben Quinn, 'Boris Johnson faces Tory rebellions on Brexit and Covid rules', *The Guardian* 11 September 2020, https://www.theguardian.com/politics/2020/sep/11/boris-johnson-tory-rebellions-brexit-covid-rules [accessed 21 September 2020].

7   'Sylvester: Step II', *Pitchfork*, 7 February 2021, https://pitchfork.com/reviews/albums/sylvester-step-ii/ [accessed 7 February 2021].

8   A community-created 'DNA Double Helix Discovery' has over 2000 supporters at https://ideas.lego.com/projects/5bd5311e-5078-4a7b-8763-e9cfd8a38c42 [accessed 24 August 2020].

9   Kurt F. Gothelf, 'LEGO-like DNA Structures', *Science* 338:6111 (2012), 1159-60.

10 Norbert Pardi, Michael J. Hogan, Frederick W. Porter and Drew Weissman, 'mRNA vaccines - a new era in vaccinology', *National Review of Drug Discovery* 17:4 (2018), 261-79.

11 'Understanding mRNA COVID-19 Vaccines', Centers for Disease Control and Prevention, 18 December 2020, https://www.cdc.gov/coronavirus/2019-ncov/vaccines/different-vaccines/mrna.html [accessed 19 January 2021].

12 Takehiro Ura, Akio Yamashita, Nobuhisa Mizuki, Kenji Okuda and Masaru Shimada, 'New vaccine production platforms used in developing SARS-CoV-2 vaccine candidates', *Vaccine* 39:2 (2021), 197-201 (200).

13 Jeremie Richard, 'Gene-mapping champion Iceland leads the way in COVID sequencing', *Medical Xpress*, 16 January 2021, https://medicalxpress.com/news/2021-01-gene-mapping-champion-iceland-covid-sequencing.html [accessed 19 January 2021].

14 Lisa A. Jackson et al, 'An mRNA Vaccine against SARS-CoV-2 -Preliminary report', *New England Journal of Medicine*, 2020; 383:1920-1931.

15 Regulatory approval in the UK and other information on the UK Government webpage published 2 December 2020, https://www.gov.uk/government/publications/regulatoryapproval-of-pfizer-biontech-vaccine-for-covid-19 [accessed 19 January 2021].

16 UK Government Press release, 8 January 2021, https://www.gov.uk/government/news/moderna-vaccine-becomes-third-covid-19-vaccine-approved-by-uk-regulator [accessed 19 January 2021].

17 Megan Molteni, 'Why it's a big deal if the first Covid vaccine is 'Genetic'', *Wired*, 11 October 2020, https://www.wired.com/story/why-its-a-big-deal-if-the-first-covidvaccine-is-genetic/ [accessed 19 January 2021].

18 Jason Murdock, 'Why mRNA COVID vaccines can't change your DNA', *Newsweek* 5 January 2021, https://www.newsweek.com/covid-coronavirus-mrna-vaccines-humandna-conspiracy-theory-fact-check-1558962 [accessed 19 January 2021].

19 Flora Carmicheal and Jack Goodman, 'Vaccine rumours debunked', BBC news, 2 December 2020, https://www.bbc.co.uk/news/54893437 [accessed 19 January 2021].

20 Katie Weston, 'Doctors fear 'fake news'', *Mail Online* 15 January 2021, https://www.dailymail.co.uk/news/article-9150489/Doctors-fear-fake-news-causing-

BAME-peoplereject-Covid-vaccine.html [accessed 25 January 2021].

21   Over 70 Jewish doctors signed a letter responding to rumours about infertility and the Vatican intervened to say that vaccines were 'morally acceptable' despite the use in original design of aborted fetal cells, Sandy Rashty, 'More than 70 Doctors', *Jewish News* 25 January 2021, https://jewishnews.timesofisrael.com/jewish-doctors-say-absolutelyno-evidence-covid-19-vaccine-causes-infertility/ and Courtney Mares, 'Vatican says COVID-19 vaccines', *The Catholic World Report*, 21 December 2020, https://www.catholicworldreport.com/2020/12/21/vatican-says-covid-19-vaccines-morally-acceptable-when-no-alternatives-are-available/ [both accessed 25 January 2021].

22   Bruno J. Strasser, 'Who cares about the double helix?', *Nature* 422 (2003), 803–4.

23   Information from https://www.congress.gov/bill/108th-congress/senate-concurrentresolution/10/all-info [accessed 18 May 2020].

24   'About DNA Day', https://www.genome.gov/dna-day/about [accessed 18 May 2020].

25   PA, 'Twitter troll' bombarded Labour MP Stella Creasy with abuse, court hears', *Guardian* 19 May 2014, https://www.theguardian.com/uk-news/2014/may/19/twitter-labour-mp-stella-creasy-court [accessed 19 May 2020].

26   See Svetlana Boym, *The Future of Nostalgia* (Basic Books, 2001) and Pierre Nora, *Realms of Memory*, trans. Arthur Goldhammer (New York, NY: Columbia Univesity Press, 1996).

27   Subhara Das, 'Francis Galton and the History of Eugenics at UCL', 22 October 2015, https://blogs.ucl.ac.uk/museums/2015/10/22/francis-galton-and-the-history-of-eugenicsat-ucl/ [accessed 12 June 2020].

28   Josh Gabbatiss, 'James Watson: The most controversial statements made by the father of DNA', *The Independent* 13 January 2019, https //www.independent.co.uk/news/science/james-watson-racism-sexism-dna-race-intelligence-genetics-double-helix-a8725556.html#gsc.tab=0 [accessed 5 June 2020].

29   'Decoding Watson', PBS, 1 February 2019, https://www.pbs.org/video/decodingwatson-ua6jjx/; N'dea Yancey-Bragg, 'Lab revokes honorary titles for Nobel Prize winner James Watson after repeated racist comments', *USA Today* 14 December 2019, https://eu.usatoday.com/story/news/nation/2019/01/13/dna-pioneer-james-watsonhonors-racist-comments/2565503002/ [both accessed 5 June 2020].

30   Clarissa Place, "Abhorrent' road name to be changed to honour work of female scientist', *Norwich Evening News*, 26 June 2020, https://www.eveningnews24.co.uk/news/health/rosalind-franklin-honoured-in-norwich-road-name-change-1-6717348 [accessed 14 July 2020].

31   Josh Gattatiss, 'James Watson'; Rachel Feltman, 'The father of DNA is selling his Nobel Prize because everyone thinks he's racist', *Washington Post* 1 December 2014, https://www.washingtonpost.com/news/speaking-of-science/wp/2014/12/01/nows-yourchance-to-buy-james-watsons-nobel-prize-

because-racism/; Philip Sherwell, 'DNA father James Watson's "holy grail" request', *The Telegraph* 20 May 2009, https://www.telegraph.co.uk/news/worldnews/northamerica/usa/5300883/DNA-father-James-Watsonsholy-grail-request.html [all accessed 5 June 2020].

32 David A. Wheeler et al, 'The complete genome of an individual by massively parallel DNA sequencing', *Nature* 452 (2008), 872–876. The first genome fully described was that of the HGP, largely based on Craig Venter, the CEO of Celera Genomics.

33 It is available at ftp://ftp.ncbi.nih.gov/pub/TraceDB/Personal_Genomics/Watson/ [accessed 5 June 2020].

34 Wheeler et al, 'The complete genome', p. 872.

35 Item description at https://www.christies.com/lotfinder/books-manuscripts/watsonjames-dewey-nobel-prize-medal-in-5857953-details.aspx [accessed 5 June 2020].

36 Andrew Griffin, 'Arsenal owner Alisher Usmanov hands Nobel Prize back to disgraced DNA scientist James Watson straight after buying it off him', *The Independent*, 9 December 2014, https://www.independent.co.uk/news/science/arsenal-owner-alisherusmanov-hands-nobel-prize-back-to-disgraced-dna-scientist-james-watson-9912725.html [accessed 5 June 2020].

37 See for instance *The Story of Post-Modernism* (Chichester: John Wiley, 2011).

38 'Double Helix Sculpture', https://www.saatchiart.com/art/Sculpture-Double-Helix/94935/3152950/view [accessed 29 May 2020].

39 https://m-tec.uk.com/projects/debenhams/ [accessed 29 May 2020].

40 https://olafureliasson.net/archive/artwork/WEK100857/umschreibung#slideshow [accessed 29 May 2020].

41 Tina Egstrom, 'DNA Inspired Art takes over London', GuideLondon 20 July 2015, https://www.guidelondon.org.uk/blog/around-london/dna-inspired-art-takes-overlondon/ [accessed 9 June 2020].

42 Photos of most of the pieces are collected under the hashtag 'DNA Trail' on Twitter: https://twitter.com/hashtag/DNATrail [accessed 9 June 2020].

43 https://someoneinlondon.com/projects/dna-inspires-someones-7ft-london-sculptures [accessed 9 June 2020].

44 Science Museum Group, Crick and Watson's DNA molecular model, 1977-310 (Science Museum Group Collection Online), https://collection.sciencemuseumgroup.org.uk/objects/co146411/crick-and-watsons-dna-molecular-model-molecular-model [accessed 10 June 2020].

45 https://collection.sciencemuseumgroup.org.uk/search/gallery/making-the-modernworld-gallery/museum/science-museum [accessed 10 June 2020].

46 https://www.sciencemuseum.org.uk/see-and-do/making-modern-world [accessed 10 June 2020].

47 Francis Crick, *What Mad Pursuit* (New York, NY: Perseus Books, 1988), p. 65.

48 Rita Felski, 'Context Stinks!', *New Literary History* 42:4 (2011), 573–91 (p. 579).

49 The source for some of this information are not clear, see 'Antony Barrington Brown',

The Telegraph 14 February 2012, https://www.telegraph.co.uk/news/obituaries/culture-obituaries/9082749/Antony-Barrington-Brown.html [accessed 10 June 2020].

50   The image was bought by the National Portrait Gallery, London, in 1994, https://www.npg.org.uk/collections/search/portrait/mw13740/James-Dewey-Watson-Francis-Harry-Compton-Crick [accessed 10 June 2020].

51   1953 article cite.

52   R. E. Franklin and R. G. Gosling, 'Molecular configuration in sodium thymonucleate' *Nature* 171 (1953), 740-741.

53   Brenda Maddox, 'The double helix and the "wronged heroine"', *Nature* 421 (2003), 407-8 (p. 408).

54   *The Double Helix* (New York: Touchstone Press, 1996), p. 181, originally published in 1968, p. 181.

55   *Rosalind Franklin and DNA* (New York: W.W. Norton, 2000), reprinted from 1975.

56   Jasper Hammill, 'Plaque off', *The Sun*, 10 October 2017, https://www.thesun.co.uk/tech/4650825/feminists-vandalise-blue-plaque-to-dna-discovery-scientists-franciscrick-and-james-watson-in-tribute-to-forgotten-female-researcher-rosalind-franklin/ [accessed 19 May 2020].

57   Press release, 'Name of British built rover revealed', 7 February 2019, https://www.gov.uk/government/news/name-of-british-built-mars-rover-revealed [accessed 27 July 2020].

58   Josh Gabbatis, 'New £50 note', *The Independent* 2 November 2018, https://www.independent.co.uk/news/science/new-50-note-scientists-most-likely-stephen-hawkingada-lovelace-rosalind-franklin-alan-turing-a8615001.html [accessed 19 May 2020].

59   Michael Billington, '*Photograph 51* review', *The Guardian*, 14 September 2015, https://www.theguardian.com/stage/2015/sep/14/nicole-kidman-photograph-51-noel-cowardtheatre-rosalind-franklin-review; Steve Connor, 'Nicole Kidman in *Photograph 51*', *The Independent*, 21 September 2015, https://www.independent.co.uk/arts-entertainment/theatre-dance/features/nicole-kidman-in-photograph-51-a-new-play-explores-rivalriesover-dna-10511581.html; Ben Brantley, 'Review: In *Photograph 51* Nicole Kidman is a Steely DNA Scientist', *New York Times*, 14 September 2015, https://www.nytimes.com/2015/09/15/theater/review-in-photograph-51-nicole-kidman-is-a-steely-dna-scientist.html [all accessed 19 May 2020].

60   *Photograph 51* (London: Oberon books, 2015), p. 7.

61   Richard Buckley, Mathew Morris, Jo Appleby, Turi King, Deirdre O'Sullivan and Lin Foxhall, '"The king in the car park": new light on the death and burial of Richard III in the Grey Friars church, Leicester, in 1485', *Antiquity*, 87 (2013), 519-538.

62   Turi E. King et al, 'Identification of the Remains of King Richard III', *Nature Communications* 5: 5631, 2 December 2014, http://www.nature.com/ncomms/2014/141202/ncomms6631/full/ncomms6631.html

63   Philippa Langley and Michael Jones, *The King's Grave* (London: John Murray, 2013), Kindle edition paragraph 4.

64   John F. Burns, 'Bones under parking lot belonged to Richard III', *New York Times*, 4 February 2013, https://www.nytimes.com/2013/02/05/world/europe/richard-thethird-bones.html [accessed 22 May 2020].

65   Matthew Morris and Richard Buckley, *The King Under the Car Park* (Leicester: University of Leicester, 2013).

66   'Richard III dig: DNA confirms bones are king's', BBC 4 February 2013, https://www.bbc.co.uk/news/uk-england-leicestershire-21063882 [accessed 22 May 2020]; Deborah Netburn, 'King Richard III's DNA opens a door to a new historical mystery', *Los Angeles Times* 2 December 2014, https://www.latimes.com/science/sciencenow/la-sci-sn-king-richard-iii-dna-20141201-story.html [accessed 22 May 2020].

67   Nicholas Wade, 'Tracing a Royal Y Chromosone', *New York Times* 11 February 2013, https://www.nytimes.com/2013/02/12/science/more-dna-tests-to-confirm-skeletonis-richard-iiis.html [accessed 12 June 2020].

68   *The King in the Car Park*, dir: Darlow Smithson, Channel 4, 4 February 2018.

69   Andrew Marszal, '*The King in the Car Park, Review*', *The Telegraph*, 4 February 2018, https://www.telegraph.co.uk/culture/tvandradio/9848456/Richard-III-the-King-inthe-Car-Park-Channel-4-review.html [accessed 26 February 2019].

70   Richard Toon and Laurie Stone, 'Game of Thrones: Richard III and the Creation of Cultural Heritage' in *Studies in Forensic Biohistory*, ed. Christopher M. Stojanowski and William N. Duncan (Cambridge: Cambridge University Press, 2016), pp. 43-67 (p. 59).

71   Lucia Marchini, 'Richard revisited', *Current Archaeology* 12 September 2014, https://www.archaeology.co.uk/articles/reviews/richard-revisited.htm [accessed 22 May 2020].

72   Carly Hilts, 'Return of the King', *Current Archaeology* 2 March 2015, https://www.archaeology.co.uk/articles/features/return-of-the-king-richard-iiis-remains-are-takento-leicester-cathedral.htm [accessed 22 May 2020].

73   'Richard III: More than 5000 people visit Leicester Cathedral coffin', *BBC* 23 March 2015, https://www.bbc.co.uk/news/uk-england-leicestershire-32014296 [accessed 22 May 2020].

74   There is a detailed account of the service and the day's celebrations here: Victoria Ward, 'Reburial of Richard III -as it happened', *The Telegraph* 26 March 2015, https://www.telegraph.co.uk/news/earth/environment/archaeology/11495617/Reburial-of-Richard-III-As-it-happened.html [accessed 22 May 2020].

75   Cited in Ward, 'Reburial of Richard III'.

76   Maev Kennedy, 'Benedict Cumberbatch is related to Richard III, scientists say', *The Guardian*, 25 March 2015, https://www.theguardian.com/uk-news/2015/mar/25/benedict-cumberbatch-is-related-to-richard-iii-scientists-say [accessed 21 May 2020].

77   King Richard III Visitor Centre, https://kriii.com/about-the-centre/dynasty-deathand-

discovery/ [accessed 21 May 2020].

78 *Thomas Jefferson and Sally Hemings: An American Controversy* (Charlottesville and London: University of Virginia Press, 1997).

79 Eugene A. Foster, et al, 'Jefferson fathered slave's last child', *Nature* 396 (1998), 27-8.

80 Christine Kenneally, *The Invisible History of the Human Race* (New York: Viking Penguin, 2014), p. 227.

81 Howard Schuman and Amy Corning, 'The roots of collective memory: Public knowledge of Sally Hemings and Thomas Jefferson', *Memory Studies* 4:2 (2010), 134-53.

82 *Free Some Day* (Chapel Hill, NC: University of North Carolina Press, 2002); *The Hemingses of Monticello: An American Family* (New York: Norton, 2008).

83 Catherine Kerrison argues for a focus on Hemings herself, rather than as relational to Jefferson, in 'Sally Hemings' in *A Companion to Thomas Jefferson*, ed. Francis D. Cogliano (Oxford: Blackwell Publishing, 2012), pp. 284-300.

84 https://www.monticello.org/slavery-at-monticello/about/visiting-our-exhibition [accessed 11 June 2020].

85 *Jefferson's Children* (New York: Random House, 2002).

86 *Thomas Jefferson and Sally Hemings: An American Controversy* (Charlottesville and London: University of Virginia Press, 1998), Kindle edition, 'Author's Note', paragraph 1.

87 Michael L. Blakey, 'Bioarchaeology of the African Diaspora in the Americas: Its Origins and Scope', *Annual Review of Anthropology* 30 (2001), 387-422. See also Rick Kittles and Charmaine Royal, 'The Genetics of African Americans', in *Genetic Nature/ Culture* ed. Alan H. Goodman, Deborah Heath, and M. Susan Lindee (Berkley, CA: University of California Press, 2003), pp. 219-232.

88 Carey Goldberg, 'DNA offers link to Black History', *New York Times*, 28 August 2000, https://www.nytimes.com/2000/08/28/us/dna-offers-link-to-black-history.html [accessed 3 July 2020].

89 https://africanancestry.com/home/ [accessed 3 July 2020]

90 Kindle edition, 'Introduction' paragraph 10.

91 Keith Wailoo, 'Genes and the Problem of Historical Identity', Wailoo, Nelson and Lee, p. 18.

92 *Finding Your Roots* (Chapel Hill, NC: University of North Carolina Press, 2014), p. 227.

2장. 실천 PRACTICE

1 See Svante Paabo et al., 'Genetic Analyses from Ancient DNA', *Annual Review of Genetics* xxxviii (2004), 645-79, Eske Willerslev and Alan Cooper, 'Review Paper: Ancient DNA', *Proceedings of the Royal Society B* cclxxii (2005), 3-16, and Nicolas Arning and Daniel J. Wilson, 'The past, present and future of ancient bacterial DNA', *Microbial Genomics* 6:7 (2020), doi: 10.1099/mgen.0.000384. Thanks to Tom

Booth for suggestions on this latter point.

2   Reich, *Who we are and how we got here*, p. xviii, Kristiansen, 'Towards a New Paradigm?', *Current Swedish Archaeology*, 22 (2014), 11-34.

3   Ewen Callaway, 'Divided by DNA', *Nature* 555 (2018), 573-76.

4   Ewen Callaway, 'Ancient DNA reveals secrets of human history', *Nature* 476 (2011), 136-7 (136).

5   Wolfgang Haak et al., 'Massive migration from the steppe was a source for Indo-European languages, Nature dxxii (2015), 207-211 (207). The progressive ideal of a 'transformative technology' has been well critiqued by for instance Andrew Feenberg, *Transformative Technology: A Critical Theory Revisited* (Oxford: Oxford University Press, 2002).

6   Build monica Green and Lester Little footnote https://academic.oup.com/shm/article-abstract/23/3/701/1720927.

7   There is an account of some of the general issues for DNA and history in John L. Brooke and Clark Spencer Larsen, 'The Nurture of Nature: Genetics, Epigenetics, and Environment in Human Biohistory', *The American Historical Review* 119: 5 (2014) 1500-1513.

8   See Terence D. Keel, 'Human-Neanderthal Hybrids and the Frontier of Critical Race Studies' in *Red and Yellow, Black and Brown: Decentering Whiteness in Mixed Race Studies* ed. Paul Spickard and Rudy Guevarra (New Brunswick, NJ: Rutgers University Press, 2017), pp. 201-18.

9   For a discussion of the development of aDNA sequencing techniques see Michael Hofreiter, David Serre, Hendrik N. Poinar, Melanie Kuch, and Svante Paabo, 'Ancient DNA', *Nature Reviews: Genetics* 2 (2001), 353-59. Paabo also outlines the development of the technology in his book *Neanderthal Man* (London: Basic Books, 2015).

10   Svante Paabo, 'Preservation of DNA in ancient Egyptian mummies', Journal of Archaeological Science 12:6, 411-17.

11   See Venla Oikkonen, *Population Genetics and Belonging* (Basingstoke: Palgrave, 2018), pp. 79-105.

12   Erika Hagelberg, Bryan Sykes, and Robert Hedges, 'Ancient bone DNA amplified', *Nature* 342: 485 (1989), 485.

13   Frederika A. Kaestle and K. Ann Horsburgh, 'Ancient DNA in Anthropology: Methods, Applications, and Ethics', *Yearbook of Physical Anthropology* xlv (2002), 92-130 and Dennis H. O'Rourke, M. Geoffrey Hayes, Shawn W. Carlyle, 'Ancient DNA Studies in Physical Anthropology', *Annual Review of Anthropology* 29 (2000), 217-42.

14   'Ancient DNA and the Archaeologist', *Antiquity* 66: 250 (1992), 10-14.

15   Kaestle and Horsburgh, 'Ancient DNA', pp. 93, 109.

16   Casey C. Bennett and Frederika A. Kaestle, 'Reanalysis of Eurasian Population History: Ancient DNA Evidence of Population Affinities', *Human Biology* 78:4 (2006), 413-440.

17   Oikkonen, *Population Genetics and Belonging*, p. 81.

18   Alan Cooper, 'Ancient DNA: do it right or not at all', *Science* 289:5482 (2000), p. 1139-41.

19   The first aDNA 'next generation' work included M. Margulies et al., 'Genome sequencing in microfabricated high-density picolitre reactors', *Nature* 437 (2005), 376-380. For an overview of the impact of 'next generation' technology see Michael Knapp and Michael Hofreiter, 'Next Generation Sequencing of Ancient DNA: Requirements, Strategies and Perspectives', *Genes* 1:2 (2010), 227-43.

20   Andreas Keller et al., 'New insights into the Tyrolean Iceman's origin and phenotype as inferred by whole-genome sequencing', *Nature Communications* 3 article 698 (2012), https://doi.org/10.1038/ncomms1701.

21   R.E. Green et al., 'A Draft Sequence of the Neandertal Genome', *Science* 328 (2010), 710-22, David Reich et al., 'Genetic History of an Archaic Hominin Group from Denisova Cave in Siberia', *Nature* 468 (2010) and M. Rasmussen et al., 'Ancient Human Genome Sequence of an Extinct Paleo-Eskimo', *Nature* 463 (2010), 757-62.

22   Marc Haber, Massimo Mezzavilla, Yali Xue, and Chris Tyler-Smith, 'Ancient DNA and the rewriting of human history', *Genome Biology* xvii (2016), doi: 10.1186/s13059-015-0866-z. See the critical account of how aDNA work has become focused on a few labs telling 'heroic' stories in Erika Hagelberg, Challenging the Narratives in Ancient DNA, in Kallen *Game of Bones* ref needed.

23   Mathieson and Skoglund, 'Ancient Human Genomics: the first decade', *Annual Review of Genomics and Human Genetics* xix (2018), https://doi.org/10.1146/annurev-genom-083117-021749.

24   Callaway, 'Ancient DNA reveals secrets of human history', 136.

25   Roseina Woods, Melissa M. Marr, Selina Brace, and Ian Barnes, 'The Small and the Dead: A review of Ancient DNA Studies Analysing Micromammal Species', *Genes* 8:312 (2017), doi:10.3390/genes8110312.

26   Callaway, 'Ancient DNA reveals secrets of human history', 136. On the language of excess in aDNA work see Elizabeth D. Jones and Elsbeth Bosl, 'Ancient human DNA: A history of hype (now and then), *Journal of Social Archaeology* (2021), https://doi.org/10.1177/1469605321990115.

27   Michela Leonardi et al., 'Evolutionary Patterns and Processes: Lessons from Ancient DNA', *Systematic Biology* lxvi (2017), e1-e29 (p. e1).

28   Stephanie Marciniak and George H. Perry, 'Harnessing ancient genomes to study the history of human adaptation', *Nature Reviews Genetics* 18 (2017), 659-74.

29   'BP' means 'Before Present' and is a convention of radiocarbon dating that generally takes 1950 as 'present', E.W. Wolff, 'When is the "present"?', *Quaternary Science Reviews* 27 (2007), 3023-4.

30   Michael Bunce et al., 'Ancient DNA provides new insights into the evolutionary history of New Zealand's extinct giant eagle', *PLoS Biology* 3:1 (2005), https://doi.org/10.1371/journal.pbio.0030009.

31   Beth Shapiro, *How to Clone a Mammoth: The Science of De-exctinction* (Princeton, NJ: Princeton University Press, 2015), p. 55.

32   Maria A. Nieves-Colon et al., 'Comparison of two ancient DNA extraction protocols for skeletal remains from tropical environments', *American Journal of Physical Anthropology* 166 (2018), 824-36. On the increased ability to gather aDNA in Central Africa see Ann Gibbons, 'DNA from child burials reveals 'profoundly different' human landscape in ancient Africa', *Science* 22 January 2020, https://www.sciencemag.org/news/2020/01/dna-child-burials-reveals-profoundly-different-human-landscape-ancient-africa?utm_campaign=ScienceNow&utm_sourc e=Contractor&utm_medium=Facebook [accessed 13 May 2021].

33   Inigo Olalde et al., 'The Beaker phenomenon and the genomic transformation of northwest Europe', *Nature* dlv (2018), doi:10.1038/nature25738.

34   Cristina Gamba et al., 'Genome flux and stasis in a five millennium transect of European prehistory', *Nature Communications* v (2014), 1-9 (1); Qiaomei Fu et al., 'An early modern human from Romania with a recent Neanderthal ancestor', *Nature* dxxiv (2015), 216-31.

35   Chris Clarkson et al., 'Human occupation of northern Australia by 65000 years ago', *Nature* dxlvii (2017), 306-26.

36   Qiaomei Fu et al., 'An early modern human from Romania with a recent Neanderthal ancestor', *Nature* dxxiv (2015), 216-31; Douglas J. Kennett et al., 'Archaeogenetic evidence reveals prehistoric matrilineal dynasty', *Nature Communications* vii (2017), doi: https://doi.org/10.1038/ncomms14115.

37   Diana I. Cruz-Davalos et al., 'In-solution Y-chromosome capture-enrichment on ancient DNA libraries', *BMC Genomics* 19: 608 (2018), https://doi.org/10.1186/s12864-018-4945-x.

38   Morten Rasmussen et al., 'The genome of a Late Pleistocene human from a Clovis burial site', *Nature* dvi (2014), 225-9.

39   Eadaoin Harney et al., 'Ancient DNA from the skeletons of Roopkund lake reveals Mediterranean migrants in India', *Nature Communications* 10 article 3670 (2019), https://doi.org/10.1038/s41467-019-11357-9.

40   Joannella Morales et al., 'A standardized framework for representation of ancestry data in genomics studies', *Genome Biology* ix (2018), https://doi.org/10.1186/s13059-018-1396-2, Alice B. Popejoy and Stephanie M. Fulleton, 'Genomics is failing on diversity', *Nature* dxxxviii (2016), 161-5l, Jessica Bardill et al., 'Advancing the ethics of paleogenomics', Science, ccclx (2018), 384-5.

41   On modern aDNA work see for instance Ivan Jerković, Željana Bašić, Ivana Kružić, and Šimun Anđelinović, 'Creating reference data on sex for ancient populations using the Probabilistic Sex Diagnosis method', *Journal of Archaeological Science* xciv (2018), 44-50, Ben Krause-Kyora et al., 'Ancient DNA study reveals HLA susceptibility locus for leprosy in medieval Europeans', *Nature Communications* ix (2018), https://doi.org/10.1038/s41467-018-03857-x.

42   Hannes Schroeder et al., 'Genome-wide ancestry of 17th-century enslaved Africans from the Caribbean', *PNAS* 112 (2015), 3669-73; Niall O'Sullivan et al., 'Ancient genome-wide analyses infer kinship structure in an Early Medieval

Alemannic graveyard', *Science Advances* iv (2018), doi: https://Goi.org/10.1126/sciadv.aao1262; Carlos Eduardo G. Amorim et al., 'Understanding 6th-century barbarian social organization and migration through paleogencmics', *Nature Communications* ix (2018), doi: http://doi.org/10.1038/s41467-018-06024-4.

43   O'Sullivan et al; Schroeder et al.

44   Jada Benn Torres, 'Genetic Anthropology and Archaeology: Interdisciplinary Approaches to Human History in the Caribbean', *PaleoAmerica* 2:1 (2016), 1-5 (p. 4).

45   Richard Buckley, Mathew Morris, Jo Appleby, Turi King, Deirdre O'Sullivan and Lin Foxhall,"The king in the car park": new light on the death and burial of Richard III in the Grey Friars church, Leicester, in 1485', *Antiquity*, lxxxvii (2013), 519-538.

46   See Oikkonen, *Population Genetics and Belonging*, pp. 92-105.

47   Ewen Callaway, 'Ancient genome stirs ethics debate', *Nature* dvi (2014), 142-3.

48   Karin Margarita Frei et al., 'Tracing the dynamic life story of a Bronze Age Female', *Nature Scientific Reports* 5 article 10431 (2015), https://doi org/10.1038/srep10431.

49   Carl Zimmer, 'Eske Willerslev is Rewriting History with DNA', *New York Times*, 16 May 2016, https://goo.gl/r5hpm8 [accessed 16 August 2018].

50   Paul Rincon, 'How ancient DNA is transforming our view of the past', 12 April 2018, https://goo.gl/Zwkbzm [accessed 16 August 2018].

51   Sarah Zhang, 'Ancient DNA is Rewriting Human (and Neanderthal) History', *The Atlantic*, 14 March 2018, https://goo.gl/LEVsEv [accessed 27 March 2018]; Sarah Kaplan, 'Neanderthal microbes', 8 March 2017, https://goo.gl/ocB5EU [accessed 16 August 2018]; Cheyenne Macdonald, 'Groundbreaking study', *Daily Mail*, 10 July 2018, https://goo.gl/bJtbtB [accessed 16 August 2018].

52   Robin KcKie, 'Tiny traces of DNA found in cave dust', *The Observer*, 16 May 2021, https://www.theguardian.com/science/2021/may/16/tiny-traces-of-dna-found-incave-dust-may-unlock-secret-life-of-neanderthals [accessed 19 May 2021].

53   Editorial team, 'Ancient DNA cracks puzzle of Basque origins', *BBC*, 7 September 2015, https://www.bbc.co.uk/news/science-environment-34175224 [accessed 14 May 2021].

54   Torsten Gunther et al., 'Ancient genomes link early farmers from Atapuerca in Spain to modern-day Basques', *PNAS* 112: 38 (2015), 11917-11922.

55   *Ancestors* (London: Simon & Schuster, 2021), Kindle edition paragraph 15.

56   Recent overviews of aDNA technical methodologies include Bolnick et al., 'Native American Genomics' and Joannella Morales et al., 'A standardized framework for representation of ancestry data in genomics studies, with application to the NHGRIEBIGWAS Catalog', *Genome Biology* 19:21 (2018), https://doi.org/10.11 86/s13059-018-1396-2. See also the handbook *Ancient DNA: Methods and Protocols* ed. Beth Shapiro, Axel Barlow, Peter D. Heintzman, Michael Hofreiter, Johanna L.A. Paijmans and Andre E.R. Soares (Basingstoke: Springer Nature, 2019).

57   See Iain Mathieson et al., 'The Genomic History of Southeastern Europe', *Nature* dlv (2018), 197-203 and Anna-Sapfo Malaspinas et al., 'A genomic history of Aboriginal

Australia', *Nature* dxxxviii (2016), 207-14.

58   Morten Rasmussen et al., 'The genome of a Late Pleistocene human from a Clovis burial site', *Nature* dvi (2014), 225-9; Anuradha Jagadeesan et al., 'Reconstructing an African haploid genome from the 18th century', *Nature Genetics* l (2018), 199-205; Hideaki Kanzawa-Kiriyama et al., 'A partial nuclear genome of the Jomons who lived 3000 years ago in Fukishima', *Journal of Human Genetics* lxii (2017), 213-221.

59   Fu et al., 'The genetic history of Ice Age Europe', *Nature* dxxxiv (2016), 200-5.

60   on contamination see Pontus Skoglund et al., 'Separating endogenous ancient DNA from modern day contamination', *PNAS* cxi (2014), 2229-34 (2230) and Bastien Llamas et al., 'Controlling DNA contamination in human ancient DNA research in the high-throughput sequencing era', *STAR* iii (2017), 1-14.

61   Peter de Barros Damgaard et al., '137 ancient human genomes from across the Eurasian steppes', *Nature* dlvii (2018), 369-74.

62   Mathieson et al., 'The genomic history of southeastern Europe', 197; Anna-Sapfo Malaspinas et al., 'A genomic history of Aboriginal Australia'.

63   Lazaridis et al., 'Genomic insights into the origin of farming in the ancient Near East', *Nature* dxxxvi (2016), 419-26.

64   Kristiansen et al., 'Re-theorising mobility and the formation of culture and language among the Corded Ware Culture in Europe', *Antiquity* xci (2017), 334-47 (343).

65   Fregel et al., 'Ancient genomes from North Africa', p. 6774.

66   *Le Monde*, 29 August 2006, https://goo.gl/5rWeuB [accessed 16 August 2018].

67   Gideon Lewis-Kraus, 'Is Ancient DNA research revealing new truths -or falling into old traps?', *New York Times*, 17 January 2019, https://www.nytimes.com/2019/01/17/magazine/ancient-dna-paleogenomics.html [accessed 19 June 2019].

68   Patcharee Lertit et al., 'Genetic History of Southeast Populations as Revealed by Ancient and Modern Human Mitochondrial DNA Analysis', *American Journal of Physical Anthropology* 137 (2008), 425-40.

69   Joseph K. Pickrell et al., 'The genetic prehistory of southern Africa', *Nature Communications* iii (2012), doi: 10/1038/ncomms2140.

70   Alissa Mittnik et al., 'The genetic prehistory of the Baltic Sea region', *Nature Communications* ix (2018), DOI: 10.1038/s41467-018-02825.

71   Tara L. Fulton and Beth Shapiro, 'Setting up an Ancient DNA lab' in Shaprio et al., eds., *Ancient DNA*, pp. 1-13 (p. 1).

72   Marc Vander-Linden, 'Toward a clearer view into human prehistory', *Science* 363: 6432 (2019), 1153-4.

73   Hannah Devlin, 'First modern Britons had 'dark to black' skin', Guardian, 7 February 2018, https://goo.gl/ouA5dJ and David Keys, 'Britain's prehistoric catastrophe revealed', *Independent*, 21 February 2018, https://goo.gl/d7YdfL [accessed 30 October 2018].

74   There has always been of course much discussion about the term 'Ancient DNA', see, for instance, D.H. O'Rourke, S.W. Carlyle, and R. L. Parr, 'Ancient DNA: Methods, Progress, and Perspectives', *American Journal of Human Biology* 8 (1996), 557-71.

75 on prehistory see Donald R. Kelley, 'The Rise of Prehistory', *Journal of World History* xiv (2003), 1-19.

76 Rasmussen et al., 'Ancient Human Genome Sequence of an Extinct Palaeo-Eskimo', Reich et al., 'Genetic History of an Archaic Hominim Group from Denisova Cave in Siberia', Green et al., 'A Draft Sequence of the Neanderthal Genome'.

77 Maarten Blaauw et al., 'The Problems of Radiocarbon Dating', *Science* cccvii (2005), 1551-3.

78 Iosif Lazaridis et al., 'Genomic insights into the origin of farming in the ancient Near East', Lars Fehren-Schmitz et al., 'Genetic Ancestry of Rapanui before and after European Contact', Andain Seguin-Orlando et al., 'Genomic structure in Europeans dating back at least 36,200 years', *Science* cccxlvi (2014), 1113-18 (1113), Inigo Olalde et al., 'The Beaker phenomenon and the genomic transformation of northwest Europe'.

79 On periodisation, see Daniel Lord Smail and Andrew Shryock, 'History and the "Pre"', *American Historical Review* cxviii (2013), 709-737.

80 Clark Spencer Larsen, *Bioarchaeology* (Cambridge: Cambridge University Press, 2015, first published 1997).

81 *A Brief History of Everyone Who Ever Lived* (London: 2017), p. 4.

82 Haak et al., 'Massive migration', p. 207.

83 Michela Leonardi et al., 'Evolutionary Patterns and Processes: Lessons from Ancient DNA', p. e1; Sriram Sankararaman et al., 'The genomic landscape of Neanderthal ancestry in present-day humans', *Nature*, dvii (2014), 354-7.

84 Niels N. Johanssen, Greger Larson, David J. Metzler, and Marc Vander Linden, 'A composite window into human history', *Science* ccclvi (2017), 1118-20 (1118).

85 Rosa Fregel et al., 'Ancient genomes from North Africa evidence prehistoric migrations to the Maghreb from both the Levant and Europe', *PNAS* 115:26 (2018), 6774-9 (p. 6774).

86 'Modern humans' paleogenomics and the new evidences on the European prehistory', *STAR: Science & Technology of Archaeological Research* i (2015), 1-9 (7).

87 https://www.pbs.org/newshour/show/the-ancient-dna-revolution-unlocks-howconnected-we-all-are [accessed 14 September 2018].

88 Joseph Pickrell and David Reich, 'Toward a new history and geography of human genes', *Trends in Genetics*, xxx (2014), 377-89 (378). The interrelationship of genes and geography is criticised in Jenny Reardon, *Race to the Finish* (Princeton, NJ: 2005).

89 Gideon Lewis-Kraus, 'Is Ancient DNA Research Revealing New Truths -or Falling into Old Traps?', *New York Times Magazine* 17 January 2019, https://www.nytimes.com/2019/01/17/magazine/ancient-dna-paleogenomics.html [accessed 19 May 2021].

90 For anthropological discussion of aDNA see Michael Banton, 'Genomics and Race: Vexed Questions', *Anthropology Today* 21:4 (2005), 3-4.

91 Marc Vander Linden, 'Population history in third-millennium-BC Europe: assessing the contribution of genetics', *World Archaeology* xlviii (2016), 714-28 (714), Volker

Heyd, 'Kossinna's smile', *Antiquity* xci (2017), 348-59 (p. 354).

92   Kaestle and Horsburgh, 'Ancient DNA in Anthropology', p. 108. See also John F. Hoffecker, Scott A. Elias, Dennis H. O'Rourke, G. Richard Scott and Nancy H. Bigelow, 'Beringia and the global dispersal of modern humans', *Evolutionary Anthropology* 25 (2016), 64-78 and Deborah A. Bolnick, Jennifer A. Raff, Lauren C. Springs, Austin W. Reynolds, and Aida T. Miro-Herrans, 'Native American Genomics and Population Histories', *Annual Review of Anthropology* 45 (2016), 319-40.

93   See for instance Stefanie Eisenmann et al., 'Reconciling material clusters in archaeology with genetic data: the nomenclature of clusters emerging from archeogenomic analysis', *Scientific Reports* 8 (2018), doi: 10.1038/s41598-018-31123-z.

94   Editorial 'On the use and abuse of Ancient DNA', *Nature* 555 (2018), 559 and Ewen Callaway, 'The Battle for Common Ground', *Nature* 555 (2018), 573-6.

95   Joanna Bruck, 'Ancient DNA, kinship and relational identities in Bronze Age Britain', *Antiquity* 35:379 (2021), 228-37.

96   Furholt, 'Massive Migrations?', p. 159; some archaeology responses include Daniela Hofmann, 'What Have Genetics Ever Done for Us?: Implications of aDNA Data for Interpreting Identity in Early Neolithic Central Europe', *European Journal of Archaeology* xviii (2015), 454-76 and Mary E. Prendergast and Elizabeth Sawchuk, 'Boots on the ground in Africa's ancient DNA 'revolution': archaeological perspectives on ethics and best practices', *Antiquity* xcii (2018), 803-15.

97   Michael Banton, 'Genomics and Race: Vexed Questions', *Anthropology Today* 21:4 (2005), 3-4.

98   Connie J. Mulligan, 'Anthropological Applications of Ancient DNA: Problems and Prospects', *American Antiquity* 71:2 (2006), 365-80.

99   Kristian Kristiansen et al., 'Re-theorising mobility', 335; Heyd, 'Kossinna's smile', p. 354.

100   Huw S. Groucutt et al., 'Rethinking the Dispersal of *Homo sapiens* out of Africa', *Evolutionary Anthropology* xxiv (2015), 149-64 (149).

101   See Alexandra Ion, 'How Interdisciplinary is Interdisciplinarity? Revisiting the Impact of aDNA Research for the Archaeology of Human Remains', *Current Swedish Archaeology* xxv (2017), 177-98.

102   Colin Renfrew, 'Archaeogenetics', *Current Biology*, xx (2010), 162-165 (162).

103   *Genes, Peoples and Languages* (New York, NY: 2000), p. vii. See the critical discussion of this in Reardon, *Race to the Finish*, and Sommer, *History Within*. See Duanna Fullwiley, 'The "Contemporary Synthesis": When Politically Inclusive Genomic Science Relies on Biological Notions of Race', *Isis* cv (2014), 803-14.

104   Johanssen, Larson, Metzler, and Vander Linden, 'A composite window into human history', 1119.

105   Vander Linden, 'Towards a clearer understanding', p. 1154.

106   Alissa Mittnik et al., 'Kinship-based social inequality in Bronze Age Europe', *Science* 366 (2019), 731-4.

107 Monica H. Green, 'Genetics as a historicist discipline: a new player in disease history', *Perspectives on History*, December 2014, https://goo.gl/rDViQf; for an example of how critical historiography might engage with paleogenomics see Terrence Keel, *Divine Variations* (Stanford, CA: Stanford University Press, 2018).

108 See the special edition of essays on 'Pandemic Disease in the Medieval World: Rethinking the Black Death' edited by Monica H. Green and Carol Symes for *The Medieval Globe* i (2015), https://scholarworks.wmich.edu/tmg/vol1/iss1/1/, and Lester K. Little, 'Plague Historians in Lab Coats', *Past and Present*, ccxiii (2011), 267-90.

109 'Introduction' in Keith Wailoo, Alondra Nelson and Catherine Lee, eds., *Genetics and the Unsettled Past* (New Brunswick, NJ: Rutgers University Press, 2012), pp. 1-12 (p. 7).

110 the archaeological critique of aDNA is beginning to develop, see Martin Furholt, 'Massive Migrations? The Impact of Recent aDNA Studies on our View of Third Millennium Europe', *European Journal of Archaeology* xxi (2018), 159-91.

111 Critical voices from within Genetic Anthropology include for instance the Paleogenomics lab at UCLA, see Rosa Fregel et al., 'Ancient genomes from North Africa evidence prehistoric migrations to the Maghreb from both the Levant and Europe', *Proceedings of the National Academy of Sciences* 115:26 (2018), 6774-9.

112 Critical work on DNA more generally has come from the social sciences in particular Science and Technology Studies and Anthropology, see Alondra Nelson, *The Social Life of DNA* (Boston, MA: 2016), Catherine Nash, Genetic Geographies (Minneapolis, MN: 2016), Donna Harraway, *Modest_Witness* (London and New York: Routledge, 1997), Kim TallBear, *Native American* DNA (Minneapolis, MN: 2013); the classic critique is Dorothy Nelkin and M. Susan Lindee, *The DNA Mystique: the gene as cultural icon* (New York, NY: 1995).

113 David Christian, *Maps of Time: an Introduction to Big History* (Berkeley, CA: University of California Press, 2004).

114 Jennifer A. Raff and Deborah A. Bolnick, 'Paleogenenomics: Genetic roots of the first Americans', *Nature* dvi (2014), 162-3.

115 Daryl Leroux, '"We've been here for 2,000 years": White settlers, Native American DNA and the phenomenon of indigenization', *Social Studies of Science* xlviii (2018), 80-100.

116 Joan H. Fijimura and Ramya Rajagopalan, 'Different differences: The use of 'genetic ancestry' versus race in biomedical human genetic research', *Social Studies of Science* xli (2011), 5-30.

117 See Thomas Laqueur, *The Work of the Dead* (Princeton, NJ: 2015) and Crandall and Martin, 'The Bioarchaeology of Postmortem agency', *Cambridge Archaeological Journal* xxiv (2014), 429-35.

118 Zhang, 'Ancient DNA is Rewriting Human (and Neanderthal) History'.

3장. 정치 POLITICS

1 Paul Rincon, 'Cheddar Man: DNA shows early Briton had dark skin', *BBC News*, 23 February 2018, https://www.bbc.co.uk/news/science-environment-42939192 [accessed 9 August 2021].

2 Jenny Reardon and Kim TallBear, '"Your DNA is Our History": Genomics, Anthropology, and the Construction of Whiteness as Property', *Current Anthroplogy* 53: S12 (2012), S233-45. See also Amade M'Charek, 'The Mitochondrial Eve of Modern Genetics: Of Peoples and Genomes, or the Routinizaation of Race', *Science as Culture* 14:2 (2005), 161-83.

3 Keolu Fox, Kartik Lakshmi Rallapalli and Alexis C. Komor, 'Rewriting Human History and Empowering Indigenous Communities with Genome Editing Tools', *Genes* 11:1 (2020), https://doi.org/10.3390/genes11010088. 다음 단락에서는 'Native American'이라는 용어를 인용문 외에는 사용하지 않았다. 그 공동체 스스로를 지칭할 때 쓰이지 않는 용어이기 때문이다. 또한 내가 인용하는 연구 가운데 모두가 원주민 또는 토착 학자의 작업은 아니지만, 가능한 한 그러한 연구를 인용하려 했으며, 해당 공동체와의 협력에 기반한 출판물을 주로 참조했다.

4 Sarah Abel and Krystal Tsosie, 'Family History and the Global Politics of DNA', *International Public History* 2 (2019), https://doi.org/10.1515/iph-2019-0015, p. 3. See Discourse', *Griffith Law Review* 20:3 (2011), 702-28 and Frank Kressing, 'Screening Indigenous People's Genes: The End of Racism, or Modern Bio-Imperialism' in *Biomapping Indigenous Peoples* ed. Susanne Berthier-Foglar, Sheila Collingwood-Whittick and Sandrine Tolazzi (Leiden: Brill, 2012), pp. 117-36.

5 L.L. Cavalli-Sforza, A.C. Wilson, L.R. Cantor, R.M. Cook-Deegan and M.-C King, 'Call for a Worldwide Survey of Human Genetic Diversity: A Vanishing Opportunity for the Human Genome Project', *Genomics* 11 (1991), 490-1 (p. 490). See Sommmer, *History Within*, pp. 302-31.

6 Bryony Onciul, *Museums, Heritage and Indigenous Voices: Decolonizing Engagement* (London and New York: Routldge, 2015) and Amy Lonetree, *Decolonizing Museums: Representing Native America in National and Tribal Museums* (Chapel Hill, NC: University of North Carolina Press, 2012).

7 *Genetic Geographics*, p. 86.

8 Jonathan Marks, *What it means to be 98% Chimpanzee: Ages, People, and their Genes* (Berkeley, CA: University of California Press, 2002). See also the outline given by Emma E. Kowal, 'Genetics and Indigenous Communities: Ethical Overviews' in *International Encyclopedia of the Social & Behavioral Sciences*, 2nd edition, Volume 9 (2015), pp. 962-68.

9 M'Charek, *The Human Genome Diversity Project*, p. 2.

10 Laurelyn Whitt, *Science, Colonialism, and Indigenous Peoples* (Cambridge: Cambridge University Press, 2014), pp. 105-33 and M'Charek, p. 13.

11 Michael Dodson and Robert Williamson, 'Indigenous Peoples and the morality of the Human Genome Diversity Project', *Journal of Medical Ethics* 25 (1999), 204-8 (p.

207).

12   Jenny Reardon, 'The Human Genome Diversity Project: A Case Study in Coproduction', *Social Studies of Science* 31:3 (2001), 357-88 (370).

13   https://hagsc.org/hgdp/, see also Howard M. Cann et al, 'A Human Genome Diversity Cell Line Panel', *Science* 296: 5566 (2002), 261-2.

14   'The Human Genome Diversity Project: past, present and future', *Nature Reviews Genetics* 6 (2005), 333-340.

15   Adam Rutherford, *How to argue with a racist*.

16   Whitt, Science, *Colonialism, and Indigenous Peoples*, p. 1.

17   Emma Kowal, 'Disturbing Pasts and Promising Futures: The Politics of Indigenous Genetic Research in Australia', in *Biomapping Indigenous Peoples* ed. Susanne Berthier-Foglar, Sheila Collingwood-Whittick and Sandrine Tolazzi (Leiden: Brill, 2012), pp. 329-47.

18   Amade M'Charek, 'Beyond Fact or Fiction: On the Materiality of Race in Practice', *Cultural Anthropology* 28:3 (2013), 420-42.

19   Jennifer Couzin-Frankel, 'DNA returned to tribe, raising questions about consent', *Science*, 328: 5978 (2010), 558.

20   Katherine Drabiak-Syed, 'Lessons from Havasupai Tribe v. Arizona State Board of Regents', *Journal of Health and Biomedical Law* 6 (2010), 175-225.

21   Nanibaa' A. Garrison, 'Genomic justice for Native Americans: Impact of the Havasupai case on genetic research', *Science, Technology and Human Values* 38:2 (2013), 201-23.

22   Robyn L. Sterling, 'Genetic Research amongst the Havasupai: A Cautionary Tale', *Virtual Mentor: American Medical Association Journal of Ethics* 13:2 (2011), 113-17. Rex Dalton outlined the legal and ethical complexities of the case at its inception in the charmingly titled 'When two tribes go to war', Nature 430 (2004), 500-02.

23   http://www.nature.com/nature/journal/v506/n7487/full/nature13025.html.

24   Jennifer A. Raff and Deborah A. Bolnick, 'Paleogenomics: Genetic Roots of the First Americans', *Nature*, 506 (2014), 162-3 (162).

25   Morten Rasmussen et al, 'The genome of a Late Pleistocene Human from a Clovis burial site in Montana', *Nature* 506 (2014), 225-9.

26   Cited in http://billingsgazette.com/news/state-and-regional/montana/remains-ofancient-child-ceremoniously-reburied/article_3fcc174d-6f01-55b9-9923-96c9223ecda8.html

27   Morten Rasmussen et al, 'The ancestry and affiliations of Kennewick Man', *Nature* 523 (2015), 455-8.

28   Eske Willerslev outlines how his attitudes have 'evolved' in Carl Zimmer, 'Eske Willerslev is Rewriting History with DNA', *New York Times*, 16 May 2016, https://www.nytimes.com/2016/05/17/science/eske-willerslev-ancient-dna-scientist.html [accessed 2 April 2020].

29   Keolu Fox and John Hawks, 'Use ancient remains more wisely', *Nature* 572 (2019), 581-3 (582).

30   Maui Hudson et al, 'Rights, interests and expectations: Indigenous perspectives on unrestricted access to genomic data', *Nature Reviews Genetics* (2020), DOI: https://doi.org/10.1038/s41576-020-0228-x, my italics.

31   Maile Arvin, *Possessing Polynesians: The Science of Settler Colonial Whiteness in Hawai⊠i and Oceania* (Durham, NC: Duke University Press, 2019).

32   Jenny Reardon and Kim TallBear, '"Your DNA is Our History": Genomics, Anthropology, and the Construction of Whiteness as Property', *Current Anthropology* 53:S5 (2012), S233-45 (p. S235).

33   Peter A. Chow-White and Troy Duster, 'Do Health and Forensic DNA Databases increase Racial Disparities?', *PLoS Medicine*, 8:10 (2011), doi: 10.1371/journal.pmed.1001100.

34   Krystal S. Tsosie, Joseph M. Yracheta and Donna Dickenson, 'Overvaluing individual consent ignores risks to tribal participants', *Nature Reviews Genetics* 20 (2019), 497-8 (p. 498).

35   Kim TallBear, *Native American DNA: Tribal Belonging and the False Promise of Genetic Science* (Minneapoli, MN: University of Minnesota Press, 2013). See also P.A. Cochran et al, 'Indigenous ways of knowing: implications for participatory research and community', *American Journal of Public Health* 98:1 (2008), 22-7.

36   'mSphere of Influence: an Inupiat journey into science', *mSphere* 4:5 (2019), DOI: 10.1128/mSphere.00595-19.

37   Laura Arbour and Doris Cook, 'DNA on loan: issues to consider when carrying out genetic research with aboriginal families and communities', *Community Genetics* 9:3 (2006), 153-60, Gabriela Manaya and Joel Roque, 'Ethical problems in health research with Indigenous or originary peoples in Peru', *Journal of Community Genetics* 6: 3 (2015), 201-06, and Maile Tauali`i et al, 'Native Hawaiian views on Biobanking', *Journal of Cancer Education* 29 (2014), 570-6.

38   Maui Hudson et al, 'Rights, interests and expectations: Indigenous perspectives on unrestricted access to genomic data', *Nature Reviews Genetics* 21 (2020), 377-84 (377).

39   Katrina G. Claw et al, 'A framework for enhancing ethical genomic research with Indigenous communities', *Nature Communications* 9 (2018), https://doi.org/10.1038/s41467-018-05188-3.

40   See the discussion in Ripan S. Malhi and Alyssa C. Bader, 'Engaging Native Americans in Genomics Research', *American Anthropologist* 117:4 (2015), 743-4 and Angela Beaton et al, 'Engaging Māri in biobanking and genomic research', *Genetics in Medicine* 19 (2017), 345-51 and also Nicole K. Taniguchi, Maile Taualii and Jay Maddock, 'A comparative analysis of Indigenous research guidelines to inform genomic research in Indigenous communities', *The International Indigenous Policy Journal* 3:1 (2012).

41   Tri-Council Policy Statement: Ethical Conduct for Research Involving Humans -TCPS 2 (2018), in particular chapter 9, 'Research Involving the First Nations, Inuit and Metis Peoples of Canada', available through Panel on Research Ethics website, https://ethics.gc.ca/eng/policy-politique_tcps2-eptc2_2018.html [accessed 24 June 2021].

42   Deborah A. Bolnick, Jennifer A. Raff, Lauren C. Springs, Austin W. Reynolds and Aida T. Miro-Herrans, 'Native American Genomics and Population Histories', *Annual Review of Anthropology* 45 (2016), 319-40. See Rosalina James et al, 'Exploring pathways to trust: a tribal perspective on data sharing', Genetics in Medicine 16 (2014), 820-6.

43   Latrice Landry, Nadya Ali, David R. Williams, Heidi L. Rehm, Vence L. Bonham, 'Lack of Diversity in Genomic Databases is a Barrier to Translating Precision Medicine Research into Practice', *Health Affairs*, 37:5 (2018), 780-5.

44   Gillian M. Belbin, Maria A. Nieves-Colon, Eimear E. Kenny, Andres Moreno-Estrada and Christopher R. Gignoux, 'Genetic Diversty in Populations across Latin America: implications for population and medical genetic studies', *Current Opinions in Genetics & Development* 53 (2018), 98-104 (p. 99); see for instance Cesar Fortes-Lima et al, 'Exploring Cuba's population structure and demographic history using genome-wide data', *Nature Scientific Reports* 8 (2018), https://doi.org/10.1038/s41598-018-29851-3.

45   Darryl Leroux, *Distorted Descent: White Claims to Indigenous Identity* (Winnipeg, MB: University of Manitoba Press, 2019).

46   Hina Walajahi, David R. Wilson and Sara Chandros Hull, 'Constructing identities: the implications of DTC ancestry testing for tribal communities', *Genetics in Medicine* 21 (2019), 1744-50.

47   Walajahi, Wilson and Hull, p. 1746.

48   Deborah A. Bolnick et al, 'The Science and the Business of Genetic Ancestry Testing', *Science* 5849:318 (2007), 399-400 (p. 399).

49   Daryl Leroux, '"We've been here for 2,000 years": White settlers, Native American DNA and the phenomenon of indigenization', *Social Studies of Science* 48:1 (2018), 80-100.

50   Interviewed in Linda Geddes, 'There is no DNA test to prove you're Native American', *New Scientist*, 5 February 2014, https://www.newscientist.com/article/mg22129554-400-there-is-no-dna-test-to-prove-youre-native-american/ [accessed 2 April 2020].

51   Kim TallBear, *Native American DNA* (Minnesota MN, 2013), introduction, paragraph 6, Kindle edition.

52   Andrea Crossan, "You Took a DNA Test and It Says You Are Native American. So What?," *PRI's The World*, 24 November 2016, https://www.pri.org/stories/2016-11-24/you-took-dna-test-and-it-says-you-are-native-american-so-what [accessed 6 April 2020].

53   Reuters news service, 'Elizabeth Warren: DNA test finds 'strong evidence' of Native American blood', BBC online, 15 October 2018, https://www.bbc.co.uk/news/world-us-canada-45866168 [accessed 2 April 2020].

54   Annie Linskey, 'Elizabeth Warren releases results of DNA test', *Boston Globe*, 15 October 2018, https://www.bostonglobe.com/news/politics/2018/10/15/

warrenaddresses-native-american-issue/YEUaGzsefB0gPBe2AbmSVO/story.html [accessed 2 April 2020]. 원 보고서는 해당 웹사이트에서 삭제된 상태여서 초기 신문 보도에서 인용된 세부 내용에 의존했다. 이 사건은 2018년 〈보스턴 글로브〉가 최초로 보도했으며, 이후 대부분의 국제 보도는 이를 기반으로 했다.

55 Annie Linskey, 'Elizabeth Warren releases results of DNA test'.

56 Cherokee Nation (@CherokeeNation) Cherokee Nation responds to release of Senator Warren's DNA test. Image attachment. 15 October 2018.

57 Interviewed by Steve Inskeep in 'Determining who is a Cherokee is more than DNA, Hoskin says', *NPR* 16 October 2018, https://www.npr.org/2018/10/16/657749867/determining-who-is-a-cherokee-is-more-than-dna-hoskin-says [accessed 6 April 2020].

58 Jennifer Raff, 'What do Elizabeth Warren's DNA Test Results Actually Mean?', *Forbes* 15 October 2018, https://www.forbes.com/sites/jenniferraff/2018/10/15/what-doelizabeth-warrens-dna-test-results-actually-mean/#51e9cb0312df [accessed 6 April 2020].

59 Kim TallBear (@KimTallBear) 'after too many media inquiries, here is my statement on the #ElizabethWarren DNA testing story'. Image attachment. 15 October 2018.

60 Asma Khalid, 'Warren Apologizes to Cherokee Nation for DNA test', *NPR* 1 February 2019, https://www.npr.org/2019/02/01/690806434/warren-apologizesto-cherokee-nation-for-dna-test?t=1585841469756 [accessed 6 April 2020].

61 See Leroux, *Distorted Descent*.

62 Nicholas W. Gillam, 'Sir Francis Galton and the Birth of Eugenics', *Annual Review of Ethics* 35 (2001), 83-101; Josh Gabbatiss, 'DNA pioneer James Watson has final honours stripped amid racism row', *The Independent*, 12 January 2019, https://www.independent.co.uk/news/science/james-watson-racism-honours-dna-double-helixcold-spring-harbor-laboratory-a8724896.html [accessed 15 May 2020].

63 Surveyed in Adam Rutherford, *How to Argue with a Racist* (London: Weidenfeld & Nicolson, 2020).

64 Rutherford, *How to Argue with a Racist*, Introduction, paragraph 6, Kindle edition. 65 Aaron Panofsky and Joan Donovan, 'Genetic ancestry testing among white nationalists', *Social Studies of Science* 49:5 (2019), 653-81.

66 Sarah Zhang, 'Will the Alt-Right Promote a New Kind of Racist Genetics?', *The Atlantic* 29 December 2016, https://www.theatlantic.com/science/archive/2016/12/genetics-race-ancestry-tests/510962/ [accessed 15 May 2020].

67 Simon Outram et al, 'Genes, Race, and Causation: US Public Perspectives about Racial Difference', *Race and Social Problems* 10 (2018), 79-90.

68 Explored in Reardon, *Race to the Finish* and Nelson, *The Social Life of DNA*.

69 *Tribes* (London: Little, Brown, 2020).

70 Volker Heyd, 'Kossinna's smile', *Antiquity* 91 (2017), 348-59.

71 'On the biodeterministic imagination', *Archaeological Dialogues* 27 (2020), 1-16.

72 Jenny Reardon, 'The Democratic, Anti-Racist Genome? Technoscience at the Limits of Liberalism', *Science as Culture* 21:2 (2012), 25-47 (p. 26).

73   Discussed in Jerome de Groot, 'Ancestry.com and the evolving nature of historical information companies', *The Public Historian*

74   Vineet Mehra, Ancestry Chief Marketing Officer, quoted in press release 'In Honor of Fourth of July, Ancestry Honors the Past and Celebrates the Future', https://www.ancestry.com/corporate/newsroom/press-releases/honor-fourth-july-ancestryhonors-past-and-celebrates-future [accessed 24 January 2018].

75   Brad Argent quoted in Kristen Hyde, 'How British Are You?', Ancestry.com blog, 13 September 2016, https://blogs.ancestry.com/ancestry/2016/09/19/how-british-areyou-dna-study-reveals-uks-ethnic-diversity/ [accessed 13 January 2017].

76   Kristen Hyde, 'How British Are You?'.

77   Catherine Nash, *Genetic Geographies: The Trouble with Ancestry* (Minneapolis, MN: University of Minnesota Press, 2015).

78   Described in C.G. Seligman and F.G. Parsons, 'The Cheddar Man: A Skeleton of Late Paleolithic Date', *The Journal of the Royal Anthropological Institute of Great Britain and Ireland* 44 (1914), 241-63.

79   Reported in Selina Brace et al, 'Ancient genomes indicate population replacement in Early Neolithic Britain', *Nature Ecology & Evolution*, 3 (2019), 765-771.

80   Ceylan Yeginsu and Carl Zimmer, 'Cheddar Man, Britain's oldest skeleton, had dark skin, DNA shows', *New York Times*, 7 February 2018, https://www.nytimes.com/2018/02/07/world/europe/uk-cheddar-man-skeleton-skin.html [accessed 6 August 2021].

81   Inigo Olalde et al, 'Derived immune and ancestral pigmentation alleles in a 7,000-year-old Mesolithic European', *Nature* 507 (2014), 225-8.

82   Kenneth Brophy, 'The Brexit hypothesis and prehistory', *Antiquity* 92: 366 (2018), 1650-8.

83   '오늘날 유해 분석을 하려면 먼저 여러 그룹(후손 공동체, 관련 기관, 윤리위원회 등)의 검토와 승인을 받아야 하며, 이런 절차 없이 분석이 이루어지는 경우는 거의 없다. 어떤 분석에 착수하기 전에는 생물고고학자와 다른 이해관계자들 사이의 합의와 일정한 형태의 협력적 조율이 반드시 확보되어야 한다.⋯ 이러한 더 협력적이고 합의 중심의 방식은 후손 공동체와의 훨씬 깊은 교류뿐 아니라 유해 자체에 대한 더욱 정밀한 이해로 이어진다.', Debra L. Martin, Ryan P. Harrod, Ventura R. Perez, *Bioarcheology: An Integrated Approach to Working with Human Remains* (New York, NY: Springer, 2013) p. 4.

84   Thomas Laqueur, *The Work of the Dead* (Princeton, NJ: Princeton UP, 2015).

85   이는 고고유전학 연구에서 흔히 관찰되는 양상이다. see Catherine J. Frieman and Daniela Hofmann, 'Present pasts in the archaeology of genetics, identity, and migration in Europe: a critical essay', *World Archaeology* 51 (2019), 528-45.

86   Holly Christodolou, 'Who was Cheddar Man?', *The Sun*, 18 February 2018, https://www.thesun.co.uk/tech/5518817/cheddar-man-first-modern-brit-dark-black-skinblue-eyes/ [accessed 6 August 2021].

87   Colin Fernandez, 'Face of the first Briton is revealed', *Daily Mail*, 7 February 2018, https://www.dailymail.co.uk/sciencetech/article-5358699/First-Brit-dark-

skinnedblue-eyed.html [accessed 6 August 2021].

88 Comments at https://www.dailymail.co.uk/sciencetech/article-5358699/First-Britdark-skinned-blue-eyed.html [accessed 6 August 2021].

89 Comments at https://www.dailymail.co.uk/sciencetech/article-5358699/First-Britdark-skinned-blue-eyed.html [accessed 6 August 2021].

90 Comments at https://www.dailymail.co.uk/sciencetech/article-5358699/First-Britdark-skinned-blue-eyed.html [accessed 6 August 2021].

91 Sylvia Wynter and Katherine McKittrick, "Unparalleled Catastrophe for Our Species? Or, to Give Humanness a Different Future: Conversations" in *Sylvia Wynter: On Being Human As Praxis*, ed. Katherine McKittrick (Durham, NC: Duke University Press, 2014), 9-90 (p. 20).

92 Linda Tuhiwai Smith, Decolonizing Methodologies (London: Zed Books, 2012), p. 2. See also the essays in Devon Abbott Mihesuah and Angela Cavender Wilson, eds., *Indigenizing the Academy: Transforming Scholarship and Empowering Communities* (Lincoln, NE: University of Nebraska Press, 2004).

93 Leo Killsback 'Indigenous Perceptions of Time: Decolonizing Theory, World History, and the Fates of Human Societies', *American Indian Culture and Research Journal* 37:4 (2013), 85-114 and Angela Cavender Wilson, 'Reclaiming our humanity: Decolonization and the Recovery of Indigenous Knowledge' in War and Border Crossings ed. Peter A. French and Jason A. Short (Oxford: Rowman and Littlefield, 2005), pp. 255-65. See also Alexis Wright, *The Swan Book* (London: Constable, 2015). See the discussion in Marnie Hughes-Warrington, *Big and Little Histories: Sizing up Ethics in Historiography* (London and New York: Routledge, 2021).

94 Amanda Behm, Christienna Fryar, Emma Hunter, Elisabeth Leake, Su Lin Lewis and Sarah Miller-Davenport, 'History on the Line: Decolonizing History: Enquiry and Practice', *History Workshop Journal* 89 (2020), 169-91.

95 Rodrigo Barquera et al, 'Origin and Health Status of First-Generation Africans from Early Colonial Mexico', *Current Biology* 2020, DOI: https://doi.org/10.1016/j.cub.2020.04.002.

96 Hannes Schroeder et al, 'Genome-wide ancestry of 17th-century enslaved Africans from the Caribbean', *PNAS* 112 (2015), 3669-73; Anuradha Jagadeesan et al, 'Reconstructing an African haploid genome from the 18th century', *Nature Genetics* 50 (2018), 199-205.

97 Juan Carlos Martinez-Crusado et al, 'Mithchondrial DNA analysis reveals substantial Native American ancestry in Puerto Rico', *Human Biology* 73:4 (2001), 491-51.

98 Maximilian C. Forte, 'Who is an Indian? The Cultural Politics of a Bad Question', in *Who is an Indian?: Race, Place, and the Politics of Indigeneity in the Americas* ed. Maximilian C. Forte (Toronto: University of Toronto Press, 2013), 3-52.

99 Maria A Nieves-Colon et al, 'Ancient DNA Reconstructs the Genetic Legacies of Precontact Puerto Rican Communities', *Molecular Biology and Evolution* 37:3 (2020), 611-26 (p. 612).

100 See also Lars Fehren-Schmitz et al, 'Genetic Ancestry of Rapanui before and after

European Contact', *Current Biology* xxvii (2017), 3209-15.

101 Tiffiny A. Tung et al, 'Constrained Agency while Negotiating Spanish Colonialism', *Bioarchaeology International* 3:3 (2019), DOI: http://dx.doi.org/10.5744/bi.2019.1013.

102 See Keolu Fox, 'The Illusion of Inclusion -the 'All of Us' Research Program and Indigenous People's DNA', *The New England Journal of Medicine* 383 (2020), 411-13 and Krystal S. Tsosie, Keolu Fox and Joseph Yracheta, 'Genomics data: the broken promise is to Indigenous people', *Nature* 591: 529 (2021), doi: https://doi.org/10.1038/d41586-021-00758-w.

103 Eve Tuck and K. Wayne Yang, 'Decolonization is not a metaphor', *Decolonization* 1:1 (2012), 1–40 and Kirisitina Sailiata, 'Decolonization' in *Native Studies Keywords* ed. Stephanie Nohelani Teves, Andrea Smith and Michelle H. Rahjeta (Tucson, AZ: University of Arizona Press, 2015), 301-08.

104 Amy Lonetree, *Decolonizing Museums: Representing Native America in National and Tribal Museums* (Chapel Hill, NC: University of North Carolina Press, 2012).

105 *Provincializing Europe*, p. 27.

106 *A Thousand Plateaus*, trans. Brian Massumi (Minneapolis, MS and London: University of Minnesota Press, 1987), p. 23.

107 탈식민화 원칙은 흔히 인문학적 개념으로 간주되지만, 과학의 여러 분과에서도 이를 도입하려는 제안이 있어왔다. 예컨대, see Christopher H. Triscs, Jess Auerbach and Madhusadan Katti, 'Decoloniality and anti-oppressive practices for a more ethical ecology', *Nature Ecology & Evolution* (2021), https://doi.org/10.1038/s41559-021-01460-w and Robin Bronen and Patricia Cochran, 'Decolorize climate adaptation research', *Science* 372: 6548 (2021), p. 1245. 108 *Decolonizing Methodologies*, pp. 28-9.

4장. 윤리 ETHICS

1 Anton Froeyman, *History, Ethics, and the Recognition of the Other* (London and New York: Routledge, 2019), p. 5. This would be different in tone and purpose from existing bioethical work on genomics.

2 다양한 윤리적 역사서술 입장에 관한 논의는, Marnie Hughes-Warrington, *Big and Little Histories: Sizing up Ethics in Historiography* (London and New York: Routledge, 2021).

3 윤리적 체계를 정식화하려는 시도가 일부 있었으나 비교적 제한적이었고, 역사 서술보다는 과학적 관점에서 이루어졌다. Lori B. Andrews et al., 'Constructing Ethical Guidelines for Biohistory', *Science* 304: 5668 (2004), 215-6.

4 *Archive Fever* (Chicago, IL: University of Chicago Press, 2017), p. 1.

5 Thomas Laqueur, *The Work of the Dead* (Princeton, NJ: Princeton University Press, 2015).

6 Crandall and Martin, 'The Bioarchaeology of Postmortem agency', *Cambridge Archaeological Journal* 24:3 (2014), 429-35.

7 Thomas J. Parsons et al., 'Large Scale DNA identification: The ICMP experience',

Forensic Science International 38 (2019), 236-44.

8 이 점은 다음에서 개괄적으로 논의된다. Sarah Wagner, *To Know Where He Lies: DNA Technology and the Search for Srebrenica's Missing* (Berkeley, CA: University of California Press, 2008).

9 See the essays in *Human Remains and identification: Mass violence, genocide, and the 'forensic turn'*, ed. Elisabeth Anstett and Jean-Marc Dreyfus (Manchester: Manchester University Press, 2015).

10 See for instance Jay D. Aronson, 'Humanitarian DNA Identification in Post-Apartheid South Africa' in Wailoo, Nelson and Lee, *Genetics and the Unsettled Past*, pp. 295-314.

11 Francisco Ferrandiz. "The Ethnography of Exhumations", in Francisco Ferrandiz, ed. Necropolitics: Mass Graves and Exhumations in the Age of Human Rights. Philadelphia: University of Pennsylvania Press, 2015.

12 'Identifying Democracy: Citizenship, DNA, and Identity in Postdictatorship Argentina', *Science, Technology, & Human Values* 41:6 (2016), 1037-62 (p. 1038).

13 S. Cardoso et al., 'Contribution of forensic genetics to the recovery of historic memory of the Spanish Civil War', *Forensic Science International* 1:1 (2008), 454-56; Francisco Ferrandiz, 'The return of Civil War ghosts: the ethnography of exhumation in contemporary Spain', *Anthropology Today* 22:3 (2006), 7-12 and Layla Renshaw, *Exhuming Loss: Memory, Materiality and Mass Graves of the Spanish Civil War* (California: West Coast Press, 2011).

14 'The missing, the martyred and the disappeared: Global networks, technical intensification and the end of human rights genetics', *Social Studies of Science*, 47:3 (2017), 398-416 (p. 398).

15 Esther Lee et al., 'MtDNA origins of an enslaved labor force from the 18th century Schuyler Flatts Burial Ground in colonial Albany, NY: Africans, Native Americans, and Malagasy?' *Journal of Archaeological Science* 36 (2009), 2805-10.

16 Mai-Linh K. Hong, 'Get Your Asphalt Off My Ancestors!: Reclaiming Richmond's African Burial Ground', *Law, Culture and the Humanities* 13:1. (2017), 81-103.

17 Her institute is the Restitution Study Group, http://rsgincorp.com/home [accessed 14 May 2020].

18 Jennifer A. Hamilton, 'The Case of the Genetic Ancestor' in Wailoo, Nelson and Lee, *Genetics and the Unsettled Past*, pp. 266-79 (p. 271).

19 Quoted in Eric Bock, "Social Life' of DNA has unique power', *NIH Record* 71:4 (2019), https://nihrecord.nih.gov/2019/02/22/social-life-dna-has-unique-power [accessed 14 May 2020].

20 *In Search of Our Roots: How 19 Extraordinary African Americans Reclaimed their Past* (New York: Random House, 2009), p. 10.

21 Alondra Nelson, 'The social life of DNA: racial reconciliation and institutional morality after the genome', *British Journal of Sociology* 69:3 (2018), 522-37.

22 'DNA, reconciliation and social empowerment', *British Journal of Sociology* 69:3 (2018), 546-51.

23   Kim TallBear, 'Genomic articulations of indigeneity', *Social Studies of Science* 43:4 (2013), 509–533. See also See Amade M'Charek, *The Human Genome Diversity Project* (Cambridge: Cambridge University Press, 2005) and Darryl Leroux, 'We've been here for 2,000 years': White settlers, Native American DNA and the phenomenon of indigenization', *Social Studies of Science* 48:1 (2018), 80-100.

24   On the rise of 'racist science' in relation to DNA and methods of resistance, see Adam Rutherford, *How to Argue with a Racist* (London: Weidenfeld and Nicolson, 2020).

25   Alondra Nelson, *The Social Life of DNA* ().

26   Michael Lynch, Simon A. Cole, Ruth McNally, Kathleen Jordan, *Truth Machine: The Contentious History of DNA Fingerprinting* (Chicago, IL: University of Chicago Press, 2010).

27   A.J. Jeffreys, V. Wilson and S.L. Thein, 'Individual-specific 'fingerprints' of human DNA', *Nature* 316 (1985), 76-9.

28   Mark A. Jobling and Peter Gill, 'Encoded evidence: DNA in forensic analysis', *Nature Reviews Genetics* 5 (2004), 739-51 (p. 739).

29   Robin Williams and Paul Johnson, *Genetic Policing: The Use of DNA in Criminal Investigations* (London and New York: Routledge, 2008), p. 97.

30   'Eureka moment that led to the discovery of DNA fingerprinting', *The Observer* 24 May 2009, https://www.theguardian.com/science/2009/may/24/dna-fingerprinting-alec-jeffreys [accessed 22 June 2020].

31   See Colin Me Haverson, 'What Results Should Be Returned from Opportunistic Screening in Translational Research?', *Journal of Personal Medicine* 10:1, 13 (2020), doi: 10.3390/jpm10010013. Thanks to Jay Clayton for this reference.

32   Sheila Jasanoff, 'The Eye of Everyman: witnessing DNA in the Simpson trial', *Social Studies of Science* 28:5-6 (1998), 713-40.

33   Rhonda Wheate, 'The importance of DNA evidence to juries in criminal trials', *The International Journal of Evidence and Proof* 14:2 (2010), 129-45 Lisa L. Smith, Ray Bull and Robyn Holliday, 'Understanding juror perceptions of forensic evidence', *Journal of Forensic Sciences* 56:2 (2011), 409-14.

34   Information from 'National DNA Database statistics', https://www.gov.uk/government/statistics/national-dna-database-statistics [accessed 22 June 2020].

35   Helen Wallace, 'The UK National DNA Database', *Science and Society* 7 (2006), S26-30.

36   Caleb Hutton, 'Partial skull bone found last year belonged to Gold Bar man', *HeraldNet*, 10 August 2019, https://www.heraldnet.com/news/palm-sized-piece-ofskull-identified-as-that-of-gold-bar-man/ [accessed 15 August 2019].

37   Sarah Zhang, 'She was found strangled in a well, and now she has a name', *The Atlantic* 29 July 2019, https://www.theatlantic.com/science/archive/2019/07/belle-welldna/594976/ [accessed 15 August 2019].

38   Tina Hesman Saey, 'What FamilyTreeDNA sharing genetic data with the police mean for you', *ScienceNews*, 6 February 2019, https://www.sciencenews.org/article/familytree-dna-sharing-genetic-data-police-privacy [accessed 18 September

2019].

39 Caleb Hutton, 'Man guilty of 1987 murders solved with genetic genealogy', *The Herald*, 29 June 2019, https://www.heraldnet.com/news/man-guilty-of-1987-murderssolved-with-genetic-genealogy/ [accessed 19 August 2019].

40 https://snapshot.parabon-nanolabs.com/ [accessed 19 August 2019].

41 https://snapshot.parabon-nanolabs.com/ [accessed 19 August 2019].

42 Sara Gilcore, 'A local company is helping catch cold case criminals', *Washington Business Journal*, 18 October 2019, https://www.bizjournals.com/washington/news/2019/10/18/a-local-company-is-helping-catch-cold-case.html [accessed 21 October 2019].

43 Natalie Ram and Jessica L. Roberts 'Forensic genealogy and the power of defaults', *Nature Biotechnology* 37 (2019), 707-8.

44 Yaniv Erlich, Tal Shor, Shai Carmi, 'Identity inference of genomic data using longrange familial searches', *Science* 362 (2018), 690-4 (p. 690).

45 Erlich, Shor, Carmi, p. 690.

46 Erlich, Shor, Carmi, p. 690. See Sarah Zhang, 'Most people of European Ancestry can be identified from a relative's DNA', *The Atlantic*, 11 October 2018, https://www.theatlantic.com/science/archive/2018/10/golden-state-killer-genealogy/572545/ [Accessed 15 August 2019].

47 Ram and Roberts, 'Forensic genealogy', p. 708.

48 Christine Guest, 'DNA and Law Enforcement: how the use of open source DNA databases violates privacy rights', *American University Law Review*, 68:3 (2019), 1015-52 (p. 1016).

49 J.W. Hazel, E.W. Clayton, B.A. Malin and C. Slobogin, 'Is it time for a universal genetic forensic database?', *Science* 362: 6417 (2018), 898-900.

50 Benjamin E. Berkman, Wynter K. Miller, Christine Grady, 'Is it Ethical to Use Genealogy Data to Solve Crimes?', *Annals of Internal Medicine*, 169:5 (2018), 333-4.

51 Christi J. Guerrini et al., 'Who's on third? Regulation of third-party genetic interpretation services', *Genetics in Medicine*, 12 August 2019, https://doi.org/10.1038/s41436-019-0627-6.

52 Natalie Ram and Jessica L. Roberts 'Forensic genealogy and the power of defaults', *Nature Biotechnology* 37 (2019), 707-8.

53 M.J. Radin, *Boilerplate: The Fine Print, Vanishing Rights, and the Rule of Law* (Princeton, NJ: Princeton University Press, 2013), pp. 11-12.

54 Nathan Scudder et al., 'Massively parallel sequencing and the emergence of forensic genomics: Defining the policy and legal issues for law enforcement', *Science & Justice* 58:2 (2018), DOI: https://doi.org/10.1016/j.scijus.2017.10.001

55 Natalie Ram, 'Genetic Privacy After Carpenter, *Virginia Law Review* (forthcoming 2019) http://dx.doi.org/10.2139/ssrn.3265827.

56 Nathan Scudder et al., 'Policy and regulatory implications of the new frontier of forensic genomics: direct-to-consumer genetic data and genealogy records', *Current Issues in Criminal Justice* 31: 2 (2019), DOI: https://doi.o

rg/10.1080/10345329.2018.1560588.

57   Erlich, Shor, Carmi, 'Identity inference', p. 690.

58   Barbara L. Ley, Natalie Jankowski and Paul R. Brewer, 'Investigating *CSI*: Portrayals of DNA testing on a forensic crime show and their potential effects', *Public Understanding of Science* 21:2 (2012), 51-67.

59   See Jay Clayton, 'Genome Time', in *Time and the Literary* ed. Karen Newman, Jay Clayton, and Marianne Hirsch (New York: Routledge, 2002), pp. 31-59.

60   Ian Rankin, *Black and Blue* (London: Orion, 1997), p. 365.

61   *The Pembrokeshire Murders*, ITV, January 2021, Episode 3.

62   Val McDermid, *Out of Bounds* (London: Sphere, 2017), p. 474.

63   Stuart Hogarth and Paula Saukko, 'A market in the making: the past, present and future of direct-to-consumer genomics', *New Genetics and Society*, 36:3 (2017), 197-208.

64   Jose Roberto Goldim, 'Genetics and ethics: a possible and necessary dialogue', *Journal of Community Genetics* 6:3 (2015), 193-6.

65   Dennis Normile, 'CRISPR bombshell: Chinese researcher claims to have created gene-edited twins', *Science* 26 November 2018, https://www.sciencemag.org/news/2018/11/crispr-bombshell-chinese-researcher-claims-have-created-gene-editedtwins [accessed 18 March 2020].

66   Guillaume de Mordant, 'L'Assemblee nationale rejette les tests ADN genealogiques et durcit la loi', *La Revue francaise de Genealogie*, 4 October 2019, https://www.rfgenealogie.com/s-informer/infos/nouveautes/l-asse mblee-nationale-rejette-lestests-adn-genealogiques-et-durcit-la-loi [accessed 7 October 2019].

67   See discussion in Stuart Hogarth, Gail Javitt, and David Melzer, 'The Current Landscape for Direct-to Consumer Genetic Testing: Legal, Ethical, and Policy Issues', *Annual Review of Genomics and Human Genetics* 9 (2008), 161-82 and Stuart Hogarth and Paula Saukko, 'A market in the making: the past, present and future of direct-to-consumer genomics', *New Genetics and Society* 36:3 (2017), 197-208.

68   Andelka M. Phillips, 'Only a click away —DTC genetics for ancestry, health, love··· and more: A view of the business and regulatory landscape', *Applied and Translational Genomics* 8 (2016), 16-22.

69   Onora O'Neill, *Justice across Boundaries* (Cambridge: CUP, 2016).

70   See Edith Wyschogrod, An Ethics of Remembering () and Elizabeth Grosz, The Incorporeal (New York, NY: Colombia UP, 2016).

71   https://www.ted.com/tedx/events/7650 [accessed 30 July 2019].

72   Beth Shapiro, *How to Clone a Mammoth: the Science of De-Extinction* (Princeton, NJ: Princeton UP, 2015), p. 169.

73   Beth Shapiro, 'Pathways to de-extinction: how close can we get to resurrection of an extinct species?', *Functional Ecology* 31 (2017), 996-1002.

74   Ben Minteer, *The Fall of the Wild: Extinction, De-Extinction, and the Ethics of Conservation* (New York, NY: Columbia University Press, 2018).

75   https://reviverestore.org/what-we-do/ [accessed 30 July 2019].

76   Charles Y. Feigin et al., 'Genome of the Tasmanian tiger provides insight into the evolution and demography of an extinct marsupial carnivore', *Nature Ecology & Evolution* 2 (2018), 182-92.

77   Jose Folch et al., 'First birth of an animal from an extinct subspecies (*Capra pyrenaica pyrenaica*) by cloning', *Theriogenology* 71 (2009), 1026-34.

78   Ben Minteer, 'Is it right to reverse extinction?', *Nature* 509 (2014), 261.

79   Sariah Cottrell, Jamie L. Jensen and Steven L. Peck, 'Resuscitation and resurrection: the ethics of cloning cheetahs, mammoths, and Neanderthals', *Life Sciences, Society and Policy* 10:3 (2014),https://doi.org/10.1186/2195-7819-10-3.

80   Zach Zorich, 'Should we clone Neanderthals? The scientific, legal, and ethical obstacles' *Archaeology* 63:2 (2010), 34-41.

81   Ariana Remel, 'Neanderthal-like 'mini brains' created in lab with CRISPR', *Nature* 11 February 2021, 376-7. I owe this point to Marnie Hughes-Warrington.

82   Julian J. Koplin and Julian Savulescu, 'Moral Limits of Brain Organoid Research', *Journal of Law, Medicine & Ethics* 47:4 (2021), 760-7.

83   Rebecca Wragg Sykes, *Kindred* (London: Bloomsbury, 2020).

84   Shlomo Cohen, 'The Ethics of De-Extinction', *Nanoethics* 8 (2014), 165-78.

85   Michael J.L. Peers et al., 'De-extinction potential under climate change: Extensive mismatch between historic and future habitat suitability for three candidate birds', *Biological Conservation* 197 (2016), 164-70.

86   Insoo Hyun, J.C. Scharf-Deering and Jeantine E. Lunshof, 'Ethical issues related to brain organoid research', *Brain Research* 1732 (2020), https://doi.org/10.1016/j.brainres.2020.146653.

87   Hannah Devlin, 'Woolly mammoth on verge of resurrection, scientists reveal', *The Guardian* 16 February 2017, https://www.theguardian.com/science/2017/feb/16/woolly-mammoth-resurrection-scientists [accessed 7 August 2019].

88   Stephanie S. Turner, 'Open-ended stories: Extinction narratives in Genome time', *Literature and Medicine* 26:1 (2007), 55-82.

89   Jay Clayton explores this via his concept of 'genome time' in 'Time considered as a helix of infinite possibilities', *Medical Humanities* 47 (2021), 185-92.

90   *Through Other Continents: American Literature across Deep Time* (Princeton, NJ: Princeton University Press, 2008), p. 5.

91   'The Climate of History: Four Theses', *Critical Inquiry* 35:2 (2009), 197-222 (207).

92   Ben Morgan, 'After the Arctic Sublime', *New Literary History* 47:1 (2016), 1-26 (4).

93   Shapiro, *How to Clone a Mammoth*, p. 56.

94   *Jurassic Park* (Steven Spielberg, 1993).

95   *Jurassic Park* (Steven Spielberg, 1993).

96   *Jurassic Park: Lost World*.

97   *Jurassic World: Fallen Kingdom*.

98   *Jurassic Park: Lost World* (Steven Spielberg, 1997).

99   *Jurassic Park*.

100   *Jurassic World* (Colin Trevorrow, 2015).

101 *Jurassic World: Fallen Kingdom* (J.A. Bayona, 2018).

102 *Jurassic World*.

103 Norman Wagner et al., 'De-extinction, nomenclature, and the law', *Science* 356: 6342 (2017), 1016-17.

104 *Jurassic World: Fallen Kingdom*.

5장. 상상 IMAGINATION

1 See, for instance, Jackie Stacey, *The Cinematic Life of the Gene* (Durham, NC: Duke University Press, 2010).

2 See Jonathan Roberts, Louise Archer, Jennifer DeWitt and Anna Middleton, 'Popular culture and genetics: friend, foe, or something more complex?', *European Journal of Medical Genetics* 62:5 (2019), 368-75.

3 See discussions in Josie Gill, *Biofictions* (London: Bloomsbury, 2020), Lara Choksey, *Narrative in the Age of the Genome* (London: Bloomsbury, 2021), Clare Hanson, *Genetics and the Literary Imagination* (Oxford: Oxford University Press, 2020), the special issue edited by Mandy Bloomfield, and Clare Hanson 'Beyond the Gene: Epigenetic Science in 21st Century Culture' *Textual Practice* 29:3 (2015) and the special issue of *Medical Humanities* 47:2 (2021) edited by Clare Barker on 'Global Genetic Fictions'.

4 *Biofictions*, p. 5.

5 *Narrative in the Age of the Genome*, p. 7.

6 Quoted in Jamie Condliffe, 'Cryptic poetry written in a microbe's DNA', *New Scientist*, 4 May 2011, https://www.newscientist.com/blogs/culturelab/2011/05/christian-boksdynamic-dna-poetry.html [accessed 26 April 2018].

7 Isabel Waidner, 'Christian Bok's *Xenotext Experiment*, Conceptual Writing and the Subject-of-No-Subjectivity: "Pink Faeries and Gaudy Baubles"', *Configurations* 26 (2018), 27-46.

8 NPG Archives 46/66/66 - RP 6591-6592 Registered Packet Sulston, Second Folder: NPG 6591 Sir John Sulston, Memorandum of Commission, 18 November 2001.

9 Ken Arnold, "Marc Quinn," *Tate* (Spring 2002), 19.

10 NPG Archives 46/66/66 - RP 6591-6592 Registered Packet Sulston, Second Folder: NPG 6591 Sir John Sulston, Letter Tim Moreton to John Sulston, 25 September, 2006.

11 NPG Archives 46/66/66 - RP 6591-6592 Registered Packet Sulston, Envelope 4 'THE WELLCOME TRUST NPG 6591, 6592(1-), Pre-meeting Minutes of Wellcome Scientist Meeting, 6 March 2001, point 1.2.

12 NPG Archives 46/66/66 - RP 6591-6592 Registered Packet Sulston, First Folder: Conservation Record: Sulston, 'Conservation Report August 2004'.

13 NPG Archives 46/66/66 - RP 6591-6592 Registered Packet Sulston, First Folder: Conservation Record: Sulston, 'Conservation Report August 2004'.

14 NPG Archives 46/66/66 - RP 6591-6592 Registered Packet Sulston, First Folder: Conservation Record: Sulston, Email Kathleen Soriano to Ken Arnold, 6 April 2004, 09:09.

15 NPG Archives 46/66/66 - RP 6591-6592 Registered Packet Sulston, First Folder: Conservation Record: Sulston, 'Conservation Report August 2004'.

16 NPG Archives 46/66/66 - RP 6591-6592 Registered Packet Sulston, First Folder: Conservation Record: Sulston, 'Conservation Report 9 November 2016', p. 1.

17 NPG Archives 46/66/66 - RP 6591-6592 Registered Packet Sulston, First Folder: Conservation Record: Sulston, 'Conservation Report August 2004'.

18 NPG Archives 46/66/66 - RP 6591-6592 Registered Packet Sulston, First Folder: Conservation Record: Sulston, 'Conservation Report NPG 6591 (+ spares) October 2012', p. 1.

19 NPG Archives 46/66/66 - RP 6591-6592 Registered Packet Sulston, First Folder: Conservation Record: Sulston, 'Conservation Report 9 November 2016', p. 2.

20 NPG Archives 46/66/66 - RP 6591-6592 Registered Packet Sulston, Fourth Folder: 'THE WELLCOME TRUST NPG 6591, 6592(1-) 'Pre-meeting Minutes', Wellcome Scientist Meeting, 6 March 2001. Also 'Meeting Minutes', 6 March 2001 of 'Wellcome Scientist Meeting' includes '1.4 Likely that object will need renewal but @JS@ [John Sulston] and Marc Quinn to discuss production and determine how long term preservation of prime object is possible', NPG Archives 46/66/66 -RP 6591-6592 Registered Packet Sulston, Third Folder, Minutes.

21 NPG Archives 46/66/66 - RP 6591-6592 Registered Packet Sulston, First Folder: Conservation Record: Sulston, Email Kathleen Soriano to Ken Arnold, 6 April 2004, 09:09

22 NPG Archives 46/66/66 - RP 6591-6592 Registered Packet Sulston, First Folder: Conservation Record: Sulston, Email John Sulston to Kathleen Soriano and Ken Arnold, 04 May 2004, 19:56.

23 NPG Archives 46/66/66 - RP 6591-6592 Registered Packet Sulston, First Folder: Conservation Record: Sulston, Email John Sulston to Kathleen Soriano and Ken Arnold, 04 May 2004, 19:56.

24 NPG Archives 46/66/66 - RP 6591-6592 Registered Packet Sulston, First Folder: Conservation Record: Sulston, Email Kathleen Soriano to Ken Arnold, 6 April 2004, 09:09

25 NPG Archives 46/66/66 - RP 6591-6592 Registered Packet Sulston, First Folder: Conservation Record: Sulston, Email Ken Arnold to Kathleen Soriano, 19 May 2004 19:35.

26 NPG Archives 46/66/66 - RP 6591-6592 Registered Packet Sulston, Second Folder: NPG 6591 Sir John Sulston, Email Bronwyn Terrill to Clementine Hampshire, 6 September 2010, 11:24; Email Kathleen Soriano to Ken Arnold, 16 April 2010, 10:53.

27 NPG Archives 46/66/66 - RP 6591-6592 Registered Packet Sulston, Second Folder: NPG 6591 Sir John Sulston, Emails Bronwyn Terrill to Juliet Simpson, 12 July 2010

12:52.

28 NPG Archives 46/66/66 - RP 6591-6592 Registered Packet Sulston, Second Folder: NPG 6591 Sir John Sulston, Fay Blanchard to Ken Arnold, 24 May 2013, 16:19.

29 NPG Archives 46/66/66 - RP 6591-6592 Registered Packet Sulston, Second Folder: NPG 6591 Sir John Sulston, Fay Blanchard to Tom Ziessen and Ken Arnold, 22 July 2013, 15:04.

30 NPG Archives 46/66/66 - RP 6591-6592 Registered Packet Sulston, Second Folder: NPG 6591 Sir John Sulston, Typescript of comments that eventually became part of the exhibition press pack.

31 'Portrait of the Week', *The Guardian*, September 22, 2001, https://www.theguardian.com/culture/2001/sep/22/art [accessed 15 December 2017].

32 Susan Merrill, *Epigenetic Landscapes: Drawings as Metaphor* (Durham, NC: Duke University Press, 2017).

33 *How to be both* (London: Hamish Hamilton, 2014).

34 *Girl, Woman, Other* (London: Hamish Hamilton, 2019).

35 See Gill, *Biofictions*, pp. 101-21.

36 *Poetry* 111:3, December (1968) p. 175.

37 Carolyn Dinshaw, 'Temporalities' in Paul Strohm, ed., *21st Century Approaches: Medieval* (Oxford: Oxford University Press, 2007), pp.107-23 (p. 109).

38 See Judith Roof, *The Poetics of DNA* (Minneapolis and London: University of Minnesota Press, 2007).

39 Hannah Sullivan, "The Sandpit after Rain," in *Three Poems* (London: Faber and Faber, 2018), 4:3.

40 Zaffar Kunial, "Self Portrait as Bottom," in *Us* (London: Faber and Faber, 2018), 29-30 (ll. 19, 20).

41 'Self-portraits in poetry are legion' writes Eloisa Amezuca introducing Rita Dove's 'Self-Portrait' in *The New York Times*, 1 November 2018, https://www.nytimes.com/2018/11/01/magazine/poem-self-portrait.html.

42 In *Self-portrait in a convex mirror* (Manchester: Carcanet 2007), p.74, first published in 1975. The opening lines run 'As Parmigianino did it, the right hand/ Bigger than the head, thrust at the viewer', referring to Parmigianino, 'Self-portrait in a convex mirror' (1524), Kunsthistorisches Museum, Vienna, Austria

43 Walter Benjamin, "The Task of the Translator," trans. Harry Zohn, in *Selected Writings, Volume 1: 1913-1926*, ed. Marcus Bullock and Michael W. Jennings (Cambridge, MA: Harvard University Press, 1996), 253-63 (p. 254).

44 Benjamin, "The Task of the Translator," 254.

45 See the discussion of contemporary art, race, and genomics in Alys Eve Weinbaum, 'Racial Aura: Walter Benjamin and the Work of Art in a Biotechnological Age', *Literature and Medicine* 26:1 (2007), 207-39.

46 이는 DTC 기업이 발전해온 방식을 고려하면, 그들의 데이터베이스가 주로 해당 지역 고객들로 형성되어 있기 때문이다.

47 *Twelfth Night* II.i.176.

48 Michael Symons Roberts, 'To John Donne' in *Selected Poems* (London: Cape, 2016), p. 62.

49 Haraway, *Modest Witness*, 64.

50 임상적 시선에서 분자적 시선으로의 전환은 다음을 참조. Nikolas Rose, *The Politics of Life Itself: Biomedicine, Power, and Subjectivity in the 21st Century* (Princeton, NJ: Princeton University Press, 2006).

51 'Trust me I'm an Artist: DNA Ancestry Testing With Larry Achiampong and David Blandy', 8 November 2017, http://trustmeimanartist.eu/events/dna-ancestry-testinglarry-achiampong-david-blandy/.

52 'AND/DNA' from *Residente* (Fusion Media Group, 2017), ll. 14-16.

53 Philip Gentry, '*Hamilton's* Ghosts', *American Music* 35:2 (2017), 271-80.

54 라마의 작업, 특히 'DAMN' 앨범에 관한 사려 깊은 논의는 다음에서 찾아볼 수 있다. Christopher M. Driscoll, Monica R Miller and Anthony B. Pinn (eds.), *Kendrick Lamar and the Making of Black Meaning* (London and New York: Routledge, 2019).

55 'DNA' from *DAMN* (Top Dawg Entertainment, 2017)., ll. 1-2.

56 휘트먼의 "나는 거대하고, 다수를 품고 있다"라는 구절은 1855년 〈Song of Myself〉 51절에 실려 있다. *Leaves of Grass* (London: W.W. Norton and company, 2002).

57 See Paul Gilroy's discussion of Snoop Dogg's 'infrahumanity' in *Against Race* (Harvard, MA: Harvard University Press, 2000), pp. 201-6.

58 See for example Rachel Yehuda and Linda M. Bierer, 'The relevance of epigenetics to PTSD', *Journal of Trauma Stress* 22:5 (2009), 427-34.

59 Discussed in depth in Alondra Nelson, *The Social Life of DNA* (Boston, MA: Beacon Press, 2016).

60 Ato Quayson, *Postcolonialism: Theory, Practice, or Process?* (London: Polity Press, 2000), 48.

61 See Jackie Stacey, *The Cinematic Life of the Gene* (Durham and London. Duke University Press, 2010) and Priscilla Wald and Jay Clayton (eds), 'Special Issue: Genomics in Literature, Visual Arts, and Culture', *Literature and Medicine* 26:1 (2007).

62 Eugene Thacker, *The Global Genome: Biotechnology, Politics, and Culture* (Cambridge, MA: The MIT Press, 2005).

63 Ali Jones, 'Assassin's Creed all-time sales tops 140 million', *PC GamesN*, 27 September 2019, https://www.pcgamesn.com/assassins-creed-sales [accessed 29 June 2020].

64 See Douglas N. Dow, 'Historical Veneers: Anachronism, Simulation and Art History in *Assassin's Creed*' in *Playing with the Past* ed. Matthew Wilhelm Kappell and Andrew B.R. Elliot (London: Bloomsbury, 2013), pp. 215-32, and Emil Hammar, 'Counterhegemonic commemorative play: marginalized pasts and the politics of memory in *Assassin's Creed: Freedom Cry*', *Rethinking History* 21:3 (2017), 372-95.

65 Christopher Leffler, 'Memory games: history, memory and anachronism in the Paris of *Assassin's Creed: Unity*', *Contemporary French Civilization* 44:1 (2019), 81-99.

66 Brian Rejack, 'Toward a virtual re-enactment of history: video games and the past', *Rethinking History* 11:3 (2007), 411-25.

67 See the discussion of this in Adam Chapman, *Digital Games as History* (London and New York: Routledge, 2016).

68 Chapman, *Digital Games*, p. 84 n. 15.

69 게임이 지닌 퀴어한 전복적·변형적 잠재성에 대해서는 다음을 참조. Bonnie Ruberg, *Video games have always been queer* (New York, NY: NYU Press, 2019).

70 See Mary Flanagan, *Critical Play* (Cambridge, MA: MIT Press, 2009).

71 Christian Casey, '*Assassin's Creed Origins*: Video Games as Time Machines', *Near Eastern Archaeology* 84:1 (2021), https://doi.org/10.1086/713365.

72 Jeffrey A. Brown, *The Modern Superhero in Film and Television* (London and New York: Routledge, 2016).

73 See Alexandro Segade, 'X-Men', in *Keywords for Comics Studies* ed. Ramzi Fawaz, Shelley Streeby and Deborah Elizabeth Whaley (New York, NY: New York University Press,), available at https://keywords.nyupress.org/comics-studies/essay/xmen/, and Anthony Michael D'Agostino, '"Flesh-to-Flesh Contact": Marvel Comics' Rogue and the Queer Feminist Imagination', *American Literature* 90:2 (2018), 251-81.

74 See Melanie Kohnen, *Queer Representation, Visibility and Race in American Film and Television* (London and New York: Routledge, 2015), pp. 56-70.

75 See Geoffrey I. McFadden and Naja Later, 'Evolution: Of X-Cells and X-Men', *Current Biology* 27:11 (2017), R408-9 and the essays in Claudia Buccifero, ed., *The X-Men Films: A Cultural Analysis* (London: Rowman and Littlefield, 2016).

76 Cynthia D. Porter, 'Germans and Genes on Screen: Marvels X-Men Films', *Journal of Literature and Science* 13:1-2 (forthcoming, 2021).

6장. 자아 SELF

1 Tanya Evans, 'Secrets and Lies: the Radical Potential of Family History', *History Workshop Journal* 71, 2011, pp. 50-73.

2 Ashley Barnwell, 'Convict shame to convict chic: Intergenerational memory and family histories', *Memory Studies* 12:4 (2017), 398-411 and Wendy Bottero, 'Practising family history: 'identity' as a category of social practice', *British Journal of Sociology* 66:3 (2015), 534-6. See also Alison Light, *Common People* (Harmondsworth: Penguin, 2014).

3 특별 주제를 다룬 다음 에세이들을 참조. *International Public History* 2:2 (2020), https://www.degruyter.com/journal/key/IPH/2/2/html.

4 Laura King and Gary Rivett, 'Engaging People in Making History: Impact, Public Engagement and the World Beyond the Campus', *History Workshop Journal*, 2015 80:1, 218-233, p. 229.

5 See Jerome de Groot, "On Genealogy," *The Public Historian* 37:3 (2015), 101-27.

6 교회와 그 가계 연구 활동에 대해서는 다음을 참조. Julia Creet, *The Genealogical Sublime* (Amherst, MA: University of Massachusetts Press, 2019).

7 Jerome de Groot, 'The Genealogy Boom: Inheritance, Family History, and the

Popular Historical Imagination' in *The Impact of History? Histories at the Beginning of the 21st Century*, edited by Bertrand Taithe and Pedro Ramos Pinto (London and New York: Routledge, 2015), pp. 21-34.

8   해당 기업 정보는 다음 웹사이트 참조. https://www.ancestry.com/corporate/about-ancestry/company-facts [accessed 23 July 2021].

9   Richard Tutton, '"They want to know where they came from": population genetics, identity, and family genealogy', *New Genetics and Society* 23:1 (2003), 105-20.

10   Gisli Palsson, "The Web of Kin: An Online Genealogical Machine," in *Kinship and Beyond: The Genealogical Model Reconsidered*, ed. Sandra Bamford and James Leach, (New York and Oxford: Berghahn Books, 2009), pp. 84-110.

11   Mark A. Jobling, 'In the name of the father: surnames and genetics', *Trends in Genetics* 17:6 (2001), 353-57.

12   George Redmonds, Turi King, and David Hey, *Surnames, DNA, and Family History* (Oxford: Oxford University Press, 2011).

13   *Surnames, DNA, and Family History*, p. 208, 209.

14   Bryan Sykes, *The Seven Daughters of Eve* (London: Bantam Press, 2001).

15   See Colin Renfrew, *Prehistory: the Making of the Human Mind* (New York, NY: Random House, 2008) and Yuval Noah Harari, *Sapiens: A Brief History of Humankind* (New York, NY: Harper Collins, 2015).

16   Abu El-Haj, p. 144.

17   Nicole Bradford, 'Riding the Genetic Revolution', *Houston Business Journal*, 24 February 2008 https://www.bizjournals.com/houston/stories/2008/02/25/smallb1.html?page=all [accessed 4 March 2021].

18   https://www.familytreedna.com/ [accessed 4 March 2021].

19   Abu El-Haj, pp. 144-51.

20   See Sarah Abel, 'Of African Descent? Blackness and the Concept of Origins in Cultural Perspective', *Genealogy* 2:1 (2018), https://doi.org/10.3390/genealogy2010011.

21   Alondra Nelson, 'Bio Science: Genetic Genealogy Testing and the Pursuit of African Ancestry', *Social Studies of Science* 38 (2008), 759-83 (761-2).

22   특별 주제를 다룬 다음 에세이들을 참조. 'A Market in the Making: the Past, Present and Future of Direct-to-Consumer Genomics', *New Genetics and Society* 36:3 (2017).

23   P. Borry, M.C. Cornel and H.C. Howard, Where are you going, where have you been': a recent history of the direct-to-consumer genetic testing market', *Journal of Community Genetics* 1:3 (2010), 101-106.

24   'The Gift of Spit', p. 240- .

25   'The Gift of Spit', p. 237.

26   Stuart Hogarth, Gail Javitt, and David Melzer, 'The Current Landscape for Direct-to Consumer Genetic Testing: Legal, Ethical, and Policy Issues', *Annual Review of Genomics and Human Genetics* 9 (2008), 161-2 (162).

27   Heidi C. Howard, Pascal Borry, Bartha Maria Knoppers, 'Blurring Lines', EMBO Reports 11 (2010), 579-82.

28   Anna Middleton et al, 'Direct-to-consumer genetic testing: where and how does genetic counselling fit?', *Personalized Medicine* 14:3 (2017), https://doi.org/10.2217/pme-2017-0001.

29   이 현상의 윤리적 함의에 대해서는 다음 논의를 참조. Anne Harris, Sally Wyatt and Susan E. Kelly, 'The Gift of Spit (and the obligation to return it)', *Information, Communication & Society* 16:2 (2013), 236-57 and Stuart Hogarth and Paula Saukko, 'A market in the making: the past, present and future of direct-toconsumer genomics', *New Genetics and Society* 36:3 (2017), 197-208.

30   See Libby Copeland, *The Lost Family: How DNA testing is upending who we are* (New York, NY: Abrams Press, 2020).

31   Adam L. Horowitz et al, 'Consumer (dis)interest in genetic ancestry testing', *New Genetics and Society* 38:2 (2019), 165-94.

32   http://www.ancestry.co.uk/cs/legal/Overview [accessed 15 April 2021].

33   See Jerome de Groot, 'On Genealogy', *The Public Historian*, 37:3 (2015), 102-27.

34   A. M. Philips, 'Only a Click Away -DTC Genetics for Ancestry, Health, Love··· and More: A View of the Business and Regulatory Landscape', *Applied & Translational Genomics* 8 (2016), 16-22.

35   See Anne Harris, Sally Wyatt and Susan E. Kelly, 'The Gift of Spit (and the obligation to return it)', *Information, Communication & Society* 16:2 (2013), 236-57.

36   Heather Perlberg, 'Blackstone Reaches $4.7 Billion Deal to buy Ancestry.com', *Bloomberg*, 5 August 2020, https://www.unilad.co.uk/news/ancestrys-database-ofpeoples-dna-was-just-bought-for-nearly-5-billion/ [accessed 23 Feb 2021].

37   See Jerome de Groot, 'The Genealogy Boom: Inheritance, Family History, and the Popular Historical Imagination' in *The Impact of History? Histories at the Beginning of the 21stCentury* ed. Bertrand Taithe and Pedro Ramos Pinto (London and New York: Routledge, 2015), pp. 21-34.

38   https://www.ancestry.com/corporate/newsroom/press-releases/ancestry-surpasses-5-million-people-dna-database-giving-customers-even-more; http://www.globenewswire.com/news-release/2017/11/28/1207093/0/en/UPDATE-AncestryDNA-Breaks-Holiday-Sales-Record-for-Black-Friday-to-Cyber-Monday-More-Than-Triples-Kits-Sold-Versus-2016.html

39   Christine Farr, 'Consumer DNA testing has hit a lull -here's how it could capture the next wave of users', *CNBC.com*, 25 August, 2019, https://www.cnbc.com/2019/08/25/dna-tests-from-companies-like-23andme-ancestry-see-sales-slowdown.html [Accessed 3rd June, 2020].

40   de Groot, 'On Genealogy', p. 12., and *passim*.

41   Belen Hurle et al, "What does it mean to be Genomically Literate?," *Genetics in Medicine* 15:8 (2013), 653.

42   Christine Scodari, 'When Markers Meet Marketing: Ethnicity, Race, Hybridity, and Kinship in Genetic Genealogy Television Advertising', *Genealogy* 1:4 (2017).

43   https://www.ancestry.com/corporate/newsroom/press-releases/ancestry-surpasses-5-millionpeople-dna-database-giving-customers-even-more [accessed 6 May

2022].

44 https://www.ancestry.co.uk/dna/ [accessed 23 February 2021].

45 https://www.myheritage.com/ [accessed 23 February 2021].

46 Eunjung Han et al, 'Clustering of 770,000 genomes reveals post-colonial population structure of North America', *Nature Communication* 8:14238 (2017), 1-12 (9).

47 See Henri-Corto Stoekle, Marie-France Mamzer Bruneel, Guillaume Vogt and Christian Herve, '23andMe: A new two-sided data-banking model', *BMC Medical Ethics* 17:19 (2016), doi: 10.1186/s12910-016-0101-9.

48 See Paula Saukko, 'Shifting Metaphors in Direct-To-Consumer Genetic Testing: From Genes as Information to Genes as Big Data', *New Genetics and Society*, 36:3 (2017), 296-313 and Richard Tutton (2004) '"They want to know where they came from": population genetics, identity, and family genealogy', *New Genetics and Society*, 23:1, 105-120.

49 Jerome de Groot, 'Ancestry.com and the Evolving Nature of Historical Information Companies', *The Public Historian*, 42:1 (2020), 8-28.

50 Four films at https://www.tiktok.com/@meezersqueezer [accessed 23 February 2020].

51 https://vm.tiktok.com/ZMeYrBk3M/ [accessed 23 February 2021].

52 Paige Holland, 'My dad gifted the entire family a DNA test and it uncovered a dark secret', *The Mirror*, 19 Jan 2021, https://www.mirror.co.uk/news/weird-news/mydad-gifted-entire-family-23345500 [accessed 23 February 2021].

53 Jose van Dijck, *The Culture of Connectivity: A Critical History of Social Media* (Oxford: Oxford University Press, 2013).

54 Diana Zulli and David James Zulli, 'Extending the Internet meme: Conceptualizing technological mimesis and imitation publics on the TikTok platform', *New Media & Society*, published online 2020, https://doi.org/10.1177/1461444820983603, p. 5, 6.

55 Harmonie Ponder, 'Cat McDonald Channels TikTok Fame to a greater good', DNA Angels blog, January 23 2021, https://www.dnangels.org/cat-mcdonald-channels-tiktok-fame-to-a-greater-good.html [accessed 23 February 2021].

56 *History Within* (U Chicago P, 2016), p. 20.

57 비판적·창조적 도구 개발에 대해서는 다음을 참조. Christine Scodari, 'Recuperating Ethnic Identity through Critical Genealogy', *Journal of Multidisciplinary Approach* 8:1 (2016), 47-62.

58 Jerome de Groot and Matthew Stallard, 'DNA and Family History in Australia', in 'Family History and Historians in Australia and New Zealand' ed. Sophie Scott-Brown and Malcolm Allbrook (London and New York: Routledge, 2020).

59 'Things are coming out', p. 278.

60 'Things are coming out', p. 2.

61 See Daryl Leroux, *Distorted Descent: White Claims to Indigenous Identity* (Winnipeg, MB: University of Manitoba Press, 2019) and Elizabeth Watt and Emma Kowal, 'What's at stake? Determining indigeneity in the era of DIY DNA', *New Genetics and Society*

주   **408**

38:2 (2019), 142-64.

62   Catherine Bliss, 'The Marketization of Identity Politics', *Sociology* 47:5 (2013), 1011-1025.

63   Janet K. Shim, Sonia Rab Alam and Bradley E. Aouizerat, 'Knowing something versus feeling different: the effect and non-effects of genetic ancestry on racial identity', *New Genetics and Society* 37:1 (2018), 44-66.

64   See Anne Harris, Sally Wyatt and Susan E. Kelly, 'A market in the making: the past, present and future of direct-to-consumer genomics', *New Genetics and Society*, 36:3 (2017): 197-208.

65   Tanya Evans, 'Secrets and Lies: the Radical Potential of Family History', *History Workshop Journal* 71: 1 (2011), 49-73, and Ashley Barnwell, 'Locating an Intergenerational Self in Postcolonial Family Histories', *Life Writing* 14:4 (2017), 485-93.

66   'Things are coming out', p. 285.

67   See for instance Pramod K. Nayar, "Autobiogenography: Genomes and Life Writing," *a/b: Auto/Biography Studies* 31:3 (2016), 509-25.

68   생명윤리 논의에 대해서는 다음을 참조. Ann-Marie Kramer, "The genomic imaginary: Genealogical heritage and the shaping of bioconvergent identities,", *Media Tropes* 5:1 (2015), 80-104 and Petra Nordqvist, "Genetic thinking and everyday living: On family practices and family imaginaries," *The Sociological Review* 5:4 (2017), 865-1.

69   'Things are coming out', p. 287.

70   See Amy Holdsworth, *"Who Do You Think You Are?"*: Family history and memory on British television," in Erin Bell and Ann Gray, eds., *Televising History* (Basingstoke: Palgrave Macmillan, 2010), pp. 234-47.

71   Silvio Waisbord, 'McTV: Understanding the global popularity of television formats', *Television and New Media* 5:4 (2004), 359-83 and Albert Moran and Karina Aveyard, 'The place of television programme formats', *Journal of Media & Cultural Studies* 28:1 (2014), 18-27.

72   See the discussion in de Groot, *Consuming History*, pp. 194-202.

73   Claire Lynch, *'Who Do You Think You Are? Intimate Pasts made Public', Biography* 34:1 (2011), 108-18.

74   *Long Lost Family* 10:1, ITV, Monday 18 Jan 2021, 9 pm.

75   Lynch, *'Who Do You Think You Are?'*, p. 110.

76   Debbie Kennett, Adrian Timpson, David J. Balding and Mark G. Thomas, 'The rise and fall of BritainsDNA: A tale of misleading claims, media manipulation and threats to academic freedom', *Genealogy* 2:4, 47 (2018), https://doi.org/10.3390/genealogy2040047.

77   Carol Midgley, 'DNA Journey review'. The Times, 11 March 2021, https://www.thetimes.co.uk/article/dna-journey-review-impossible-to-dislike-or-find-veryinteresting-nmpmcf85x; Barbara Speed, 'DNA Journey, ITV review', *iNews*, 10 March 2021, https://inews.co.uk/culture/television/dna-journey-itv-review-freddieflintoff-jamie-redknapp-907854 [both accessed 12 March 2021].

78   Speed, 'DNA Journey, ITV review', Chris Bennion, 'DNA Journey, episode 1 review', *The Telegraph*, 10 March 2021, https://www.telegraph.co.uk/tv/2021/03/10/dna-journeyepisode-1-reviewno-tears-just-banter-itvs-take-celebrity/ [accessed 12 March 2021].

79   *DNA Journey* 2:1, ITV, 10 March 2021, 9 pm.

80   *DNA Journey* 2:1, ITV, 10 March 2021, 9 pm.

81   @Brad_Argent, Twitter, 10March 2021, 10:16, https://twitter.com/Brad_Argent/status/1369774062206083072 [accessed 16 March 2021].

82   *DNA Family Secrets*, Episode 1, BBC2 2 March 2021, 21:00.

83   *DNA Family Secrets*, Episode 2, BBC2 9 March 2021, 21:00.

84   See David Kirby, *Lab Coats in Hollywood* (Boston, MA: MIT Press, 2013).

85   Rachael Sigee, 'DNA Family Secrets review', iNews, 2 March 2021, https://inews.co.uk/culture/television/dna-family-secrets-bbc2-review-stacey-dooley-894811 [accessed 8 March 2021].

86   Sara Wallis, 'Stacey Dooley's DNA family secrets is like who do you think you are? on speed', *The Mirror*, 6 March 2021, https://www.mirror.co.uk/tv/tv-reviews/staceydooleys-dna-family-secrets-23620252 [accessed 8 March 2021].

87   See the discussion in *Consuming History*, pp. 197-8.

88   See Annette Hill, *Restyling Factual TV: Audiences and News, Documentary and Reality Genres* (London and New York: Routledge, 2007).

89   See *Consuming History*, pp. 72-3.

90   Chuck Stone, 'ROOTS: An electronic orgy in white guilt', *The Black Scholar*, 8:7 (1977), 39-41.

91   Kenney O. Ongaga, 'Henry Louis Gates, Jr.: Prolific writer and proponent of African-American literature' in *A Critical Pedagogy of Resistance* ed. James D. Kirylo (Rotterdam: SensePublishers, 2013), pp. 53-6 (p. 55).

92   *African American Lives*, episode 1.

93   *African American Lives*, episode 1.

94   *African American Lives*, episode 1.

95   *African American Lives*, episode 1, PBS, 1 February 2006.

96   *Finding your Roots*, 6:3, PBS, 7 January 2020.

97   *African American Lives*, episode 1.

98   *Finding Your Roots* 4:3 PBS, 17 October 2017.

99   *African American Lives 2*, episode 4, PBS, 13 February 2008.

100   Christine Scodari, 'Roots, representation, and resistance? Family history media & culture through a critical lens', *The Journal of American Culture* 36:3 (2013), 206-20.

역자 후기

인간게놈프로젝트(HGP)는 1990년에 시작되어 13년에 걸쳐 진행된 국제 공동 연구였다. 인간 DNA 약 30억 개 염기서열을 해독하고 유전자의 위치를 규명하겠다는 이 계획은, 기술적 기반이 충분히 마련되지 않았던 당시로서는 인류의 달 착륙에 비견될 만큼 대담한 도전이었다.

2000년 초안이 발표되고 2003년 거의 완전한 염기서열 지도가 완성되면서, 인간 게놈은 과학적 성취의 상징이 되었다. 빌 클린턴과 토니 블레어는 이를 "새로운 분자의학의 시대"의 개막이라 선언했다. 그러나 기대와 달리 획기적인 질병 치료법이 곧바로 등장하지는 않았다. 오히려 질병은 단일 유전자의 이상이 아니라 환경과 다양한 생물학적 상호작용이 얽힌 복합적 결과라는 인식이 더욱 분명해졌다.

그럼에도 게놈 프로젝트는 우리의 사고방식을 바꾸어놓았다. 유전적 설명은 의학을 넘어 비즈니스, 법률, 정치, 엔터테인먼트 산업 등 삶의 거의 모든 영역에 스며들었다. 언론은 "점핑 유전자", "추신수 유전자 대박", "'이기적 유전자', 정치 성향까지 좌우" 같은 제목을 쏟아냈다. 이제 유전자는 대중 담론의 일상적 언어가 되었다. 이런 변화는 흔히 '유전적 전환'(genetic turn)이라 불린다.

유전 지식은 단순히 과학적 데이터의 축적을 통해 확산된 것이 아니다. 그것은 이미지와 서사, 상상력을 통해 사회 속으로 스며들었다. 이 책에서 저자는 인간게놈프로젝트 이후 폭발적으로 증가한 유전학 담론이 역사적 인식과 사고방식에 어떤 변화를 가져왔는지를 추적한다. 각 장의 제목은 역사적 논의에 한정된 인상을 줄 수 있으나, 특히 5장 "상상"에서는 예술가들이 지난 20여 년간 미술, 문학, 음악을 통해 유전학을 사유해온 방식을 조명하며, 유전학이 과거를 상상하는 새로운 틀로 작동하는 과정을 보여준다.

물론 유전학은 언제나 환영만을 받은 학문은 아니었다. 인간이 자신의 진화 과정에 개입할 수 있다는 가능성은 희망과 두려움을 동시에 불러왔다. 새로운 기술은 건강과 질병, 생식에 대한 통제 가능성을 넓히는 동시에, 권력과 차별의 도구로 전용될 위험도 내포한다. 4장 "윤리"는 이러한 긴장을 다룬다.

인간게놈프로젝트는 과학적 성취를 넘어, 우리가 과거를 이해하는 방식 자체를 바꾸어놓았다. 유전학은 이제 역사와 문화, 정체성을 사유하는 하나의 언어가 되었다. 앞으로 이 언어는 우리의 미래를 어떻게 재구성할 것인가. 이 질문을 품고 이 책을 읽어주길 바란다.

끝으로 출판을 결정해주시고 세심한 배려를 아끼지 않은 이상북스 김영미 대표께 깊이 감사드린다.

2026년 3월
역자 드림

유전자의 기억

DNA가 바꾼 역사, 정체성, 문화

초판 1쇄 발행 2026년 3월 24일

지은이	제롬 드 그루트
옮긴이	전방욱
펴낸곳	이상북스
펴낸이	김영미
출판등록	제313-2009-7호(2009년 1월 13일)
주소	03711 서울특별시 서대문구 가재울미래로 2, 1C8-1102
전화번호	02-6082-2562
팩스	02-2178-9108
이메일	klaff@hanmail.net
ISBN	979-11-94144-12-0 03900